精品课程新形态教材

21世纪应用型人才培养规划教材

“双创”型人才培养优秀教材

XIANDAI
WULIU GUANLI

现代物流管理

主　编　陈　俊　刘[illegible]

副主编　王海船　张[illegible]　刘　勇

代　燕　余利娥　芦春荣

陈国宏　安国强　苗渝婧

傅钰雯　申家星　黄永福

阮冰花　姚　琪

山东大学出版社

SHANDONG UNIVERSITY PRESS

·济南·

图书在版编目（CIP）数据

现代物流管理/陈俊，刘强，饶阳春主编. —济南：山东大学出版社，2019.7（2024.1 重印）

ISBN 978-7-5607-6397-2

Ⅰ. ①现… Ⅱ. ①陈…②刘…③饶… Ⅲ. ①物流管理 Ⅳ. ①F252. 1

中国版本图书馆 CIP 数据核字（2019）第 169861 号

责任编辑：陈佳意
美术编辑：张　荔
封面设计：尤　岛

出版发行：山东大学出版社
社　址　山东省济南市山大南路 20 号
邮　编　250100
电　话　市场部（0531）88363008
经　　销：新华书店
印　　刷：北京俊林印刷有限公司
规　　格：787 毫米×1092 毫米　1/16
21 印张　　520 千字
版　　次：2019 年 7 月第 1 版
印　　次：2024 年 1 月第 2 次印刷
定　　价：58.00 元

前言

党的二十大报告中指出，“提升战略性资源供应保障能力”“加快发展物联网，建设高效顺畅的流通体系，降低物流成本”。随着世界经济全球化趋势的不断发展，物流已经成为世界各国经济发展新的增长点。在国际上，素有“第三利润源”之称的物流产业已被认为是国民经济发展的动脉和基础产业，其发展程度成为衡量一国现代化程度和综合国力的重要标志。中国物流业经过近些年的快速发展，已经具备了相当规模。未来，物流行业仍将迅猛发展，物流人才仍将大有作为。

人才培养的一个重要方面就是为学生量身打造一套合适的书，只有一流的书才能造就一流的人才。本书是物流专业的基础必修课程用书，担负着物流专业教育启蒙者的角色。本书在体系的设置和内容的选取上，立足于基本知识和基本技能的教育，着眼于物流管理的实际运用，全面、系统地分析、介绍现代物流管理的理论、观点和方法，力求以新的视角来审视物流管理的本质，并通过追踪国内外物流管理的发展动向，结合国内当前商贸流通领域的发展趋势，探讨我国现代物流管理的发展规律和管理模式。

本书的创新之处在于：

第一，内容新颖性。物流学科是一门新兴的边缘学科，而且处于快速发展的阶段。本书借鉴整合了物流管理领域较为成熟的研究成果，并紧密结合当前物流业的发展现状和理论前沿，增加了不少新的知识内容和实际案例。

第二，学科专业性。本书力求运用物流管理的基本原理来解决物流工作中的基本问题，在学习中重点突出物流企业和物流市场自身的特点，让学生树立供应链管理的思想。

第三，编写体例创新性。本书面向教育系统的实际情况，按需施教，讲究实效，既保持理论体系的系统性和方法的科学性，更注重书的实用性和针对性。理论部分为实用而设、为实用而教，强调以实例为引导、以实训为手段、以实际技能为目标，深入浅出，简明扼要。为了做好本书的编写工作，我们与物流企业界高级管理人员一起研究探索，集思广益，博采众长。

本书共分为9章，每章都相对独立地形成研究专题，开篇由案例导出本章主要探讨的问题，设有“知识目标”“阅读提示”“拓展案例”“本章小结”“自测题”等多个模块。同时，本书引用最新资料，使其更好地反映物流管理与技术发展实际，更加贴合教学特点和需求，方便广大师生使用。我们期望以此对促进物流管理专业教材的完善做出新的贡献。

本书由陈俊、刘强、饶阳春担任主编，王海船、张崇余、刘勇、代燕、余利娥、芦春荣、陈国宏、安国强、苗渝婧、傅钰雯、申家星、黄永福、阮冰花、姚琪担任副主编。具体分工如下：第1章由刘强编写，第2、3章由陈俊编写，第4章由王海船、张崇余、刘勇编写，第5章由饶阳春编写，第6章由代燕、余利娥、芦春荣编写，第7章由陈国宏、安国强、苗渝婧编写，第8章由傅钰雯、申家星、黄永福编写，第9章由阮冰花、陈俊、姚琪编写，最后由陈俊负责全书的设计、编排和统稿。感谢王兴中、龚辉峰、张海丰、袁瑞玉、演莉、陈雁和曾娟等，他们为数据资料更新做了很多工作。本书的编者大多都是物流管理课程的主讲教师和知名企业的校外实训教师，既有丰富的物流管理教学经验，又能与物流行业、企业紧密联系，及时把握物流发展的前沿动态，使读者受益。我们将继续努力，跟踪本书的使用效果，不断发现并解决新的问题；同时也希望广大教师和读者不吝赐教。

本书在编写过程中参考了专家、学者的有关著作，并通过互联网借鉴了许多有益的资料，在此表示诚挚的谢意。凡有明确出处的一概予以注明。若因编者疏忽而涉及版权的，请善意提示，编者一定予以纠正。

另外，物流业正处于发展中，物流相关理论和操作方法仍有待更新和完善，所以书中不当之处恳请各院校同行、物流行业从业人员和广大读者批评指正，以臻完善。

衷心感谢使用本书的老师、同学与读者！

编　者

目 录

第1章 概 论

知识目标

- 掌握物流的概念及现代物流的特征。
- 了解现代物流管理的含义、特征和作用，重点掌握现代物流管理的核心目标。
- 掌握现代物流管理与传统物流管理的区别，掌握现代物流管理的发展趋势。

导入案例

一汽-大众的物流管理

2009年3月23日，一汽-大众汽车有限公司汽车日产量达到了2000辆，其中，轿车一厂日产捷达640辆、奥迪425辆；轿车二厂日产迈腾、速腾、新宝来等860辆；成都厂日产捷达30辆。目前仅捷达车就有七八十个品种，十七八种颜色，而每辆车都有2000多种零部件需要外购，与这些数字形成鲜明对比的是公司零部件居然基本处于“零库存”状态，而形成这一巨大反差的就是一整套较为完善的物流控制系统。

一汽-大众公司拥有一个占地9万多平方米、可同时生产多种不同品牌汽车的亚洲最大的整车车间。生产初期，捷达车的品牌比较单一，颜色也只有蓝、白、红三种。公司的生产全靠大量的库存来保证。过去，公司整车车间的仓库里堆放着大量的零部件，货架之间只有供叉车勉强往来的过道，大货车根本开不进去。不仅每天上架、下架、维护、倒运需要消耗大量的人力、物力、财力，而且储存、运送过程中总要造成一定的货损和货差。

随着市场需求的日益多样化，传统的生产组织的方式面临着严峻的挑战。1997年，“物流”的概念进入了公司决策层。考虑到应用德方的系统不仅要一次性投入1500万美元，每年的咨询和维护费用也需要数百万美元，一汽-大众公司决定自己组织技术人员和外国专家进行物流管理系统的研究开发。1998年年初，公司开发的花费不足300万元人民币的物流控制系统获得成功并正式投入使用。如今，在公司的整车车间，生产线上每辆车的车身上都贴着一张生产指令表，零部件的种类及装配顺序一目了然。计划部门按照装车顺序通过电脑网络向各供货厂下计划，供货厂按照顺序生产、装货，生产线上的工人按顺序组装。

现在一汽-大众公司没有了仓库，只有入口。零部件的送货形式有三种：第一种是电子看板，即公司每月把生产信息用扫描的方式通过电脑网络传送到各供货厂，对方根据这一信息安排自己的生产，然后公司按照生产情况发出供货信息，对方则马上用自备车辆将零部件送到公司各车间的入口处，再由入口处分配到车间的工位上。现在每天平均两小时要一次货，零部件放在入口处的时间一般不超过一天。第二种是“准时化”，即公司按顺序把配货单传送到供货厂，对方也按顺序装货，直接把零部件送到工位上，从而取消了中间仓库环节。订货、生产零件、运送、组装等全过程都处于小批量、多批次的有序流动中。第三种是批量进货，供货厂每月对于那些不影响大局又没有变化的小零部件分批量地送一到两次。

物流管理就这样使得原本复杂的生产变成了简单而高效的“傻子工程”。整车车间的一条生产线过去只生产一种车型，其生产现场就已经拥挤不堪，而如今在一条生产线同时组装两到三种车型的混流生产方式下，不仅做到了及时、准确，而且生产现场比原先节约人员近10%。此外，零部件的存储减少了，公司每年因此节约的成本有六七亿元人民币，同时，供货厂也减少了30%~50%的在制品及成品储备。可见，先进的物流管理带来了实实在在的效益。

(《一汽大众零库存管理》，2012年12月21日，http://www.doc88.com/p-313748193663.html。有改动)

阅读提示

学习本章后，能举出5个例子说明现代物流对人们生活的影响，能举出3个例子说明物流对企业利润产生的影响。

1.1 物流概述

从20世纪90年代以来，物流管理开始成为社会各界关注的焦点。著名管理大师德鲁克指出：“物流是企业利润的最后边界。”许多企业也认识到，要获得竞争优势，必须在最短的时间内以最低的成本为顾客提供所需的产品和服务。因此，物流管理开始成为企业降低成本提高利润并进一步获得竞争优势的“利器”。世界零售之王沃尔玛超市依靠良好的物流管理，与行业平均值相比，沃尔玛的销售成本低了2%~3%，增长率是同行业的3倍，利润也在竞争者平均值的2倍之上，在短短40年时间成为营业额全球第一的企业。其他如戴尔、家乐福、宏碁集团等企业的成功也得力于他们良好的物流管理体系。因此，无论是制造企业还是销售企业，都应该了解物流管理，懂得如何构建物流体系并高效率地管理物流。

拓展案例

生活中的物流

从商场的货架上随手取下一瓶洗发水，你能想到这瓶洗发水从走下流水线的那一刻起，到你拿到手中为止，中间究竟被多少辆卡车转运到多少个物流配送中心？经过多少人的手才被送上货架？它要经过多少道工序才变成你看到的样子？更重要的是，需要怎样做才能够更经济地将这瓶洗发水送到零售店里去？在这每一道工序或环节中，完成衔接、转运和增值工作的就是“物流”。

物流现象与人们的日常生活息息相关，在一年的52周、一周的7天和一天的24小时中，物流始终存在。例如，家中的纯净水用完了，电话预约后，配送工会按时送来；身在异地的学生在父母生日时，可以通过快递公司送去一束鲜花；工厂里，半成品工件由上道工序传到下道工序、由一个车间传到另一个车间，搬运小车在车间里穿来穿去；仓库里，叉车在忙着把货物从汽车上卸下来又堆放到仓库的货架上；商店里，店员把从仓库里提出来的货物陈列到货架上，由售货员向客户推销货物，并按客户要求包装好，交到客户手中。诸如此类人们习以为常的现象，都是物流现象。可以说，如果没有物流的支持，生产和销售的具体实现只能是天方夜谭。

（《物流就在我们身边》，2017年4月26日，https：//max. book118. com/html/2017/0423/101881260. shtm。有改动）

思考：

什么是物流？你认为生活中还有哪些活动属于物流范畴？

1.1.1 物流概念的产生及其含义演变

1. 早期的物流概念

1921年，阿奇·萧在《市场流通中的若干问题》（Some Problem in Market Distribution）一书中提出了“流通”（Distribution）的概念，指出“流通是一个与创造需要不同的问题”，并提到“物资经过时间或空间的转移，会产生附加价值”。这里，“Market Distribution”指的是商流；时间和空间的转移，即销售过程的物流。1918年，英国的利费哈姆勋爵成立了“即时送货股份有限公司”。其公司宗旨是在全国范围内把商品及时送到批发商、零售商以及用户的手中，这一举动被一些物流学者称为有关物流活动的早期文献记载。

20世纪30年代初，一部关于市场营销的基础教科书开始涉及物流运输、物资储存等业务的“实物供应”（Physical Supply）这一名词，该书将市场营销定义为“影响产品所有权转移和产品的实物流通活动”。这里所说的“所有权转移”是指商流，实物流通是指物流。

1935年，美国销售协会最早对物流进行了定义：物流（Physical Distribution）是包含于销售之中的物质资料和服务从生产地到消费地点流动过程中伴随的种种活动。

1954年，在美国波士顿工商会议召开的第26次波士顿流通会议上，鲍尔·D·康柏斯发表了题为“市场营销的另一半”的演讲，指出无论学术界还是实业界都应该重视和研究市场营销中的物流。这个演讲推动了人们对于物流的认识。1961年，爱德华·W·斯马凯依等出版了《物流管理》一书，在理论上为物流的发展奠定了基础。

日本在1964年开始使用“物流”这一概念。在使用物流这个术语以前，日本把与商品实体有关的各项业务，统称为“流通技术”。1956年日本生产本部派出“流通技术专门考察团”，由早稻田大学教授宇野正雄等一行7人去美国考察，弄清楚了日本以往叫作“流通技术”的内容，相当于美国叫作“Physical Distribution”的内容，从此便把流通技术按照美国的简称，叫作“P. D. ”，从此，“P. D. ”这个术语得到了广泛的使用。1964年，日本池田内阁的五年计划制定小组谈到“P. D. ”这一术语时说，比起来，叫作“P. D. ”不如叫作“物的流通”更好。1965年，日本在政府文件中正式采用“物的流通”这个术语，简称为“物流”。

1981年，日本综合研究所编著的《物流手册》对“物流”的表述是：“物质资料从供给者向需要者的物理性移动，是创造时间性、场所性价值的经济活动。从物流的范畴来看，包括包装、装卸、保管、库存管理、流通加工、运输、配送等诸种活动。”

2. “Physical Distribution”向“Logistics”的演变

在第二次世界大战期间，美国对军火等物资进行的战时供应中，首先采取了“后勤管理”（Logistics Management）这一名词，对军火的运输、补给、屯驻等进行全面管理。从此，后勤逐渐形成了单独的学科，并不断发展为后勤工程（Logistics Engineering）、后勤管理（Logistics Management）和后勤分配（Logistics of Distribution）。

后勤管理的方法后来被引入商业部门，被称为“商业后勤”（Business Logistics），它被定义为“包括原材料的流通、产品分配、运输、购买与库存控制、储存、用户服务等业务活动”，其领域包括原材料物流、生产物流和销售物流。

在20世纪50年代到70年代期间，人们研究的对象主要是狭义的物流，是与商品销售有关的物流活动，是流通过程中的商品实体运动，因此通常采用的仍是“Physical Distribution”一词。

1986年，美国物流管理协会（National Council of Physical Distribution Management）认为，以“Physical Distribution”表示的物流领域较狭窄，而“Logistics”的概念则更为宽广、连贯、整体，因此将该协会的名称改为“The Council of Logistics Management”，简称“CLM”。改名后的美国物流协会（CLM）对“Logistics”表示的物流定义为：“物流是对货物、服务及相关信息从供应地到消费地的有效率、有效益的流动和存储进行计划、执行和控制，以满足客户需求的过程。该过程包括进向、去向、内部和外部的移动以及以环境保护为目的的物料回收。”

与“Physical Distribution”表示的物流概念相比，“Logistics”突破了商品流通的范围，把物流活动扩大到生产领域。物流已不仅仅从产品出厂开始，而是包括从原材料采购、加工生产到产品销售、售后服务，直到废旧物品回收等整个物理性的流通过程。这是因为，随着生产的发展，社会分工越来越细，大型的制造商往往把成品零部件的生产任务外包给其他专业性制造商，自己只是把这些零部件进行组装，而这些专业性制造商可能位于世界上劳动力比较便宜的地方。在这种情况下，物流不但与流通系统维持密切的关系，同时与生产系统也产生了密切的关系。

由此可以看出：

(1) 物流的含义有广义和狭义之分

广义的物流是指对原材料的产地发货—生产企业—销售企业—最终消费的全部物流过程进行控制，狭义的物流是仅对商品销售过程中的物流进行管理，即生产企业发货—销售企业—最终消费的物流活动。

(2)“Logistics”一词的外延特点

①大于狭义的物流（即销售物流），因为它把起点扩大到了生产领域；

②小于广义的物流（Business Logistics），因为它不包括原材料物流；

③ 与供应链的外延相一致，因此有人称它为“供应链物流”。

3. 我国的物流概念演化

我国开始使用“物流”一词始于1979年（有人认为，孙中山主张“贸畅其流”，可以说是我国“物流思想的起源”）。1979年6月，我国物资工作者代表团赴日本参加第三届国际物流会议，回国后在考察报告中第一次引用和使用“物流”这一术语。

物流概念的建立过程曾经有过一段小的曲折。当时的商业部提出建立“物流中心”的问题时，曾有人认为“物流”一词来自日本，有崇洋之嫌，于是改为建立“储运中心”。其实，储存和运输虽是物流的主体，但物流有更广的外延，而且物流是日本引用的汉语。物流作为“实物流通”的简称，提法既科学合理，又确切易懂。因此，储运中心不久后恢复“物流中心”称谓。1988年，我国台湾也开始使用“物流”这一概念。1989年4月，第八届国际物流会议在北京召开，“物流”一词的使用日益普遍。

2001年4月，关于物流的第一个基础性国家标准《物流术语》正式发布，将物流（Logistics）定义为“物品从供应地到接收地的实体流动过程。根据实际需要，将运输、装卸、搬运、包装、流通加工、配送、信息处理等基本功能实现有机结合”。这里，物流仅仅是指物料的运输、搬运、配送等处理中的流动过程，并没有涉及对其进行控制。于是，进一步定义了“物流管理”（Logistics Management）的概念：“以最低的物流成本达到客户所满意的服务水平，对物流活动进行的计划、组织、协调和控制。”

知识链接

中国古代“物流”一瞥

中国古代“物流”的含义自然和今天的物流概念不同，但物的流动确实存在，而且具有相当大的规模。物流管理世代相传，延续几千年。

1. 中国古代物流的载体

中国古代物流的载体首推漕运。漕运起于秦汉，河渠成为最早的通道。漕运的起点往往是产粮区，终点往往是京师。因为京师人多、消耗多，当地的粮食供应不足。宋代之前，京师多在西安、咸阳、洛阳，巴蜀粮食由关中、河北运至京师，山东粮食由黄河运至京师。宋代京师在汴，陕西粮食由惠民河转汴河入京，江淮粮食由淮水转汴水入京，山东粮食由五丈河入京。明代京师大部分时间在北京，通过运河送达北京，并延续至清代。同时，还通过近海航运将江南粮食经海路到江河，再至京师。自元代开近海漕运，最远的航程达13000多里。

除水运之外，陆路运输多以人畜力驮拉。丝绸之路上的驼队、崇山峻岭中的马帮是主要的运输工具。

除运输之外，仓储也是古代物流的重要载体。仓是存粮之所，储粮以备不时之需。秦在河南设敖仓，隋在卫州设黎阳仓、洛州设河阳仓、陕州设常平仓、华州设广通仓。明代时，粮仓东移，设临清、德州两大仓，各容粮300万石。洪武年间，南京设军储仓20所。永乐年间，北京设37卫仓，并且规定各行省都要设仓。在京师，除粮仓之外，还设有专业库。内务府曾设十库，分别储存硫黄、硝石、布匹颜料、战鞋、裘帽、棉丝、铜铁、甲仗、钱钞、纱罗绫锦等物。

清代京师有仓15个，通州二库，德州、临清、淮安、徐州各一库，凤阳两库，以上为国家级仓库，省、府、州、县也各设仓库。

仓库的基本用途包括储存、储备两大功能。储存是将漕运来的粮食保管起来，供皇室、吏官及人民日常消费；储备是为应付战争、灾荒及突发事件的。同时，仓储还有平抑物价之功能。粮丰时收进入仓，粮欠时出仓粜粮赈灾，以维持粮食市场价格的稳定。

2. 中国古代的物流管理

（1）市场管理

市场是贸易的场所，春秋战国时期的商业就已经相当发达。《周易》中记载：“日中为市，致天下之民，聚天下之货，交易而退，各得其所。”这就说明，我国商业至少有3000年以上的历史。隋代时已建有形市场，市场在居民区外设立，不与居住区混杂。政府设官员进行管理。中央政府有大司农一官，下设平准署。京城有市长，州县有市令，唐代京城有东西两市，设一令二丞。在以后的朝代里，管理市场的官名虽然不一，但现货市场一直延续。朝廷设官管理也一直在延续。市场官员的职责在于保护交易，执行法令，平抑物价。“候物贵则下价出卖，物贱则加价收籴。权其轻重，以利疲人。”

（2）运输管理

运输管理最典型的例子是历代的漕运管理。自秦汉创立了漕运，历代都由官员管理。汉代的萧何就是著名的物流大师，他不仅保证了刘邦大军的作战物品的供应，还创建了一系列管理制度。汉代漕运工程巨大，路途遥远，岁征600万石，用卒6万人，没有一整套的管理制度是无法完成的。

此后，唐、宋、元、明、清各代京师所用大部分物资完全依赖漕运。唐高宗时期，漕运路途艰险，粮食损耗大。中宗景龙三年，京师农业歉收，粮食不够吃，有人建议朝廷迁到洛阳“就食”。中宗不肯，而是采取疏浚河道、增造粮船、沿途设仓、派重要官员负责等方法解决粮食危机。明代设漕运府总兵官、总督，设立漕运衙门，有101个漕运卫所，运军12万多人，运船1万多艘。

（3）仓储管理

政府设专门机构和官员管理仓库。唐代时，京师有太仓，州县有正仓，又有常平仓以均贵贱，有义仓以备不足，常平仓和义仓是储备性质的仓库。例如，唐敬宗四年二月，以米贵出太仓粟40万石，于两市贱粜，以惠平民。

粮仓的分布很有讲究，一开始，皇帝把粮食聚集京师，后因漕运艰险，损耗较多，便在河道沿途设仓，派人监管，既减少损耗，又节省人力和物力。

中国历史悠久，物流故事汗牛充栋。如此一瞥，使我们感到“物流”一词虽是现代名词，但物流活动却古已有之。

4. 有关物流的三种认识

（1）“黑暗大陆”说

1962年，管理大师德鲁克（P. F. Drucker）在《财富》杂志上发表的一篇题为《经济的黑暗大陆》的文章中指出，消费者所支付的商品价格中，约50%是与商品流通活动有关的费用，物流是降低成本的最后领域，物流是“经济的黑暗大陆”“一块未被开垦的处女地”。

（2）物流冰山说

日本早稻田大学西泽修教授在专门研究物流成本时发现，现行的财务会计制度和会计核算方法都不可能掌握物流费用的实际情况，因而人们对物流费用的了解是一片空白，甚至有很大的虚假性。他把这种情况比作“物流冰山”。冰山的特点是大部分沉在水面之下，而露出水面的仅是冰山的一角。物流便是一座冰山，其中沉在水面以下的是我们看不到的黑色区域，而我们看到的不过是物流的一部分，如图1-1所示。

知识链接

三个利润源

从历史发展来看，人类历史上曾经有过两个大量提供利润的领域：一是资源领域，二是人力领域。

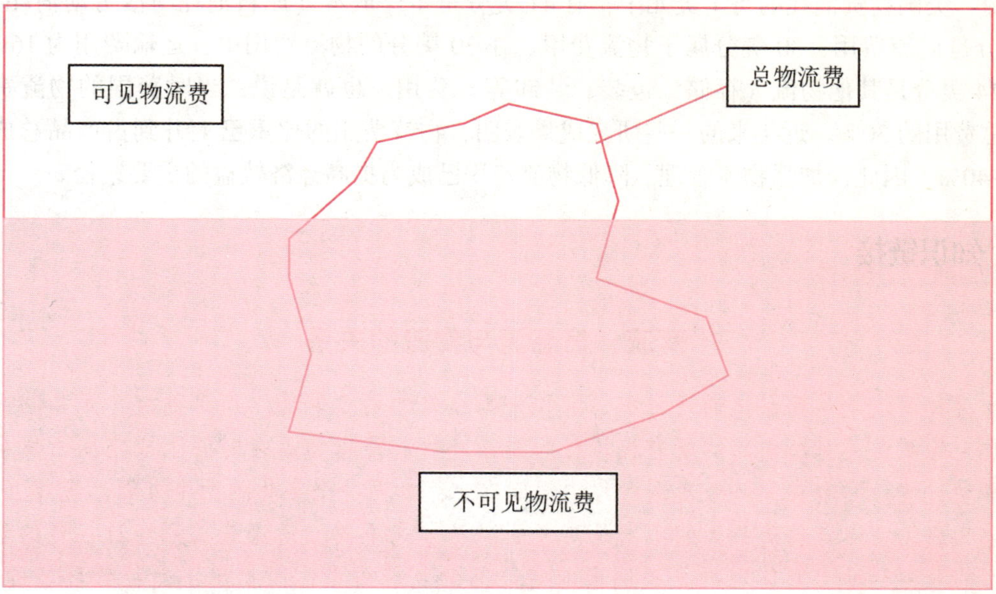

图 1-1 物流费用冰山

在资源领域，人们起初靠掠夺或获得廉价原材料、燃料获得利润，其后则依靠科技进步、节约消耗、综合利用、回收利用、人工合成资源而获取高额利润，人们习惯称之为第一利润源。在人力领域，人们最初依靠剥削廉价劳动力获得利润，其后则依靠科技进步提高劳动生产率，或采用机械化、自动化作业来降低劳动消耗，增加利润，因此人们习惯称之为第二利润源。

三个利润源关注于生产力的不同要素：第一利润源的挖掘对象是生产力中的劳动对象；第二利润源的挖掘对象是生产力中的劳动者；第三利润源则主要挖掘生产力要素中的劳动工具的潜力，同时又挖掘劳动对象和劳动者的潜力，因此更具有全面性。

(3) 第三利润源说

商品价值是由生产成本和流通成本（均含合理利润）所组成。生产成本主要包括物化劳动消耗和活劳动消耗，流通成本则主要包括商流费用和物流费用。要提高利润，就必须降低成本，因而降低成本被视为获得利润的源泉。通过商品成本构成的分析，一些经济学者把降低生产成本中的物化劳动消耗，即原材料成本的降低称为“第一利润源”；把提高劳动生产率以降低活劳动消耗称为“第二利润源”。随着技术水平的提高和内部管理的加强，前两个利润源潜力越来越小，利润开拓越来越困难，而在生产和销售领域以外的运输、仓储、配送等物流环节上却大有潜力。在这种情况下，企业经营决策者开始把寻求成本优势和差别化优势的视角转向物流领域，现代物流成为企业在降低物质消耗、提高劳动生产率之外的“第三利润源”。

从总体上看，在经济发达国家，劳动生产率的提高和原材料、燃料等节约方面已经取得较大成果，产品包装、存储、装卸、运输等物流费用在产品总费用中所占的比重越来越大。随着科学技术的进步，发达国家通过降低物料消耗（即所谓的第一利润源）和降低活劳动消耗（即所谓的第二利润源），取得利润的潜力越来越小，而通过降低物流费用（即第三利润源）取得利润的潜力则越来越大。美国运输经济学教授 R. 桑普森在 20 世纪 70 年代后期的研究表明：美国物资消耗的每 1 美元中，有 41 美分是生产成本（原料消耗与活劳动消耗），有 29 美分是商流费用，30 美分属于物流费用。在 30 美分的物流费用中，运输费用为 16 美分，其余 14 美分是其他物流（存储、包装、装卸等）费用。也就是说，当时美国的物流费用占产品总费用的 30%。近年来的一些研究成果表明，物流费用的比重已上升到占产品总成本的 30%~40%。因此，加强物流管理、降低物流费用已成为提高经济效益的重要途径。

知识链接

商流、信息流与物流的关系

物流和商流是从商品流通过程中引申和分离出来的两个职能。所谓商流，是指物品在流通中发生的买卖关系所引起的所有权转移的关系。物流是指物品在时间上或空间上发生的物理的移动过程。两者在同一个流通过程中同时发生，如同一个事物的两个方面，既相互依存，又相辅相成。商流与物流最大的不同是两者的运动方式不同。商流是必须经过一定的经营环节进行的业务活动，它体现的是不同所有者之间的利益关系；而物流不受经营环节的限制，它体现的是物品如何按照交通运输条件、储存或保管的方式，以最快的速度、最短的距离、最省的费用到达消费地或客户手里。

物流与信息流是流通过程密不可分的两个职能。物流是信息流的基础，没有物流的信息流是不存在的；信息流是物流的反映，信息流及时地反馈物流变化的各种信息、情报、资料、指令等，在传送中形成经济价值；信息流是否及时、准确又制约着物流，对物流流量、流向的预测与决策有直接影响。

5. 国内外物流发展状况

（1）国外物流的发展状况

物流的发展不仅与社会经济和生产力的发展水平有关，同时也与科学技术发展的水平有关。按照时间顺序，物流发展大体经历了四个阶段。

①初级阶段。20 世纪初，在北美和西欧一些国家，随着工业化进程的加快以及大批量生产和销售的实现，人们开始意识到降低物资采购及产品销售成本的重要。单元化技术的发展，为大批量配送提供了条件，同时也为人们认识物流提供了可能。

1941~1945 年第二次世界大战期间，美国军事后勤活动的组织为人们对物流的认识提供了重要的实证依据，推动了战后对物流活动的研究以及实业界对物流的重视。1946 年，美国正式成立了全美输送物流协会。这一时期可以说是美国物流的萌芽和初始阶段。

日本物流观念的形成虽然比美国晚很多，但发展迅速。日本自 1956 年从美国引入物流概念以来，在对国内物流进行调研的基础上，将物流称之为“物的流通”。至 1965 年，“物流”一词正式为理论界和实业界全面接受。“物的流通”一词包含了运输、配送、装卸、仓储、包装、流通加工和信息传递等各种活动。

②快速发展阶段。60 年代以后，世界经济环境发生了深刻的变化。科学技术的发展，尤其是管理科学的进步，生产方式、组织规模化生产的改变，大大促进了物流的发展。物流逐渐为管理学界所重视，企业界也开始注意到物流在经济发展中的作用，将改进物流管理作为激发企业活力的重要手段。这一阶段是物流快速发展的重要时期。

在美国，由于现代市场营销观念的形成，使企业意识到顾客满意是实现企业利润的唯一手段，顾客服务成为经营管理的核心要素，物流在为顾客提供服务上起到了重要的作用。物流特别是配送得到了快速的发展。

60年代中期至70年代初是日本经济高速增长、商品大量生产和大量销售的年代。随着这一时期生产技术向机械化、自动化方向发展以及销售体制的不断改善，物流已成为企业发展的制约因素。于是，日本政府开始在全国范围内进行高速道路网、港口设施、流通聚集地等基础设施的建设。这一时期是日本物流建设的大发展时期，原因在于社会各方面对物流的落后和物流对经济发展的制约性都有了共同的认识。

③合理化阶段。这一时期物流管理的内容从企业内部延伸到企业外部，物流管理的重点已经转移到对物流的战略研究上。企业开始超越现有的组织机构界限而注重外部关系，将供货商（提供成品或运输服务等）、分销商以及用户等纳入管理的范围，利用物流管理建立和发展与供货厂商及用户的稳定的、良好的、双赢的、互助合作伙伴式的关系，形成了一种联合影响力量，以赢得竞争的优势。物流管理已经意味着企业应用先进的技术，站在更高的层次上管理这些关系。电子数据交换、准时生产、配送计划以及其他物流技术的不断涌现以及应用与发展，为物流管理提供了强有力的技术支持和保障。这一时期，欧洲的制造业已采用准时生产模式（JIT），产品跟踪采用条形码扫描。欧洲第三方物流开始兴起。

在这一阶段，日本经济发展迅速，并进入了以消费为主导的时代。虽然物流量大大增加，但由于成本的增加使企业利润并没有得到期望的提高，因此，降低经营成本，特别是降低物流成本成为经营战略中的重要特征。这一时期也称物流合理化时代。

④信息化、智能化、网络化阶段。90年代以来，随着新经济和现代信息技术的迅速发展，现代物流的内容仍在不断地丰富和发展着。信息技术的进步，使人们更加认识到物流体系的重要，现代物流的发展被提到重要日程上来。同时，信息技术特别是网络技术的发展，也为物流发展提供了强有力的支撑，使物流向信息化、网络化、智能化方向发展。目前，基于互联网和电子商务的电子物流正在兴起，以满足客户越来越苛刻的物流需求。

(2) 我国物流的发展状况

我国物流的发展，除了和我国的经济发展水平、经济结构、技术发展状况有关外，还和我国的经济体制变革有直接关系。按照我国经济发展历程，1949年以来我国物流的发展大致可以分为三个阶段：

①计划经济下的物流。这一阶段是我国实行计划经济体制的时期，即从1949年到80年代初改革开放前，国家的整个经济运行处于计划管理之下。国家对各种商品特别是生产资料和主要消费品，实行指令性计划生产、分配和供应，商品流通企业的主要职责是保证指令性分配计划的实现。

在这一阶段，资源分配和组织供应是按行政区域进行的，物流活动的主要目标是保证国家指令性计划分配指标的落实，物流的经济效益目标被放到了次要位置。活动仅限于对商品的储存和运输。物流环节相互割裂，系统性差，整体效益低下。

②有计划的商品经济下的物流。十一届三中全会以来，随着改革开放步伐的加快，我国开始从计划经济向市场经济逐步过渡，即从计划经济向计划经济为主、市场经济为辅，计划经济和市场经济相结合的体制转变。市场在经济运行中的作用逐步加强。

由于经济活动已向商品导向转变，物流业开始注重经济效益。物流活动已不仅仅局限于被动的仓储和运输，而开始注重系统运作，即考虑包括包装、装卸、流通加工、运输在内的物流系统整体效益。按系统化思想，推出了仓库一次性作业、集装单元化技术、自动化立体仓库、各运输方式综合利用和联合运输等系统应用形式，用系统思想对物流全过程进行优化，使物流费用最低。这一阶段，即从改革开放到90年代中期，物流的经济效益和社会效益有所提高。

③现代物流发展阶段。1993年后，我国加快了经济体制改革的步伐，经济建设开始进入了一个新的历史发展阶段。科学技术的迅速发展和信息技术的普及应用，消费需求个性化趋势的加强，竞争机制的建立，使得我国的工商企业特别是中外合资企业，为了提高竞争力，不断提出了新的物流需求，我国经济界开始把物流发展提到了重要议事日程。此时国家逐渐加大力度对一些老的仓储、运输企业进行改革、改造和重组，使他们不断提供新的物流服务，与此同时，还出现了一批适应市场经济发展需要的现代物流企业。这一阶段，除公有制的物流企业外，非公有制的物流企业迅速增加，外商独资和中外合资的物流企业也有了不断发展。

随着我国经济向社会主义市场经济体制过渡，物流的活动逐渐摆脱了部门附属机构的地位，开始按照市场规律的要求开展物流活动。物流活动开始体现出物流的真正本质内容：服务。物流更多地和信息技术结合使用，物流的范围和领域也不断扩大。

我国物流虽然有了一定的发展，但是由于我国物流刚刚摆脱计划经济体制的束缚，目前还没有形成一个比较完整的体系。从总体来说，我国的物流发展仍处于起步阶段，主要表现在以下几点：

①现代物流的发展开始受到重视。近年来，我国部分省市政府已开始认识到物流对于推动经济发展、改善投资环境和提高地区经济和工商企业在国内外市场竞争能力的重要性，把发展现代物流作为一项涉及经济全局的战略性问题来抓。以天津、上海、深圳、山东三市一省为例，为了使地区经济持续高速发展，其都从战略高度出发，把发展现代物流作为经济腾飞的重要措施和支撑点之一。

许多省、市对发展现代物流高度重视。近期，在省、市发展计划委员会领导下，多地明确提出了加快现代物流业发展的对策建议。建议中明确指出：现代物流业发展水平正成为衡量地区综合竞争力的重要标志，发展现代物流是再创本省、市发展新优势的重要举措，发展现代物流是本省、市信息化、工业化、城市化、市场化的加速器。

②一些工商企业开始重视物流管理。我国一些工商企业已认识到物流是企业降低物资消耗、提高劳动生产率之外，能够使企业增加效益和增强竞争能力的“第三利润源”。强化企业的物流管理，取得了明显的收效。

如海尔集团，把物流能力摆在企业核心竞争力的位置，实施企业流程管理再造工程，将集团的采购、仓储、配送和运输等物流活动统一集中管理，成立了物流推进本部，下设采购事业部、配送事业部和储运事业部，对物流业务和物流资源优化重组，从而获得了巨大的经济效益。

商业企业为集中精力进行销售，扩大市场占有率，将产品的进货、储存和配送统一由自己的物流系统完成。如上海联华超市，其智能型配送中心，仓储面积达3.55万平方米，停车场地13万平方米，前后两个装卸区可供25辆大型车辆同时进出配送货物。该中心采用了计算机管理和机械化操作，配送中心根据各超市网上传递的要货单，经计算机处理后，向各楼层发出指令，各楼层按指令配送到集散地装车。中心实施24小时服务，同时为30家超市配送，做到40分钟送到门市部，实现了快速、高效的配送服务，日吞吐商品已达到7.8万箱，配送效率达到了国际先进水平。

③一批运输、仓储及货代企业逐步向物流企业发展。随着我国社会物流需求的增加，以及对物流认识的深化，我国在计划机制下形成的一大批运输、仓储及货代企业，为适应新形势下竞争的需要，正努力改变原有单一的仓储或运输服务方向，积极扩展经营范围，延伸物流服务项目，逐渐向多功能的现代物流方向发展。

④国外物流企业开始进入中国。由于我国物流企业的经营规模、管理技术和管理水平相对落后，其服务质量还很难满足一些企业，特别是跨国公司对高质量物流服务的需求，因此，近年来国际上一些著名物流企业普遍看好我国物流市场，陆续进入我国，在我国许多地方开始建立物流网络及物流联盟。他们运用国际成功的物流服务经验，为客户提供完整的综合物流服务。

另外，这些合资物流企业的服务对象，大都是在我国境内的中外合资或外商独资企业。这种结合方式，形成了在我国境内两个外国企业之间的“强强联合”。

⑤一些物流企业开始重视物流服务质量管理。物流的本质是服务，物流服务质量是物流企业生命的保证，它直接关系到物流企业在激烈竞争中的成败。我国的一些物流企业开始把提高服务质量作为与国际接轨、进入国际物流领域的入门证。他们把质量保证思想运用到物流运作中，确立物流质量管理的关键要素，将每项要素的具体标准及要求汇编成《质量管理手册》。公司总部还专门设立了质量管理部，具体落实贯彻《质量管理手册》，使每一项业务运作从作业开始就实施质量控制和跟踪，保证了业务运作质量稳定可靠。

⑥信息技术和通信技术已逐步在物流业务中运用。我国在90年代初期，物流活动中开始应用了计算机网络技术。1995年国际互联网在商业领域的应用，使信息技术在物流领域有了突破性进展，促进了我国以网络物流为基础的物流业的迅速发展。利用互联网和电子数据交换系统（EDI），使工厂及其各供应商可随时查看最新交易状况以及库存结构和数量，使物流总体效益逐步趋向最优化。

⑦为电子商务提供服务的物流企业有了发展。电子商务，是指通过计算机和计算机网络来完成商品交易等一系列商业活动的一种商品流通方式。目前，我国已出现了为电子商务服务的以高科技信息技术为基础的第三方物流企业。它们充分利用互联网、无线通信、条形码等现代信息技术。以代理的形式，对物流系列实行统一管理，建立了全国性的、快速的、以信息技术为基础的专门服务于电子商务的物流服务系统，为客户提供便捷的网上物流交易商务平台。

⑧物流研究和技术开发工作取得了一定进展。随着我国物流的发展，90年代以来，我国物流理论界不仅在国内普及了国外先进的物流理论和经验，同时借鉴国外物流理论研究成果并结合我国的实际，在物流系统建设、物流规划方法、物流企业的发展战略方面都取得了丰硕的成果，对我国物流发展起到了有益的作用。

我国物流技术研究也取得了长足进步。如激光导引无人运输车系统、巷道堆垛机、机器人、穿梭车等技术，物流信息技术和物流管理技术，网上仓库管理信息系统和汽车调度信息系统，卫星定位系统，配送物流系统等等。

拓展案例

特斯科公司

特斯科是英国最大的食品零售商，销售营业额达到300亿欧元。它在欧洲和远东有800家商店，但是在英国的数量更大，达到46家。近年来，商店内陈列的商品品种增加迅速，目前平均持有4000个库存单位（sku）。这样庞大的产品范围是由2000多家供应商提供的，特斯科期望供应商的服务水平达到至少98.5%的商品在半小时的“时间窗”内送抵特斯科（正确的时间和数量）。货物流通量同样惊人。一年中，从供应商运至商店的产品大约有10亿纸箱。

特斯科声言它的核心宗旨是“为客户创造核心价值，赢得客户终生忠诚”。广泛的产品选择和货物品种在货架上的高度可得性是实现这一核心宗旨的关键能动因素。那么怎样在如此之多的商店中保持平均持有如此之多存货的可得性？这个问题深入到了这个庞大组织物流管理层的核心部分。物流的主题就是物资流和信息流。让我们依次来考察特斯科是如何处理这两大主题的。

早期超市运作的改革是让供应商送货到每个配送中心而不是每家商店。在20世纪80年代，有26家仓库负责零售商店的配送。这些仓库分别只有一个温度控制区，空间较小而且效率相对低下。对每家商店的送货数量也相对较低，而且每天给所有的商店送货也不划算。有温度控制要求的货物不得不在专门的车辆上运送。每种产品有不同的订购系统。仓库网络无法应对物量的增加和标准越来越高的温度控制的要求，因而他们需要一个新的配送战略。

在“复合”配送系统下，许多配备有限的温度控制设施的小仓库被复合式配送系统（称为区域配送中心）所取代，它可以在几种温度范围内处理许多产品，使得每天为所有商店提供具有较高成本效益的配送服务成为可能。一般情况下，一个复式配送中心可以在15公顷的占地面积上每年处理300万个以上的纸箱。面积为250000平方英尺的仓库建筑物可划分为三个温度带：冷冻带（-25℃）、冷藏带（+1℃）、半室温带（+12℃）。每一个配送中心可为大约50家商店提供服务。复合仓库的运送车辆使用绝热拖车，这种拖车可以用移动隔板分隔成几个储货室，这些储货室可以在不同的温度下运作。配送按协定计划好的次数进行，像罐头和衣服等常温货物通过一个独立的系统进行配送。

关于从供应商运货到商店的运输方法的讲述就到此为止，但是，每天应该往商店送多少货物呢？因为今天有如此之多的产品种类，所以由单个商店订购所有品种的商品（以商店为基础的订购）是不可能的。相反，每一条产品线的销售在经过柜台处理时能通过电子销售点系统进行跟踪。当柜台的条形码读码机对客户的购买物进行扫描时就为各个库存单位自动保留了销售记录。在特斯科的信息交换系统（TE）中，每4小时就更新一次累积销售额。TE是一种基于互联网技术的系统，它使特斯科能与其供应商沟通销售信息。改善沟通的目的在于减少从厂家到商店的响应时间，同时也保证货物在货架上的可得性。更重要的是，TE旨在改善引进新产品和促销的流程，并监控服务水平。

在累积销售额的基础上，特斯科通过使用电子数据交换系统向它的供应商下订单。由于20世纪90年代货物流通量和产品种类的增加，像特斯科一样的食品零售商通过只订购满足明天预测销售所需的商品来缩减存货。对于流通快的货物，如甜点和洗衣粉，目标是“头一天订购第二天的”，即今天订明天所需的量。配送中心完成商店订单后，库存为零；而且到商店的运送是波浪式进行的，一天之内以不同的周期运送特定的商品。这意味着配送中心同一空间可以重复使用多次。

（蔡定萍：《物流企业统计》，清华大学出版社2006年版，第289页。有改动）

思考：

1. 描述特斯科关键的物流流程。
2. 在管理特斯科的运作时，你认为有哪些可能出现的问题？

1.1.2 现代物流

知识链接

物流的价值体现

一般来说，物流主要是通过创造时间价值和空间价值来体现其自身价值的。另外，在特殊情况下，它也可能创造一定的附加价值。

1. 时间价值

“物”从供给者到需求者之间有一段时间差，因改变这一段时间差而创造的价值称作“时间价值”。物流主要通过以下几种方式实现其时间价值：缩短时间差创造价值、弥补时间差创造价值、延长时间差创造价值等。

例如，大米的种植和收获是季节性的，多数地区每年收获一次。但是对消费者而言，每天都会有消耗，必须进行保管以保证经常性的需要。这种使用价值是通过保管克服季节性产出和经常性消耗的时间差后才得以实现的，这就是物流的时间价值。

2. 空间价值

空间价值是指通过改变物质的空间距离而创造的价值。物流创造的空间价值是由现代社会产业结构、社会分工所决定的，主要原因是供给和需求之间的空间差。商品在不同地理位置有不同的价值，通过物流活动将商品由低价值区转到高价值区，便可获得价值差，即空间价值。空间价值的实现主要有以下几种具体形式：从集中生产场所流入分散需求场所创造价值、从分散生产场所流入集中需求场所创造价值等。

例如，埋藏在深山中的煤和泥土、石块一样，没有任何价值，只有经过采掘、输送到别的地方作为发电、取暖的燃料时，才能实现其价值。它的使用价值是通过运输克服空间距离才得以实现的，这就是物流的空间价值。

3. 附加价值

附加价值也称增值价值，是指在特定环境下，配送中心根据客户的需要对货物进行简单加工的那一部分新增的价值，这种价值不能与时间价值和空间价值相比拟，但却能有效地完善并促进货物流通。可见，其作用也不容忽视。

1. 现代物流的特征

现代物流相对于传统物流而言，是指将信息、运输、仓储、配送、装卸搬运、包装、流通加工等物流活动综合起来的一种新型的集成式物流，其作用是降低物流总成本，提高物流效率，满足客户需要。换句话说，现代物流是指原材料、半成品、产成品从起点至终点及相关信息有效流动的全过程，它将运输、仓储、配送、装卸、加工、信息等活动有机结合，形成完整的供应链，为客户提供多功能、一体化的综合性服务。

现代物流是与现代化的社会大生产紧密联系在一起的，体现了现代社会经济发展和现代企业经营的要求。在现代物流的实际运作当中，广泛采用了代表当今生产力发展水平的管理技术、工程技术和信息技术，并随着时代的进步，自身的现代化程度也在不断提高。现代物流在不同的时期被赋予不同内涵，其特征可以概括为以下几个方面：

(1) 系统化

物流系统化是指系统科学在物流管理中的应用，即人们利用系统科学的思想和方法建立物流系统，包括社会物流系统和企业物流系统。现代物流不是运输、保管、配送等活动的简单叠加，而是通过彼此的内在联系和相互作用，围绕共同的目标形成的一个系统。因此，在物流最优化的时候，必须从系统的角度出发，通过物流功能的最佳组合，实现物流整体活动的最优。局部的最优化并不代表物流系统整体的最优化，不能仅追求单个物流活动的最优化。当然，从系统科学的角度看，物流系统本身就是社会大系统的重要组成部分。

(2) 总成本最小化

物流系统各功能要素之间存在效益悖反的关系。所谓效益悖反是指一个部门（或一种活动）的成本降低作用可能会被其他部门（或其他活动）的成本增加作用相互冲抵。例如，减少库存数量肯定能节省保管费，但势必会加大运输次数而使运费增加；减少包装可以节省包装费，但可能会导致货物在运输、保管及装卸搬运过程中破损率增加和作业效率降低。物流总成本最小化是物流合理化的重要标志。因此，现代物流是建立在物流总成本意识的基础上，利用物流系统中各功能要素之间存在的效益悖反关系，通过物流各个功能活动的相互配合和总体协调达到物流总成本最小化的目的。

(3) 信息化

现代物流可以理解为货物实体的物理性流通与信息流通的结合，信息在实现物流系统化、电子化、网络化，实现物流作业一体化方面发挥着重要作用。传统物流的各个功能要素之间缺乏有机联系，对物流活动的控制多属于事后控制。而现代物流通过信息将各项物流功能活动有机结合在一起，实时把握、控制物流系统按照预定的目标运行。准确地掌握信息，如消费者的需求信息、供应商的供应信息、制造商的生产和库存信息，可以减少低效率、非增值的物流活动，提高物流效率和物流服务水平。

(4) 现代化

在现代物流活动中，先进的机械设备在运输、仓储、装卸搬运、包装以及流通加工等作业工作中得到了广泛使用。如运输手段实现大型化、高速化、专用化，装卸搬运实现机械化、自动化，包装实现单元化，仓库实现立体化、自动化，信息的传输实现网络化和计算机化。这些给现代物流业的发展提供了坚实的物质基础。

(5) 社会化

物流社会化是指社会中的任何组织机构或个人，对物流的需求不再单纯追求由自己内部完成，而是交给社会的其他专业的物流组织机构（如第三方物流企业）完成。

社会化意味着物流从自给自足的生产力方式转变成为一定社会分工条件下的专业化生产力方式，不但非物流组织机构的物流需求实现了社会化，而且物流组织机构的物流供应也实现了社会化。社会化在物流实践活动中的体现就是广大工商企业物流需求通过社会化物流服务满足的比重在不断提高，第三方物流形态成为主流，物流在国民经济中的作用凸显出来。物流的社会化也必然要求物流运作的规范化和法制化。

(6) 专业化

社会分工导致了专业化，也促使了物流专业的形成。物流专业化本身至少包括两个方面的内容：一方面，在企业里，物流管理作为企业一个专业部门独立地存在并承担专门职能。随着企业的发展和企业内部物流需求的增加，企业内部的物流部门可能从企业中游离出去，成为社会化的专业性物流企业，如海尔物流公司。另一方面，在社会经济领域中，出现了专业化的物流企业，提供着不同的物流服务，并进一步演变成为服务专业化的物流企业。

服务专业化又包括两方面的内容：一方面是服务功能或内容的专业化，即提供单一功能的物流服务，如汽车运输公司；另一方面是服务对象或行业的专业化，也就是说物流企业向某个行业或某种类型的企业开展物流服务，如专门为医药行业提供物流服务的南京康捷物流公司。

专业化的发展形成众多的物流企业，推进物流业的全面发展，引导与物流相关的部门和企业的发展，如物流基础设施建设、物流设备制造、物流人才的培养等，使物流逐渐成为影响国内生产总值的一种产业。

(7) 电子化

现代信息技术、通信技术以及网络技术已广泛应用于物流信息的处理和传输过程。物流各环节之间、物流部门与其他相关部门之间、不同企业之间的物流信息交换传递和处理可以突破空间和时间的限制，保持物流与信息流的高度统一和对信息的实时处理。诸如物流自动化、智能化、实时化和可视化等许多物流技术都是建立在电子技术基础上，是电子技术专业化和具体化的表现。

随着现代物流技术，特别是电子信息技术和光电技术的发展和应用，无论是客户还是服务商，不再为看不到货物而担心，客户可在办公室借助计算机以文字、数字、图形、图片等信息形式，查看货物储存、运输、配送状态，增加了供应链管理和物流管理的透明性。

(8) 网络化

物流网络化有两种理解：一种是指物流组织网络，另一种是指物流信息网络。物流网络是在工商企业网络和交通运输网络的基础上形成的地区性、全国性乃至全球性的分销和配送网络。企业规模扩大、客户增加、市场覆盖率提高要求建立高效的物流网络；而社会交通运输网络的完善、统一市场的形成、各障碍的消除、电子网络技术的发展及广泛应用又使高效的物流网络建立成为可能。

为了保证对产品高效率地分销、配送，提供快速、全方位的物流支持，现代物流需要有完善、健全的物流网络体系，保持网络上点与点之间物流活动的系统性和一致性，这样可以保证整个物流网络有最优的库存总水平及库存分布，将干线运输与支线末端配送结合起来，形成快速灵活的供应通道。

(9) 快速反应化

现代市场的竞争已不仅仅是“大鱼吃小鱼”的问题，还存在“快鱼吃慢鱼”。企业与企业之间的竞争也开始演化到供应链与供应链的竞争。根据供应链管理的要求，物流服务提供者对上游、下游的物流需求的反应速度越来越快，前置时间越来越短，配送间隔越来越短，配送速度越来越快，商品周转次数越来越多，准时配送、快速补充订货以及迅速调整库存结构的能力在加强。现代物流信息系统、作业系统和物流网络的强力支持，使物流快速反应成为可能。

(10) 柔性化

随着消费者需求的多样化、个性化特征的出现，市场竞争进一步加剧。为了降低生产成本，制造企业在规模化的基础上开始了多样化的生产，建立了柔性化生产线。在柔性化制造的条件下，物流需求呈现小批量、多品种、高频次、订货周期变短、时间性增强、不确定性提高等特点。因此，现代物流的柔性化就是与制造业的柔性化相配套，以客户的物流需求为中心，对客户的需求作出快速反应，既能及时调整物流作业，同时又能有效地控制物流成本。

知识链接

发展中的现代物流

现代物流是一个跨行业、跨学科、多环节、多方面的综合性概念，以发展的眼光看，可以有以下几种不同角度的认识。

（1）从产业的角度看

物流是一个蓬勃兴起的新兴产业。现代第三方物流就是为生产和流通提供专业化服务的物流组织。它是从生产和流通中分离出来的，具有产业发展的基本特征。其中，物流产业的发展直接影响到工农业、交通运输业、国内外贸易等各个领域的发展。

（2）从资产的角度看

由物流的定义可知，物流的核心就是对供应链中各种形态的存货进行有效的协调、管理和控制，从而提高存货流动性，是企业追求的“第三利润源”。

（3）从环境的角度看

物流是有助于企业降低资源消耗、减少环境污染、谋求可持续发展的重要途径和方法，是绿色思想、环境意识在物流活动中的重要体现。

（4）从服务的角度看

物流活动最大的作用并不在于为企业节约了消耗、降低了成本或增加了利润，而在于提高了企业对客户的服务水平，从而提高了企业的竞争力。

（5）从战略的角度看

“物流战略”说是当前非常盛行的说法，学术界和企业界越来越多的人已经逐渐认识到，物流更具有战略性，是企业发展战略而不是一项具体操作性任务；物流管理注重的应是物流的整体效益，而不仅仅是物流的某个环节。

2. 现代物流的特征

社会经济领域中的物流活动无处不在，虽然物流的基本要素都共同存在，但是由于物流对象不同，物流目的不同，物流范围、范畴不同，形成了不同类型的物流。尽管目前还没有统一的物流分类标准，但为便于研究，按照物流系统的作用、属性及作用的空间范围，可以从不同角度对物流进行分类。

（1）按照实用价值分类

①宏观物流。宏观物流是指社会再生产总体的物流活动，从社会再生产总体角度认识和研究的物流活动。这种物流活动的参与者是构成社会总体的大产业、大集团，宏观物流也就是研究社会再生产总体物流，研究产业或集团的物流活动和物流行为。

宏观物流还可以从空间范畴来理解，在很大空间范畴的物流活动往往带有宏观性，在很小空间范畴的物流活动则往往带有微观性。宏观物流也指物流全体，从总体看物流而不是从物流的某一个环节来看物流。

因此，在物流活动中，下述物流应属于宏观物流，即社会物流、国民经济物流、国际物流。宏观物流研究的主要特点是综合性和全局性。宏观物流主要研究内容是物流总体构成、物流与社会之关系及其在社会中的地位、物流与经济发展的关系、社会物流系统和国际物流系统的建立和运作等。

②微观物流。消费者、生产者企业所从事的实际的、具体的物流活动属于微观物流。在整个物流活动之中的一个局部、一个环节的具体物流活动也属于微观物流。在一个小地域空间发生的具体的物流活动也属于微观物流。针对某一种具体产品所进行的物流活动也是微观物流。企业物流、生产物流、供应物流、销售物流、回收物流、废弃物物流、生活物流等均属微观物流。微观物流研究的特点是具体性和局部性。由此可见，微观物流是更贴近具体企业的物流，其研究领域十分广阔。

(2) 按照作用分类

①供应物流。为生产企业提供原材料、零部件或其他物品时，物品在提供者与需求者之间的实体流动称为供应物流，也就是物资生产者、持有者至使用者之间的物流。对于工厂而言，是指生产活动所需要的原材料、备品备件等物资的采购、供应活动所产生的物流；对于流通领域而言，是指交易活动中，从买方角度出发的交易行为中所发生的物流。

企业的流动资金大部分是被购入的物资材料及半成品等所占用的。供应物流的严格管理及合理化对于企业的成本有重要影响。

②销售物流。生产企业、流通企业出售商品时，物品在供方与需方之间的实体流动称为销售物流。也就是物资的生产者或持有者到用户或消费者之间的物流。对于工厂是指售出产品，而对于流通领域是指交易活动中，从卖方角度出发的交易行为中的物流。

通过销售物流，企业得以回收资金，并进行再生产活动。销售物流的效果关系到企业的存在价值是否被社会承认。销售物流的成本在产品及商品的最终价格中占有一定的比例。因此，在市场经济中为了增强企业的竞争力，销售物流的合理化是可以收到立竿见影的效果。

③生产物流。生产过程中，原材料、在制品、半成品、产成品等在企业内部的实体流动，称为生产物流。生产物流是制造产品的工厂企业所特有的，它和生产流程同步。原材料、半成品等按照工艺流程在各个加工点之间不停顿地移动、流转形成了生产物流。如生产物流中断，生产过程也将随之停顿。

生产物流合理化对工厂的生产秩序、生产成本有很大影响。生产物流均衡稳定，可以保证在制品的顺畅流转，缩短生产周期。在制品库存的压缩，设备符合均衡化，也都和生产物流的管理和控制有关。

④回收物流。不合格物品的返修、退货以及周转使用的包装容器从需方返回到供方所形成的物品实体流动，叫回收物流。在生产及流通活动中有一些资料是要回收并加以利用的，如作为包装容器的纸箱、塑料筐、酒瓶等，建筑行业的脚手架也属于这一类物资。还有可用杂物的回收分类和再加工。例如，旧报纸、书籍通过回收、分类可以再制成纸浆加以利用；特别是金属的废弃物，由于金属具有良好的再生性，可以回收并重新熔炼成有用的原材料。目前，我国冶金生产每年有3000万吨废钢铁作为炼钢原料使用，也就是说我国钢产量中有30%以上是由回收的废钢铁重熔冶炼而成的。

回收物资品种繁多，流通渠道也不规则，且多有变化，因此，管理和控制的难度大。

⑤废弃物物流。将经济活动中失去原有使用价值的物品，根据实际需要进行收集、分类、加工、包装、搬运、储存等，并分送到专门处理场所时形成的物品实体流动，叫废弃物物流。生产和流通系统中所产生的无用的废弃物，如开采矿山时产生的土石、炼钢生产中的钢渣、工业废水以及其他一些无机垃圾等，如果不妥善处理，不但没有再利用价值，还会造成环境

污染，就地堆放会占用生产用地以致妨碍生产。对这类物资的处理过程产生了废弃物物流。废弃物物流没有经济效益，但具有不可忽视的社会效益。为了减少资金消耗，提高效率，更好地保障生活和生产的正常秩序，对废弃物资综合利用的研究很有必要。

（3）按照物流活动的空间范围分类

①地区物流。所谓地区物流，有不同的划分原则。首先，按行政区域划分，如西南地区、河北地区等；其次是按经济圈划分，如苏（州）无（锡）常（州）经济区、黑龙江边境贸易区；还有按地理位置划分的地区，如长江三角洲地区、河套地区等。

地区物流系统对于提高该地区企业物流活动的效率，以及保障当地居民的生活福利环境具有不可缺少的作用。研究地区物流应根据地区的特点，从本地区的利益出发组织好物流活动。如某城市建设一个大型物流中心，显然这对于当地物流效率的提高、降低物流成本、稳定物价具有很大作用，但是也会引起由于供应点集中、货车来往频繁、产生废气噪音、发生交通事故等消极问题。因此，物流中心的建设不单是物流问题，还要从城市建设规划、地区开发计划出发，统一考虑，妥善安排。

②国内物流。国家或相当于国家的实体，是拥有自己的领土和领空的政治经济实体。它所制定的各项计划、法令政策都应该是为其自身的整体利益服务的。物流作为国民经济的一个重要方面，也应该纳入国家的总体规划。我国的物流事业是社会主义现代化事业的重要组成部分，全国物流系统的发展必须从全局着眼，对于部门分割、地区分割所造成的物流障碍应该清除。在物流系统的建设投资方面也要从全局考虑，使一些大型物流项目尽早建成，为社会主义经济服务。

③国际物流。不同国家之间的物流，叫国际物流。当前世界的发展主流是国家与国家之间的经济交流越来越频繁，任何国家不投身于国际经济大协作的交流之中，本国的经济技术就得不到良好的发展。工业生产也在走向社会化和国际化，出现了许多跨国公司。一个企业的经济活动范畴可以遍布各大洲，国家之间、洲际的原材料与产品的流通越来越发达，因此，国际物流的研究已成为物流研究的一个重要分支。

（4）按照物流系统性质分类

①社会物流。企业外部的物流活动总称为社会物流。社会物流一般指流通领域所发生的物流，是全社会物流的整体，所以有人称其为大物流或宏观物流。社会物流的一个标志是：它是伴随商业活动（贸易）发生的，也就是说物流过程和所有权的更迭是相关的。

就物流的科学整体而言，可以认为主要研究对象是社会物流。社会物资流通网络是国民经济的命脉，流通网络分布的合理性、渠道是否畅通至关重要。必须进行科学管理和有效控制，采用先进的技术手段，保证高效率、低成本运行，这样做可以带来巨大的经济效益和社会效益。物流科学对宏观国民经济的重大影响是物流科学受到高度重视的主要原因。

②行业物流。同一行业中的企业是市场上的竞争对手，但是在物流领域中常常互相协作，共同促进行业物流系统的合理化。例如，日本的建设机械行业提出行业物流系统化的具体内容有：各种运输手段的有效用；建设共同的零部件仓库，实行共同集配送；建立新旧设备及零部件的共同流通中心；建立技术中心，共同培训操作人员和维修人员；统一建设机械的规格等。又如在大量消费品方面采用统一商品规格、统一法规政策、统一托盘规格、陈列柜和包装模数化等。

行业物流系统化的结果使参与的各个企业都得到相应的利益。各个行业的协会或学会应该把行业物流作为主要的研究课题之一。

③企业物流。企业内部的物品实体流动称为企业物流。企业是为社会提供产品或某些服务的一个经济实体。一个工厂要购进原材料，经过若干工序的加工，形成产品销售出去；一个运输公司要按客户要求将货物输送到指定地点。在企业经营范围内由生产或服务活动所形成的物流系统称为企业物流。

(5) 其他物流

除了上述分类之外，还有所谓的绿色物流、军事物流、第三方物流、定制物流、虚拟物流等。

绿色物流——在物流过程中抑制物流对环境造成危害的同时，实现对物流环境的净化，使物流资料得到最充分的利用。

军事物流——用于满足军队平时与战时需要的物流活动。

第三方物流——由供方与需方以外的物流企业提供物流服务的业务模式。

定制物流——根据用户的特定要求而为其专门设计的物流服务模式。

虚拟物流——以计算机网络技术进行物流运作与管理，实现企业间物流资源共享和优化配置的物流方式。

拓展案例

快乐物流——现代物流新理念

军事仓储学科的创始人、军事物流学科带头人、中国物流学会副会长、后勤指挥学院博士生导师王宗喜少将倡导的“快乐物流”(Happy Logistics) 这一思想，以简单形象的语言表达了现代物流的新理念，提出了关于物流发展的重大命题，揭示了未来物流的本质特征：以情感的快乐为表征，蕴含着哲学上的必然、社会学上的善、美学上的和谐，这就是快乐物流的本质，未来物流的必由之路。

1. 物流的存在发展是人类社会经济进步的必然——快乐物流的基本前提

21 世纪，物流已成为经济发展的支柱产业之一，成为国民经济新的增长点。物流是人类认识自然、征服自然和改造自然的社会经济活动的一种代表性方式，物流的不断发展壮大以至掀起全球经济的热潮，反映了生产上、经济上、历史上的一种必然性。人类只有经过探索规律、掌握规律，进而应用规律、顺应规律，即哲学意义上的必然，才能获得随之而来的深层次的快乐。

2. 物流的根本宗旨是以服务实现善的目的——快乐物流的本质特征

物流是全社会的服务行业，覆盖了国民经济的所有产业，因此，可将物流看作社会经济活动中的大服务系统，它是实现“以客户为中心”理念的根本保证。物流作为“第三利润源泉”与传统利润有根本不同，它是以服务于其他利润的生成过程产生的。因此，从社会学意义上说，物流的本质是善，结果是利他性，利他的善是人类特有的产生快乐的重要源泉。物流以其社会学意义上的广义的善作为服务的根本宗旨，这种物流当然是快乐的。

3. 物流的主要作用是通过调控实现和谐——快乐物流的核心形态

物流在经济活动中的主要作用是进行调控，使经济活动的各个功能环节运行顺畅，使经济活动过程完善和谐，和谐是物流活动追求的高层次目标。在物流系统内部，只有实现物流要素集成化、物流组织网络化，才能使物流系统各要素之间的联系像一个整体一样和谐，从而达到物流系统整体优化的目的。从美学的观点看，和谐是形式美的主要表现形式，是产生美感即身心快乐的外在要求。

几千年前，睿智的所罗门老王说了一句格言："快乐的心情像是一剂良药，而破碎的心却会啃蚀骨头。""快乐物流"带给我们的就是精神上的快乐享受，这一新理念带给我们的必将是获取更大的成功。

（祁晓霞等主编：《现代物流管理概论》，航空工业出版社2008年版，第11~12页。有改动）

1.2 现代物流管理概述

☞课堂互动

6元钱买一瓶2.25升的可口可乐，有多少人工成本、多少原材料成本、多少利润，又有多少是物流成本？

制造的成本，也就是把人工和原材料的费用加在一起，也不过4元左右，利润不过几毛钱，而相比之下，物流的成本则超过1元钱。由此可见，一瓶可乐在仓储、运输上消耗的费用能够占到销售价格的20%~30%。可见，物流成本的降低对企业具有重要的意义。

那么，在保证物流效益的前提下，可以从哪些途径来实现物流成本的降低呢？

最近几十年来，物流管理已从过去只注重分散的各个环节的物流功能的研究，发展到越来越注重整个物流过程的整合。当前，国内外工商企业界和物流理论界强调对物流整个活动进行全面整合的思想更加流行。综合物流管理与综合供应链管理已成为现代物流管理的一个方向。

过去传统的物流活动是分散在各个部门的，它们分别存在于企业的营销、财务和制造等部门中。从局部来看，传统的物流管理有时对这些活动是很有效的，但从全局来看，它并没有任何内部机制来保证物流各环节之间的一体化整合和协调性，方便真实地作出最佳物流决策。在许多公司内部，由于组织机构的纵向体制，抑制了贯穿全公司的物流决策的制定，很难达到一体化整合的物流管理。

1.2.1 现代物流管理的特征

1. 现代物流管理的含义

"物流"一词从"Physical Distribution"发展到"Logistics"是一次重要变革，是将物流活动从被动、从属的职能活动上升到企业经营战略层次，也意味着物流本身的概念已经从对活动的概括和总结上升到管理学的层次。所谓物流管理是指在社会再生产过程中，根据货物实体流动的规律，应用管理学的基本原理和科学方法，对物流活动进行计划、组织、指挥、控制，使各项物流活动实现最佳的协调与配合，从而降低物流成本，提高物流效率和经济效益的过程。

现代物流管理建立在系统论、信息论和控制论的基础上，目的是在尽可能低的总成本条件下实现既定的客户服务水平，即寻求服务优势和成本优势的动态平衡，并由此创造在竞争中的战略优势。现代物流管理的内容广泛，物流服务管理、物流质量管理及物流信息等均是现代物流的主要内容。同时，随着物流全球一体化趋势的日益增强，物流标准化在物流管理中的作用也越来越突出，它是一国物流走向世界的通行证。

2. 现代物流管理的特征

(1) 以实现客户满意为首要目标

现代物流管理是以客户需要为出发点，从客户服务目标的设定开始，追求客户服务的差别化战略，以满足客户个性化需求。现代物流管理通过提供客户所期望的服务，在积极追求自身交易扩大的同时，强调实现与竞争企业在客户服务方面的差别化，在了解竞争对手的战略基础上，努力提高客户的满意度。在现代物流管理中，客户服务的设定优先于其他各项活动并且为了使物流客户服务能有效地开展，在物流体系的基本建设上，要求具备并完善物流中心、信息系统、作业系统和组织构成等条件，如在物流系统中必须做到物流作业效率化，应该运用适当的方法和手段使企业能最有效地降低物流成本。

(2) 重视整个流通渠道的货物流动

以往人们认为的物流是从生产阶段到消费阶段的货物流动，也就是说，物流管理的主要对象是“销售物流”和“生产物流”，而现代物流管理的范围不仅包括销售物流和生产物流，还包括采供物流、逆向物流以及废弃物物流。现代物流管理还突破了企业内物流的界限，开始从整个供应链的角度构建物流系统，强调成员单位之间双赢式合作，提高整个供应链的物流效率，降低整个供应链的物流成本，从而使各成员单位受益。

(3) 追求企业整体最优

充分的分工与合作是当今市场的发展趋势，如果企业物流仅仅追求“部分最优”或“部门最优”，不可能整合自身拥有的内外资源，也无法在日益激烈的市场竞争中取胜。因此，现代物流管理所追求的费用、效益，是针对采购、生产、销售、物流等全体最优而言，跨越了各部门的分歧与差异。

(4) 重视效率更重视效果

现代物流管理从原来重视物流的设备等硬件要素转向重视信息等软件要素，从以前运输储存为主的活动转向物流的全过程，从原来的作业层次转向管理层次，从原来强调运力确保、降低成本等企业内需求的对应，转变为强调物流服务水平提高等市场需求对应，从而更进一步地发展到重视环境等社会需求的对应。因此，现代物流管理不仅重视效率方面的因素，更强调的是整个流通过程的物流效果。也就是说，从效果的角度来看，有些物流活动虽然使成本上升，但如果它有利于整个企业战略的实现，那么这种物流活动仍然是可取的。

(5) 以信息为中心，满足市场实际需要

现代物流管理活动已不是单个生产、销售部门或企业的事，而是包括供应商、批发商、零售商等关联企业在内的整个统一体（供应链）的共同活动，因而现代物流管理通过这种供应链强化了企业间的关系。如果说部门间的采购、生产、销售、物流结合追求的是企业内经营最优的话，那么供应链管理则是通过所有市场参与者的联盟追求全过程效率的提高。这种供应链管理带来的一个直接效应是产需的结合在时空上比以前任何时候都要紧密，并带来了经营方式的改变，即从原来的投机型经营（生产建立在市场预测基础上的经营行为）转向实需型经营（根据订单生产）。同时伴随着这种经营方式的改变，在经营管理要素上，信息已成为物流管理的中心，因为没有高度发达的信息网络和信息支撑，实需型经营是无法实现的。

(6) 实现对商品运动的一元化管理

伴随着商品实体的运动，必然会出现“场所移动”和“时间推移”这种物流现象。在当今产销紧密联系，流通整体化、网络化的过程中，“时间推移”已成为一种重要的经营资源。

因为现代经营的实需型发展模式，不仅要求物流活动能实现经济效率化和客户服务化，而且还必须及时了解和反映市场的需求，并将之反馈到供应链的各个环节，以保证生产经营决策的正确和再生产的顺利进行。所以说，缩短物流时间，不仅决定了流通全过程的商品成本和客户满意，同时通过有效的商品运动为生产提供全面准确的市场信息。只有这样才能创造出流通网络或供应链价值，并保证商流能持续不断地进行。从物流时间形态上看，只有整体地、全面地把握控制相关的各种要素和生产经营行为，并将之有效地联系起来，才能实现时间缩短的目标。显然，这要求物流活动的管理应超越部门的层次，实现高度的统一管理。现代物流管理所强调的就是如何有效地实现一元化管理，真正把供应链思想和企业全体观念贯彻到管理行为中。

拓展案例

UPS 的特色物流服务

1907 年，美国人吉米・凯西创立了联合包装公司 UPS。目前，UPS 在全球快递业中已经独占鳌头。UPS 之所以取得巨大的成功，与其特色的物流服务是密切相关的。具体来说，UPS 的特色物流服务表现在以下几个方面：

（1）货物传递快捷。UPS 规定，国际快件 3 个工作日内送达目的地，国内快件保证在翌日上午 8 时以前送达。而在美国国内接到客户电话后，UPS 可在 1 小时内上门取件，并当场用微型电脑办理好托运手续。

（2）报送代理和信息服务。UPS 从 20 世纪 80 年代末期起投资数亿美元建立起全球网络和技术基础设施，为客户提供报送代理服务。UPS 的报关代理自动化系统可将其承运的国际包裹的所有资料都存入这个系统，这样，清关手续在货物到达海关之前即已办完。UPS 的电脑化清关为企业节省了时间，提高了效益。

（3）货物即时追踪服务。UPS 的即时追踪系统是目前世界上快递业中最大、最先进的信息追踪系统。所有货物都附有一个追踪号码，系统可以随时查询货物的所处位置，非电脑网络客户可以用电话咨询客户服务中心，

（4）先进的包裹管理服务。UPS 建立的亚特兰大信息数据中心可将系统中的包裹信息从世界各地汇总到这里。包裹送达时，物流员工借助一个类似笔记本电脑的传递信息读取装置摄取客户的签字，再通过邮车上的转换器将签名直接输送到信息数据中心，从而实现了无纸化操作。送达后，包裹有关资料可在数据中心保存 18 个月，这项工作使包裹的管理工作更加科学化，也提高了 UPS 服务的可靠性。

（5）包装检验与设计服务。UPS 设在芝加哥的服务中心曾设计水晶隔热层的包装方式，为糖果、巧克力的运输提供恒温保护；用坚韧编织袋包装，使 16 万台转换器的包装可经得起双程磨损。这类服务为企业节省了材料费用和运输费用，被誉为“超值服务”。

（《UPS 特色物流服务》，2014 年 9 月 5 日，http：//www.doc88.com/p-3406764328989. html。有改动）

思考：

什么是物流管理？物流管理包括哪些内容？

1.2.2 现代物流管理的核心目标

拓展案例

奥康：物流运营零成本

奥康提出的物流运营零成本并非是物流运营不花一分钱，只是通过一种有效的运营方式，最大限度地降低成本，提高产品利润。

对皮鞋行业而言，许多产品是季节性的，这类产品的竞争关键就是比时间、比速度。对一些畅销品种，如果能先于对手一周上货，一个月出货，就意味着抢先占领了市场。而对于市场管理的终极目的也在于此，如果产品上市慢于对手一步，就会形成积压。积压下来无法销售的鞋子将会进行降价处理，如此一来，利润减少，物流成本加大，实在处理不掉的鞋子将统一退回总部，二次运输成本随之产生，物流成本也就在无形之中增加了。

据了解，奥康将一年分为8个季，鞋子基本上能做到越季上市，一般情况下，在秋季到来的半个月前，秋鞋必须摆上柜台，这就要求奥康必须准确地把握产品的时尚潮流信息。为此，奥康在广州、米兰等地设立了信息中心，将国际最前沿的流行信息在第一时间反馈到温州总部，这样就可以做到产品开发满足市场需求，从而减少库存、增加利润。

很多消费者可能都有这样一种经历，电视台上有些大打广告的产品，当你心动准备去购买的时候，跑遍了所在城市的每一个角落，也找不到它们的踪影。如此一来，信息成本加大，进一步导致利润降低。奥康的广告策略是广告与产品同时上市或广告略迟于产品上市，这样既可以使产品在上市之初进行预热，又可以收集产品上市后的相关信息，有利于对返单的鞋子进行产品宣传及进一步的开发设计，达到高销量的要求，同时也降低了物流运营成本。

（《奥康：物流运作三个“零”》，2007年3月14日，http://www.vsharing.com/k/2007-3/548210.html。有改动）

1. 降低物流成本

物流成本是伴随着物流活动而发生的各种费用。物流成本的高低直接关系到企业利润水平的高低。人们对于物流的关心首先是从关心物流成本开始的。假定销售额为1亿元，物流成本为2 000万元，如果物流成本下降10%，即减少200万元成本，那么利润可以直接增加200万元。因此，降低物流成本是物流管理的一项核心内容。

（1）物流成本的构成

物流成本是指物流活动中的各环节，如运输、仓储保管、配送、包装、装卸搬运、流通加工和信息处理等所支出的人力、物力、财力的总和。物流成本既包括向外支付的物流费用，又包括企业内部消耗的大量物流费用。例如：

①从事物流工作的人员工资、奖金及各种福利和补贴。

②物流过程中的物质消耗，包括材料、电力、燃料的消耗，固定资产磨损等。

③货物在运输、保管、包装、装卸搬运、加工等物流过程中的损耗。

④与物流有关的再分配项目支出，如支付银行贷款的利息等。

⑤物流过程中发生的其他支出，如办公费、差旅费等。

(2) 物流成本与服务水平的效益悖反关系

高水平的物流服务是靠高的物流成本来保证的，企业很难做到既提高了物流服务水平，又降低了物流成本，除非有较大的技术进步。一般说来，物流服务与物流成本之间存在着效益悖反，并且呈现线性关系，如图 1-2 所示。

从图 1-2 中可以看出，投入相同的成本并非可以得到相同的物流服务水平增长。与处于竞争状态的其他企业相比，在处于相当高的物流服务水平的情况下，要想超过竞争对手，提出更高的服务标准就需要有更多的投入。因此，企业在提出降低物流成本的要求时，必须认真考虑物流成本下降与物流服务水平之间的关系。一般在对物流服务水平和物流成本作决策时，通常考虑以下四种策略：

①保持物流服务水平不变，通过改进物流系统尽量降低物流成本。

②为了迎合特定客户的需求或迎接竞争对手的挑战，不惜增加物流成本来提高物流服务水平。

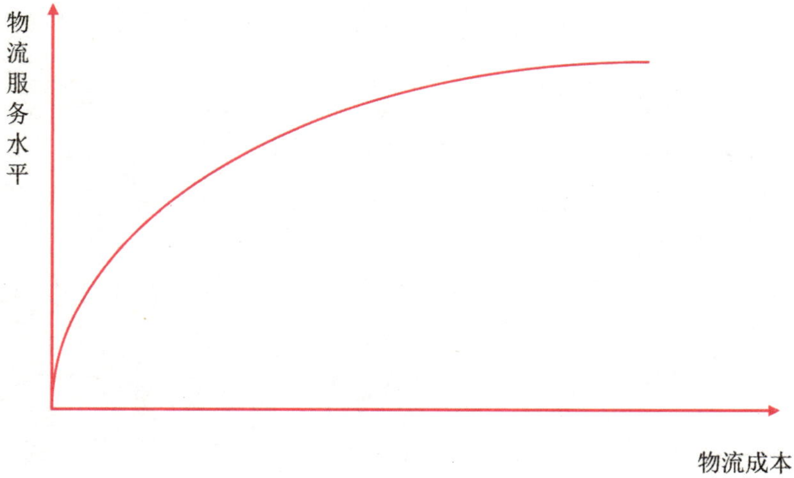

图 1-2　物流服务水平与物流成本之间的关系

③保持成本不变，有效利用物流成本的性能，挖掘潜力，提高服务水平。

④适当降低物流服务水平以实现更大物流成本的降低。

企业采取哪种物流成本策略，往往不是凭感觉而定的，而是通盘考虑各方面因素。这些因素包括企业的营销战略、区域市场的销售策略和竞争对手、物流成本、物流系统所处的环境等。

(3) 影响物流成本的因素

影响企业物流成本的因素很多，最主要的有三个：竞争性因素、产品因素和空间因素。

①竞争性因素。市场环境变幻莫测，充满了激烈的竞争。在这样一个复杂的市场环境中，企业之间的竞争也并非单方面的，不仅包括产品和价格的竞争，也包括客户服务的竞争。而高效的物流系统是提高客户服务水平的重要途径。只有物流管理合理高效，企业才能够及时可靠地提供产品和服务，才可以有效地提高客户服务水平。而客户的服务水平的高低又直接决定了物流成本的多少。企业每一次对竞争作出回击，都是以物流成本的提高为代价的。因此，物流成本在很大程度上是由于日趋激烈的竞争而不断发生变化的。

②产品因素。产品的特性主要体现在产品价值、产品密度、易损性和特殊搬运等方面，特性不同也会影响物流成本的高低。以产品价值为例，随着产品价值的增加，物流活动的每

一领域的成本都会增加。一般来说，产品价值越大，对其所需使用的运输工具要求越高，仓储的库存保管费也随之增加，对包装的要求也较高。

③空间因素。空间因素是指物流系统中工厂或仓库相对于市场或供货点的位置关系。若工厂距离市场太远，则必然要增加运输费用。

(4) 降低物流成本的途径

物流成本在企业经营成本中占的比重比较大，但一直未受到足够的重视。传统的企业总是将目光关注于制造成本的降低和销售利润的提高，关注产品质量，却很少考虑如何以最小的代价将产品及时、准确地送到客户手中，或及时准确地获得自己所需的原材料和半成品。随着客户对交货要求的不断提高，物流成本也随着客户服务水平而水涨船高，企业家们才逐渐意识到，物流成本降低是企业获利的一条重要渠道。从长远的角度来看，降低企业的物流成本有以下几条途径：

①实现物流合理化。物流合理化就是使一切物流活动和物流设施配备趋于合理，以尽可能低的成本获得尽可能好的物流服务。由于效益悖反的作用，物流各项活动的成本往往此消彼长，若不综合考虑的话，必然会造成物流费用的极大浪费。对于一家企业而言，物流合理化是降低物流成本的关键因素，它直接关系到企业的效益，也是物流管理的总目标。物流的合理化要在广泛调查的基础上，根据实际物流流程来设计规划，不能单纯地强调某环节的合理、有效和成本节省，而是要通盘考虑，减少不必要的环节，追求整个流程的合理。

②提高物流质量。加强物流质量管理，也是降低物流成本的有效途径。这是因为，只有不断提高物流质量，才能不断减少和消灭各种差错事故，降低各种不必要的费用支出，降低物流过程的消耗，从而保持良好的信誉，吸引更多的客户，形成规模化的集约经营，提高物流效率，从根本上降低物流成本。

③加快物流速度。提高物流速度，可以减少资金占用，缩短物流周期，降低储存费用，从而节省物流成本。海尔公司提出的“零运营资本”，就是靠加快采购物流、生产物流、销售物流的速度来缩短整个物流周期，提高资金的利用率来实现的。

④培养物流人才。市场竞争归根结底是人才的竞争。物流已发展成为国民经济中的一个行业，存在自身运行的规律，因此，实现物流合理化、提高物流服务质量以及加快物流速度，需要大量专业性人才。物流专业人才的操作技能、工作态度、工作方法和管理水平，将影响到物流的效率，进而影响物流成本的大小，因此，应该重视物流人才的培养和使用。

2. 提高服务水平

物流业属于现代服务业的范畴，其管理活动从本质上说是一种对客户的服务，在使客户满意的前提下，权衡服务成本，有效迅速地向客户提供产品。因此，提高物流服务水平，使客户满意，也是现代物流管理的一项核心内容。

(1) 物流服务的内容

所谓物流服务就是对客户商品利用可能性的一种保证，它包含了三个要素，如图1-3所示。

①拥有客户所期望的商品（备货保证）。

②在客户所期望的时间内传递商品（输送保证）。

③符合客户所期望的质量（品质保证）。

物流服务的内容是满足客户的需求，保障供给，而且无论是在服务的量上还是质上都要使客户满意。在量上满足客户的需求主要表现在适量性、多批次、广泛性；在质上满足客户

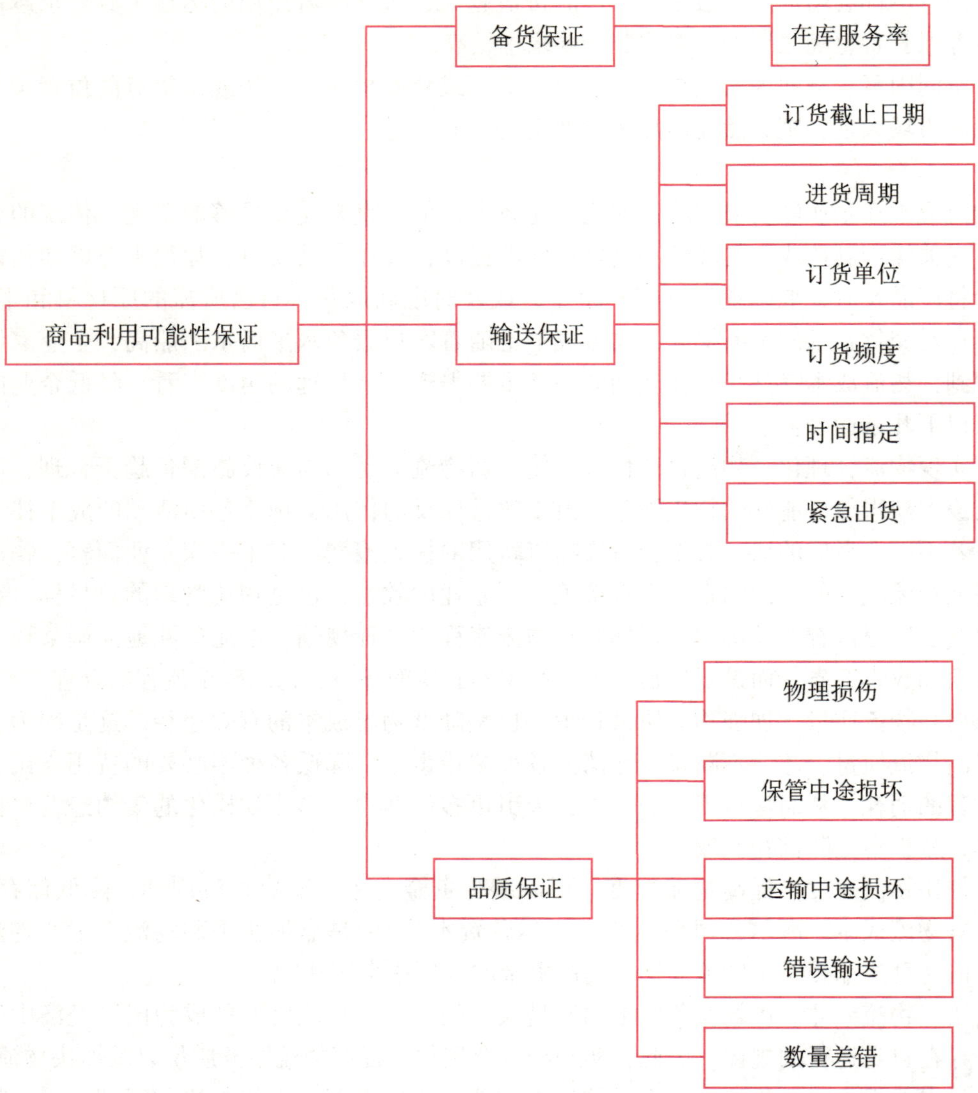

图 1-3　物流服务的构成要素

的需求主要表现在安全、准确、迅速、经济等。具体来说，为满足客户的需求，物流服务的基本内容应包括运输、配送、保管、装卸搬运、包装、流通加工和相关信息处理。

（2）提高物流服务水平的方法

①物流服务合理化。对于物流服务合理化，重要的是调整价格政策和服务水平。进行物流服务活动的分析，要从总物流费用方面入手，把物流服务的各项活动进行综合，看作一个整体进行合理化。均衡是物流服务合理化的最基本思维方法，即根据总成本的理论，把总物流费用的节减和物流服务系统化作为内容，把物流服务活动的各项功能与企业内部其他活动和外部因素进行相互联系。

②物流服务共同化。共同化物流服务，作为削减物流成本、降低负担的一种物流活动，虽然不能说是提高物流效率的唯一手段，但在当今物流成本比较高的情况下，是降低物流成本和提高物流服务水平的重要途径。在实践中推动共同配送时要注意共同物流对企业发展战略的影响，特别是与竞争企业的共同配送，应当取得本企业内部的一致认同，然后再考虑行之有效、合理、完善的物流共同化体系的建设。

③物流服务现代化。先进科学技术的应用是提高物流服务水平的主要手段。也正因为采用了先进的科学技术，物流服务才走向现代化。通过物流服务现代化，可以扩大物流作业能力、提高劳动生产率、减少物流作业的差错等，如库存水平的确定、运输路线的选择、自动导向车的运行轨迹和作业控制、自动分拣机的运行、物流配送中心经营管理的决策支持等。

④物流服务整合化。物流服务的合理化、共同化及现代化都只是局部水平的提高，而要使整个物流服务水平提高，就必须按供应链管理思想整合物流服务资源。这种整合的范围，可以是一个地区、一个国家甚至全球。供应链管理是物流服务发展的新方向，提倡流通渠道中企业建立一种联盟或合作式的物流服务新体系，来实现原来不可能提高或达到的物流服务水平。

3. 为客户创造价值

客户价值是指客户总价值与客户总成本之间的差额。客户总价值是指客户购买某一产品与服务期望获得的所有利益。客户总成本是指客户为获得某一产品与服务时的所有支出，包括时间、精力以及货币等。客户价值是一种相对价值，客户可以感知，但不能精确计算。不同客户对某一产品或服务的期望价值不同，而且同一客户在不同时间的期望价值也会不同。客户价值构成因素如图 1-4 所示。

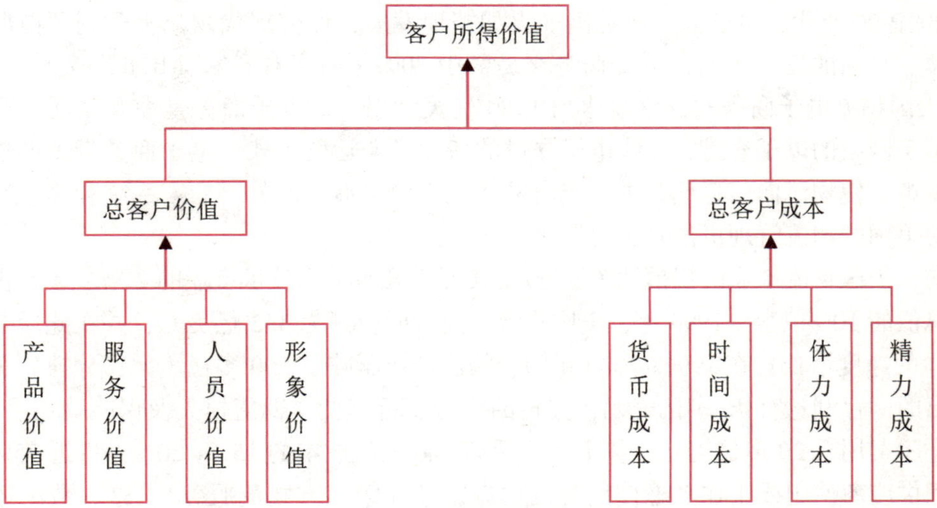

图 1-4 构成客户价值的因素

因此，在物流管理领域，为客户创造价值就是向客户提供增值服务，使总客户价值大于总客户成本。

知识链接

物流服务的原则

(1) 重视承诺，实现承诺。承诺的大小不是成败的关键，成败的关键在于能否持续。能够持续，才能累积信用，获得信任。

(2) 了解客户的满意程度。美国尼尔森调查结果显示，在不满意的客户中有七成以上不会向企业抱怨，这个比率在习惯于“忍气吞声”“息事宁人”“吃亏是福”的中国社会恐怕还要更高。因此，企业可通过定期的问卷调查、访问等方法了解客户的满意程度，以制定针对性的措施。

(3) 第一次便将服务做好。这样做有以下好处：客户满意并提升其忠诚度，免除提供第二次服务（补偿性服务）所增加的成本，减少客户对公司进行负面宣传的机会。

1.2.3 现代物流管理的发展概况

从物流概念产生以来，物流管理的内容和范围从销售物流扩展到整个供应链。近年来，随着经济全球化和信息技术的发展，企业物流管理在美欧日等发达国家呈现了一些新的发展趋势，这些趋势代表了当前物流发展的主要方向。

1. 美国物流管理的发展概况

进入20世纪80年代，美国物流管理的内容已由企业内部延伸到企业外部，其重点已经转移到对物流的战略研究上，企业开始超越现有的组织结构界限而注重外部关系，将供货商、分销商以及用户等纳入管理的范围，利用物流管理建立和发展与供货厂商及用户稳定、良好、双赢、互助的合作伙伴关系，物流管理已经意味着企业应用先进的技术、站在更高的层次上管理这些关系。电子数据交换（EDI）、准时生产（JIT）、配送计划，以及其他物流技术的不断涌现和应用发展，为物流管理提供了强有力的技术支持和保障。

20世纪90年代，电子商务在美国如火如荼地发展，促使现代物流上升到了前所未有的重要地位。目前的发展表明，电子商务交易额中80%是商家对商家（B2B）交易。据统计，1999年美国物流电子商务的营业额达到了80亿美元以上。电子商务是在互联网络开放环境下一种基于网络的电子交易、在线电子支付的新型商业运营方式。电子商务带来的这种交易方式的变革，使物流向信息化并进一步向网络化方向发展。此外，专家系统和决策支持系统的推广使美国的物流管理更加趋于智能化。

目前，美国物流产业的规模约为9000亿美元，几乎为高技术产业的2倍之多，占美国国内生产总值的10%以上。1996年，美国物流产业合同金额为342亿美元，并在此后3年以年平均23%的速度增长；在1996～2000年间，物流产业压减了500多亿美元，分摊到美国公司每年支出的库存利息有40多亿美元，支付的税金、折旧费、贬值损失及保险费用有80多亿美元，仓库费用有20多亿美元；整个物流活动占制成品成本的15%～20%，将近75%的美国制造商和供应商使用或正在考虑使用合同物流服务（第三方物流服务），这一数字还将继续上升。

在美国，企业开始趋向物流服务的外部化。有近60%的公司认为物流不是它们的主业，使用外部物流合同，承包商不仅减少物流设施的新投资，而且解放了在仓库与车队上占用的资金，使其可以用在更有效率的地方。而随着第三方物流服务公司所提供服务的标准大大提高以及作业效率的较大改进，企业采用第三方物流还可使自己获得物流管理专业公司的专业技能，克服内部劳动力效率不高的问题。这种趋势同时带来了第三方物流企业的快速成长，许多传统的运输和仓储公司为了避免由于公路运输等传统行业竞争激烈化带来的资金回报下滑和利润率降低，开始演变成开展广泛物流服务的综合物流公司，为客户需求定制各类新型服务，从而能对服务增加价值，形成进入门槛较高的细分市场，以保证与客户的长期合同。

在美国的企业中，对物流的认识及物流的地位已经上升到战略的高度，这一点可以反映在美国公司设立高层物流主管的增长比例中。1975年以前，美国公司设立高层物流主管的比例约为3.6%，1986～1990年为12.3%，1990～1997年则猛增到35.5%，1997年后超过36%。

在美国，从事物流管理者必须接受物流职业教育，经过考试获得相应的工程师资格。据美国奥尔良州立大学调查，物流管理者中大约有 92% 的人拥有学士学位，41% 的人有硕士学位，22% 的人有正式的资格证书。

拓展案例

德尔菲公司的现代物流

德尔菲公司总部设在美国阿拉斯加，主要生产深海鱼油和各种保健品。虽然它在产品设计和开发方面始终保持优势，但由于其复杂、昂贵和无效率的物流系统而面临着利润下降的问题。为了改变现状，德尔菲公司不得不重新组织其物流作业。德尔菲公司新的物流系统的实施是以其将全部物流作业都转移到联邦速递的一家分支机构——商业物流公司为开端的。商业物流公司的任务是重新构造、改善和管理德尔菲公司供应链上的货物和信息流动的每一个方面。

在重新组织之前，德尔菲公司有 6 个大型仓库、8 家最重要的承运人和 12 个相互独立的管理系统，其结果是从顾客订货到顾客收货之间存在漫长的时间、巨大的存货以及太多的缺货。如果一位顾客向德国一家仓库寻求一种销售很快的商品，他会被告知该商品已经脱销，新的供应品要等几个月才能运到。与此同时，该商品却在威尔士的一家仓库中积压着。

德尔菲公司认识到它需要重新分布其现有仓库的位置。其构想是，除一家外，关闭所有在美国的仓库，该仓库将从仅为当地顾客服务转变为向全球顾客服务。该仓库靠近美国的制造工厂，成为一个世界性的“处理中心”，充当着德尔菲公司产品的物流交换所。虽然设置单一仓库可能要花费较高的运输成本，但是德尔菲公司认为，这种代价将会由增加的效率来补偿。

德尔菲公司发现，由于减少了交叉装运的总量，设置单一仓库实际上降低了运输成本。从美国仓库立即装运到零售店，虽然从订货到送达的前置时间大致相同，但是产品只需一次装运，而不是在许多不同的地点进行装运。

改革之后，德尔菲公司的收益已超出了仅仅降低成本的范围。该公司正在瞄准机会增加服务和灵活性，它计划在 24~48 小时之内，向世界上位于任何地点的零售店进行补货。先进的系统和通信将被用于监督和控制世界范围的存货，联邦速递的全球化承运人网络将确保货物及时抵达目的地。

（《德尔菲公司的现代物流》，2010 年 12 月 6 日，https：//wenku. baidu. com/view/f5c6082f453610661ed9f4e3. html。有改动）

2. 欧洲物流管理的发展概况

欧洲也是引进物流概念较早的地区之一，较早地将现代技术用于物流管理，在物流业发展方面走在了世界的最前沿。但与美国相比，欧洲的企业物流具有不同的特点。

早在 20 世纪中期，欧洲各国为了降低产品成本，便开始重视企业范围内物流过程的信息传递，对传统的物料搬运进行变革，对企业内的物流进行必要的规划，以寻求物流合理化的途径。当时制造业（工厂）还处于加工车间模式，工厂内的物资由厂内设置的仓库提供。企业为了实现客户当月供货的服务要求，在内部实现密切的流程管理。这一时期的管理技术还相对落后：信息交换通过邮件，产品跟踪采用贴标签的方式，信息处理的软硬件平台是纸带穿孔式的计算机及相应的软件。这一阶段储存与运输是分离的，各自独立经营，可以说是欧洲物流的初级阶段。

进入20世纪70年代，欧洲经济得到快速增长。随着商品生产和销售的进一步扩大，多家企业联合的集团和大公司的出现，成组技术（GT）的广泛采用，物流需求的增多，客户期望实现当周供货或服务，工厂内部的物流已不能满足企业集团对物流的要求，因而形成了基于工厂集成的物流。仓库已不再是静止封闭的储存式设施，而是动态的物流配送中心。要求信息不只是凭订单，而主要是从配置中心的装运情况获取。这一时期信息交换采用电话方式，通过产品本身的标记（Product Tags）实现产品的跟踪，进行信息处理的硬件平台是小型计算机，企业（工厂）一般都使用自己开发的软件。

随着经济和流通的发展，欧洲各国许多不同类型的企业（厂商、批发商、零售商）也在不断地进行物流变革，建立物流系统。由于流通渠道中各经济主体都拥有不同的物流系统，必然会在各连接点处产生矛盾。为了解决这个问题，20世纪80年代欧洲开始探索一种新的联盟型或合作式的物流新体系，即综合物流供应链管理。它的目的是实现最终消费者和最初供应商之间的物流与信息流的整合，即在商品流通过程中加强企业间的合作，改变原先各企业分散的物流管理方式，通过合作形式来实现原来不可能达到的物流效率，创造的成果由参与的企业共同分享。这一时期，欧洲的制造业已采用准时生产（JIT），客户的物流服务需求已发展到当天供货或服务，因此，综合物流的供应链管理进一步得到加强，如组织好港站库的交叉与衔接、零售商管理控制总库存量、产品物流总量的分配、实现供应的合理化等。这一时期物流需求的信息直接从仓库出货获取，通过传真方式进行信息交换，产品跟踪采用条形码扫描，信息处理的软硬件平台是客户机/服务器模式和购买商品化的软件包。值得一提的是，这一时期欧洲第三方物流开始兴起。

进入20世纪90年代以来，欧洲一些跨国公司纷纷在国外，特别是在劳动力比较低廉的亚洲地区建立生产基地，故欧洲物流企业的需求信息直接从顾客消费获取，采用在运输链上实现组装的方式，使库存量实现极小化。信息交换采用EDI系统，产品跟踪应用了射频标识技术（RF Tags），信息处理广泛采用了互联网和物流服务方提供的软件。目前，基于互联网和电子商务的电子物流正在欧洲兴起，以满足客户越来越苛刻的物流需求。

3. 日本物流管理的发展概况

日本自1956年从美国全面引进现代物流管理理念后，大力进行本国物流现代化建设，将物流运输业改革作为国民经济中最为重要的核心课题予以研究和发展。

首先，日本政府注重全面完善各项物流基础设施的建设，在全国范围内开展了包括高速公路网、新干线铁路运输网、沿海港湾设施、航空枢纽港、流通聚集地在内的各种基础设施建设，投资物流运输体系的建设，既拉动了本国生产的内需，又为日本扩大物流市场提供了充实的物流硬件保证。另外，作为传统的海运国家，日本政府确立海运立国战略，把航运作为本国经济发展的生命线。近年来，日本政府又调整了部分物流发展战略，积极倡导高附加值物流，并将物流信息技术作为重点发展方向，力争在物流国际化、系统化、标准化、协作化方面取得进展。

在日本政府的推动下，日本企业物流管理水平不断得到提高。随着高新技术的突飞猛进和计算机信息网络的日益普及，传统物流不断向现代化意义上的物流转变，其主要内涵包括了运输的合理化、仓储的自动化、包装的标准化、装卸的机械化、加工配送的一体化、信息管理的网络化等等。在汽车制造业，“零库存”管理、准时生产管理等新的物流管理方式不断涌现，物流中心、中央物流中心等各种物流管理系统不断增加，物流联网系统、物流配送系统等物流软件也在不断得到运用。

日本企业的物流运作也正在朝专业化方向发展。很多制造型企业为了强化自身的物流管理，降低物流活动总成本，开始将企业的物流职能从其生产职能中剥离开来，成立专业子公司或通过第三方物流企业来提供专门的物流服务，一大批物流子公司和专业物流公司应运而生，逐步形成物流产业。20 世纪 90 年代以来，企业自身内部物流与通过物流子公司或第三方物流企业提供物流的费用比例已经发生了根本性的改观。

日本物流企业不仅其专业化、自动化水平的发展十分快速，而且对物流信息的处理手段也极为重视。几乎所有的专业物流企业无一不是通过计算机信息管理系统来处理和控制物流信息，为客户提供全方位的信息服务。为此，日本一大批 IT 业界的公司已成为物流信息平台和物流信息系统需求的直接受益者。

拓展案例

世佳物流公司的物流管理系统设计

北京世佳物流公司的背景

北京世佳物流公司是北京世佳贸易集团在 9 年时间内建立的销售网络。最初，世佳物流货物公司是以单一的物流配送为主要服务方式，配送的服务形式主要分为两种：BtoB 模式和 BtoC 模式。主要经营货运代理，货运辅助业务，货运信息服务，货物配送、仓储、堆存、理货、中转、分拣、包装，代办货物运输手续等业务。

1. 世佳物流公司进行物流管理系统设计的背景

居民消费的转变；

世佳物流公司业务模式的更新；

全方位物流服务模式的需要；

世佳物流公司正式启动物流管理信息系统项目。

2. 世佳物流管理信息系统的职能部门

总部管理与营销中心；

仓储管理部门；

运输管理部门；

客户联络部门。

3. 世佳物流管理信息系统的四个业务系统

世佳物流管理信息系统的业务系统采用柔性构建技术，即模块化设计方式，每一个模块完成单一功能，包括分布式库存管理监控系统、运输优化调度系统、第三方物流作业支持系统和客户关系管理与商业智能系统四个业务子系统，分别完成企业的库存透视、调度优化、订单跟踪、智能决策。

4. 世佳物流管理信息系统的功能

能够透析供应链库存；

可以优化配送流程；

进行订单执行跟踪；

实现客户关系管理。

5. 世佳物流管理信息系统的引进效果

充分利用运输资源；

充分利用库存；

提高服务水平；

加快资金周转速度；

进行客观决策分析。

世佳物流给我们的启示

一个企业的物流系统的构思与设计，一方面要针对企业的实际情况，力求符合国情厂情，真正地按市场运行的要求进行设计；另一方面则要认真地与软件开发商合作，以专业的人才、高精尖的技术为设计与开发物流管理信息系统服务。从世佳物流公司案例可以看出：物流管理系统的设计和运用所要实现的目标：一是提高对顾客的服务，也就是迅速、准确地把顾客所订的物品送达顾客的手里。二是降低物流总成本，以减少和消除有关物流在各个活动环节上的浪费。

（《世佳物流公司的物流管理系统设计》，2019 年 5 月 27 日，http：//blog. sina. com. cn/s/blog_ 5ef6eab30102y3eg. html。有改动）

思考：

1. 如何理解世佳物流公司物流管理信息系统的四大功能？
2. 世佳物流的供应式库存与一般的集中式库存的利弊各是什么？

1.2.4 现代物流管理的发展趋势

1. 第三方物流管理

第三方物流是指提供供需双方部分或全部物流功能的外部物流服务。第三方物流符合社会化大生产和专业化分工的发展要求，具有规模经济效应，更能提高物流效率。第三方物流作为物流服务的专业提供者，具有快速、安全、服务水准高、成本低的特点。单个企业的物流经营目标是如何在最短的时间内将物品送至客户手中，更多考虑的是库存和配送速度之间的优化、平衡，服务对象为单个零散的客户。而第三方物流是与多个不同企业建立长期稳定的合作关系，把这些企业的物流整合起来进行统一管理运作，在实现自身效益最大化的同时，事实上也实现了社会物流的合理化。当第三方物流为多个供应链提供服务时，则将大大节约社会物流成本，提高社会经济效益。

2. 供应链物流管理

面对国内国际两个市场，物流活动已延伸到全球经济的每个角落。如果企业仅是根据自己的需求预测和库存策略作出生产计划、采购计划，而不及时与上游的供应商保持稳定的联系，货源就可能中断，从而带来损失；或者企业不考虑下游企业或消费者的实际需求，则作出的生产计划往往可能与实际市场需求脱节，导致库存增加，效益下降。针对这些问题，人们提出了供应链管理理论，也产生了供应链下的物流管理，即在供应链上的企业摒弃了局部管理思想的条件下，物流企业通过合同、契约的形式，与供应链上其他成员企业建立并形成长期稳定的战略伙伴关系，利用系统的观念和方法对物流系统进行整合，以达到整个供应链物流系统的最优，从而降低物流成本，获取供应链的竞争优势。

3. 绿色物流管理

物流虽然促进了经济的发展，但是物流的发展同时也会给城市环境带来负面的影响，如运输工具的噪声、污染排放、对交通的阻塞等，以及生产和生活中的废弃物的不当处理所造成的对环境的影响。为此，21 世纪对物流提出了新的要求，即绿色物流。

绿色物流主要包含两个方面。一是对物流系统污染进行控制，即在物流系统和物流活动的规划与决策中尽量采用对环境污染小的方案，如采用排污量小的货车车型、近距离配送、夜间运货（以减少交通阻塞，节省燃料和降低排放）等。发达国家政府倡导绿色物流的对策是在污染发生源、交通量、交通流等三个方面制定了相关政策。绿色物流的另一方面就是建立工业和生活废料处理的物流系统。

4. 动态联盟物流管理

出于相互间的互补性合作实现对整体竞争力的提高和资源配置最优的考虑，在对合作对象的各项业务进行彻底调查的基础上，企业应选择同自身经营业务最具有互补性质的物流合作伙伴结成不断调整的动态联盟，共同进行物流的一体化操作。通过对物流作业的准时而有效的反应，赢得时间与空间价值，达到“1+1>2”的系统最优的效果。

本章小结

（1）物流是物品从供应地向接收地的实体流动过程，根据实际需要将运输、储存、装卸搬运、包装、加工、配送、信息处理等基本功能实现有机结合。随着社会经济的发展，商流与物流分离成为一种必然趋势。

（2）现代物流是与现代化的社会大生产紧密联系在一起的，具有系统化、总成本最小化、信息化、手段现代化、服务社会化、管理专业化、电子化、网络化、快速反应化和柔性化等特征。现代物流按不同标准可以分为不同类型，如按生产经营过程中所处的阶段可分为采供物流、生产物流、销售物流、逆向物流和废弃物物流。

（3）现代物流管理是指在社会再生产过程中，以客户满意为首要目标，根据货物实体流动的规律，运用管理学的基本原理和科学方法，对物流活动进行计划、组织、指挥、控制，使各项物流活动实施最佳的协调与配合，从而降低物流成本，提高物流效率和经济效益的过程。

（4）从具体业务上看，现代物流管理的内容包括对物流活动诸功能要素的管理。物流活动功能要素包括运输、仓储保管、配送、包装、装卸搬运、流通加工和信息处理 7 个方面。

（5）现代物流管理观念要体现以人为本的思想，强调物流管理是企业核心能力的组成部分，是企业经营运转的必要保证，也是企业提高效益的有效手段。

（6）现代物流管理的核心目标是降低物流成本，提高服务水平，为客户创造价值。

（7）现代物流管理向第三方物流管理、供应链物流管理、绿色物流管理和动态联盟物流管理方向发展。

自测题

一、选择题

1. 商流能解决生产和消费之间出现的（　　）间隔。

A. 所有权　　B. 空间　　C. 场所

2. 物流的概念源于（　　）。

A. 日本　　B. 德国　　C. 美国

3. 物流网络是指（　　）。

A. 物流组织网络　　B. 物流信息网络

C. 物流组织网络和信息网络　　D. 以上都不是

4. （　　）就是站在企业长远发展的立场上，就物流问题作出整体规划。

A. 物流战术管理　　B. 物流运营管理

C. 物流作业管理　　D. 物流战略管理

5. 从长远来看，（　　）不是降低企业物流成本的途径。

A. 物流合理化　　B. 产品合理化

C. 物流质量　　D. 物流速度

二、判断题

1. 物流活动一直是归口到生产部门。（　　）
2. “一手交钱，一手交货”的交易方式意味着商流与物流的统一。（　　）
3. 商流与物流分离是一种必然趋势。（　　）
4. 日本学者指出物流是“经济的黑暗大陆”。（　　）
5. 现代物流是建立在物流总成本意识的基础上的。（　　）
6. 按照标准化工作的应用范围，物流标准可分为技术标准、管理标准和工作标准。（　　）
7. 现代物流管理的重要性说明企业都应选择自营物流。（　　）
8. 物流管理是企业核心能力的组成部分。（　　）
9. 现代物流管理是基于库存和运输的管理。（　　）
10. 动态联盟物流管理要求合作伙伴共同进行物流的一体化操作。（　　）

三、简答题

1. 现代物流有哪些特征？
2. 如何理解物流管理的核心？
3. 降低物流成本的途径是什么？
4. 现代物流管理的发展趋势是什么？

四、案例分析

大通公司的成熟物流模式

大通国际运输有限公司（简称“大通公司”）作为国内专业的第三方物流企业，面对现代物流的需求，积极建设和完善自己的物流系统，实施了一系列的举措，为客户提供了综合的、全方位的物流系统服务。在与众多跨国公司的合作中，逐渐形成了适合自身情况的较为成熟的物流操作模式，与客户建立了稳固的战略合作伙伴关系，走出了一条适合自身发展的道路。

(1) 覆盖全国的物流网络

大通公司在1999年前就开始着手进行从单一货运代理向多元化、综合物流服务发展的战略调整。公司依托货运业务和雄厚的资金实力，扎扎实实地进行硬件的升级和建设，以北京为中心，按照国际统一标准先后在全国近百个城市和地区建立了分公司和办事处，并在上海外高桥、厦门保税区、深圳保税区建设了现代化的物流库。同时随着全国广域网和局域网的建成以及陆运班车的开通，进一步增加了大通公司对货物的国内分拨能力，提高了货物的流动速度，降低了运输成本。

(2) 快速反应的物流信息系统

大通公司在从事货运业务时，逐渐自行开发建立起一套货物实时的监控跟踪系统，并通过国内外各个分公司信息网络的建设，实现了物流网络各结点的信息共享，实现了对库存的计算机管理和监控。客户可以在任何地方、任何时间通过大通“800”服务电话或互联网，方便地了解货物的状态。

(3) 以客户为中心，进行顾问式销售，为客户量体裁衣，提供专业化的物流设计

大通公司在向客户提供物流服务时，自始至终都坚持一个原则，即以客户为中心，为客户做参谋，为客户量体裁衣。提供适合客户营销策略和自身情况的专业化物流设计是大通物流的一个特色。

(4) 配合跨国公司的营销战略，提供增值服务，为客户降低成本

大通曾为某公司提供了国内近110个城市门到门的服务，及时递送率达到99%。为了配合这个行动，大通派出专人负责与该公司共同制定操作流程和规范，并对操作人员进行培训。经过一个月的准备和试运行后，成功地在全国开始运作。通过改变操作模式，大通公司在物流成本上降低将近30%。

(5) 缩小服务窗口，快速响应，实现有效、快捷、准确的配送

所谓“缩小服务窗口”，就是缩短运输的时限。以前大通向客户承诺的服务时限是3~4天，现在给客户的承诺仅有2天，甚至24小时。大通的这种“缩小服务窗口”的做法，既清晰地指明了一个朝向更高水准和更快速度的物流绩效趋势，同时也反映了日益提高的客户期望。

(6) 以人为本，从为客户服务向使客户满意转变

大通一直十分重视员工队伍的培养，新员工要接受一整套系统学习培训才能进入实习岗位，在实习岗位上又要进行专门的业务培训，才能正式上岗，正式上岗的员工还要定期地接受各种提高培训。为了确保最优秀的人才到最合适的岗位，大通提出了自荐岗位、按岗考核的制度，不分年龄、资历，只要你是人才，在大通就一定有你充分施展自己才能的机会。

(7) 通过ISO9001质量体系认证，保证高质量的服务

大通早在1999年6月就在同行业中率先通过了ISO9001质量体系认证，标志着大通不仅在配送服务上达到了国际标准，更重要的是标志着大通在物流设计方面同样具有世界水平。

(杨帆等主编：《物流基础》，哈尔滨工程大学出版社2012年版，第27~28页。有改动)

思考：

1. 大通公司的成熟物流模式的特色是什么？
2. 在物流方面，客户选择与大通公司合作的理由是什么？

五、企业应用

青岛啤酒的物流系统目标

青岛啤酒企业集团于1998年第一季度提出了以“新鲜度管理”为系统目标的物流管理系统思路，开始建立新的物流管理系统。当时青岛啤酒的年产量不过30多万吨，但是库存就高达1/10，维持在3万吨左右。这么高的库存引发了几个问题：

（1）占压了相当大的流动资金，资金运作的效率低。

（2）需要有相当数量的仓库来储存这么多的库存，当时仓库面积有7万多平方米。

（3）库存数量大，库存分散，所以经常出现有些仓库爆满，有些仓库空闲的问题，同时没有办法完全实现先进先出，使一部分啤酒储存期过长，新鲜度下降甚至变质。

青岛啤酒集团并没有把压缩库存作为物流系统的直接目标，而是把“新鲜度管理”作为物流系统直接目标。这个目标的提出，不但能够达到库存降低、流动资金降低、耗损降低的目的，更重要的是面向消费者的实际需求，在实现消费者满意的新鲜度目标的同时，达到解决库存问题的目的。

“新鲜度管理”的物流系统目标提出：“让青岛人民喝上当周酒，让全国人民喝上当月酒。”其实施方法是：以提高供应链运作效率为目标的物流管理改革，建立集团与各销售点物流、信息流和资金流全部由计算机网络管理的快速信息通道和智能化配送系统。

他们首先成立了仓库调度中心，重新规划全国的分销系统和仓储活动，实行统一管理和控制。由提供单一的仓储服务到进行市场区域分布、流通时间等全面的调整、平衡和控制。成立独立的法人资格的物流有限公司，以保证按规定的要求，以最短时间、最少环节和最经济的运作方式将产品送至目的地。

这样一来，就实现了全国的订货，产品从生产厂直接运往港、站；省内的订货，从生产厂直接运到消费者仓库。同时，对仓储的存量规定做了大幅度压缩，规定了存量的上限和下限。上限为12000吨，低于下限发出要货指令，高于上限不再安排生产，这样使仓库成为生产调度的“平衡器”。

（《青岛啤酒的物流系统目标》，2016年4月5日，https：//www. docin. com/p-1518252968. html。有改动）

思考：

1. 物流系统的设计和运用所要实现的目标是什么？
2. 企业如何进行物流系统建设？

实践与训练1

实训1.1：调研与考察——调研学校所在省市的物流业现状和发展前景

【实训目标】

1. 培养学生观察和分析物流与我们的生活、经济之间的关系能力。
2. 培养学生以系统的眼光分析问题，从实践中理解现代物流对人们生活的影响、物流对企业利润产生的影响。
3. 培养学生寻找物流业发展中存在的问题的能力。

【实训内容与要求】

1. 组织学生分析物流对当地人们生活的影响、物流对当地企业利润产生的影响。

2. 根据当地物流业的构成，实地考察某物流中心（配送中心）或企业的基础设施、设备等。

3. 收集当地政府与企业有关物流发展的政策、法规、管理制度、规划等的资料。

4. 根据整理收集到的一手资料，以系统的观点，对当地物流业的现状和未来进行简单的分析评价。

5. 分析和整理当地物流业存在的问题和优势。

【成果与检测】

1. 提交考察当地某物流中心（配送中心）或企业的调研和建议报告。

2. 与同学的调研报告进行交流讨论，评比出优秀报告。

3. 分析调研报告是否对当地物流业的建设发挥作用。

实训 1.2：案例讨论——各类企业的物流特点

【实训目标】

1. 培养学生对各类企业的认识。

2. 培养学生对各类企业物流现状和未来的认识和分析的能力。

【实训内容与要求】

模拟某行业公司，组织搜集资料，并进行分析。

1. 调查具体某企业的相关资料。

2. 运用所学知识进行物流特点的分析。

3. 分析存在的问题，提出解决措施，并说明理由。

【成果与检测】

1. 将学生分组，每个小组撰写一份具体企业的物流特点分析报告。

2. 教师根据分析的合理性对各小组表现进行评价。

第 2 章 物流的功能及其合理化

知识目标

- 掌握物流主要功能的概念。
- 了解各种主要运输方式及其技术经济特征。
- 了解仓库及货架的各种类型，掌握保管的作业规范。
- 了解配送的功能、分类，了解物流配送中心，掌握配送合理化的方法。
- 了解装卸搬运的分类、装卸搬运合理化的原则、主要机械及其选择。
- 了解包装分类、作用，掌握包装合理化的要求及趋势。
- 掌握流通加工的类型、主要形式及其合理化举措。

导入案例

当当网物流配送网络

当当网（www. dangdang. com）是全球最大的综合性中文网上购物商城，1999 年 11 月，当当网正式开通。美国时间 2010 年 12 月 8 日当当网在纽约证券交易所正式挂牌上市，成为中国第一家完全基于线上业务、在美国上市的 B2C 网上商城。当当网在线销售的商品包括图书音像、美妆、家居、母婴、服装和 3C 数码等几十个大类，超过 100 万种商品。

1. 当当网物流配送网络

当当网一直在全国新建和扩建物流配送基地，经过多年的建设，形成了极为完善的分布式物流架构。到 2010 年 4 月，当当网已拥有战略布局于全国 6 个城市（北京、上海、广州、成都、武汉、郑州）的 9 个物流中心，库房总面积达到 16 万平方米，物流可覆盖全国所有省、市、区及港澳台的 1200 多个地区和 800 多个城市，形成国内电子商务领域迄今规模最大的物流配送网络。基于分仓的原则，客户订单都会首先由最近的物流中心配货，90% 的订单可在下单后 24 小时内发出。与自建配送队伍的 B2C 企业不同，当当网尽管自建库房和物流中心，却并未自建配送队伍，而是与大约 100 个第三方城际运输公司和区域第三方快递公司组成的配送网络合作为用户配送商品包裹。

2. 当当网配送物流过程

当当网审核通过用户订单后，根据订单货物实际情况进行物流配送。首先根据用户要求的配送地址，选择所在分区的物流中心进行配送，除非所在配送分区缺货。物流员根据订单进入仓库拣选货物，然后打包搬运至配送车装载好，运送到运输站场（火车站、汽车站、机场、港口）。经运输设备（火车、汽车、飞机、轮船）由物流中心所在城市运输到用户配送地址所在区域第三方物流配送中心所在城市，在运输站场装卸后搬运到第三方物流配送中心集散中心（仓库），分拣派件后由配送员进行同城配送或异地配送。

（《当当网物流配送系统现状分析》，2018 年 4 月 11 日，https：//max. book118. com/html/2018/0411/161075032. shtm。有改动）

阅读提示

学习本章后，能举例说明具体物流过程中各项物流功能，举出 3 个自己最常见的物流功能。

2.1 运 输

拓展案例

某企业开展工作的现状

在一家街头的零售店里，某饮料企业的一位理货员来给店里送货，以下是他和零售店老板之间的对话：

企业理货员："张老板，我来给您送货。"

零售店店主："你们公司送货怎么这么慢呢？我订的货应该在昨天就送到了！可现在你才来，你看，我的客户都跑掉了！"

企业理货员："对不起，我们公司那边有点问题。"

（零售店店主清点货物）

零售店店主："怎么你们送来的货与我的订单内容不一样啊？"

企业理货员："是吗？"

零售店店主："这个产品不对，我要的是 150mL 的饮料，你送的 500mL 的；这个产品也不对，我要 30 瓶，你们只拿了 20 瓶。真是乱七八糟的！像你们这样送货，客户全都得跑光了。产品不对！时间不对！我要退货，真是受不了你们，我不会再和你们打交道了！"

（《企业物流规划：经营中的尴尬局面》，2008 年 4 月 23 日，https：//www. docin. com/p-1570483308. html。有改动）

思考：

你认为这位理货员是在从事物流的什么活动？零售店店主为什么会有这么多的抱怨？你认为应该如何让零售店店主满意？

运输是物流的主要功能之一，运输生产是社会再生产过程中的重要环节。现代化大生产，尤其是经济全球化的发展，国内外不同地域间的物资交换越来越频繁，促进了运输业的发展和运输能力提高。现代运输方式包括铁路、水路、公路、航空、管道等不同类型，合理的运输方案应该在可用的运输方式中选择最适宜的一种或进行恰当组合。

2.1.1　运输概述

1. 运输的一般性概念

运输是指用车、船、飞机等交通工具把旅客、货物等从一个地方运到另一个地方，按运输对象不同，一般可分为客运和货运。

2. 物流中的运输功能

根据中华人民共和国国家标准《物流术语》（GB/T 18354-2006），运输是指用运输设备将物品从一地点向另一地点运送。其中包括集货、分配、搬运、中转、装入、卸下、分散等一系列操作。

物流的运输功能包括三个要素：物品——运输的对象；运输设备——运输的工具；线路——运输的方向，从一个地方到另一个地方之间的交通连线。运输就是要借助运输设备把物品按照适宜的线路运送到规定的地点。

3. 运输线路和结点

运输过程中一般有多次的运动、停顿、再运动、再停顿，直至达到最终目的地。与此对应，运输实际上是由执行运动使命的线路和执行停顿使命的结点两种基本元素所组成，运输活动是在线路和结点上进行的。在运输网络中，连接运输线路的结节之处称为结点或节点，运输线路上的活动要由结点组织和联系。现代运输网络中的结点更多地执行指挥、调度和信息等中枢职能，运输结点主要有铁路车站、汽车站、港口、航空港和管道站等。

4. 运输的作用

一般来说，物品的生产地与消费地是不一致的，即存在位置背离，只有消除这种位置背离，物品的使用价值才能实现。也就是说，物品只有通过运输，才可能进入消费领域，从而实现物质产品的使用价值，满足社会各种需求。

在物流可以实现的效应中，运输主要可以创造空间效应——可以使商品从一个地方转移到另一个地方而实现增值。因此，运输的作用就体现为可以克服商品的生产与需求之间存在的空间差异。因此，运输的主要作用就是实现物品在空间上的长距离位移。

此外，运输还具有对物品进行临时存储的作用。在现代“零库存”的物流过程中，运输工具本身可以看作是移动的仓库。而物品在空间转移过程中需要储存，但在短时间内又将重新转移，那么该物品在仓库进行装卸的成本可能高于临时存放在运输工具中的费用。另外，在目的地仓库有限时，利用运输工具存放也是一种可行的选择。

拓展案例

花王公司运输体系的优化手段

花王公司是日本著名的日用品生产企业，其物流不仅以完善的信息系统闻名，而且还拥有极为发达、相当合理的运输体系，其主要手段是建立公司的独特的复合运输来优化运输方式及路线。花王公司复合运输的主要特征表现为自动仓库、特殊车辆、计划运输、组合运输等。花王公司的物流起点是工厂的自动化仓库，到20世纪70年代末，花王公司的所有工厂全部导入了自动立体化仓库，从而完全实现了自动机械化作业。所有商品从各工厂进入仓库时，用平托盘装载，然后自动进行存放。出货时根据在线供应系统的指令，自动备货分拣，并装载在货车上。

复合运输系统的终点是销售公司的仓库，为了提高销售公司仓库的效率，花王公司配备了三段式的平托盘和叉车，商品托盘化运输率为100%，充分发挥了复合运输的优势。除此之外，自动化立体仓库也在花王销售公司中得到大力推进，到20世纪80年代中期，近29万个销售公司的仓库都实现了立体自动化。

在花王公司积极推进工厂仓库和销售公司仓库自动机械化的同时，起着连接作用的运输方式也是花王物流系统变革中的重要一环。这方面的成就主要表现在特殊车辆的开发，这种特殊车辆就是能装载14.5吨的重型货车。该货车可以装载20个TⅡ型的平托盘，并用轻型铝在货车货台配置了起重装置。后来，花王公司又开发出了能装载19吨货物、24个平托盘的新型货车。与此同时，针对从销售公司到零售店的商品运输，花王公司开发出了“特殊架装车”，特殊架装车包括面向量贩店的厢式车、对应不同托盘的托盘车以及衣架展示运输车等8种特种车辆，后来又积极开发和推动了集装箱运输车，后者成为了零售配送的主力工具。

在花王的物流运输体系中，最有名的是其计划运输系统。所谓计划运输就是为了避免交通阻塞，提高物流作业效率，选择最佳的运输路线和最佳的运输时间，以最短的时间将商品运抵客户的计划系统。例如，面向日本静冈花王销售公司的货车一般在夜里2点钟从东京出发，走东名高速公路，于早上7点钟抵达静冈花王，从而使货车能避开交通高峰，顺利通畅地实现商品配送。依此类推，花王公司针对每个销售公司的地理环境、交通道路状况和经营特点，安排了不同的运输时间和运输路线，而且所有这些计划都用图表的形式表示，真正确保商品的及时配送，最终实现了全公司商品输送的高效率。

花王公司的计划运输体系是与花王公司的另一个系统——商品组合运输系统相联系，商品组合运输系统解决的问题是防止货车往返途中的空载。显然，要真正防止货物空载，就必须搜寻运输的商品。开始时，花王公司主要是与花王的原材料供应商进行组合运输，亦即花王公司与商品供应商联系，将生产所需的原材料装车运回工厂，这样就不会出现空载。后来，商品运输组合的对象逐渐扩大，已不仅仅限于与花王公司经营相关联的企业，所有其他企业都可以利用花王公司的车辆运载商品。现在参与花王组合运输的企业达100多家，花王工厂与销售公司之间近80%的商品运输都实行了组合运输。应当看到的是，花王公司的组合运输之所以能实现和大力发展，一个最大的原因是其计划运输系统确保了商品运输的定时和及时运输。换句话说，正是因为花王的运输系统能确保及时、合理化的运输，所以，越来越多的企业都愿意加入组合商品运输，如果没有前者的效率化，是不可能真正实现组合运输的。

（《日本花王公司的复合运输体系》，2013年1月23日，http：//www.docin.com/p-588495801.html。有改动）

思考：

1. 花王公司复合运输的主要特征是什么？
2. 花王公司计划运输系统是什么？对我们有什么启示？
3. 花王公司商品组合运输系统是什么？在整个运输体系中起到了什么作用？

2.1.2　运输方式

不同的运输方式适宜于不同的运输状况，合理地选择运输方式既能提高运输效率、降低运输成本，而且还会促进整个物流系统的合理化。物流运输的方式按不同标准可有不同的方式，比如按运输工具、运输线路、运输协作程度等进行分类，最基本的分类方法是按运输工具分类。

按运输工具分类，物流运输可划分为公路运输、铁路运输、水路运输、航空运输、管道运输等常见的类型。

1. 公路运输

（1）公路运输的概念

公路运输是所有运输方式中影响面最广的一种，有广义和狭义之分。广义的公路运输指所有利用一定载运工具（人力车、畜力车、拖拉机、汽车等）沿公路实现旅客和货物的空间位移过程；狭义的公路运输仅指汽车运输。国家标准《公路运输术语》（GB8226-87）将公路运输定义为：在公路上使用汽车和其他运输工具从事旅客或货物的运输，也称城乡道路运输。

（2）公路运输的特点

①机动、灵活，可实现“门到门”运输。公路运输可组织直达运输，减少中转环节及装卸次数，实现“门到门”运输。公路运输在运输时间上机动性较大，对货运量大小具有很强的适应性，可作为其他运输方式的衔接手段。

②送达速度快。在中、短途运输中，公路运输的送达速度较快，有利于保证货运的质量和提高物流的时间价值，加速流动资金的周转。

③原始投资少，回收期短。公路运输的基础设施建设周期短、单位建设成本相对低，易于因地制宜；作为运输设备的汽车车辆购置费较低，原始投资回收期短。美国有关资料表明：公路货运企业每收入 1 美元，仅需投资 0. 72 美元，而铁路则需 2. 7 美元。公路运输的资本每年可周转 3 次，铁路则需 3~4 年周转一次。

④单位运输成本较高。公路运输，尤其是长途运输，其单位运输成本要比铁路运输和水路运输高。

因此，公路运输主要承担近距离、小批量的货运，其经济半径一般在 2004 米以内。当然，水运、铁路运输难以到达地区的长途、大批量货运，以及铁路、水运优势难以发挥的短途运输，也借助公路运输来实现。

2. 铁路运输

（1）铁路运输的概念

铁路运输是指利用机车、车辆等技术设备沿铺设轨道运行的运输方式，它使用铁路列车运送物品。铁路运输是我国物流运输中的主要运输方式，也是大多数国家陆上运输的主要方式。

（2）铁路运输的特点

①适应性强。铁路运输受地理和气候条件的限制很少，具有较高的连续性和可靠性。它几乎可以不受重量和容积的限制承运任何商品，适合于各类不同重量和体积货物的双向运输。

②运输能力大。列车单车装载量大，是大宗、通用的运输方式，能够负担大量的运输任务，适合于大批低值商品的长距离运输。

③安全程度高。列车在既定的固定轨道上运行，借助现代电子信息和自动控制技术，铁路运输可以有效减少列车冲突事故的发生，铁路运输的安全程度不断提高。在各种现代化运输方式中，按所完成的货物吨千米计算的事故率，铁路运输是最低的。

④运送速度较快。列车车速在五种基本运输方式中排在第二位，仅次于航空运输；常规铁路的列车运行速度一般为 60~80 千米/小时，电气化铁路可高达 140~160 千米/小时，高速

铁路上运行的列车时速可达 200 千米/小时以上。

⑤能耗小。相对于公路运输，铁路运输轮轨之间的摩擦阻力小于汽车车轮和地面之间的摩擦阻力，因此其单位运输量能耗大大降低，仅为公路的 1/10 左右。

⑥环境污染程度小。相对同属陆路运输方式的公路运输，铁路运输对环境和生态平衡的影响程度较小，特别是电气化铁路的影响更小。

⑦运输成本低。虽然铁路运输成本高于水运和管道运输，但比公路运输和航空运输成本要低得多，一般铁路运输的成本比公路运输低几倍到十几倍。但铁路运输基础设施与设备成本很高，原始投资较大，建设周期较长。

⑧灵活性差，一般不能实现“门到门”运输。铁路运输只能在固定线路实现运输，需要以其他运输手段配合和衔接。通常要依靠其他运输方式配合，才能完成运输任务，除非托运人和收货人均有铁路专线。

因此，铁路运输主要承担长距离、大数量的货运。在没有水运条件的地区，几乎所有大批量货物都是依靠铁路，它是在干线运输中起主力运输作用的运输形式。铁路运输的经济里程一般在 200 千米以上。

3. 水路运输

（1）水路运输的概念

水路运输是指利用船舶、排筏和其他浮运工具，在江、河、湖泊、人工水道以及海洋上运送货物的一种运输方式。

水路运输按其航行的水域，可划分为内河运输、沿海运输和远洋运输等三种类型。内河运输是指国内江、河、湖、水库、人工水道上的运输；沿海运输也叫近海运输，是指在一个国家海域内各港口之间的运输；远洋运输是指国与国之间的海上运输。

水路运输是物流运输重要组成部分，是国际间货物运输的主要手段，全球水路运输量占总运输量的 70% 以上。

（2）水路运输的特点

①运输能力大。船舶可供作货物运输的舱位及装载量比陆地和空中运输庞大。在运输条件良好的航道，船舶的通过能力几乎不受限制。一般来说，水运系统综合运输能力主要由船队的运输能力和港口的通行能力决定。

②水路运输通用性能好，续航能力强。通过江、河、湖、海等水域相互贯通，沿水道可通达全球。现代化船舶所携带的燃料、食物和淡水等独立生活的种种设备，可以历时数十日，实现长距离运输。可以运输各种货物，尤其是非液体的大宗货物。

③水运建设投资少。可以利用天然水道，线路投资少，且节省土地资源。除必须投资的各种船舶、港口设施外，沿海航道几乎不需要投资。当然，港口建设和船舶建造投资较大，投资回收期较长。

④运输成本低，特别适用于大宗货物的运输。水路运输在所有运输方式中是最为便宜的运输方式。运输 1 吨货物至同样的距离，水运尤其是海运所消耗的能源最少；水运的运输成本为铁路运输的 1/25~1/20，公路运输的 1/100。

⑤运输速度较慢。船舶的平均速度较低，一般为 15~50 千米/小时。

⑥受自然条件影响较大。特别是受气候、季节条件的影响较大，船舶遇暴风雨需及时躲避以防损害，遇枯水季节无法通行，因此呈现较大的波动性和不平衡性。

因此，水运主要承担大数量、长距离的运输，是在干线运输中起主力作用的运输形式。

在内河及沿海，水运也常作为小型运输工具使用，担任补充及衔接大批量干线运输的任务。其适用于：大批量货物的集装箱运输，原料、半成品等散货（建材、石油、煤炭、矿石、粮食）运输，国际贸易间长距离运输。

知识链接

水路运输的形式

（1）沿海运输是使用船舶通过大陆附近沿海航道运送客货的一种方式，一般使用中、小型船舶。

（2）近海运输是使用船舶通过大陆邻近国家海上运送客货的一种运输形式，视航程长短可使用中型船舶，可也以使用小型船舶。

（3）内河运输是使用船舶在内地的江、河、湖、川等水道进行运输的一种运输形式，主要使用中、小型船舶。

（4）远洋运输是使用船舶跨大洋的长途运输形式，主要依靠大型船舶。

4. 航空运输

（1）航空运输的概念

航空运输是指使用飞机、直升机及其他航空器运送人员、货物、邮件的一种运输方式。航空运输是现代旅客运输，尤其是远程旅客运输的重要方式；为国际贸易中的贵重物品、鲜活货物和精密仪器运输所不可缺。以飞机为主的航空运输，由于载重量小、运输成本高，目前尚不能大量发展普通货物运输。

（2）航空运输的特点

①运送速度快。到目前为止，飞机仍然是最快捷的交通工具，常见的喷气式飞机的经济巡航速度大都在每小时 850~900 千米。

②不受地面条件影响，连续性好。航空运输利用天空这一自然通道，不受地理条件的限制。在符合经济效益原则的前提下，理论上各个地区都可以发展航空运输。由于不受自然地理条件的限制，能够保证贵重、急需、时间性要求很强的货物按时运达目的地。

③载运量小，运输费用较高。大型宽体飞机的业务载重量也只有 100 吨，与其他运输方式相比非常小。此外，飞机和航空器造价高，飞机场和航空港的建设投资巨大，投资回收期长，所以，单位运输费用比其他运输方式要高。

因此，航空运输主要适合运载的物品有两类：一类是价值高、体积小、运费承担能力很强的物品，如贵重设备的零部件、高档产品等；另一类是时间性要求高、紧急需要的物品，如鲜活产品、时令商品、救灾抢险物品等。

5. 管道运输

（1）管道运输的概念

管道运输是用管道作为运输工具的一种长距离输送液体和气体物资的运输方式，其运输形式是靠物体在管道内顺着压力方向顺序移动实现的。

管道运输是一种特殊的运输方式，与普通货物的运输形态完全不同，它是一种运输通道和运输工具合二为一的专门运输方式。普通货物运输是货物随着运输工具的移动，货物被运送到目的地；而管道运输的运输工具本身就是管道，是固定不动的，只是货物本身在管道内移动。

(2) 管道运输的特点

①运量大。一条输油管线可以源源不断地完成输送任务。根据其管径的大小不同，其每年的运输量可达数百万吨到几千万吨，甚至超过亿吨。

②占地少。运输管道通常埋藏于地下，其占用的土地很少。运输系统的建设实践证明，运输管道埋藏于地下的部分占管道总长度的 95% 以上，因而对于土地的永久性占用很少，分别仅为公路的 3%、铁路的 10% 左右。

③建设周期短、费用低。管道运输系统的建设周期与相同运量的铁路建设周期相比，一般来说要短 1/3 以上。统计资料表明，管道建设费用比铁路低 60% 左右。

④安全可靠、连续性强。由于石油天然气易燃、易爆、易挥发、易泄漏，采用管道运输方式既安全，又可以大大减少挥发损耗，同时由于泄漏导致的对空气、水和土壤污染也可大大减少。此外，由于管道基本埋藏于地下，其运输过程受恶劣多变的气候条件影响小，可以确保运输系统长期稳定地运行。

⑤耗能少、成本低、效益好。发达国家采用管道运输石油，每吨千米的能耗不足铁路的 1/7，在大量运输时的运输成本与水运接近，因此在无水条件下，采用管道运输是一种最为节能的运输方式。以运输石油为例，管道运输、水路运输、铁路运输的运输成本之比为1∶1∶1.7。

⑥灵活性差。管道运输不如其他运输方式（如汽车运输）灵活，除承运的货物比较单一外，它也不容随便扩展管线，实现“门到门”的运输服务。管道运输常常要与铁路运输或汽车运输、水路运输配合才能完成全程输送。

因此，传统的管道运输见于城市生活和工业生产的自来水输送系统、污水排放系统、煤气或天然气输送系统及工业石油输送系统等。新兴的管道运输主要有用管道来输送煤炭、矿石、邮件、垃圾等固体货物。

6. 各种运输方式的技术经济特征

从公路运输、铁路运输、水路运输、航空运输及管道运输这五种运输方式的特点来看，技术经济特征方面的差别见表 2-1。在进行物流运输决策时，可以根据其技术经济特征来选择合适的运输方式。

表 2-1 各种运输方式的技术经济特征

运输方式	铁路运输	公路运输	水路运输	航空运输	管道运输
运输成本	低于公路	次高	一般低于铁路	最高	与水运接近
速度	长途快于公路，短途慢于公路		最慢	极快	
能耗		次高	低于铁路	最高	最小
便利性		机动灵活，实现“门到门”			管道固定，最差
投资	投资大，建设周期长	投资小，回收期短	小	大	比铁路低 60% 左右

续表

运输方式	铁路运输	公路运输	水路运输	航空运输	管道运输
运力	仅次于水路，经济半径 2004 米以上	经济半径 2004 米以内	最大	小件货物	运量大
环境影响	占地多	占地多，环境污染严重	占地少		占地少，环境污染极小
适用范围	大宗低值货物中长距离运输，也适用于大批量、时间性强、可靠性要求高的一般货物和特种货物	近距离、小批量货物或水运、铁路运输难以到达地区长途、大批量货运	运距长、运量大、对送达时间要求不高的大宗货物，也适合集装箱运输	价值高、体积小、送达时效要求高的特殊货物	单向、定点、量大的流体状且连续不断货物

（刘莉、徐玲玲：《物流运输与组织管理》，化学工业出版社 2009 年版，第 6 页）

2.1.3 运输合理化

1. 运输合理化概述

（1）运输合理化的含义

运输合理化就是在保证物资流向合理的前提下，在整个运输过程中确保运输质量，以适宜的运输工具、最少的运输环节、最佳的运输线路、最低的运输费用使物资运至目的地。

（2）运输合理化的意义

①可以充分利用运输能力，提高运输效率，促进各种运输方式的合理分工，以最小的社会运输劳动消耗，及时满足国民经济的运输需要。

②可以使货物走最合理的路线，经最少的环节，以最快的时间，取最短的里程到达目的地，从而加速货物流通，既可及时供应市场，又可降低物资部门的流通费用，加速资金周转，减少货损货差，取得良好的社会效益和经济效益。

③可以消除运输中的种种浪费现象，提高商品运输质量，充分发挥运输工具的效能，节约运力和劳动力。否则，不合理运输将造成大量人力、物力、财力浪费，并相应地转移和追加到产品中去，提高了产品价格，从而失去市场优势。

2. 影响合理运输的因素

物品从生产地到消费地的运输过程中，力求运输距离短、运输能力省、运输费用低、中间转运少、到达速度快、运输质量高，并充分有效地发挥各种运输工具的作用和运输能力，是运输活动所要实现的目标。运输合理化的影响因素很多，起决定性作用的有五方面的因素，称为合理运输的“五要素”。

（1）运输距离

运输时间、运输货损、运费、车辆周转等运输的若干技术经济指标，都与运输距离有一定比例关系。运输距离长短是运输是否合理的一个最基本因素，在组织商品运输时，首先要考虑运输距离，尽可能实现运输路径优化。

（2）运输环节

因为运输业务活动需要进行装卸、搬运、包装等工作，多一道环节，就会增加起运的运费和总运费。因此，减少运输环节，尤其是同类运输工具的运输环节，对合理运输有促进作用。

（3）运输时间

运输是物流过程中需要花费较多时间的环节，尤其是远程运输，在全部物流时间中，运输时间短有利于运输工具加速周转，充分发挥运力作用，有利于运输线路通过能力的提高。

（4）运输工具

各种运输工具都有其使用的优势领域，对运输工具进行优化选择，要根据不同的商品特点，分别利用铁路、水运、汽运等不同的运输工具，选择最佳的运输线路合理使用运力，以最大发挥所用运输工具的作用。

（5）运输费用

运费在全部物流费用中占很大比例，是衡量物流经济效益的重要指标，也是组织合理运输的主要目的之一。

上述因素既相互联系，又相互影响，有的还相互矛盾。运输时间短了，费用却不一定省，这就要求进行综合分析，寻找最佳方案。在一般情况下，运输时间快、运输费用省，是考虑合理运输的关键，因为这两项因素集中体现了物流过程中的经济效益。

3. 不合理运输的类型

不合理运输是在现有条件下可以达到的运输水平而未达到，从而造成了运力浪费、运输时间增加、运费超支等问题的运输形式。

（1）返程或起程空驶

空车无货载行驶，可以说是不合理运输最严重的形式。因调运不当，货源计划不周，不采用运输社会化而形成的空驶，是不合理运输的表现。造成空驶的不合理运输主要有以下几种原因。

①能利用社会化的运输体系而不利用，却依靠自备车送货提货，这往往出现单程重车、单程空驶的不合理运输。

②由于工作失误或计划不周，造成货源不实，车辆空去空回，形成双程空驶。

③由于车辆过分专用，无法搭运回程货，只能单程实车，单程回空周转。

（2）对流运输

对流运输亦称“相向运输”“交错运输”，指同一种货物，或彼此间可以互相代用而又不影响管理、技术及效益的货物，在同一线路上或平行线路上进行相对方向的运送，而与对方运程的全部或一部分发生重叠交错的运输。在判断对流运输时需注意的是，有的对流运输是不太明显的隐蔽对流。例如不同时间的相向运输，从发生运输的那个时间看，并无出现对流，可能作出错误的判断，所以要注意隐蔽的对流运输。

（3）迂回运输

迂回运输是舍近取远的一种运输，指不选取短距离运输而选择路程较长路线运输的一种不合理形式。迂回运输有一定复杂性，只有当计划不周、地理不熟、组织不当而发生的迂回，才属于不合理运输，如果最短距离有交通阻塞、道路情况不好或有对噪音、排气等特殊限制而不能使用时发生的迂回，不能称不合理运输。

（4）重复运输

本来可以直接将货物运到目的地，但是在未到目的地之处，或目的地之外的其他场所将货卸下，再重复装运送达目的地，这是重复运输的一种形式。另一种形式是，同品种货物在同一地点一面运进，同时又向外运出。重复运输的最大毛病是增加了非必要的中间环节，这就延缓了流通速度，增加了费用，增大了货损。

(5) 倒流运输

这是指货物从销地或中转地向产地或起运地回流的一种运输现象，其不合理程度要甚于对流运输。其原因在于，往返两程的运输都是不必要的，形成了双程的浪费。倒流运输也可以看成是隐蔽对流的一种特殊形式。

(6) 过远运输

这是指调运物资舍近求远，近处有资源不调而从远处调，拉长了货物运距。过远运输占用运力时间长、运输工具周转慢、物资占压资金时间长，远距离自然条件相差大，又易出现货损，增加了费用支出。

(7) 运力选择不当

这是指未能正确选择运输工具，而造成运力浪费或成本增加。

①弃水走陆。在同时可以利用水运及陆运时，不利用成本较低的水运或水陆联运，而选择成本较高的铁路运输或汽车运输，使水运优势不能发挥。

②铁路、大型船舶的过近运输。不是铁路及大型船舶的经济运行里程却利用这些运力进行运输，浪费了运力，且由于装卸时间长、装卸难度大，反而会延长了运输时间，增加了运输费用。

③运输工具承载能力选择不当。不根据承运货物数量及重量选择，而盲目决定运输工具，造成过分超载、损坏车辆，及货物不满载、浪费运力的现象。

④托运方式选择不当。可以选择最好托运方式而未选择，造成运力浪费及费用支出加大。例如，应选择整车而未选择反而采取零担托运，应当直达而选择了中转运输，应当中转运输而选择了直达运输等都属于这一类型的不合理运输。

4. 运输合理化的对策

针对运输不合理的具体情况，可以采取一定的措施来合理化。

(1) 减少运输数量，缩短运输距离

减少运输数量，缩短运输距离，不仅可以节约人力、物力，还可以节约能源和动力，以此达到降低物流成本费用，提高经济效益的目的，在这方面有许多成功的实例。在煤炭基地建设发电厂，就地发电，再输送到其他地区，可以减少大量煤炭的运输；在林区建立木材加工厂，经过加工后的木材运输可以大大减少运量；在矿山附近建炼钢厂和在农副产品基地建食品厂都是减少运输数量、缩短运输距离的有效方法。

(2) 选择最佳运输方式，避免运力的浪费

铁路、公路、水运、航空、管道这五大运输方式，各有所长，各有不足，应做到扬长避短，各取其优。不同的运输方式各有优劣，要科学选择运输方式。如航空运输费用高，但时间短，仓储费、装卸费用、包装费用都有可能降低，物流总成本不一定比其他方式高太多，但却能带来时间效益或形象效益。

(3) 配载运输

配载运输是充分利用运输工具载重量和容积，合理安排装载的货物及载运方法以求得合理化的一种运输方式。配载运输也是提高运输工具实载率的一种有效形式。配载运输往往是轻重商品的混合配载，在以重质货物运输为主的情况下，同时搭载一些轻质货物，如海运矿石、黄沙等重质货物，在舱面搭运木材、毛竹等，铁路运矿石、钢材等重物上面搭运轻质的农副产品等，在基本不增加运力投入情况下，在基本不减少重质货物运输情况下，解决了轻

质的搭运，因而效果显著。

(4) 通过流通加工，使运输合理化

有不少产品，由于产品本身形态及特性问题，很难实现运输的合理化，如果进行适当加工，就能够有效解决合理运输问题。例如将造纸材料在产地预先加工成干纸浆，然后压缩体积运输，这样就尽可能地实现了满载；轻泡产品预先捆紧包装成规定尺寸，装车就容易提高装载量；水产品及肉类预先冷冻，就可提高车辆装载率并降低运输损耗。

拓展案例

沃尔玛运输合理化措施

沃尔玛是世界上最大的零售企业，在物流运营过程中，尽可能降低成本是其经营的哲学。沃尔玛有时采用空运，有时采用水运，还有一些货物采用公路运输。在中国，沃尔玛百分之百地采用公路运输，所以如何降低公路运输成本是沃尔玛物流管理面临的一个重要问题。为此，沃尔玛主要采取了以下措施：

(1) 沃尔玛使用一种尽可能大的卡车，有 16 米加长货柜，比集装箱运输卡车更长或更高。沃尔玛把卡车装得非常满，产品从车厢的底部一直装到最高，以节约成本。

(2) 沃尔玛的车辆都是自有的，司机也是自有员工。沃尔玛的车队有 3700 多名司机，5000 名非司机员工，车队每周运输距离可达 7000~8000 千米。沃尔玛知道，公路运输是比较危险的，有可能会出交通事故。因此，对于运输车队来说，保证安全是节约成本最重要的环节。在运输过程中，卡车司机都非常遵守交通规则。沃尔玛定期对运输车队进行调查，卡车上都带有公司的号码，如果看到司机违章驾驶，调查人员就可以根据车上的号码报告，以便于进行惩处。沃尔玛认为，卡车不出事故，就能极大限度地降低物流成本。

(3) 沃尔玛采用全球定位系统对车辆进行定位，因此在任何时候，调度中心都可以知道这些车辆在什么地方、离商店有多远、还需要多长时间才能运到商店，这种估算可以精确到小时。

(4) 沃尔玛连锁商场的物流部门 24 小时工作，无论白天或者晚上都能为卡车及时卸货。另外，沃尔玛的运输车队还可以利用夜间进行运输，从而做到了当日下午进行集货，夜间进行异地运输，翌日上午即可送货上门，保证 15~18 个小时内完成整个运输过程。这是沃尔玛在速度上取得优势的重要措施。

(5) 沃尔玛的卡车把产品运到商场后，商场可以将其整个卸下来，而不用对每个产品逐个检查，这样就可以节省很多时间和精力，加快了沃尔玛物流的循环过程，从而降低成本。这里有一个非常重要的先决条件，就是物流系统能够确保商场所得到的产品与发货单完全一致。

(6) 沃尔玛的运输成本比供货厂商自己的运输成本要低，所以厂商也使用沃尔玛的卡车来运输货物，从而做到了把产品从工厂直接运送到商场，大大节省了产品流通过程中的仓储成本和转运成本。

沃尔玛的集中配送中心把上述措施有机组合在一起，作出了最经济合理的安排，从而使运输车队能以最低的成本高效率地运行。

(《沃尔玛降低运输成本的学问》，2012 年 3 月 8 日，https：//wenku. baidu. com/view/e-8f44fc9da38376baf1fae9f. html。有改动)

2.2 保 管

拓展案例

联华生鲜食品加工配送中心

联华生鲜食品加工配送中心是我国国内目前设备最先进、规模最大的生鲜食品加工配送中心，总投资6000万元，建筑面积3500平方米。年生产能力20000吨，其中肉制品15000吨，生鲜盆菜、调理半成品3000吨，西式熟食制品2000吨。产品结构分为15大类约1200种生鲜食品，在生产加工的同时，配送中心还从事水果、冷冻品以及南北货的配送任务。

商品到门店后，由于数量的高度准确性，在门店验货时只要清点总的包装数量，退回上次配送带来的包装物，完成交接手续即可，一般一个门店的配送商品交接只需要5分钟。

在得到门店的订单并汇总后，物流计划部根据第二天的收货、配送和生产任务制定物流计划。①线路计划：根据各线路上门店的订货数量和品种进行线路的调整，保证运输效率。②批次计划：根据总量和车辆人员情况设定加工和配送的批次，实现循环使用资源，提高效率；同时，将各线路分别分配到各批次中。③生产计划：根据批次计划，制定生产计划，将量大的商品分批投料加工，设定各线路的加工顺序，保证配送运输协调。④配货计划：根据批次计划，结合场地及物流设备的情况，进行配货的安排。

配送运作过程是：商品分拣完成后，都堆放在待发库区，按正常的配送计划，这些商品在晚上送到各门店，门店第二天早上将新鲜的商品上架。在装车时，按计划依路线门店顺序进行，同时抽样检查准确性。在货物装车的同时，系统能够自动算出包装物（笼车、周转箱）的各门店使用清单，装货人员也据此来核对差异。在交车之前，系统根据各车的配载情况出具各运输车辆随车商品清单、各门店的交接签收单和发货单。

（《联华生鲜食品加工配送中心》，2018年9月17日，https：//wenku. baidu. com/view/f751b229178884868762caaedd3383c4bb4cb4c8. html。有改动）

思考：

根据上述介绍，你从联华公司的配送中能得到什么启发？

在物流过程中没有仓储就不能解决生产集中性与消费分散性的矛盾，也不能解决生产季节性与消费常年性的矛盾。因此，仓储在物流过程中占有重要地位，有仓储必然要对储存的物品进行保管，仓储保管是物流的重要功能之一。商品在储存过程中，由于商品本身自然属性及外界因素的影响，随时会发生各种各样的变化，从而降低产品的使用价值甚至丧失其使用价值。保管就是研究商品性质以及商品在储存期间的质量变化规律，积极采取各种有效措施和科学的保管方法，创造一个适宜于商品储存的条件，维护商品在储存期间的安全，保护商品的质量和使用价值，最大限度地降低商品的损耗。从保管的词义来看，其含义是物品的储藏和管理，但它并不仅指物品的储藏，而是对其实行物理性管理，把维持物品的价值作为储藏的真正内容。

2.2.1 仓库的作用和分类

1. 仓库的作用

仓库是保管、存储物品的建筑物和场所的总称，是用来存放货物，包括商品、生产资料、工具或其他财产，及对其数量和价值进行保管的场所或建筑物等设施。

仓库一个最基本的功能就是存储物资，并对存储的物资实施保管和控制。但随着人们对仓库概念的深入理解，仓库也担负着物资处理、流通加工、物流管理和信息服务等功能，其含义远远超出了单一的存储功能。

（1）储存和保管的功能

这是仓库的最基本的传统功能。仓库具有一定的空间，用于储存物品，并根据物品的特性配有相应的设备，以保持储存物品的完好性。例如，储存精密仪器的仓库，应具有防潮、防尘、恒温等功能，因此应设置空调、恒温等控制设备。在仓库作业时，为了防止搬运和堆放时碰坏、压坏物品，从而要求搬运机具和操作方法的不断改进和完善，使仓库真正起到储存和保管的作用。

（2）配送和加工的功能

现代仓库的功能已由保管型向流通型转变，即仓库由原来的储存、保管货物的中心向流通、销售的中心转变。仓库不仅具备储存、保管货物的设备，还增加了分装、配套、捆装、流通加工、移动等设施。这既扩大了仓库的经营范围，提高了物资的综合利用率，又方便了消费者，提高了服务质量。

（3）调节货物运输能力的功能

各种运输工具的运输能力差别较大，船舶的运输能力很大，海运船舶一般都在万吨以上；火车的运输能力较小，每节车厢能装 30~60 吨货物，一列火车的运量多达几千吨；汽车的运输能力相对较小，一般在 10 吨以下。它们之间运输能力的差异也是通过仓库调节和衔接的。

（4）信息传递功能

信息传递功能总是伴随着以上三个功能而发生的。在处理有关仓库管理的各项事务时，管理人员需要及时而准确的仓库信息，如仓库利用水平、进出货频率、仓库的地理位置、仓库的运输情况、顾客需求状况以及仓库人员的配置等，这对一个仓库管理能否取得成功至关重要。目前，仓库的信息传递越来越多地依赖计算机和互联网络，通过使用电子数据交换系统（EDI）或条形码技术来提高仓库物品的信息传递的准确性，通过互联网（Internet）来及时地了解仓库的使用情况和物资的存储情况。

知识链接

仓库的功能

（1）储存保管功能。无论是储备仓库，还是周转仓库，其首要的功能就是储存保管。

（2）集散货物功能。仓库通过运输从各个供应商处收集货物，然后在仓库进行储存、整理、组配、流通加工、分拣、分发、分销，分运到各个不同需求的客户手中。

（3）衔接供需功能。仓库就像一个储水池，可以衔接供应者和需求者在供需时间上的不同步，缓冲供需矛盾，保证生产、流通和运输各个环节的顺利进行。

(4) 客户服务功能。仓库可以为客户代储、代运、代加工、代服务，为客户的生产、续供应、销售、生活等提供物资和信息支持，为客户带来各种方便。

(5) 防范风险功能。储备仓库和周转仓库的安全储备都是用于防范灾害、战争、偶发事件以及市场变化、随机事件而设置的保险库存，可以用于防范各种风险，保障生产和生活的正常进行。

(6) 物流中心功能。仓库是各种物流活动集中的场所，除了储存以外，在仓库内还可以进行运输、配送、包装、装卸、流通加工等活动，以及提供各种物流信息，因此仓库往往成为物流中心、配送中心或储运中心等。有的仓库还可以进行商流，仓库也就成了流通中心。

2. 仓库的分类

仓库是物流系统的基础设施，可从多个角度来进行分类，下面我们从仓库的运营形态、保管形态、建筑形态、基本功能等方面对仓库进行分类。

(1) 根据运营形态分类

①自用仓库。自用仓库是生产或流通企业，为了本企业物流业务的需要而修建的附属仓库。这类仓库只储存本企业的原材料、燃料、产品或商品，一般工厂、企业、商店的仓库以及部队的后勤仓库，多属于这类性质的仓库。

②营业仓库。营业仓库是专门为了经营储运业务而修建的仓库，是面向社会服务的或是以一个部门的物流业务为主，兼营其他部门的物流业务，如商业、物资、外贸等系统的储运公司的仓库等。营业仓库由仓库所有人独立经营，或者由分工的仓库管理部门独立核算经营。

③公共仓库。公共仓库属于公共服务的配套设施，是为社会物流服务的公共设施，如铁路车站的货场仓库、港口的码头仓库、公共货场的货栈仓库等。

(2) 根据保管形态分类

①原料、产品仓库。原料、产品仓库是生产企业为了保持生产的连续性，专门用来储存原料、半成品、成品的仓库。

②商品物资综合仓库。商品物资综合仓库是商业、物资部门为了保证市场供应以及解决季节时差，用来储存各种物资、商品的综合性仓库。

③农副产品仓库。农副产品仓库是经营农副产品的企业，专门用来储存农副产品的仓库，或者将农副产品经过短暂加工后，再运出的中转仓库。

④一般专用仓库。一般专用仓库是专储物资仓库，如粮食、棉花、木材、水果等的专用仓库。

⑤冷藏仓库。冷藏仓库是拥有冷藏装置，专门用来存储鲜鱼、鲜肉或其他食品的仓库。

⑥危险品仓库。危险品仓库是专门用来存储危险品的仓库，一般设在远离城市的地区。

⑦恒温仓库。恒温仓库也称“暖库”，设有保温装置，尤其在北方适用，用来储存怕冻物品。

⑧战略物资储备仓库。战略物资储备仓库是用来储备战略物资，以防各种自然灾害和意外事件发生的仓库，也包括部队的后勤仓库等。

⑨水上仓库。水上仓库指漂浮在水面的储藏货物的建筑或囤船等，也可以是在划定水面保管木材的特定水域、沉浸在水下保管物资的水域。近年来，由于国际运输油轮的大型化，许多港口因为水深不足，不能让超大型船舶进港卸油，于是它们往往采取在深水区设立大型中转仓库的方法来解决此问题。

(3) 根据建筑形态分类

①平房仓库。该种仓库构造简单，建筑费用便宜，人工操作比较方便，比较普遍。

②楼房仓库。楼房仓库指两层以上的仓库。这种类型的仓库可以减少土地使用面积，进出库作业可采用机械化或半机械化方式。

③高层货架仓库。高层货架仓库是发达国家普遍采用的先进仓库，可实现机械化和自动化操作。

④柱式仓库。柱式仓库的构造呈柱形或球形，主要用来存储石油、天然气、液体化工产品等。

⑤简易仓库。简易仓库造价低廉，一般是临时代用时使用。

⑥露天仓库。露天仓库即露天料场，以露天存储为主。

(4) 根据基本功能分类

①储存型仓库。以储存为主的仓库，主要对货物进行保管，以解决生产和消费的不均衡。如常年生产的化肥，要想在春、秋季节集中供应只有通过仓储来解决；季节性生产的粮食只有通过仓储才能保证常年的持续供应。

②流通仓库。这种仓库除了具有保管功能以外，还具有流通加工、装配、简单加工、包装理货以及配送功能，具有周转快、附加值高、时间性强等特点，从而可减少在流通过程中商品因停滞而产生的费用。

③配送中心。配送中心是向市场或直接向消费者配送商品的仓库，具有分拣、流通加工、配装、发货、配送功能。这种仓库具有存货种类众多、存货量较少、出入库频繁等特点。

④保税仓库。保税仓库是经海关核准的专门存放保税货物的专用仓库。根据国际上通行的保税制度要求，进境存放在保税仓库的货物可暂时免纳进口税款，免领进口许可证件（能制造化学武器的和易制毒化学品除外），在海关规定的存储期内复运出境或办理正式进口手续。

⑤海关监管仓库。海关监管仓库是海关为便于对进出口贸易货物进行有效的监管而设置的专门仓库。进口货物自入境申报起到放行前，出口货物自运到检验场所向海关申报起到出境前，必须置于海关的监管之下。在此期间，未经海关许可不得装卸、提取、交付、续运、调换、开拆取样、改装和更换标志。

2.2.2　保管作业规范

1. 货物保管的原则

(1) 质量第一原则

保证库存商品的数量正确、质量完好。

(2) 科学合理原则

对商品储存合理规划，做到因地制宜、因物而异。

(3) 效率原则

在保证库存商品的使用价值不变的前提下有效利用现有仓储设施，提高仓库利用率和设备利用率，减少保管费用，降低供应成本。

(4) 预防为主原则

避免或减少商品在保管中质量下降和数量损耗，按制度办事，按标准办事，防止质量事故发生。

2. 货物保管的基本技术

货物保管的基本技术见表 2-2。

表 2-2 货物保管的基本技术

<table>
<tr><th>分类</th><th colspan="3">技术</th><th>适用</th><th>原理</th></tr>
<tr><td rowspan="11">仓库温湿度管理与调节技术</td><td colspan="3">通风</td><td>怕热类物品
怕冻类物品
怕潮类物品</td><td>利用通风散发热量
冬季在中午时通风提高库内温度
通风散潮</td></tr>
<tr><td rowspan="4">密封</td><td colspan="2">货架密封</td><td>出入频繁，怕潮易锈、易霉的小件物品</td><td>将货架用塑料薄膜等密封，防止空气和尘埃的影响</td></tr>
<tr><td colspan="2">货垛密封</td><td>放在露天货场的易锈物品</td><td>用油毡等密封材料，将垛整体封闭</td></tr>
<tr><td colspan="2">库内小室密封</td><td>贵重、怕潮物品</td><td>在库房内选择适当的地方，用密封材料围筑成临时性密闭小室</td></tr>
<tr><td colspan="2">整库密封</td><td>储量大、整进整出或出入不频繁的物品</td><td>将库房全部密封起来，在较大范围内隔离库外空气吸潮</td></tr>
<tr><td rowspan="6">吸潮</td><td colspan="2">生石灰吸潮</td><td></td><td>生石灰吸湿性较强，吸湿速度也较快，使用时需捣成小块，以增加吸湿面积。所用生石灰最好在未因吸湿而变成粉状前换掉</td></tr>
<tr><td colspan="2">氯化钙吸潮</td><td></td><td>与空气的接触面积很大，吸湿效果显著。放在竹筛上，下接瓦盆等容器。吸水到饱和状态后溶化成液体，加热后仍可复用</td></tr>
<tr><td colspan="2">硅胶吸潮</td><td></td><td>盛于细长形纱布袋中，悬挂在库房内</td></tr>
<tr><td rowspan="3">机械吸潮</td><td>空气去湿机</td><td></td><td>利用加温的方法，降低空气的相对湿度，去湿快，体积小，重量较轻，可自由移动</td></tr>
<tr><td>氯化钙动态除湿器</td><td></td><td>氯化钙吸湿</td></tr>
<tr><td>氯化锂转轮除湿机</td><td></td><td>利用嵌固在石棉纸上的氯化锂晶体作吸湿剂。特点：吸湿和再生能连续进行</td></tr>
<tr><td colspan="5">金属的防锈技术</td><td>防止或破坏产生化学和电化学腐蚀条件的产生</td></tr>
</table>

续表

分类	技术		适用	原理
金属的除锈技术	人工除锈技术	麻布、棕刷除锈	除轻、中锈	用麻布、棕刷，靠人手工操作
	人工除锈技术	木屑除锈	除轻、中锈	用清洁干燥的木屑撒在板材上，用旧布盖住擦拭
	抛光除锈			用软质的棉布、帆布等制成抛光轮，利用电机带动，在高抛光除锈速旋转下除锈
	钢丝轮除锈			用金属制成轮刷，电机带动，在高速旋转下除锈
	喷射除锈			将沙粒等强力喷射到金属表面，借其冲击与摩擦的作用除锈
	化学除锈			用酸溶液与金属氧化物发生反应，使其溶解到酸溶液中
	电化学除锈			将需要除锈的金属制品浸入电解液中，接上电源，通过电化学除锈
霉变防治技术	药剂防霉腐		物资仓库	把对霉腐微生物有抑制和杀灭作用的化学药剂放在易霉腐物品上的一种方法。常用药物有：五氯酚钠、水杨酰苯胺、多聚甲醛等
	气体防霉腐		工业品储存仓库	用氮气或二氧化碳气充入密封包装或封闭严密的库房中，使物品上的霉菌失去生存的条件
	低温防霉腐		水果、蔬菜、蛋、鱼、肉等	用低温降低生物活体内酶的活性
	物品霉腐的救治	摊晾		干燥的场所进行晾晒，以清除过多的水分，利用太阳光杀菌
	物品霉腐的救治	烘烤	卷烟、茶叶	
	物品霉腐的救治	药剂熏蒸		
	物品霉腐的救治	紫外线杀菌		

续表

分类	技术	适用	原理
虫害的防治	清洁卫生防治法		造成不利于害虫生长发育的条件来组织消灭害虫利
	物理机械防治法		以自然或人为的高、低温作用于害虫的方法
	化学药剂防治法		用化学有毒药剂预防和杀灭仓库害虫

（程淑丽：《物流管理职位工作手册》，人民邮电出版社 2005 年版，第 165~166 页）

3. 货物保管的作业活动内容

货物保管的作业活动内容见表 2-3。

表 2-3 货物保管的作业活动内容

业务阶段	业务活动	作业内容
入库阶段	1. 接运	（1）货物运输站场提货 （2）短途运输 （3）现场交接
	2. 验收	（4）验收准备 （5）实物验收、验收记录 （6）登账建卡
储存保管阶段	3. 储存保管	（7）分类、整理 （8）上架、堆垛（特殊物资保管） （9）倒垛 （10）储存经济管理（定额、财产处理） （11）安全管理
	4. 维护保护	（12）温湿度控制 （13）维护保管 （14）检查、盘点
出库阶段	5. 出库	（15）核对凭证 （16）审核、划价 （17）备料、包装 （18）改卡、记账
	6. 发运代运	（19）领料或送料 （20）代办托运

（程淑丽：《物流管理职位工作手册》，人民邮电出版社 2005 年版，第 167 页）

4. 保管的作业规范

保管的作业规范见表 2-4。

表 2-4　保管的作业规范

作业规范	内容要求	目的
面向通道	将货物面向通道进行保管库存	便于货物在仓库内移动、存放和取出
先进先出	根据货物入库时间决定发货次序	防止货物因保管时期过长而发生变质、损耗现象
周转频率对应	依据进货发货的不同频度来确定货物的存放位置，次数频繁的货物放置在靠近仓库进出口的位置	便于货物的搬运，提高物流效率
同类归一	相同或相类似的货物存放在相同或相近的位置	便于分拣，提高物流作业效率
重量对应	根据货物的重量确定存入的位置和保管方法。较重的货物放置在地上或货架的底层，反之则放置在货架上层	便于分拣，提高物流作业效率
形状对应	根据货物的形状确定存放的位置和保管方法，包装标准化的货物放置在货架上保管，非标准化的货物对应其形状进行保管	方便搬运和安全作业
标记明确	对保管货物的品种、数量及保管位置做明确详细的标记	便于提高货物存放、拣出的物流作业效率
分层堆放	选用货架等保管设备对货物进行堆放保管	有利于提高仓库的利用效率，保证作业的安全性
五五堆放	以五或五的倍数在固定区域内堆放，使货物“五五成行、五五成方、五五成包、五五成堆、五五成层”，堆放横竖对齐，上下垂直，过目知数，流动后零头尾数要及时合并	方便货物的数量控制、清点盘存

（程淑丽：《物流管理职位工作手册》，人民邮电出版社 2005 年版，第 167~168 页）

2.2.3　保管设备

保管设备是仓库保管商品的主要设备，对于在库商品质量的维护有着重要的作用。在各种类型的仓库中，保管设备是不可缺少的，且数量很大，最主要的保管设备就是货架。

1. 货架的概念与作用

（1）货架的概念

货架是指用支架、隔板或托架组成的立体存放货物的设施。在仓库设备中，货架是指专门用于存放成件物品的保管设备。货架在物流及仓库中占有非常重要的地位。随着现代工业的迅猛发展，物流量的大幅度增加，为实现仓库的现代化管理，改善仓库的功能，不仅要求货架数量多，而且要求具有多功能，并能实现机械化、自动化要求。

（2）货架的作用

货架在现代物流活动中起着相当重要的作用，仓库管理实现现代化，与货架的种类、功能有直接的关系。货架的作用及功能有如下几方面：

①货架是一种架式结构物，可充分利用仓库空间，提高库容利用率，扩大仓库储存能力。

②存入货架中的货物，互不挤压，物资损耗小，可完整保证物资本身的功能，减少货物的损失。

③货架中的货物，存取方便，便于清点及计量，可做到先进先出。

④保证存储货物的质量，可以采取防潮、防尘、防盗、防破坏等措施，以提高物资存储质量。

⑤很多新型货架的结构及功能有利于实现仓库的机械化及自动化管理。

2. 货架的分类

货架的种类较多，分类的方法也不尽相同。常见的分类方法有：

按货架的适用性分为：通用货架、专用货架。

按货架的制造材料分为：钢货架、钢筋混凝土货架、钢与钢筋混凝土混合式货架、木制货架、钢木合制货架等。

按结构特点分为：层架、层格架、橱架、抽屉架、悬臂架、三角架、栅型架等。

按货架的可动性分为：固定式货架、移动式货架、旋转式货架、组合货架、可调式货架、流动式货架和贯通式货架。

按货架的载货方式分为：悬臂式货架、橱柜式货架、栅板式货架。

按货架的结构分为：组合可拆卸式货架、固定式货架（单元式货架、一般式货架、流动式货架和贯通式货架）。

按货架高度分为：低层货架、中层货架、高层货架。

按货架载重量分为：重型货架、轻型货架。

3. 常见货架

（1）托盘式货架

托盘式货架又称“横梁式货架”或“货位式货架”，是以托盘为储存单位的货架，通常为重型货架，利用率高，一般配以巷道式堆垛机、叉车及其他储运机械进行作业，存取灵活方便，在国内的各种仓储货架系统中最为常见。图 2-1 为托盘式货架。

图 2-1 托盘式货架

这种货架结构一般采用杆件组合式，即立柱、主柱片、横梁等之间采用螺栓或插接组成，不仅容易拆迁，层间距还可以根据码货高度进行调整，可以适应多种物料的储存。托盘式货架广泛应用于制造业、第三方物流和配送中心等领域，既适用于多品种小批量物品，又适用于少品种大批量物品。托盘式货架在高位仓库和超高位仓库中应用最多。

托盘式货架的使用，首先需进行集装单元化工作，即根据托盘式货架单元货架的跨度、深度、层间距，确定托盘的类型、规格、尺寸，以及单托载重量和堆高（单托货物重量一般在 2000 千克以内），然后将货物按照要求根据其包装及其重量等特性进行组盘，再根据托盘式货架的高度，由叉车或其他储运机械完成存取作业。

(2) 重力式货架

货架每层的通道都安装有一定坡度的、带有轨道的导轨，入库的单元货物在重力的作用下，由入库端流向出库端，为减少货箱与货架之间的摩擦力，在存货滑道上设有滚轮，如图 2-2 所示。入库起重机装入滑道的货物单元能够在自重作用下，自动地从入库端向出库端移动，直至滑道的出库端或者碰上已有的货物单元停住为止。

位于滑道出库端的第一个货物单元被出库起重机取走之后，在它后面的各个货物单元便在重力作用下依次向出库端移动一个货位。这样的仓库，在排与排之间没有作业通道，大大提高了仓库面积利用率。相对普通托盘货架而言不需要操作通道，故增加 60% 的空间利用率，托盘操作遵循先进先出的原则。储存和拣选两个动作的分开大大提高输出量，由于是自重力使货物滑动，而且没有操作通道，所以减少了运输路线和叉车的数量。但使用时，最好同一排、同一层上的货物，应为相同的货物或一次同时入库和出库的货物。

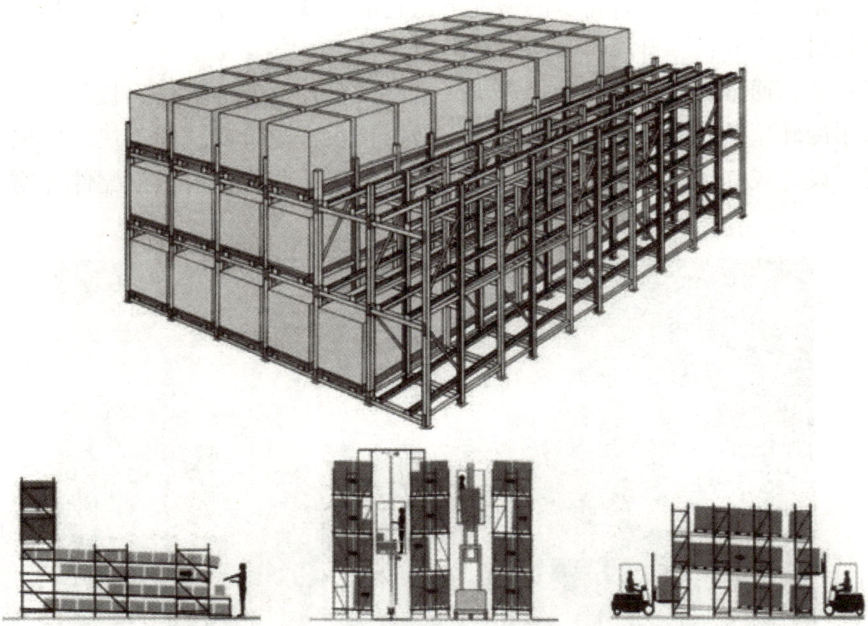

图 2-2 重力式货架示意图

(3) 悬臂式货架

悬臂式货架又称“树枝形货架”，由中间立柱向单侧或双侧伸出悬臂而成。悬臂可以是固定的，也可以是可调节的，一般适合存放长料货物和不规则货物，如圆钢、型钢、木板和地毯等。前伸的悬臂结构轻巧，载重能力好，并且在存放不规则的或是长度较为特殊的物料时，能大幅提高仓库的利用率和工作的效率，如图 2–3 所示。

图 2–3　悬臂式货架

（4）阁楼式货架

它是在已有的货架上建一个中间阁楼，形成两层堆叠的阁楼布置的货架，如图 2–4 所示。在场地有限，品种繁多，数量少的情况下，它能在现有的场地上增加几倍的利用率，可配合使用输送机、提升机、升降机、叉车等操作。

阁楼式货架，通常利用中型搁板式货架或重型搁板式货架加上楼面板作为主体支撑，楼面板通常选用冷轧型钢楼板、花纹钢楼板或钢格栅楼板，造价低，施工快。可根据实际场地和需要，灵活设计成二层、多层，适用于五金工具、电子器材、机械零配件等物品的小包装散件储存。

图 2–4　阁楼式货架

(5) 贯通式货架

贯通式货架又称“通廊式货架”或“驶入式货架”，取消了两排货架之间的巷道，将所有货架合并在一起，使同一层、同一列的货物相互贯通。此类货架一般采用托盘存取模式，托盘搁置于货架的水平突出构件上，叉车可以直接进入货架每列存货通道内作业，如图 2-5 所示。

图 2-5 贯通式货架

贯通式货架除去了靠近通道的货位，由于叉车需要进入货架内部存取货物，通常单面取货建议不超过 7 个货位深度。贯通式货架可根据实际需要选择配置导向轨道。贯通式货架因为取消了各排货架之间的巷道，在同样的空间内比通常的托盘货架几乎多一倍的储存能力，适用于品种少、批量大的货物储存，多用于乳业、饮料等食品行业，冷库中也较为多见。

(6) 抽屉式货架

抽屉式货架的每层货架承载面为抽屉式可滑动的货板，可以从货架中间向巷道方向抽出，可以利用起重机等起重机械将货物吊进吊出，如图 2-6 所示。该货架具有防尘、防潮、避光等作用，适用于贵重货物如刀具、量具、精密仪器、药品、各类模具等货物的存放。

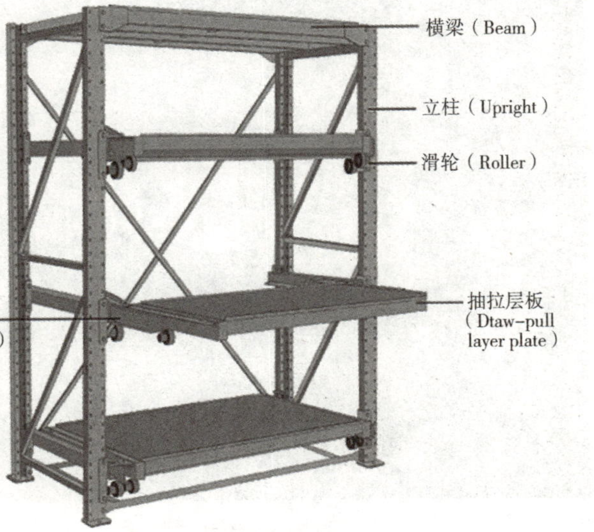

图 2-6 抽屉式货架结构

（7）移动式货架

移动式货架它是一种底部带轮且可整体移动的货架，每排货架有一个电动机驱动，靠装置于货架下的滚轮沿铺设于地面上的轨道移动，如图 2-7 所示。移动式货架平时相互依靠，密集排列在一起。存取货物时，通过手动或电力驱动装置使货架沿轨道水平移动，形成作业通道，便于人工或机械存取作业，也可以大幅度减少通道面积。其突出的优点是提高了空间利用率，一组货架只需一条通道，而固定型托盘货架的一条通道，只服务于通道内两侧的两排货架，所以在相同的空间内，移动式货架的储存能力比一般固定式货架高得多。

图 2-7　移动式货架

（8）流利式货架

流利式货架是将货物置于滚轮上，利用一边通道存货，另一边通道取货，如图 2-8 所示。料架朝出货方向向下倾斜，货物在重力作用下向下滑动。可实现先进先出，并可实现一次补货，多次拣货。流利架存储效率高，适合大量货物的短期存放，广泛应用于物流配送中心、货运行、出版社以及自动化程度较高的工厂。

图 2-8　流利式货架

(9) 全自动立体货架

现代物流中心已逐步进入到自动化立体仓库阶段，自动化立体仓库由高层货架、巷道堆垛超重机、有轨堆垛机、输送系统、自动化控制系统、计算机仓库管理系统及周边设备组成，可对集装单元货物出入，存储实现自动化保管。自动化立体仓库里面的货架，可称为“全自动立体货架”，如图 2-9 所示。

图 2-9　全自动立体货架（立体仓库）

2. 2. 4　仓库管理

仓库管理是物流管理中最基础的工作，没有管理优良的仓库，要做到完善的物流服务是不可能的。关于仓库的分类，前文已有所阐释，这里我们阐释一下仓库管理的流程以及现代全自动立体仓库。

1. 仓库管理的流程

仓库管理流程包括入库流程、出库流程、库房管理等环节。

(1) 入库流程

以成品库的入库流程为例，外购的成品或自己企业生产的成品，首先由申请人填写入库申请单，其内容如表 2-5 所示。

表 2-5　入库申请单

入库申请单		申请日期			
产品品种	货位号	件数	重量	金额	备注
检验员鉴字：		库房主管：		申请人鉴字：	

申请人持填写好的入库申请单，由检验员检验后签字，并由库房人员核实入库数量登记，库房主管签字。入库申请单一式四份，第一联，存根；第二联，成品库留存；第三联，财务核算；第四联，申请人留存。入库时要严把质量关，做好各项记录，以备查用。火车到站货物入库。货物到站后接收单位专职监卸人员，须会同车站工作人员详细做好卸车记录。卸车前，认真核对单、表、证，检查车体，发现问题与铁路部门交涉，做好记录。卸车时，检验人员按规定检验货物质量、做出质量检验通知单；检验人员做好件数、重量记录，包括抽检和全检，并记录包装物破损情况，如有损坏物品挑出另存。保管人员首先做好入库准备，卸车时，监督工人作业质量以及货物分布情况，最后汇集卸车通知单、检验单、检斤表，填写货物登记表，包括货物名称、入库时间、货主名称、货位号、质量、重量、件数、卸车人员、备注等项，并由库房主管、货主签字，把卸车通知单、检斤表、检验单贴在货物登记表后，一同作为货物记录凭证。

（2）出库流程

货物出库的方式主要有三种：第一种，客户自提，即客户自己派人或派车来公司的库房提货；第二种，委托发货，对自己去提货有困难的客户而言，他们会委托相关公司去找第三方物流公司提供送货服务；第三种，公司送货，即仓储企业派自己的货车，给客户送货的一种出库方式。无论采用哪种出货的方式，都要填写出库单。单据内容如表 2-6 所示。

表 2-6　出库单

发货单位：		出库日期：	
产品品种	产品数量	金额	备注
出库方式选择：	1. 客户自提	2. 委托发货	3. 公司送货
运费结算方式：	1. 公司代垫支费	2. 货到付款	
提货人鉴字：		成品库主管鉴字：	

出库单也是一式四份：第一联，存根；第二联，成品库留存；第三联，财务核算；第四联，提单，提货人留存。提货的车到达仓库后，出示出库单据，在库房人员协调下，按指定的货位、品种、数量搬运货物装到车上。保管人员做好出库质量管理，严防撒漏、破损，做好数量记录；检斤人员做好数量、重量记录，制作出库检斤表；由复核人员核实品种、数量和提单，制作仓库出门条。出库时，仓库出门条交出库门卫，核实后放行。

（3）库房管理

库房保管作业除了要遵循基本的保管原则之外，还应注意以下几个问题：

①合理利用仓库存储空间。合理利用仓库存储空间有如下三种情况：

• 不固定放置系统：把商品放置在空闲的地方，并输入计算机，用计算机进行调度和寻找，以提高空间的利用率。

• 固定放置系统：将商品放在固定地点，地点固定，便于拣选，提高效率。

• 半固定放置系统：前两项的混合形式，库存中心多采用不固定放置方式，配送中心多采用固定放置方式。

②采取正确的保管方式。采取正确的保管方式有以下五种基本类型：

• 地面平放式：将保管物品直接堆放在地面上。

- 托盘平放式：将保管物品直接放在托盘上，再将托盘平放于地面。
- 直接堆放式：将货物在地面上直接码放堆积。
- 托盘堆码式：将货物直接堆码在托盘上，再将托盘放在地面上。
- 货架存放式：将货物直接码放在货架上。

配送中心应首先考虑出入库的时间和效率，因而较多地着眼于拣选和搬运的方便，保管方式必须与之协调。存储中心出入库的频率较低，应该重视保管，因而首先要考虑保管方式。除上述一些问题以外，保管还应有温湿度管理，防尘、防臭、防虫、防鼠、防盗等问题。此外，仓库的建筑还应该特别注意企业形象。

③库存管理。库存管理是指在物流过程中商品数量的管理。过去认为仓库里的商品多，表明企业发达、兴隆，现在则认为零库存是最好的库存管理。库存多，占用资金多，利息负担加重。但是如果过分降低库存，则会出现断档。库存管理应该特别考虑下述两个问题：首先是根据销售计划，按计划生产的商品在市场上流通时，要考虑在什么地方，存放多少的问题；其次从服务水平和经济效益出发来确定库存量，以及如何保证补充的问题。

上述两个问题与库存在物流过程中的功能有关。一般来说，库存功能有以下几种：

- 防止断档。缩短从接受订单到送达货物的时间，以保证优质服务，同时又要防止脱销。
- 保证适当的库存量，节约库存费用。
- 降低物流成本。用适当的时间间隔补充与需求量相适应的合理的货物量，以降低物流成本，消除或避免销售波动的影响。
- 保证生产的计划性、平稳性以消除或避免销售波动的影响。
- 展示功能。
- 储备功能。在价格下降时大量储存，减少损失，以应对灾害等不时之需。关于仓库（库存）放在什么地方，首先要考虑数量和地点。如果是配送中心，则应尽可能根据客户需要，设置在适当的地方；如果是存储中心，则以尽可能减少向配送中心补充为原则，地点则没有一定的要求。当库存据点确定之后，则要考虑在各据点里都储存什么样的商品。

2. 自动化立体仓库

（1）自动化立体仓库概述

自动化立体仓库，又称“自动存取系统”“自动仓库”“自动化高架仓库”“高架立体仓库”“无人仓库”“无纸作业仓库”等，它一般采用几层、十几层乃至几十层高的货架储存单元货物，用相应的物料搬运设备进行货物入库和出库作业。由于这类仓库能充分利用空间储存货物，故常形象地将其称为“立体仓库”。

立体仓库由于具有很高的空间利用率、很强的入出库能力、采用计算机进行控制管理而利于企业实施现代化管理等特点，已成为企业推行现代物流的主要仓储技术之一。

（2）自动化立体仓库的功能

自动化立体仓库具有以下不同于一般仓库的功能，主要有：

①储存量大。通常一个自动化立体仓库的货架高度在 15 米左右，最高达 40 米以上。拥有货位数可多达 30 万~40 万个，可储存 30 万~40 万个托盘，以平均每托盘货物重 1 吨计算，则一个自动化立体仓库可同时储存 30 万~40 万吨货物。

②自动存取。自动化立体仓库的出入库及库内搬运作业全部由计算机控制的机电一体化即自动化实现。每天的作业只需少数管理人员，他们主要负责货物存取系统的操作、监控、

维护等，只要操作员给系统以出库拣选、入库分拣、包装、组配、储存等作业指令。该系统就会调用巷道堆垛机、自动分拣机、自动导向车及其配套的周边搬运设备协同动作，完全自动地完成各种作业。

（3）自动化立体仓库的基本组成

自动化立体仓库除了大型的库房以外，还需要以下设备：

①高层货架。用于存储货物的钢结构。目前主要有焊接式货架和组合式货架两种基本形式。

②托盘（货箱）。用于承载货物的器具，亦称工位器具。

③巷道堆垛机。用于自动存取货物的设备。按结构形式分为单立柱和双立柱两种基本形式；按服务方式分为直道、弯道和转移车三种基本形式。

④输送机系统。立体库的主要外围设备，负责将货物运送到堆垛机或从堆垛机将货物移走。输送机种类非常多，常见的有轨道输送机、链条输送机、升降台、分配车、提升机、皮带机等。

⑤AGV 系统，即自动导向小车。根据其导向方式分为感应式导向小车和激光导向小车。

⑥自动控制系统。驱动自动化立体库系统各设备的自动控制系统，以采用现场总线方式的控制模式为主。

⑦库存信息管理系统。该系统亦称“中央计算机管理系统”，是全自动化立体库系统的核心。目前典型的自动化立体库系统均采用大型的数据库系统（如 ORACLE，SYBASE 等）构筑典型的客户机服务器体系，可以与其他系统（如 ERP 系统等）联网或集成。

（4）自动化立体仓库的优越性

自动化立体仓库其优越性是多方面的，对于企业来说，可从以下几个方面得到体现：

①提高空间利用率。早期立体仓库的构想，其基本出发点就是提高空间利用率，充分节约有限且宝贵的土地。在西方有些发达国家，提高空间利用率的观点已有更广泛深刻的含义，节约土地已与节约能源、环境保护等更多的方面联系起来，有些甚至把空间的利用率作为系统合理性和先进性考核的重要指标来对待。一般来说，自动化高架仓库其空间利用率为普通平库的 2~5 倍，这是相当可观的。

②便于形成先进的物流系统，提高企业生产管理水平。传统仓库只是货物储存的场所，保存货物是其唯一的功能，是一种“静态储存”。自动化立体仓库采用先进的自动化物料搬运设备，不仅能使货物在仓库内按需要自动存取，而且可以与仓库以外的生产环节进行有机的连接，并通过计算机管理系统和自动化物料搬运设备使仓库成为企业生产物流中的一个重要环节。企业外购件和自制生产件进入自动化仓库储存是整个生产的一个环节，短时储存是为了在指定的时间自动输出到下一道工序进行生产，从而形成一个自动化的物流系统。这是一种“动态储存”，也是当今自动化仓库发展的一个明显的技术趋势。以上所述的物流系统又是整个企业生产管理大系统（订货、必要的设计和规划、计划编制和生产安排、制造、装配、试验、发运等）的一个子系统，建立物流系统与企业大系统间的实时连接，是目前自动化高架仓库发展的另一个明显的技术趋势。

③加快货物的存取节奏，减轻劳动强度，提高生产效率。建立以自动化立体仓库为中心的物流系统，其优越性还表现在自动化高架库具有快速的入出库能力，能快速妥善地将货物存入高架库中（入库），也能快速及时并自动地将生产所需零部件和原材料送达生产线。这

一特点是普通平库所没有具备的。同时，自动化立体仓库的实现是减轻工人劳动强度的最典型的例子，这种劳动强度的减轻是综合性的。

④减少库存资金积压。经过对一些大型企业的调查了解，由于历史原因造成管理手段落后，物资管理零散，使生产管理和生产环节的紧密联系难以到位，为了达到预期的生产能力和满足生产要求，就必须准备充足的原材料和零部件，这样库存积压就成为一个较大的问题。如何降低库存资金积压和充分满足生产需要，已成为大型企业不得不面对的一个大问题。自动化立体仓库是解决这一问题的有效的手段之一。

⑤现代化企业的标志。现代化企业采用的是集约化大规模生产模式。这就要求生产过程中各环节紧密相连，成为一个有机整体；要求生产管理科学实用，做到决策科学化。为此，建立自动化高架仓库系统是其有力的措施之一。如前所述，自动化物流系统在最大限度利用空间、最大限度地满足生产要求、减轻工人劳动强度、提高生产效率、加强生产和物资管理、减少库存积压资金等方面具有无可比拟的优势，这正是一个现代化企业所要求的和追求的。由于采用计算机管理和网络技术，企业领导可以宏观快速地掌握各种物资信息，工程技术人员、生产管理人员、生产技术人员能够及时了解库存信息，以便合理安排生产工艺、提高生产效率成为可能。

知识链接

托盘的基本类型

1. 平托盘

平托盘几乎是托盘的代名词，只要一提托盘，一般都是指平托盘，因为平托盘使用范围最广，数量最大，通用性最好。平托盘又可细分为以下三种类型：

(1) 根据结构和使用方法分，可分为单面形、双面单用型、双面双用型和翼型，

(2) 根据叉车插入方式分，可分为单向插入型、双向插入型和四向插入型。

(3) 根据材料分，可分为木制平托盘、钢制平托盘、塑料制平托盘、复合材料平托盘和纸制平托盘。

2. 柱式托盘

柱式托盘是指在平托盘上安装了四个立柱的托盘，立柱一般可卸下，高度为 1.2 米，常采用钢制材料，可负荷 3 吨货物。柱式托盘具有以下作用：一是利用立柱支撑重量物，往高处放；二是可防止托盘上放置的货物在运输和装卸过程中发生塌垛现象。

3. 箱式托盘

箱式托盘是在平托盘上安装上部构造物（如平板状、网状构造物等），制成箱式设备。箱式托盘一般分为可卸式、固定式和折叠式三种，这种托盘具有包装简易并可形成不规则的货物集装、方便运输、防止塌垛等优点，主要适合于装载蔬菜类、薯类等农产品。

4. 轮式托盘

此类托盘下部有 4 个小型轮子，与柱式托盘和箱式托盘相比，轮式托盘显示出能短距离移动、自行搬运或滚上滚下式的装却等优势，用途广泛，适用性强。

5. 特种专用托盘

由于托盘作业效率高、安全稳定，尤其在一些要求快速作业的场合，显示出利用托盘的

重要性，所以各国纷纷研制了多种多样的专用托盘。

(1) 平板玻璃集装托盘，也称平板玻璃集装架，可分为“L”形单面装放平板玻璃单面进叉式、“A”形双面装放平板玻璃双向进叉式、吊叉结合式和框架式等。运输过程中，托盘起支撑和固定作用，平板玻璃一般都立放在托盘上，并且玻璃还要顺着车辆的前进方向，以保持托盘和玻璃的稳固。

(2) 轮胎专用托盘。轮胎专用托盘不仅耐水、耐蚀，而且可多层码放，不挤不压，可大大提高装卸和储存的效率。

(3) 长尺寸托盘。这是一种专门用来码放长尺寸货物的托盘，有的呈多层结构，这样就形成了长尺寸货架。

(4) 油桶专用托盘。这是为专门存放、装运标准油桶的异型平托盘，双面均有波形以稳定油桶，防止滚落。其优点是可多层堆码，提高仓储和运输能力。

拓展案例

ABC 管理法的应用

某企业为降低仓储成本，将各种产品按销售量比重进行分类：A 类产品的销售量占总销售量的 70%以上，B 类产品占 20%左右，C 类产品则为 10%左右。A 类产品在各销售点都备有库存，B 类产品只在地区分销中心备有库存而各销售点不设库存，C 类产品连地区分销中心都不设库存，仅在工厂仓库才有存货。事实证明这种方式是成功的，经过一段时间的运行，该企业的仓储成本下降了 20% 以上。

(《降低货运成本的基本策略》，2011 年 10 月 19 日，https：//www.docin.com/p-275298067.html。有改动)

☞提示

上述功能要素中，运输和仓储分别解决了供给者和需求者之间场所和时间的分离，分别是物流创造“场所效应”和“时间效应”的主要功能，因而在物流系统中处于主要功能要素的地位。

美的公司的仓储管理改革

价格大战、库存灾难、产能过剩、利润滑坡——过度竞争压力之下，除进行产品和市场创新，挤压成本成为空调商舍此无他的存活之道。阴晴无定的 4 月，历来是空调市场战云密布的季节。“价格战”正在成为所有厂家话题中的热点。一线品牌美的悄然出手，其出招却直指终端代理商——在广东地区，美的近期正在悄悄地为终端经销商安装“金算盘”财务进销存软件。

这是美的日益浮出水面的“业务链条前移”策略——实现“供应商管理库存（Vendor Managed Inventory，VMI）”和“管理经销商库存”中的一个步骤。水面无波，但是其汹涌暗流所指，正是应对一触即发的凶险价格战。

1. 零库存梦想

美的虽多年名列空调产业的“三甲”之位，但是不无一朝城门失守之忧。近年来，在降低市场费用、裁员、压低采购价格等方面，美的频繁变招，其路数始终围绕成本与效率。在供应链这条维系空调企业的生死线上，美的更是动作不断。

据业内统计数据，全国厂商估计有 700 万台空调库存。长期以来，美的空调一直自认为成绩不错，但是依然有最少 5~7 天的零部件库存和几十万台的成品库存。

在强敌如云的市场中，这一数字仍然不能让美的熟寐。相对其他产业的优秀标杆们，这一存货水准甚至有些让其“汗颜”。例如，戴尔（DELL）等跨国公司的供应链管理就让美的大为心仪。在厦门设厂的戴尔，自身并没有零部件仓库和成品仓库。零部件实行 VMI；成品则完全是订单式的，用户下单，戴尔就组织送货。“戴尔的供应链管理和物流管理世界一流。”美的空调的流程总监不由地叹服。

而实行 VMI 的，并不仅仅限于戴尔等国际厂商的 IT 企业。海尔等国内家电公司已先饮头啖汤。有了戴尔的标杆和海尔的压力，美的从 2012 销售年度开始，也导入 VMI。美的作为供应链里的“链主”（通常也叫核心企业），要求供应商及时供货（Just In Time，JIT）。对于美的来说，较为稳定的供应商共有 300 多家，零配件（出口、内销产品）加起来一共有 3 万多种。但是，60% 的供货商是在美的总部顺德周围，还有部分供应商是车程 3 天以内的地方，如广东的清远一带。因此，只有 15% 的供应商距离美的较远。在这个现有的供应链之上，美的实现 VMI 的难度并不大。对于这 15% 的远程供应商，美的在顺德总部（美的出口机型都在顺德生产）建立了很多仓库，然后把仓库分成很多片区。运输距离长（运货时间 3~5 天的）的外地供应商一般都会在美的的这个仓库里租赁一个片区（仓库所有权归美的），并把零配件放到片区里面储备。在美的需要用到这些零配件的时候，就会通知供应商，然后进行资金划拨、取货等工作。这时，零配件的产权才由供应商转移到美的手上。在此之前，所有的库存成本都由供应商承担。此外，美的在 ORACLER 的 ERP（企业资源管理）基础上与供应商建立了直接的交货平台。

供应商在自己的办公地点，就能看到美的订单内容：品种、型号、数量和交货时间等。供应商不用安装一整套 ORACLE 的 ERP 系统，而是通过互联页（web）的方式，登录到美的公司的页面上。原来供应商与美的每次采购交易，要签订的协议非常多，而现在进行大量的简化——美的在每年年初确定供货商，并签下总协方式，当价格确定下来以后，美的就在网上发布每次的采购信息，然后由供应商确认信息，一张采购订单就已经合法化。美的公司提到，实施 VMI 后，供应商不需要像以前一样疲于应付美的的订单，做一些适当的库存即可。美的有比较强的 ERP 系统，可以提前预告供货的情况，告诉供应商需要的品种和数量，供应商不用备很多货，一般满足 3 天的需求即可。VMI 以后，美的零部件库存周转率在 2015 年上升到 70~80 次/每年。零部件库存也由原来平均的 5~7 天存货水平，大幅降低为 3 天左右，而且这 3 天的库存也是由供应商管理并承担相应成本。库存周转率提高后，一系列相关的财务“风向标”也随之“由阴转晴”，让美的欣喜不已：资金占用降低、资金利用效率提高、资金风险下降、库存成本直线下降。近一年来，美的的材料成本大幅下降。但是，美的的供应链上还有相当大的优化空间在等待更多的努力——部分长线材料、10% 的进口材料（主要是集成电路等），因为整个国际运货周期和订货周期都比较长，还需要美的自己备货，例如，镀锌板就需要 2 个月左右的存货，有些材料甚至更长，需要 6 个月库存。

2. 消解分销链存货

在业务链后端的供应体系进行优化的同时，美的也在加紧对前端销售体系的管理渗透。

在经销商环节上，美的几年前已经有基于ORACLE开发的销售系统，可以统计到经销商的销售信息（分公司、代理商、型号、数量、日期等）。而近年来则公开了与经销商的部分电子化往来：进行业务往来的实时对账和审核——而以前是半年一次的手工性的繁杂对账。在前端销售环节，宝洁等公司则成为美的新“标杆”。美的公司介绍，宝洁为全国几个大区域总代理都装了软件，每一套软件据说价值不下于五六百万元。这样区域经销商的销售、库存情况宝洁能了然于心，并自动做到配送。“每个地方需要多少洗发水，宝洁很清楚。”这种管理模式启发出美的管理思路的新变革。美的公司认为，未来的经销商管理模式也将走向VMI。也就是说，美的作为经销商的供应商，为经销商管理库存。

理想的模式是，经销商不用备货了，即使备也是5台、10台这种概念，不存在以后的淡季打款。经销商缺货，美的立刻就会自动送过去，而不需经销商提醒。经销商的库存“实际是我们自己的库存”，这种存货管理上的前移，被匡广政认为是提高服务水平和服务质量的重要一步和家电业可能的发展趋势。

这样做，美的可以有效地削减和精准地控制销售渠道上昂贵的存货，而不是任其堵塞在渠道中，占用经销商的大量资金。

但是，现有的经销商管理水平显然和美的的设想存在一道“鸿沟”。匡广政提到，很多经销商没有系统，自己的库存常常是1个月、最多1个星期统计一次。“自己没有太多的底，脑袋里有这个数，真正要报出来却不清楚。”

因此，美的下一步要做的是订单集成和系统集成，直接掌握每个经销商每个品种的存货量，并实现网上直接下订单。这种集成有点儿像DRP（分销资源计划），但以前的DRP限于企业内部的物流和货源分布，现在则更体现加强与经销商的互动和信息共享。

为推动经销商的信息化，美的悄然在广东进行东大“金算盘”进销存软件的安装试点。对于有兴趣的经销商，美的与经销商各分担一半费用，并由美的协助实施。而美的与“金算盘”的付费方式是“经销商用一套，美的就购买一套”。目前，试点的经销商一般是中小型的直销型经销商，在全国有1000家。在此基础上，美的准备大规模推广这套系统。

目前，美的大代理商和二级代理商暂时还没有开展这一计划。但美的公司透露，下一步重点将以大代理为主，方案上会更周到。“这种方式包括（美的的原材料）供应商也有可能实施。”

对于记者质疑这样做是否成本很高时，匡广政认为这样的方案能提高供应链的配套能力和协同能力，是值得的。他提到，库存周转率提高一次，可以直接为美的空调节省超过2000万元人民币的费用。由于采取了一系列措施，美的已经在库存上尝到了甜头——2015年度，美的销售量同比2014年度增长50%~60%，但成品库存降低了19万台，保证了在激烈的市场竞争下维持相当的利润。

目前，美的空调成品的年库存周转率大约接近10次，而美的的短期目标是将成品空调的库存周转率再提高1.5~2次。美的空调成品的年库存周转率不仅远低于戴尔等电脑厂商，也低于年周转率大于10次的韩国厂商，因此美的的高层对挖掘周转率潜力寄予厚望。

（《美的零库存运动：VMI双向挤压供应链成本》，2004年10月11日，http：//www.chinawuliu.com.cn/xsyj/200410/11/132372.shtml。有改动）

2.3 配　送

物流配送在现代物流活动中具有极其重要的地位和作用，是现代物流的基本功能之一。它体现了现代物流的最终目的，直接为客户服务，满足客户的各种需要。现代物流成果主要是通过物流配送来实现的，如果没有物流配送，就会大大降低物流的经济效益和社会效益。物流配送差不多包括了全部的物流功能要素，是现代物流的一个缩影，是全部物流活动的综合体现。一般物流配送集装卸、分拣、包装、保管、送货于一身，通过一系列活动将货物送达客户，特殊的物流配送则还要根据客户的特殊要求进行加工活动，然后将加工后的货物送达客户。

2.3.1 配送的概念

配送是从送货业务活动发展而来的。起初一些经营性仓库和生产企业根据客户的要求，将货物运送到客户手中，随着商品生产的发展和客户对商品多样化的要求，在客户需要什么就送什么的情况下，物流配送就应运而生了。

“配送”概念最早产生于日本，是英语“Delivery”的意译，本意是运送、输送、交货。物流配送的概念有很多，主要有以下几种：

（1）日本日通综合研究所的《物流知识》将配送定义为：与城市之间和物流据点之间的运输相对而言，将面向城市内和区域内需要者的运输称为“配送”。

（2）日本工业标准将配送定义为：将货物从物流结点送交收货人。

（3）日本《物流手册》的定义是：从配送中心到顾客之间的物品的空间移动。

（4）美国物流界把配送定义为：实物配送这一领域涉及将制成品交给顾客的运输实物配送过程，可以使顾客服务的时间和空间的需求成为营销的一个整体组成部分。

（5）我国的《物流术语》将配送定义为：在经济合理区域范围内，根据客户要求，对物品进行拣选、加工、包装、分割、组配等作业，并按时送达指定地点的物流活动。

此外也有专家认为，配送是按客户的订货要求，在配送中心进行分货、配货，并将配好的货物送达客户的活动过程。

配送是一种先进的物流技术，具有货物组配和送货的双重功能，其内容包括进货、储存、分拣、配货、分放、配装、送货等基本环节。物流配送不同于传统的送货，两者有本质的不同，传统送货一般是企业促销的一种手段，而配送则是一种专业化的现代物流形式。

☞提示

配送与运输的差别在于，配送不是单纯的运输，而是与其他活动构成的有机体。配送中所包含的那一部分运输活动在整个运输过程中处于“二次运输”“支线运输”“末端运输”的位置，其起止点是物流结点至客户。这也是不同于一般运输的特点。

2.3.2 配送的功能

物流配送与物流运输、物流仓储、物流装卸、物流搬运、物流包装、流通加工、物流信息一起，构成了现代物流系统的功能体系。物流配送的主要功能如下：

1. 提高物流效率

采取物流配送方式，通过将生产企业的产品集中到物流中心，将客户所需的各种商品进行分拣、配货、配装，集中起来向客户发货，以及将多个客户的小批量商品集中在一起进行一次发货等方式，可以大大提高物流效率，降低物流耗费。

2. 降低库存率

采用物流配送后，特别是采取定时定量的物流配送方式之后，企业可以依靠物流配送中心的准时配送实现零库存，或者只需保持少量商品库存，从而降低库存率，减少对大量库存资金的占用，改善企业的财务状况。

3. 方便客户

采用物流配送方式，客户只需向一家企业订货就可订购到以前需向多家企业订货才能购到的货物，收货手续也可大大简化，因而减轻了客户工作量，节省了客户的费用开支，方便了客户，从而也提高了物流服务质量。

4. 提高供应程度

企业自己保持原材料库存进行生产，由于受到库存费用的制约，原材料供应很难得到保障。而采取物流配送方式，配送中心比任何单独企业的库存量大得多。对单个企业而言，由于缺货而影响生产的风险相对缩小，从而提高了生产企业对原材料供应的保障程度。

2.3.3 配送的分类

根据不同的分类标准，配送可作如下分类：

1. 按配送货物的种类和数量分

（1）少品种大批量配送

这是指客户所需要的商品品种少，对某种商品需要量大，较稳定的配送。这种配送由于品种少、数量大，可使用整车运输。一般可就近、就站、就港直接配送，物流配送成本一般较低。

（2）多品种小批量配送

由于市场的竞争，商品生产越来越多，消费者的需求在不断变化，不断出现多样化、个性化需求，市场的供求状况也在发生变化，这就要求企业的生产向多样化、个性化方面发展。生产的多样化和个性化变化，引起了生产企业对原材料需求方面的多样化和个性化的变化，物流配送随之也应按照客户的要求，随时改变物流配送方式和增加配送次数。在这种情况下，一种多品种、小批量的物流配送形式就产生了。多品种、小批量配送是按客户的要求，将所需的各种货物进行分货、包装、配货、配装，凑整装车后由物流配送中心送达客户的一种配送方式。这种物流配送作业要求高，比传统送货方式难度要大，需要有高水平的物流作业组织工作保证和配合，是一种高水平、高技术的物流配送，也是最能体现物流配送效率和效益的一种物流配送。

（3）成套配送

这是指为了满足生产企业组织生产的需要，将配装的各种零件、部件、成套设备定时送达生产企业进行生产的一种物流配送方式。这种物流配送完成了生产企业大部分供应工作，有利于生产企业实现“零库存”，使生产企业专心于生产，减轻了生产企业的工作量，节省了生产企业的费用开支，方便了生产企业。

2. 按配送时间和数量分

(1) 按量配送

这是指每次根据客户要求按固定的数量进行配送的一种配送方式。按量配送的计划性较强，每次配送数量固定，分货、配货、配装的工作简单。可以按客户要求的固定数量组织配送，也可以根据集装箱及运输车辆的装载能力定量组织配送，能有效利用集装箱和运输车辆的装载能力，物流配送效率高、成本低。客户每次收货都是同等数量的货物，有利于客户进行人力、物力的准备，提高收货作业效率。

(2) 按时配送

这是指根据客户要求按规定时间进行组织配送的一种配送方式，每次配送的时间可按计划执行，也可按事先商定的时间执行，根据客户要求的品种、数量组织配送。由于时间固定，每次都是按固定时间配送，客户易于安排收货，物流配送中心也易于安排配送计划。

(3) 按时按量配送

这是指根据客户要求按规定时间和规定的商品数量进行配送的一种配送方式。这种配送综合了按时配送和按量配送的优点，物流配送的服务质量高。由于既要按固定的时间又要按固定的数量品种配送，这种配送方式对于物流配送中心的配送组织要求较高。

(4) 按时按量按点配送

这是指根据客户要求按规定的时间、规定的数量、规定的客户收货点进行配送的一种配送方式。这种配送一般事先由物流配送中心与客户签订物流配送协议，物流配送中心严格按协议规定的时间、品种、数量和收货点组织配送。

(5) 按时按线配送

这是指根据客户要求按规定的时间和路线进行配送的一种配送方式，客户按规定的时间及规定的路线收货。采用这种配送方式，物流配送中心有利于安排车辆及司机，在配送客户较多的区域，配送工作组织比较容易。物流配送中心可在固定的时间和固定的运行路线上向多家客户组织配送，客户只需在固定时间和固定的地点收货即可。

(6) 即时配送

这是指根据客户要求按客户提出的时间和货物品种、数量的要求随即组织配送的一种配送方式。这种配送是以客户需求为目标，客户随要随送，客户需要什么送什么，客户什么时间要就什么时间送，是物流配送中难度最大、要求最高的一种配送，也是物流配送中心最能实现配送水平的一种配送。这种方式一般适合一些紧俏商品和鲜活商品的配送，也适合一些急需商品和零星商品的配送。

3. 按配送人分

(1) 商家配送

这是指物流配送人是商业批发企业和零售网点的配送。这些商业批发企业和零售网点主要从事商品的批发零售业务，经营品种一般较齐全。除了日常批发零售业务，有时还可以根据客户的要求将批发企业和商店经营的商品品种配齐配送给客户和顾客。商业 批发企业配送较普遍，而商业零售网点配送有时有一定难度，商业零售网点数量多，配送距离短，比较灵活机动，在物流配送领域大有潜力可挖。把物流配送与日常零售业务进行有机结合，可以提高商店的服务质量，从而获得更多的销售额。

(2) 物流配送中心配送

这是指配送人是专门从事物流配送的配送。配送中心专业性强，通常实行计划配送。物流配送中心的设施及设备是根据物流配送需要专门设计的，技术装备一般较先进，配送能力强，配送距离远，配送品种多，配送数量大，可以承担大型企业主要货物的配送，也可对中小型企业和消费者进行配送，是物流配送的主要形式。

物流配送中心配送覆盖面广，是一种大规模的物流配送形式，要求有配套的大规模配送设施，如物流配送仓库、装卸搬运设备、运输车辆等，物流配送中心的建设已引起政府的高度重视，一批现代化的物流配送中心正在各地兴起。物流配送中心的建设是一种高投入的产业，必须纳入物流系统规划。

(3) 仓库配送

这是指配送人是仓库的配送。可以将仓库改造成物流配送中心，也可以在原仓库功能前提下增加物流配送的职能。相对物流配送中心来说，仓库配送规模一般较小、配送的专业化较差，但可以充分利用原仓库的储存设施、货场、运输线路等，开展中等规模的物流配送。

(4) 制造商配送

这是指配送人是制造商的配送。这种配送直接由制造商进行配送而无需将产品发运到物流配送中心进行配送。由于减少了一次物流环节，有一定优势，可节约物流成本，减少物流费用，在地方性较强的产品制造商中应用较多，一些不适合中转的易燃易爆等危险用品也采取这种方式进行配送。

4. 按经营形式分

(1) 销售配送

这是指配送人是销售企业，可以是销售企业进行的促销型配送，也可以是企业专门销售配送。这种配送的对象往往不固定，配送主要取决于市场状况，配送随机性很强。

(2) 供应配送

这是指配送人是企业自身的一种配送。这种配送是企业为了自己的生产经营供应采取的配送，一般由企业集团组建物流配送中心，集中组织大批量原材料和商品进货，然后向本企业集团内部若干企业配送。这种配送在企业集团、联合公司中被广泛采用。由于批量进货，可保证货物质量，集中配送，还可降低物流成本，节约物流费用。

(3) 代存代供配送

这是指配送人是物流配送中心，但货物所有权是别人的一种配送。这种配送是客户将属于自己的货物委托给物流配送中心代存、代供。这种配送不发生商品所有权的转移，物流配送中心只是客户的配送代理人，货物所有权属于客户，所发生的仅仅是货物物理位置的转移，物流配送中心从代存、代送中获取收益。

5. 按配送专业化程度分

(1) 综合配送

这是指对多品种和不同用途的货物在同一物流配送中心对客户的配送。它可以减少客户为组织所需全部货物进货的负担，只需与物流配送中心联系，便可解决多种需求的配送，是一种方便客户的综合性物流配送。

(2) 专业配送

这是指按货物的专业性质组织的配送，如汽车物流配送、计算机物流配送等。专业配送可按货物专业的要求优化物流配送设施、优选物流配送机械及配送车辆、制定专业性强的工艺流程，从而大大提高物流配送的工作效率，降低物流成本，减少物流费用。

2.3.4 物流配送中心

知识链接

物流配送中心简介

配送中心是指接受供应者所提供的多品种、大批量的货物，通过储存、保管、分拣、配货以及流通加工、信息处理等作业后，将按需要者订货要求配齐的货物送交客户的组织。

机构和物流设施。配送中心是一种多功能、集约化的物流据点。作为现代物流方式和优化销售体制手段的配送中心，要把收货、仓储、装卸搬运、拣选、分拣、流通加工、配送、结算和信息处理甚至订货等作业有机结合起来，形成多功能、集约化和全方位服务的供货枢纽。通过发挥配送中心的各项功能，压缩企业的库存费用，降低整个系统的物流成本，提高企业的服务水平。

从事配送业务的物流场所和组织，应符合下列条件：①主要为特定的客户服务；②配送功能健全；③辐射范围小；④多品种，小批量；⑤以配送为主，储存为辅。

配送中心执行配送作业的一般流程如图 2-10 所示。

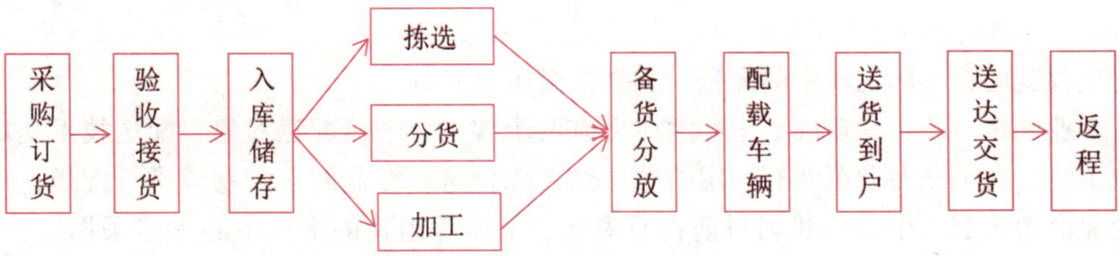

图 2-10 配送中心执行配送作业的一般流程

1. 物流配送中心的概念及功能

(1) 配送中心的概念

物流配送中心是专门从事货物配送工作的物流组织和结点，是以货物代理和配送为主要职能，集商流、物流、资金流、信息流为一体的现代综合物资流通组织，是世界各国通行的一种国际流通组织形式。

(2) 配送中心的功能

物流配送中心的基本要求是：主要为特定的客户服务，配送功能健全，信息网络完善，辐射范围小，多品种，小批量，以配送为主、储存为辅。物流配送中心是各种物流功能的综合体，其功能有基本功能和辅助功能。

① 基本功能。这是指从实物形态上所能看到的最起码的功能，主要有集货功能、理货功能、储运功能、流通加工功能、分拣功能、配货功能和送货功能等。

集货功能是物流配送中心按照客户所需配送货物的要求，向众多的制造商采购品种繁多、规格齐全的大批量货物，成了客户的采购中心。

理货功能是物流配送中心向制造商采购的货物运抵物流配送中心后，需要按客户配送的要求进行分类、包装、整理，以便储存。

储存功能是为了保证物流配送活动能持续不断的进行，满足客户的各种需求 ，物流配送中心必须保持一定数量的货物储备。

流通加工功能是为维护货物质量和提高物流效率，物流配送中心要按照用户的不同要求，对货物进行分割、分包、分装、配装等加工活动。

分拣功能是物流配送中心按照客户订单要求，将货物进行分拣、拣选、配齐，集中堆放于指定配货场地待运。

配货功能是物流配送中心将配齐的货物按到达地点或到达路线进行配货。

送货功能是物流配送中心将配齐的货物送达到指定的客户。

② 辅助功能。这是指对基本功能的保障功能，主要有信息处理功能、中转运输功能和展示功能。

信息处理功能是指物流配送中心既是配送中心，又是信息处理中心，集中了大量生产、消费和货物需求信息，有利于对各种信息的集中处理。

中转运输功能是指物流配送中心还可为特定的客户进行货物的中转运输。

展示功能是指物流配送中心还可将货物向客户进行展示宣传，帮助生产企业宣传推介产品。

2. 物流配送中心的类别、运作模式及发展趋势

（1）物流配送中心的类别

这里仅就已在实际运转中的配送中心类别概述如下：

①专业配送中心。专业配送中心大体上有两个含义：一是配送对象、配送技术是属于某一专业范畴，在某一专业范畴有一定的综合性，综合这一专业的多种物资进行配送，例如多数制造业的销售配送中心。我国目前在石家庄、上海等地建的配送中心大多采用这一形式。专业配送中心第二个含义是，以配送为专业化职能，基本不从事经营的服务型配送中心，如“蒙克斯帕配送中心”。

②柔性配送中心。这是指在某种程度上和第二种专业配送中心对立的配送中心，这种配送中心不向固定化、专业化方向发展，而向能随时变化、对用户要求有很强适应性、不固定供需关系、不断向发展配送用户和改变配送用户的方向发展。

③供应配送中心。这是指专门为某个或某些用户（例如联营商店、联合公司）组织供应的配送中心。例如，为大型连锁超级市场组织供应的配送中心；代替零件加工厂送货的零件配送中心，使零件加工厂对装配厂的供应合理化；我国上海地区 6 家造船厂的配送钢板中心也属于供应型配送中心。

④销售配送中心。这是指以销售经营为目的，以配送为手段的配送中心。销售配送中心大体有以下三种类型：第一种是生产企业为本身产品直接销售给消费者的配送中心，在国外，这种类型的配送中心很多；第二种是流通企业作为本身经营的一种方式，建立配送中心以扩大销售，我国目前拟建的配送中心大多属于这种类型，国外的例证也很多；第三种是流通企业和生产企业联合的协作性配送中心。比较起来看，国外和我国的发展趋向，都向以销售配送中心为主的方向发展。

⑤区域配送中心。这是指以较强的辐射能力和库存准备，向省（州）际、全国乃至国际范围的用户配送的配送中心。这种配送中心配送规模较大，一般而言，用户也较大，配送批量也较大，而且，往往是配送给下一级的城市配送中心。

⑥储存型配送中心。这是指有很强储存功能的配送中心，一般来讲，在买方市场下，企业成品销售需要有较大库存支持，其配送中心可能有较强储存功能；在卖方市场下，企业原材料，零部件供应需要有较大库存支持，这种供应配送中心也有较强的储存功能。大范围配送的配送中心，需要有较大库存，也可能是储存型配送中心。我国目前拟建的配送中心，都采用集中库存形式，库存量较大，多为储存型。瑞士 GIBA-GEIGY 公司的配送中心拥有世界上规模居于前列的储存库，可储存 4 万个托盘；美国赫马克配送中心拥有一个有 163 000 个货位的储存区，可见存储能力之大。

⑦流通型配送中心。这是指基本上没有长期储存功能，仅以暂存或随进随出方式进行配货、送货的配送中心。这种配送中心的典型方式是，大量货物整进并按一定批量零出，采用大型分货机，进货时直接进入分货机传送带，分送到各用户货位或直接分送到配送汽车上，货物在配送中心里仅做少许停滞。前面介绍的阪神配送中心，中心内只有暂存，大量储存则依靠一个大型补给仓库。

⑧加工配送中心。许多材料都指出配送中心的加工职能，但是目前加工配送中心的确不多。我国上海市和其他城市已开展的配煤配送，配送点中进行了配煤加工；上海 6 家船厂联建的船板处理配送中心、原物资部北京剪板厂都属于这一类型的中心。

（2）物流配送中心的运作模式

从配送的模式上来看，物流配送中心的运作模式主要有以下三种类型：

①集货型配送模式。该种模式主要针对上家的采购物流过程进行创新而形成。其上家生产具有相互关联性，下家互相独立；上家对配送中心的储存度明显大于下家，上家相对集中，而下家分散，具有相当的需求。同时，这类配送中心也强调其加工功能，其配送模式适于成品或半成品物资的推销，如汽车配送中心。

②散货型配送模式。该种模式主要针对配送中心的下家相对集中或有利益共享（如连锁业）。采用此类配送模式的流通企业，其上家竞争激烈，下家需求以多品种、小批量为主特征，适于原材料或半成品物资配送，如机电产品配送中心。

③混合型配送模式。这种模式综合了上述两种配送模式的优点，并对商品的流通全过程进行有效控制，有效克服了传统物流的弊端。采用这种配送模式的流通企业，规模较大，具有相当的设备投资，如区域性物流配送中心。在实际流通中，多采取多样化经营，降低了经营风险。这种运作模式比较符合新型物流配送的要求（特别是电子商务下的物流配送）。

（3）物流配送中心的发展趋势

根据国内外物流配送业发展情况，在电子商务时代，信息化、现代化、社会化的新型物流配送中心可归纳为以下几个特征：

①物流配送反应速度快。电子商务下，新型物流配送服务提供者对上游、下游的物流配送需求的反应速度越来越快，前置时间越来越短，配送时间越来越短，物流配送速度越来越快，商品周转次数越来越多。

②配送功能集成化。新型物流配送着重于将物流与供应链的其他环节进行集成，包括物流渠道与商流渠道的集成、物流渠道之间的集成、物流功能的集成、物流环节与制造环节的

集成等。

③物流配送服务系列化。电子商务下，新型物流配送除强调物流配送服务功能的恰当定位与完善化、系列化，除了传统的储存、运输、包装、流通加工等服务外，还在外延上扩展至市场调查与预测、采购及订单处理，向下延伸至物流配送咨询、物流配送方案的选择与规划、库存控制策略建议、货款回收与结算、教育培训等增值服务，在内涵上提高了以上服务对决策的支持作用。

④配送作业规范化。电子商务下的新型物流配送强调功能作业流程、作业运作的标准化和程序化，使复杂的作业变成简单的易于推广与考核的运作。

⑤配送目标系统化。新型物流配送从系统角度统筹规划一个公司整体的各种物流配送活动，处理好物流配送活动与商流活动及公司目标之间、物流配送活动与物流配送活动之间的关系，不求单个活动的最优化，但求整体活动的最优化。

⑥物流配送手段现代化。电子商务下的新型物流配送使用先进的技术、设备与管理为销售提供服务，生产、流通、销售规模越大、范围越广，物流配送技术、设备及管理越现代化。

⑦物流配送网络化。为了保证对产品促销提供快速、全方位的物流支持，新型物流配送要有完善、健全的物流配送网络体系，网络上点与点之间的物流配送活动保持系统性、一致性，这样可以保证整个物流配送网络有最优的库存总水平及库存分布，运输与配送快捷、机动，既能铺开又能收拢。分散的物流配送单体只有形成网络才能满足现代生产与流通的需要。

⑧物流配送经营市场化。新型物流配送的具体经营采用市场机制，无论是企业自己组织物流配送，还是委托社会化物流配送企业承担物流配送任务，都以“服务—成本”的最佳配合为目标。

⑨物流配送流程自动化。物流配送流程自动化是指运送规格标准、仓储、货箱排列装卸搬运等按照自动化标准作业，商品按照最佳配送路线等。

⑩物流配送管理法制化。宏观上，要有健全的法规、制度和规则；微观上，新型物流配送企业要依法办事、按章行事。

(4) 配送中心的业务管理

配送中心是以货物配送为主要职能的流通组织和结点，其主要职能决定了它的业务范围。配送中心的主要业务包括进货、配货、送货、储存和客户管理，所以对其业务管理也包括进货管理、配货管理、送货管理、储存管理和客户管理等方面。

①进货管理。进货管理是指物流配送中心按客户要求的品种、规格、数量向生产企业组织进货的活动。进货管理是物流配送中心业务管理的基本环节，在物流配送中心的管理工作中占有十分重要的地位，因为进货是物流配送的前提和基础，没有进货环节，配送就成了无源之水、无本之木。进货工作的好坏，直接影响物流配送中心的工作质量，因此，必须高度重视进货管理。

②配货管理。配货管理是指物流配送中心将组织进货的多种货物，按客户的订货要求，分放在指定货位，完成对客户配送之前的货物准备工作的活动。配货在物流配送中心的业务管理中也占有十分重要的位置，配货工作的好坏直接影响分放、配装、送货等一系列后续工作的质量，代表了物流配送中心的业务实力和企业声誉。配货是一件十分复杂、工作量大的工作，尤其是在多用户、多品种的情况下更是如此。配货管理要做到以下几点：配货准确度高，配货速度快，配送成本低。

③送货管理。送货管理是物流配送中心将配备的货物准确地送达客户的活动。送货是配送中心满足客户需求的重要环节，送货管理是物流配送中心业务管理的另一个重要因素。它主要包括以下几个方面的内容：送货计划、送货路线、送货车辆。根据不同送货要求，选择合适的车型和车辆并对车辆进行配装以提高其利用率和周转率，是送货的一项重要工作。不同的车辆对送货成本影响也很大，车辆的配装更大有潜力。我国物流车辆空载率极大，浪费惊人，合理的车辆选择对提高物流效率和效益大有可为。

④储存管理。储存管理是指物流配送中心对储存在物流配送中心仓库的货物进行管理的活动。物流配送中心的储存费用是物流配送中心费用的主要部分，但同时也是物流配送中心提高配送水平的保证。储存管理的主要内容包括合理储存水平和经济订货批量的确定。

⑤客户资源管理。客户资源管理是指物流配送中心对客户资源进行管理的活动。物流配送中心执行对客户的配送计划，为提高服务水平，保证服务质量，需要有诸如客户信息、客户反馈、客户意见、客户联络等客户资源管理工作。这既可满足客户需求、了解客户情况，又是物流配送中心实力的象征。利用互联网和数据库系统可为物流配送中心的客户管理提供强有力的支持。物流配送中心应高度重视对客户资源的管理，不断提高物流配送中心的服务质量，提升企业声誉和形象，以便在激烈的市场竞争中赢得一席之地。

☞课堂互动

某销售企业主要对自己的销售点和大客户进行配送，配送方法为销售点和大客户一有需求就立即组织装车送货，结果经常造成送货车辆空载率过高，同时也往往出现所有车辆都派出去但还有一些用户需求满足不了的情况。所以销售经理一直要求增加送货车辆，但由于资金原因一直没有购车。

讨论：如果你是该销售企业的决策者，你会通过增加车辆来解决配送效率低的问题吗？为什么？

2.3.5 配送合理化

1. 不合理配送的表现形式

不合理配送主要包括：

(1) 资源筹措不合理，如不是多客户多品种联合送货、资源过多过少等。

(2) 库存决策不合理，如没有控制库存量、库存结构和库存量不合理等。

(3) 价格不合理，如配送价格过高或过低。

(4) 配送与直送决策不合理，如大批量用户不直送、小批量用户不配送等。

(5) 送货中运输不合理，如不联合送货、不科学计划配送路线等。

2. 合理配送的判断标志

对于配送合理与否的判断，是配送决策的重要内容。目前，国内外尚无统一的技术经济指标体系和判断方法，按一般认识，可考虑以下标志：

(1) 库存标志

①库存总量降低。实行配送后库存量之和应低于实行配送前各客户库存量之和。②库存周转加快。一般总是快于原来各企业库存周转。库存标志一般是以库存储备资金计算，而不以实际物资数量计算。

(2) 资金标志

①资金总量。用于资源筹措所占用的流动资金总量降低。②资金周转加快。③资金投向的改变。实行配送后，资金应当从分散投入改为集中投入，增加调控作用。

(3) 成本和效益标志

由于总效益及宏观效益难以计量，在实际判断时，常以按国家政策进行经营，缴纳国家税收，配送企业及客户的微观效益来判断。

(4) 供应保证标志

①缺货次数；②配送企业集中库存量；③即时配送的能力及速度。

(5) 社会运力节约标志

运力使用的合理化是依靠送货运力的规划和整个配送系统的合理流程及与社会运输系统合理衔接实现的。

(6) 物流合理化标志

①物流费用降低；②物流损失减少；③物流速度加快；④物流方式有效；⑤有效衔接了干线运输和末端运输；⑥物流中转次数减少；⑦是否采用了先进的技术手段。

3. 配送合理化的方法

国内外推行配送合理化有以下方法可借鉴：

(1) 推行一定综合程度的专业化配送

通过采用专业设备、设施及操作程序，取得较好的配送效果并降低配送过分综合化的复杂程度及难度，从而追求配送合理化。

(2) 推行加工配送

通过加工和配送结合，充分利用本来应有的中转，而不增加新的中转点和配送合理化。同时，加工借助于配送，加工目的更明确，和客户联系更紧密，更避免了盲目性。这两者有机结合，投入没有增加太多却可追求两个优势、两个效益，是配送合理化的重要经验。

(3) 推行共同配送

通过共同配送，可以以最近的路程、最低的配送成本完成配送，从而追求合理化。

(4) 实行送取结合

第三方物流配送企业与客户建立稳定、密切的协作关系。配送企业不仅成了客户的供应代理人，而且承担客户储存据点，甚至成为商品代销人。在配送时，将客户所需的物资送达，再将该客户生产的产品用同一车运回，这种产品也成了配送中心的配送产品之一，或者作为代存代储，免去了制造商的库存包袱。这种送取结合，使运力充分利用，也使配送企业功能有更大的发挥，从而追求合理化。

(5) 推行准时配送系统

准时配送是配送合理化的重要内容。配送做到了准时，客户才有资源把握，可以放心地实施低库存或零库存，可以有效地安排接货的人力、物力，以追求最高效率的工作。

(6) 推行即时配送

即时配送是最终解决客户企业担心断货之忧、大幅度提高供应保证能力的重要手段。即时配送是配送企业快速反应能力的具体化，是配送企业能力的体现。即时配送成本较高，但它是整个配送合理化的重要保证手段。此外，客户实行零库存，即时配送也是重要保证手段。

拓展案例

易通物流公司的物流信息系统

易通物流公司是一家快速成长的第三方物流公司，该公司从正式运营开始，其经营业绩以每年翻一番的速度迅速增长。易通物流公司的快速发展，不仅得益于第三方物流市场需求的发展，更得益于物流信息系统的支持。

1. 易通物流信息系统的应用阶段

易通物流对信息系统的需求经历了从单一到全面、从模糊到清晰的发展过程，从总体上来说分为四个阶段：

第一阶段：系统只解决运单的录入和汇总数据的统计查询。

第二阶段：逐步涵盖委托、集货、调度、出入库、运输、配送、签收等各环节的数据录入和统计查询。

第三阶段：完善调度、出入库、运输监控功能和实现网上功能。

第四阶段：进一步进行数据挖掘，实现系统对接。

2. 易通物流信息系统的结构和功能

易通物流信息系统分为物流管理子系统、车辆运输管理子系统、出入库管理子系统和企业门户网站四大部分。其中，物流管理子系统的功能包括基础委托单信息的录入、客户资料建档、业务流转过程中相关数据的录入等。

这些信息分别由不同岗位的责任人完成，便于管理。车辆运输管理子系统的功能包括司机、车辆基础档案的管理，车辆固定成本、可变成本的管理，行车安全管理，行车效率管理（路单管理）。出入库管理子系统的功能包括货物的入库数量、时间、完好情况记录，货物的出库数量、时间、完好情况记录，货物查询、统计、汇总等。企业门户网站作为易通物流对外宣传和与客户沟通的工具，主要提供网上查询、网上委托与网上交易服务。

3. 应用效果

由于系统的成功运用，易通物流公司在相关岗位的人力投入减少了 50% 以上，差错率降低了 80% 以上，整体效率提高了 46%。另外，系统的统计分析功能使得公司管理层能够及时准确地了解公司各项业务的进展情况，从而为管理层的决策提供了重要的数据支持。同时，系统对业务流程的再造和实施起到了重要的导向和保障作用，提高了企业的竞争力。

（《易通物流管理信息系统》，2011 年 12 月 8 日，https://www.docin.com/p-284358816.html。有改动）

2.4 装卸搬运

拓展案例

正泰集团自动化立体仓库

正泰集团是中国目前低压电器行业最大销售企业，主要设计制造各种低压工业电器、部分中高压电器、电气成套设备、汽车电器、通信电器、仪器仪表等，其产品达150多个系列、5000多个品种、20000多种规格。“正泰”商标被国家认定为驰名商标。该公司2008年销售额达180亿元，集团综合实力被国家评定为全国民营企业500强第5位。在全国低压工业电器行业中，正泰首先在国内建立了3级分销网络体系，经销商达1000多家。同时，建立了原材料、零部件供应网络体系，协作厂家达1200多家。这对公司的物流系统提出了非常高的要求。考虑再三，正泰集团建设了自动化立体仓库，以解决越来越严峻的物流问题。

1. 立体仓库的功能

正泰集团自动化立体仓库是公司物流系统中的一个重要部分。它在计算机管理系统的高度指挥下，高效、合理地贮存各种型号的低压电器成品。准确、实时、灵活地向各销售部门提供所需产成品，并为货物采购、生产调度、计划制定、产销衔接提供了准确信息。

同时，它还具有节省用地、减轻劳动强度、提高物流效率、降低储运损耗、减少流动资金积压等功能。

2. 立体仓库的工作流程

正泰立体仓库占地面积达1600平方米（入库小车通道不占用库房面积），高度近18米，3个巷道（6排货架）。作业方式为整盘入库，库外拣选。

3. 立体库主要设施

(1) 托盘。所有货物均采用统一规格的钢制托盘，以提高互换性，降低备用量。

(2) 高层货架。采用特制的组合式货架，横梁结构。该货架结构美观大方，省料实用，易安装施工，属一种优化的设计结构。

(3) 巷道式堆垛机。根据本仓库的特点，堆垛机采用下部支承、下部驱动、双方柱式的结构。该机器在高层货架的巷道内按X、Y、Z三个坐标方向运行，将位于各巷道口入库台的产品存入指定的货格，或将货格内产品运送到巷道口出库台。该堆垛机动性设计与制造严格按照国家标准进行，并对结构强度和刚性进行精密地计算，以保证机构运行平稳、灵活、安全。堆垛机配备有安全运行结构，以杜绝偶发事故。其运行速度为4~80m/min（变频调速），升降速度为3~16m/min（双速电机），货叉速度为2~15m/min（变频调速），通信方位为红外线，供电方式为滑触导线方式。

在此基础上，正泰集团实现了对库存货物的优良管理，降低了货物库存周期，提高了资金的周转速度，减少了物流成本和管理费用。自动化立体仓库作为现代化的物流设施，对提高该公司的仓储管理水平无疑具有重要的作用。

（《采用自动化立体仓库，提高物流速度》，2011年11月7日，https：//wenku.baidu.com/view/9ba41bd676a20029bd642d2c.html。有改动）

思考：

1. 现代化的物流设施对提高仓储管理水平具有怎样重要的作用？
2. 正泰集团的仓库都有哪些物流设施和设备？为何如此配备？

装卸搬运是物流必不可少的功能之一。装卸搬运是衔接性的活动，在任何其他物流活动互相过渡时，都是以装卸搬运来衔接。因而，装卸搬运往往成为整个物流的“瓶颈”，是物流各功能之间能否形成有机联系和紧密衔接的关键。在实际操作中，装卸与搬运是密不可分的，两者是伴随在一起发生的。因此，物流学科并不过分强调两者差别，而是将其作为一种活动来对待。

2.4.1 装卸搬运的含义和分类

1. 装卸搬运的含义

装卸搬运是指在物流过程中，为运输和保管的需要而对货物进行的装卸、搬运、堆垛、取货、理货等，或与之相关的作业。装卸搬运活动的基本作业包括：装车（船）、卸车（船）、堆垛、入库、出库以及连接上述各项活动而做的短程输送，是随运输和保管等活动而产生的必要活动。

2. 装卸搬运的分类

根据不同的分类标准，装卸搬运可划分为不同类型。比如：按施行装卸搬运的物流设施、设备对象分类，可分为仓库装卸、铁路装卸、港口装卸、汽车装卸、飞机装卸等；按被装物的主要运动形式分类，可分为垂直装卸、水平装卸两种形式；按装卸搬运对象分类，可分成散装货物装卸、单件货物装卸、集装货物装卸等。这里，我们主要按装卸搬运的机械及机械作业方式进行分类。

按装卸搬运的机械及机械作业方式分类，可分成使用吊车的吊上吊下方式、使用叉车的叉上叉下方式、使用半挂车或叉车的滚上滚下方式、移上移下方式及散装散卸方式等。

①吊上吊下方式。采用各种起重机械从货物上部起吊，依靠起吊装置的垂直移动实现装卸，并在吊车运行的范围内或回转的范围内实现搬运或依靠搬运车辆实现小搬运，属垂直装卸方式。

②叉上叉下方式。采用叉车从货物底部托起货物，并依靠叉车的运动实现货物位移，搬运完全靠叉车本身，货物可不经中途落地直接放置到目的处，属水平装卸方式。

③滚上滚下方式。此方式主要用于港口装卸，利用叉车或半挂车、汽车承载货物，连同车辆一起开上船，到达目的地后再从船上开下。滚上滚下方式需要有专门的船舶，对码头也有不同要求，这种专门的船舶称“滚装船”。

④移上移下方式。在两车之间（如火车及汽车）进行靠接，然后利用各种方式，不使货物垂直运动，而靠水平移动从一车辆上推移到另一车辆上。移上移下方式需要使两种车辆水平靠接，因此，对站台或车辆货台需进行改造，并配合移动工具实现这种装卸。

⑤散装散卸方式。对散装物进行装卸，一般从装点直接到卸点，中间不再落地，这是集装卸与搬运于一体的装卸方式。

2.4.2 装卸搬运合理化的原则

1. 降低装卸搬运作业次数

物流过程中，货损发生的主要环节是装卸搬运，而在整个物流过程中，装卸搬运作业又是反复进行的，从发生的频数来讲，超过任何其他活动。所以，过多的装卸搬运次数必然导致损失的增加。从发生的费用来看，一次装卸搬运的费用相当于几十千米的运输费用，因此，每增加一次装卸，费用就会有较大比例的增加。此外，装卸又会大大阻缓整个物流的速度，是降低物流速度的重要因素。应该通过合理安排作业流程，采用合理的作业方式、合理的仓库布局以及合理的仓库设计实现物品装卸搬运次数最小化。

2. 使距离（或时间）最小化

搬运距离的长短与搬运作业量的大小和作业效率是联系在一起的，在货位布局、车辆停放位置、入出库作业程序等设计上应该充分考虑物品移动距离的长短，以物品移动距离最小化为设计原则。

3. 提高装卸搬运的灵活性

装卸搬运灵活性是指从货物的静止状态转变为装卸搬运运动状态的难易程度。在整个物流过程中物品要经过多次装卸和搬运，上一步的卸货作业与后一步的装载或搬运作业关系密切。如果卸下来的物品零散地码放在地上，在搬运时就要一个一个地搬运或重新码放在托盘上，因此增加了装卸次数，降低了搬运效率。如果卸货时直接将物品堆码在托盘上，或者运输过程中就是以托盘为一个包装单位，那么，就可以直接利用叉车进行装卸或搬运作业，实现装卸搬运作业的省力化和效率化。因此，在组织装卸搬运作业时，应该灵活运用各种装卸搬运工具和设备，前道作业要为后道作业着想，从物流起点包装开始，以装卸搬运的活性指数最大化为目标。

4. 充分利用机械，实现规模装卸

装卸机械的能力达到一定规模，才会有最优效果。追求规模效益的方法主要是通过各种集装实现间断装卸时一次操作的最合理装卸量，从而使单位装卸成本降低，也通过散装实现连续装卸的规模效益。

5. 利用货物本身重力

在装卸时考虑重力因素，可以利用货物本身的重量，进行有一定落差的装卸，以减少或根本不消耗装卸的动力，这是合理化装卸的重要方式。例如，使用溜槽、溜板之类的简单工具，可以依靠货物本身重量，从高处自动滑到低处，这就不需消耗动力。

6. 做好界面衔接

在装卸中，A 工程与 B 工程的接点称之为界面。为使装卸作业顺利进行，界面必须能够将两个工程有效衔接起来。例如，从自动仓库货架上取出的一托盘货物装载到卡车上时，可利用自动装载设备、滚柱传送机或叉车将两点顺畅地衔接起来。

7. 满足货物单元化要求

所谓单元化原则是指将物品集中成一个单位进行装卸搬运的原则。单元化是实现装卸合理化的重要手段，在物流作业中广泛使用托盘，通过叉车与托盘的结合提高装卸搬运的效率。通过单元化不仅可以提高作业效率，而且还可以防止损坏和丢失，数量的确认也变得更加容易。

8. 保持装卸搬运系统性

所谓系统化原则是指将各个装卸搬运活动作为一个有机的整体实施系统化管理。也就是说，运用综合系统化的观点，提高装卸搬运活动之间的协调性，提高装卸搬运系统的柔性，以适应多样化、高度化物流需求，提高装卸搬运效率。

2.4.3 主要装卸搬运机械

装卸搬运机械是物流系统中使用数量最多、频度最大的机械设备。据不完全统计，目前世界上已经有 700 多种不同结构形式和不同用途的装卸搬运机械。主要装卸搬运机械有以下几类：

(1) 装卸搬运车辆

装卸搬运车辆是依靠机械本身的运行和装卸机构的功能，实现物品水平搬运和装卸、码垛(小部分车辆无装卸功能）的车辆，主要有叉车（叉车装卸机)、搬运车、牵引车和挂车等。

(2) 输送机械

输送机械是一种可以将物品在一定的输送线路上，从装载起点到卸载终点以恒定或变化的速度进行输送，形成连续或脉动物流的机械，主要有带式输送机、斗式提升机、悬挂输送机、埋刮板输送机、螺旋输送机、滚柱输送机、震动输送机、气力输送装置等。

(3) 起重机械

起重机械是靠人力或机械动力使物品做上下、左右、前后等间歇或周期性运动的转载机械，主要用于起重、运输、装卸、机器安装等作业。有小型起重机（如滑车、手动或电动葫芦等)、桥式类型起重机（有架式起重机、桥式起重机等)、门式起重机和装卸桥、臂架类型(旋转式）起重机（有门座起重机、塔式起重机、汽车起重机、轮胎起重机等)、堆垛起重机等。

(4) 散装装卸机械

散装装卸机械是指具有装卸和运输两种功能的机械，主要以装卸散装物资为主，如装卸机、卸载机、翻车机等。

知识链接

自动导引搬运车（AGV）

自动导引搬运车（AGV）又称无人搬运车，是指装有自动导引装置，能够沿规定的路径行驶，在车体上还具有编程和停车选择装置、安全保护装置以及各种物料移载装置的搬运车辆。

世界上第一台 AGV 是由美国 Barrett 电子公司于 20 世纪 50 年代初开发成功的。它是一种牵引式小车系统，可十分方便地与其他物流设备自动连接。1976 年，我国起重设备研究所研制出第一台 AGV。

AGV 应用最广泛的领域是装配作业，特别是汽车装配作业。在西欧各国，用于汽车装配的 AGV 占整个 AGV 数量的 57%，德国用于汽车装配的 AGV 占整个 AGV 数量的 64%。

2.4.4 装卸搬运机械的选择

不同类型的货物，不同的装卸搬运场所，所需要的装卸搬运的机械也不尽相同。合理选择装卸搬运机械，无论在降低装卸搬运费用上，还是在提高装卸搬运效率上，都有着重要的意义。

1. 选择装卸搬运机械的基本原则

装卸搬运机械的选择，应符合经济合理、提高效率、降低费用的总要求，具体来说，应该遵循以下几项原则：

（1）应根据不同类物品的装卸搬运特征和要求，合理选择具有相应技术特性的装卸搬运机械。各种货物的单元规格、物理化学性能、包装情况、装卸搬运的难易程度等，都是影响装卸搬运机械选择的因素。因此，应从作业安全和效率出发，选择合适的装卸搬运机械。

（2）应根据物流过程输送和储存作业的特点，合理选择装卸搬运机械。货物在输送过程中，不同的运输方式具有不同的作业特点。因此，应根据不同运输方式的作业特点选择与之相适应的装卸搬运机械。同样，货物在储运中也有其相应的作业特点，诸如储存物品各类规格各异、作业类别较多、进出数量难以控制、装卸搬运次数较多和方向多变等。因此，为适应储存作业的特点，应尽可能选择活动范围大、通用性强、机动灵活的装卸搬运机械。

（3）根据运输和储存的具体条件和作业的需要，在正确估计和评价装卸搬运机械的使用效益的基础上，合理选择装卸搬运机械。这就是说，一定要坚持技术经济可行性分析，以达到充分利用装卸搬运机械和提高作业效率的目的。

2. 装卸搬运机械的合理选择

根据装卸搬运机械选择的基本原则，在考虑货物重量、货物移动状态和移动距离的情况下，有关装卸搬运机械的合理选择可以参照表 2–7。

表 2–7　装卸搬运机械的选择

作业	物的运动	货物的重量/千克	移动的距离/米	装卸搬运机械											
				手车	手推车	搬运车	电动搬运车	手推平板车	电动平板车	电动步行操纵车	叉车	侧面升降叉车	电动小型自动装卸车	动力牵引车	运货汽车
搬运、移动	水平（间歇）	50~100	5~15	√	√										
			15~50	√	√	√									
		100~500	5~50		√	√									
			50~200		√	√	√	√							
		250~500	5~15		√	√		√		√			√		
			50~200		√	√	√	√	√	√	√		√		
			>200				√			√	√				
		500~1500	5~15			√	√	√	√	√	√	√	√		
			50~200				√		√		√	√		√	
			>200											√	√
		1500~3000	15~200				√				√	√		√	
			>200											√	√

说明：表中“√”表示被选的装卸搬运或机械器具。

（王慧、郝渊晓、马健平：《物流配送管理学》，中山大学出版社 2009 年版，第 175 页）

☞课堂互动

云南双鹤医药有限公司是西南地区经营药品品种较多、较全的医药专业公司，虽然云南双鹤形成了规模化的产品生产和网络化的市场销售，但其物流管理严重滞后，造成物流成本居高不下，这已成为公司业务发展的“瓶颈”。

装卸搬运活动是衔接物流各环节的关键，而云南双鹤恰好忽略了这一点。由于搬运设备的现代化程度低，大多数作业仍处于人工作业为主的原始状态，工作效率低，且易损坏物品。另外，仓库设计不合理，造成长距离的搬运，并且库内作业流程混乱，形成重复搬运，这种过多的搬运次数既损坏了货物，也浪费了时间。

讨论：针对云南双鹤药业的现状，你能提出哪些改进措施？

2.5 包装和流通加工

知识链接

欧洲对包装设计的要求

(1) 名称易记。包装上的产品名称要易看、易念、易记。“可口可乐”就是成功范例之一，“崔某”咖啡虽驰名全球，但在德国必须改名为“Bonke”，才便于人们接受。

(2) 外形醒目。要使消费者从包装外表就能对产品的特征了如指掌。

(3) 印刷简明。包装印刷应力求简明，对高档豪华商品而言，包装印刷应与商品本身的档次相适应。

(4) 体现信誉。包装要充分体现产品的信誉，使消费者透过包装增加对产品的依赖。

(5) 颜色悦目。一般来说，欧洲人喜爱红色或黄色，但西班牙人不喜欢红黄两色混合使用。法国人、荷兰人更喜爱淡蓝色，但德国人对其反感。

(6) 地区标志。包装应有产品地区标志图案，使人容易识别。例如，意大利生产的奶酪和牛油，往往在包装上印有意大利的奶牛场风景，使人一看就知道这是来自意大利的。

(7) 环保意识。欧洲人普遍重视环保工作，因此包装材料最好无污染，且易于回收或分解。目前，德国在采用包装新技术与新材料方面处于领先地位。

(8) 创新求异。防盗防窃包装的出现就是一例。新颖、新奇和富有现代意识的包装，不仅是名牌老产品改变传统形象的手段，而且也为新产品创名牌提供了机会。

2.5.1 包装及其合理化

1. 包装的概念和分类

(1) 包装的概念

包装是指在物流过程中为保护产品、方便储运、促进销售，按一定技术方法采用的容器、材料及辅助物等的总称，也指为了达到上述目的而采用容器、材料及辅助物的过程中施加一定技术方法（对物品进行包封，并加以适当的装潢和标识）工作的总称，即包装是包装物与包装操作的总称。

(2) 包装分类

①单个包装。单个包装又称小包装，是物品送到使用者手中的最小单位。此包装一般属于商业包装，应注意美观、促销的作用。

②内包装。内包装是指将单个包装的物品归并为 1 个或 2 个以上的较大单位，并放入容器里的状态和技术，包括为保护容器里边的物品，在容器中放入其他材料的状态和技术。

③外包装。外包装是指基于物品输送的目的，为起到物品保护作用并且考虑输送搬运业务的方便，将物品置于更大的箱、袋等容器之中的状态和技术，包括缓冲、防震、固定、防水等技术措施。一般外包装有密封、增强功能，并有相应标识说明。

内包装和外包装属于工业包装，侧重于产品的保护，作业发生在物流领域，而单个包装作业一般属于生产领域活动。

2. 包装的作用

(1) 保护物品

保护物品不受损伤，这是包装的主要目的。其中要防止物品在运输、装卸过程中受到各种冲击、震动、压缩、摩擦等外力的损害，并要防止物品在运输特别是保管过程中发生受潮、发霉、生锈、变质等化学变化，还要防止有害生物对物品的破坏。

(2) 方便流通、方便消费

物品经过适当的包装，能为搬运、装卸作业提供方便，加快了装卸速度；从储运容器考虑包装形状、尺寸的设置，能大大提高运输效率；包装物的各种标志，便于仓库管理的识别、存取、盘点；合理的单元包装也方便了消费者的使用。

(3) 刺激消费、促进销售

产品包装的装潢设计是促销手段之一。精美的包装能唤起人们的消费欲望，同时包装的外部形态可用来对商品做介绍、宣传，使人们了解这种商品，购买这种商品。

(4) 传递信息

包装传递信息的功能日益重要，已成为企业物流渠道通畅的必要和重要的环节。传递信息的功能主要体现在商品识别和跟踪等方面，其中识别包装商品的功能最明显。

包装上的信息通常包括制造商、商品名称、容器类型、个数、商品代码等，在收货入库、拣选和出运查验过程中，就是利用箱上的信息来识别商品的。

连锁物流包装的另一个重要方面是跟踪商品。一个良好的搬运控制系统在收货、储存、取货、出运的各个环节中都能跟踪商品。这种对商品的积极控制，减少了操作的差错，而且有利于监控雇员的生产率。如果没有便携式条形码扫描机射频（RF）信息传递，那么准确地跟踪商品的成本会很高。价值低廉的扫描设备和代码标准化也提高了跟踪能力和效率。

包装传递信息的最后一个方面就是包装上的指示标志。指示中包括对专门商品装卸提出的装卸要求或注意事项，如商品的性质、堆放、开启、运输等的方法。如果是危险品，指示中还提醒人们在作业活动时注意。

知识链接

不同材料的集装箱类型

目前，世界上广泛使用的集装箱按其主体材料可分类为以下几种：

(1) 钢制集装箱

其框架和箱壁板皆用钢材制成。最大优点是强度高、结构牢、焊接性和水密性好、价格低、易修理、不易损坏；主要缺点是自重大，抗腐蚀性差。

(2) 铝制集装箱

铝制集装箱有两种：一种为钢架铝板；另一种仅框架两端用钢材，其余用铝材。主要优点是自重轻、不生锈、外观美、弹性好、不易变形；主要缺点是造价高，受碰撞时易损坏。

(3) 不锈钢制集装箱

一般多用不锈钢制作罐式集装箱式集装箱。其主要优点是强度高、不生锈、耐腐蚀性好，缺点是投资大。

(4) 玻璃钢制集装箱

玻璃钢制集装箱是在钢制框架上装上玻璃钢复合板构成的，其主要优点是隔热性、防腐性和耐化学性均较好，强度大、韧性好，能承受较大压力，易清扫，修理简便；主要缺点是自重较大，造价较高。

3. 包装材料与技术

(1) 包装材料

包装材料有容器材料、内包装材料、包装用辅助材料等。随着科学技术的不断发展，新型的包装材料已越来越广泛地运用到人们的生活中。主要有以下一些类别：

①纸和纸板。运输用大型纸袋一般用 3~6 层叠合而成，也可用牛皮纸和塑料薄膜做成复合多层构造。纸箱的原料是各种规格的白纸板和瓦楞纸板，但要求其强度和耐压能力必须达到一定指标。例如，包装家用电器一般都采用此种材料。

②塑料制品。塑料包装制品的应用日益广泛，塑料袋和塑料编织袋因对环境的污染已经逐渐被牛皮纸袋所代替，但塑料制成的箱子依然普遍应用。例如，可回收的饮料类的外包装基本采用塑料箱。塑料制品还用于酒、食油等液体运输容器的革新，开发了与纸袋结合包装。其方法是将折叠塑料袋容器放入瓦楞纸箱中，以代替传统的玻璃瓶、金属罐等。

③木制容器。木制容器包括木箱、胶合板箱及木桶等，为了节约木材，常使用框架箱，例如，以前常采用装汽水等饮料的木制箱子。对于重物，当然可以加铁箍进行加固。

④金属容器。金属容器主要包括镀锌铁板及铝制材料罐装形式，例如，存放饮料的易拉罐等。也有以桶装形式存在的，例如主要用于以石油为主的非腐蚀性的半流体及奶粉等粉状固体。

⑤包装用的辅助材料。辅助材料主要有封口用的黏合剂、黏合带，捆绑用的捆扎材料等。

⑥绿色包装材料。主要包括以下几种：

重复再用和再生利用的包装材料。重复再用包装，如啤酒、饮料、酱油、醋等包装采用玻璃瓶可反复使用。再生利用包装，如聚酯瓶在回收之后，可采用物理方法再生，直接彻底净化粉碎，无任何污染物残留，经处理后的塑料便可再生直接用于再生包装容器。包装材料的重复利用和再生，仅仅延长了塑料等高分子材料作为包装材料的使用寿命，当达到其使用寿命后，仍要面临对废弃物的处理和环境污染问题。

可食性包装材料。最常见的是可食性包装膜。几十年来，大家熟悉的糖果包装上使用的糯米纸及包装冰激凌的玉米烘烤包装杯都是典型的可食性包装。在人工合成可食性包装膜中，比较成熟的是 20 世纪 70 年代已工业化生产的普鲁兰树脂，它是无味、无臭、非结晶、无定形的白色粉末。其5%~10%的水溶液，经干燥或热压能制成厚度为0.01mm的薄膜，这种薄膜透明、无色、无臭、无毒，具有韧性、高抗油性，能食用，可做仪器包装，其光泽、强度、耐折性能都比高链淀粉制得的薄膜好。另外一种常见的可食性包装材料就是可食用保鲜膜。我国早在12~13世纪就已用蜡来涂敷橘子、柠檬来延缓它们的脱水失重，延长果蔬货架寿命。现在一般采用的可食性保鲜膜，已发展成具有多种功能性质的、由多种生物大分子（蛋白质与多糖）和脂类制成的多组分食用膜。此种复合膜多孔的网络结构使薄膜具明显的防水性及一定的可选择透气性，因而在食品工业尤其在果蔬保鲜方面具有广阔的应用前景。

可降解材料。可降解材料是指在特定时间内造成性能损失的特定环境下，其化学结构发生变化的一种塑料。可降解塑料包装材料既具有传统塑料的功能和特性，又可以在完成使用寿命之后，通过阳光中紫外光的作用或土壤和水中的微生物作用，在自然环境中分裂降解和还原，最终以无毒形式重新进入生态环境中，回归大自然。

（2）包装技术

①防震保护技术。其也称“缓冲保护技术”或“防破损包装技术”，是指为减缓内装物受到的冲击和震动，保护其免受损坏而采取一定防护措施的包装技术。缓冲保护技术在各种包装方法中占有重要的地位。产品从生产出来到开始使用要经过一系列的运输、保管、堆码和装卸过程，要置于一定的环境之中，在任何环境中都会有力作用在产品之上，并使产品发生机械性损坏，为了防止产品遭受损坏，就要设法减小外力的影响。

②防虫包装技术。防虫包装技术，常用的是驱虫剂，即在包装中放入有一定毒性和臭味的药物，利用药物在包装中挥发出的气体杀灭和驱除各种害虫。常用的驱虫剂有苯、对位二氯化苯、樟脑精等。企业也可采用真空包装、充气包装等技术，使害虫无生存环境，从而防止虫害。

③防锈包装技术。防锈包装技术包括涂封防锈包装技术和气相防锈包装技术，主要作用是防止大气锈蚀的产生。大气锈蚀是空气中的氧、水蒸气及其他有害气体等作用于金属表面引起电化学作用的结果。涂封防锈包装技术就是在金属表面涂上一层物质，隔绝金属与大气接触，从而防止锈蚀。气相防锈包装技术就是用气相缓蚀剂（挥发性缓蚀剂）在密封包装容器中对金属制品进行防锈处理的技术。气相缓蚀剂是一种能使金属在侵蚀性介质中被破坏的过程减慢或完全停止的物质，从而起到抑制大气对金属锈蚀的作用。

④危险品包装技术。危险品包装技术主要是针对有毒、易燃易爆及有腐蚀性的商品所采取一种特殊保护技术。有毒商品的包装上有毒标志要明显，防毒的主要措施是使包装严密不漏、不透气。例如，有机农药一类的商品，应装入沥青麻袋，缝口严密不漏。对有腐蚀性的商品，要注意防止商品和包装容器的材质发生化学变化。例如，甲酸易挥发，其气体有腐蚀性，应装入良好的耐酸坛、玻璃瓶或塑料桶中，严密封口，再装入坚固的木箱。对于易燃、易爆商品，应做好防燃、防爆准备。

⑤特种包装技术。特种包装技术主要是指具有防霉、防腐和保鲜作用的技术，包括充气包装技术、真空包装技术、收缩包装技术等。充气包装是采用二氧化碳或氮气等不活泼气体置换包装容器中空气的一种包装技术方法，因此也称为“气体置换包装”。真空包装是将物品装入气密性容器后，在容器封口之前抽成真空，使密封后的容器内基本没有空气的一种包装方法。收缩包装就是用收缩薄膜包裹物品（或内包装件），然后对薄膜进行适当加热处理，使薄膜收缩而紧贴于物品（或内包装件）的包装技术方法。

拓展案例

韩国三星公司的包装材料优化策略

韩国三星公司是一家以电器、电子产品为主的国际著名企业，其产品遍布世界各地。三星公司注重企业活动中对环境的管理，在包装材料优化方面主要采取了以下措施：

(1) EPS 塑料的循环再用

EPS (聚苯乙烯泡沫) 塑料作为防震包装的填充材料，需求量很大，为了对这种材料进行重复利用，三星公司与学术机构共同研究“基于物理方法的 EPS 塑料的回收重用”课题。

该课题的研究目的是解决 EPS 塑料作为减震材料的重复利用问题，而不是在其他产品中再循环。他们应用一种未加热的压缩机械使 EPS 塑料的物理特性得到恢复，从而能重新用作减震材料。

(2) 包装材料使用量的减少

通过计算机仿真法识别产品中最脆弱的部分，从而对防震包装进行结构的最优化，降低包装中对 EPS 塑料的使用量。例如，通过计算机仿真技术，AS-410 空调包装对 EPS 塑料的用量从每台 180 克降低到每台 148 克，用量缩减了 18%。

(3) 使用环境友好的包装材料

三星公司致力于研制新型的环保包装材料。例如，ML-6060 打印机的包装采用一种蜂窝状的纸缓冲吸震，它比常规纸品的重量轻 10%；M5317 电脑及 NL15MO LCD 显示器用纸制的波纹状衬板作为减震包装。

(《韩国三星公司包装材料优化策略》，2015 年 3 月 9 日，http：//www.doc88.com/p-5065847868341.html。有改动)

4. 包装合理化

合理包装就是要尽量利用包装的优点，减少包装的缺点，使包装达到综合效用最好。

(1) 包装合理化的原则

①考虑装卸。不同的装卸方式决定了不同的包装方式。需要手工装卸的，包装及内容的重量必须限制在手工装卸的允许能力之内，一般设定为工人体重的 40% 左右；包装的外形尺寸也应适合手工操作。在国际物流的趋势下，还要考虑不同地区物流载体的装卸交接。各种商品都按统一的规格尺寸进行包装，这些规格尺寸的单元基础叫“物流集装基础模数”（或“包装模数”），现在国际上已基本确定为 600mm×400mm，其他规格尺寸按此倍数推导，如还可以采用 1200mm×1000mm（其中 1200mm 是 600mm 的两倍，而 1000mm 是 600mm+400mm）。

②考虑保管。采用高层堆放的应要求包装有比较高的强度，以免压坏等。

③考虑运输。如果进行长距离及多次中转运输的，就要求严密厚实的包装；而短距离汽车运输，可采用轻便、防震的包装等。

(2) 包装合理化的一般要求

包装合理化，要从包装材料、包装技术、包装方式的合理运用上入手，并符合以下要求：

①保护商品。造型美观设计产品包装，首先要能保护产品。因此，设计要科学，要能够

保证产品在运输和储存中不被损坏；同时，包装的造型要美观大方、生动形象，图案设计要新颖，对顾客有吸引力。

②包装样式和尺寸要考虑与货柜、货台、货架的尺寸相匹配，形成倍数关系。包装样式的尺寸要考虑这个匹配后进行设计，这样才能使载货的效率高。这样的匹配将降低输送成本，减少库存费用。

③每箱装货量标准化。每箱装货量都必须是一个标准整数。这样既能够提高装货效率，又简化了验收手续，还给库存管理带来方便。

④包装样式与保管、运输相适应。特别是物流量大的产品，包装样式要利于运输的装载量和库存保管的堆高，以提高运输和保管的效率。包装式样要尽可能简化，利用拼装、压缩等方式，才能提高装货率。

⑤包装样式要与搬运相适应。包装样式设计上要考虑搬运工作是否容易迅捷。例如，纸箱包装两边各留一个洞孔，以便于把手插进搬运。

⑥必须易于入库，易于开包。工业包装的一大要求是易于入库和易于开包以提高作业效率，故设计优良的包装应考虑企业生产线的作业要求，能使入库和开包顺利进行。

⑦既坚固结实又容易处理。从保护品质的方面着想，应该采用坚固的包装，能够承受外部的压力与冲击；同时，为了废料的回收处理，包装材料也应便于迅速处理。

⑧注意所选包装材料的价值。包装材料及包装手续的费用在商品价格中占着一定的比重，要采用价值分析法降低包装成本，从而使物流总成本降低。例如，在选择材料时依据替代性原则，选择价格较低的材料。

⑨不断探索先进的包装作业方法。使用先进的包装作业方法，提高工作效率，有时甚至只变更施工顺序，就能提高工作效率，降低包装成本。

⑩包装设计经济实用。包装设计要尽可能做到既能节约包装费用又能节约储运费用，而且使用方便。主要体现在以下几方面：选用的包装材料要尽量便宜，要设计多用途和能多次使用的包装，要尽可能合理地利用包装空间，要避免过分的包装。

⑪包装要与产品的价值相符合。由于产品包装已成为产品的一部分，所以产品包装必须与产品价值相符合，不搞“一等产品二等包装”。不考虑产品内容、用途和销售对象，而单纯追求包装装潢的精美华丽，以此来吸引顾客，其结果往往是主次颠倒、弄巧成拙。

⑫显示出产品的特点。要能够从包装的图案、形状和色彩等方面显示出产品的特点和独特风格。例如，化妆品的包装要色彩艳丽、造型优美、装潢雅致；贵重的工艺品的包装要材质华贵、造型独特、装潢富丽；儿童品的包装要五彩缤纷、活泼美丽；食品的包装要喜庆吉祥。

⑬选用符合产品性质和消费者心理的色彩。色彩对人们的兴趣、爱好等心理活动有很大的调节作用。因此，在产品包装装潢的设计中要注意选用适当的颜色，要考虑不同年龄、不同地区、不同民族对色彩的不同爱好。例如，笨重的产品采用淡色的包装，会使人觉得比较轻巧；轻巧的产品采用深色包装，会使人产生庄重的感觉；食品和洗涤剂采用乳白色或淡绿色包装，会使人感到卫生清洁；药品采用绿色包装，给人以健康安宁、充满生机的感受。

⑭文字设计一目了然。有些产品的性能、使用方法、使用效果常常不能直视显示，而需要用文字加以说明。包装设计上，要抓住顾客对产品消费的需要，指导其消费。如药品类产品，要说明成分、功效、用量、禁忌及是否有副作用等；服装类产品，应说明用料、规格、尺码、洗涤和保存方法等。

(3) 包装合理化发展的趋势

①包装的轻薄化。由于包装只是起附加作用，并不主要决定产品使用价值，因此，在强度、寿命、成本相同的条件下，更轻、更薄、更短、更小的包装，可以节约材料、提高装卸搬运和运输的效率，减少废弃包装材料的数量，使包装的综合成本降低。

②包装的单纯化。包装的单纯化主要是从提高包装作业的效率上考虑的。包装的单纯化要求包装材料及规格应尽量单纯化，包装形状和种类也应单纯化。包装材料品种少了，可使管理方便并减少了浪费；包装形状和规格单一有利于提高作业效率，实现机械化。有些商品采取无包装或简易包装，比有包装或复杂包装有利，总物流成本合理。国外有的商店采取大包装或简易包装的办法，把节约下来的包装费用来降低商品售价，吸引消费者，这也是包装的营销策略之一。包装能简化的应尽量简化，没必要包装的可采用无包装化。无包装化物流既能节约包装费用，降低整体物流成本，又能省去包装物的回收和处理作业。散装水泥物流、管道运输等都是无包装化物流的例子。一些厂家不在提高产品质量上下功夫，而是把精力放在商品包装上，使商品过度包装，这是不应提倡的。

③符合集装单元化和标准化的要求。单元化和标准化是包装过程中必须考虑的问题。包装要符合集装单元化和标准化，要求包装的规格尺寸相一致，要与托盘、集装箱相匹配，要与运输车辆和搬运机械相匹配。因为只有包装规格尺寸一致，才能实行模块化包装；包装实现了单元化和标准化，才能批量化作业；有了批量化装卸搬运、保管和运输，才能提高效率，节约费用，物流才能实现机械化和自动化。包装单元化和标准化是现代化物流的重要标志，也是单元化物流的基础。

④包装的机械化与自动化。为了提高作业效率和包装的现代化水平，各种包装机械的开发和应用是很重要的。由于被包装物品种繁多，包装材料和包装方法又各不相同，因而出现了各式各样的包装机械。其中有高度自动化的，也有半自动化和手动的。一个相当庞大的包装机械产业为各种产品提供着包装技术装备。

⑤注意与其他环节的配合。包装是物流系统组成的一部分，需要和装卸搬运、运输、仓储等环节一起综合考虑、全面协调。包装要便于运输、保管和装卸搬运，要便于堆码、摆放、陈列、提取、携带，要便于回收和再生利用。

⑥有利于环保。包装是产生大量废弃物的环节，处理不好可能造成环境污染。包装材料最好可反复多次使用并能回收再生利用。在包装材料的选择上，还要考虑不对人体健康产生影响，对环境不造成污染，即所谓的“绿色包装”。绿色包装将成为今后包装业发展的主流。

知识链接

集装单元化的原则

为了充分发挥货物集装单元化的优越性，降低物流费用，在实现集装单元化时，必须遵循以下基本原则：

(1) 集装单元器具标准化原则；

(2) 集装单元化的通用化、系统化、配套化原则；

(3) 集装单元化的集散化、直达化，装满化原则；

(4) 集装单元化的效益化原则。

2.5.2 流通加工

1. 流通加工的含义及其在物流中的地位

（1）流通加工的含义

流通加工是指物品从生产地到使用地的过程中，根据需要施加包装、分割、计量、分拣、刷标志、拴标签、组装等简单作业的总称。

（2）流通加工在物流中的地位

①流通加工有效地完善了流通，流通加工是物流系统的辅助功能。它补充、完善、提高了物流系统，起到了运输、储存等其他功能要素无法起到的作用。可以说流通加工提高了物流水平，促进物流向现代化发展。

②流通加工是国民经济中的重要的加工形式。在整个国民经济的组织和运行方面，流通加工是其中一种重要的加工形态，对推动国民经济的发展和完善国民经济的产业结构和生产分工有一定的意义。

③流通加工是物流中的重要利润源。流通加工是一种低投入高产出的加工方式，往往以简单加工解决大问题。实践证明，有的流通加工将产品利用率一下子提高 20%～50%，这是采取一般方法提高生产率所难以企及的。仅就向流通企业提供利润一点，流通加工的成效并不亚于从运输和储存中挖掘的利润，是物流中的重要利润源。

2. 流通加工的目的

（1）保存产品

流通加工强化了流通阶段的保管功能，使商品在克服了时间距离后，仍然可以保持新鲜状态。例如，食品的保鲜包装、罐装食品加工等属于此类。

（2）满足消费者多样化的需求

例如，不同客户对于商品的数量的要求不同，通过改变商品的包装，可以满足不同客户的需求。

（3）回避流通阶段的商业风险

流通加工可以部分回避流通阶段的商业风险，同时也可以促进物流效率的提高。例如，玻璃的剪裁一般是在接到用户订货后才进行剪裁。

（4）提高产品利用率

例如，肉食品原料经过深加工，如加工成半成品，可以满足消费者的需求，提高商品的利用率和附加值。

（5）提高物流效率

进行流通加工可以使物流各环节易于操作，例如海鲜冷冻、大型设备解体等。组装型商品在运输和保管过程中处于散件状态，出库配送前或者到达用户后再进行组装，可以提高仓库保管效率和运输工具的装载率。

3. 流通加工的类型

流通加工可分为以下几种：

（1）为弥补生产领域加工不足的深加工。

（2）为满足需求多样化进行的服务性加工。

（3）为保护产品所进行的加工。

（4）为提高物流效率、方便物流的加工。

（5）为促进销售的流通加工。

（6）为提高加工效率的流通加工。

（7）为提高原材料利用率的流通加工。

（8）衔接不同运输方式，使物流合理化的流通加工。

4. 流通加工和生产加工的区别

（1）加工对象不同

流通加工的对象是进入流通过程的商品，具有商品的属性；生产加工的对象不是最终产品，而是原材料、零配件、半成品。

（2）加工的复杂程度不同

流通加工程度大多是简单加工，而不是复杂加工，一般不需要加工设备的重大投资。如果是复杂加工，则应专设生产加工过程。

（3）加工的目的不同

生产加工的目的在于创造价值及使用价值，而流通加工则在于完善其使用价值；生产加工以交换和消费为目的，流通加工有时候是以自身流通为目的。

（4）实施加工的主体不同

流通加工由商业或物流企业完成，而生产加工则由生产企业完成。

知识链接

商品流通与流通加工

商品流通是以货币为媒介的商品交换，其重要职能是将生产、消费（或再生产）联系起来，起“桥梁和纽带”作用，完成商品所有权和实物形态的转移。因此，流通与流通对象的关系，一般不是改变流通对象的形态而创造价值，而是保持其已有形态，完成空间的转移，实现其时间效用及场所效用。

流通加工则与此有较大区别，总的来讲，流通加工在流通中，仍然和流通总体一样起“桥梁和纽带”作用。但是，它却不是通过“保护”流通对象的原有形态而实现这一作用，而是和生产一样，通过改变或完善流通对象的原有形态来实现“桥梁和纽带”作用。

5. 流通加工的主要形式

（1）钢板剪板

热轧钢板和钢带、热轧厚钢板等板材最大交货长度常可达 7~12 米，有的是成卷交货，对于使用量不大的企业和多数中、小型企业来讲，单独设置剪板、下料的设备闲置时间长、人员浪费大。流通加工点进行钢板的剪板及下料加工可以有效地解决上述弊病。剪板加工是在固定地点设置剪板机进行下料加工或设置种种切割设备将大规格钢板裁小，或切裁成毛坯，降低销售起点，便利用户。

（2）集中开木下料

在流通加工点将原木锯截成各种规格锯材，同时将碎木、碎屑集中加工成各种规格板材，甚至还可进行打眼、凿孔等初级加工。过去用户直接使用原木不但加工复杂、加工场地大、加工设备多，更严重的是资源浪费大，木材平均利用率不到50%，平均出材率不到40%。实行集中下料，按用户要求供应规格料，可以使原木利用率提高到95%，出材率提高到72%左右，有相当大的经济效益。

(3) 组装加工

自行车及机电设备储运困难较大，主要原因是不易进行包装。如进行防护包装，包装成本过大，而且运输装载困难，装载效率低，流通损失严重。但是，这些货物有一个共同特点，即装配较简单，装配技术要求不高，主要功能已在生产中形成，装配后不需进行复杂检测及调试。所以，为解决储运问题，降低储运费用，采用半成品（部件）高容量包装出厂，在消费地拆箱组装的方式。组装一般由流通部门在所设置的流通加工点进行，组装之后随即进行销售。这种流通加工方式近年来已在我国广泛采用。

(4) 配煤加工

在使用地区设置集中加工点，将各种煤及一些其他发热物质，按不同配方进行掺配加工，生产出各种不同发热量的燃料，称作配煤加工。这种加工方式可以按需要发热量生产和供应燃料，防止热能浪费，或出现由于发热量过小而不能满足使用要求的情况。工业用煤经过配煤加工还可以起到便于计量控制、稳定生产过程的作用，在经济及技术上都有价值。

(5) 冷冻加工

为解决鲜肉、鲜鱼在流通中的保鲜及装卸搬运问题，采取低温冻结方式的加工。这种方式也用于某些液体商品、药品等。

(6) 精制加工

精制加工是在产地或销售地设置加工点，去除无用部分甚至可以进行切分、洗净、分装等加工。这种加工不但大大方便了购买者，而且还可以对加工的淘汰物进行综合利用。比如，鱼类的精制加工所剔除的内脏可以制成某些药物或饲料，鱼鳞可以制成高级黏合剂，头尾可以制成鱼粉等；蔬菜的加工剩余物可以制成饲料、肥料等。

(7) 分选加工

农副产品规格、质量离散情况较大，为获得一定规格的产品，采取人工或机械分选的方式加工称分选加工，广泛用于果晶、粮食、棉花、皮毛原料等。

(8) 分装加工

许多生鲜食品零售起点较小，而为保证高效输送出厂，包装则较大，也有一些是采用集装运输方式运达销售地区。为了便于销售，在销售地区按所要求的零售起点进行新的包装，即大包装改小包装、散装改小包装、运输包装改销售包装，这种方式称分装加工。

6. 流通加工合理化

流通加工是流通领域中对生产的辅助性加工，从某种意义上讲，它不仅是生产过程的“延续”，实际上是生产本身或生产工艺在流通领域的延续。这个延续可能有正、反两方面的作用，即一方面可能有效地起到补充完善的作用，但是也必须估计到另一个可能性，即对整个过程的负效应。各种不合理的流通加工都会产生抵消效益的负效应。

(1) 不合理流通加工的形式

①流通加工地点设置不合理。流通加工地点设置是决定整个流通加工是否有效的重要因素。一般而言，流通加工应设置在进入社会物流之前的产出地，如果将其设置在物流之后的消费地，则不但不能解决物流问题，而且还在流通中增加了一个中转环节，因而是不合理的。

②流通加工方式选择不当。流通加工方式包括流通加工对象、流通加工工艺、流通加工

技术、流通加工程度等。流通加工不是对生产加工的代替，而是一种补充和完善。一般而言，可以由生产过程延续或轻易解决的都不宜再设置流通加工。流通加工方式选择不当，会出现与生产夺利的恶果。

③流通加工作用不大，形成多余环节。有的流通加工过于简单，或对生产及消费者作用都不大，成了多余环节。这也是流通加工不合理的重要形式。

④流通加工成本过高。流通加工成本过高，没有经济性，也是流通加工不合理的一种形式。

(2) 流通加工合理化的举措

流通加工合理化是指实现流通加工的最优配置，不仅做到避免各种不合理现象，使流通加工有存在的价值，而且做到最优的选择。为避免各种不合理现象，实现流通加工合理化主要考虑以下几方面：

①加工和配套结合。在对配套要求较高的流通中，配套的主体来自各个生产单位，但是，有时完全配套无法全部依靠现有的生产单位完成。进行适当的流通加工，可以有效促成配套，大大提高流通的桥梁与纽带的能力。

②加工和配送结合。这是将流通加工设置在配送点中，一方面按配送的需要进行加工，另一方面加工又是配送业务流程中分货、拣货、配货的一个环节，加工后的产品直接投入配货作业。这就无需单独设置一个加工的中间环节，使流通加工有别于独立的生产，而使流通加工与中转流通巧妙地结合在一起。同时，由于配送之前有加工，可使配送服务水平大大提高。这是当前重要的流通加工形式，在煤炭、水泥等产品的流通中已表现出较大的优势。

③加工和合理运输。结合流通加工能有效衔接干线运输与支线运输，促进两种运输形式的合理化。利用流通加工，在支线运输转干线运输或干线运输转支线运输时的本来就必须停顿的环节，不进行一般的支转干或干转支，而是按干线或支线运输的要求进行适当加工，从而大大提高运输及运输转载水平。

④加工和合理商流相结合。通过加工有效促进销售，使商流合理化，也是流通加工合理化的考虑方向之一。加工和配送的结合，通过加工，提高了配送水平，强化了销售，是加工与合理商流相结合的一个成功的例证。此外，通过简单地改变包装加工，形成方便的购买量，通过组装加工解除用户使用前进行组装、调试的难处，都是有效促进商流的例子。

⑤加工和节约相结合。节约能源、节约设备、节约人力、节约耗费是流通加工合理化重要的考虑因素，也是目前我国设置流通加工，考虑其合理化的较普遍形式。对于流通加工合理化的最终判断，不是看其是否能实现社会的和企业本身的两个效益，而是看其是否取得了最优效益。对流通加工企业而言，与一般生产企业的不同之处是流通加工企业更应树立社会效益第一的观念，只有在补充完善为己任前提下才有生存的价值。如果只是追求企业的微观效益，不适当地进行加工，甚至与生产企业争利，有悖于流通加工的初衷，或者其本身已不属于流通加工范畴了。

拓展案例

阿迪达斯的组合式鞋店

阿迪达斯公司在美国一家超级市场设立了组合式鞋店，店内摆放着各种做鞋用的半成品，有 6 种鞋跟、8 种鞋底，均为塑料制造，鞋面的颜色以黑、白为主，搭带的颜色有 80 种，款式有百余种。顾客进店后可任意挑选自己所喜欢的各个部位，交给职员当场进行组合。只要10分钟，便可组合成一双鞋子。

这家鞋店昼夜营业，职员技术熟练，鞋子的售价与成批制造的价格差不多，有的还稍便宜些，所以顾客络绎不绝，销售金额比邻近的鞋店多10倍。

（《阿迪达斯的“流通加工”》，2018 年 6 月 8 日，https：//www. docin. com/p－2112076114. html。有改动）

本章小结

（1）运输是物流的主要功能之一，运输生产是社会再生产过程中的重要环节。现代化大生产，尤其是经济全球化的发展，国内外不同地域间的物资交换越来越频繁，促进了运输业的发展和运输能力提高。现代运输方式包括铁路、水路、公路、航空、管道等不同类型，合理的运输方案是应该在可用的运输方式中选择最适宜的一种或进行恰当组合。

（2）仓储保管是物流的重要功能之一，保管不仅指物品的储藏，而是对其实行物理性管理，并维持物品的价值。仓库和货架是物流系统的基础设施，是保管、存储物品的建筑物和场所，全自动立体仓库是现代物流仓储系统发展方向。保管的基本技术包括温湿度控制、防锈除锈、防霉变、防虫害等，具有很强的作业规范性。

（3）配送是现代物流的一个缩影，具有货物组配和送货的双重功能，其内容包括进货、储存、分拣、配货、分放、配装、送货等基本环节。物流配送中心是专门从事货物配送工作的物流组织和结点，是以货物代理和配送为主要职能，集商流、物流、资金流、信息流为一体的现代综合物资流通组织。

（4）装卸搬运是衔接性的活动，在任何其他物流活动互相过渡时，都是以装卸搬运来衔接。按所用机械及机械作业方式分类，装卸搬运可分成使用吊车的“吊上吊下”方式、使用叉车的“叉上叉下”方式、使用半挂车或叉车的“滚上滚下”方式、“移上移下”方式及散装散卸方式等。

（5）包装是包装物与包装操作的总称，具有保护物品、方便流通、刺激消费以及传递信息的作用。包装的轻薄化、单纯化、单元化和标准化、机械化与自动化以及注意与其他环节的配合是现代包装合理化发展的趋势。

（6）流通加工是不同于生产加工的一项物流功能，起到保存产品、满足消费者多样化的需求、回避流通阶段的商业风险、提高产品利用率和提高物流效率的作用。其主要包括钢板剪板、集中开木下料、组装加工、配煤加工、冷冻加工、精制加工、分选加工、分装加工等几种类型。

自测题

一、选择题

1. 下列运输方式中，适用于长途货运、体积小、价值高、时间性强的物资的是(　　)。

A. 陆路运输　　B. 水路运输　　C. 航空运输　　D. 管道运输

2. 在下列运输方式中，能够实现“门到门”运输的是（　　）。

A. 铁路运输　　B. 公路运输　　C. 水路运输　　D. 航空运输

3. 下列不属于包装的目的和意义的是（　　）。

A. 价值增值　　B. 保护产品　　C. 便于储运　　D. 促进销售

4. 下列不属于配送特点的是（　　）。

A. 配送是从物流据点至用户的一种送货形式

B. 配送是在全面配货的基础上，完全按用户要求进行的运送，是配与送的有机结合

C. 配送是一种门到门的服务

D. 配送一般是干线运输或直达运输，批量大，品种单一

5. 在对配送的分类中，下列不属于同一种分类方式下的分类是（　　）。

A. 企业内部配送　　B. 企业之间的配送

C. 企业共同配送　　D. 企业对消费者的配送

二、判断题

1. 在铁路、公路、水运、航空等运输方式中，一般来说，我国货运量最大的是铁路。（　　）

2. 运输和配送长期以来被看成物流活动的两大支柱。（　　）

3. 仓储的目的是克服产品生产与消费在时间上的差异，使物资产生时间效果，实现其使用价值。（　　）

4. 装卸搬运过程中，活性化越高越好。（　　）

5. 包装可以看成生产的终点，同时也是流通的起点。（　　）

6. 按包装功能分类可以把包装分为工业包装和商业包装。（　　）

7. 仓库是主要从事配送业务的物流节点。（　　）

8. 配送中心有两种：一种有存储功能，另种仅有配送功能。（　　）

9. 在配装货物时，既要考虑车辆的载重，又要考虑车辆的容积，使之能得到有效利用。（　　）

三、简答题

1. 简述运输的主要作用。

2. 简述保管的主要作业规范。

3. 配送的主要功能有哪些？

4. 按装卸搬运的机械及机械作业方式分类，装卸搬运有哪几类？

5. 流通加工和生产加工的区别有哪些？

四、案例分析

Z 老师的当当网购书经历

网上购书，是 Z 老师经常性的网上购物活动。当当网的高折扣、货到付款、免运费以及较快的物流配送速度，是 Z 老师钟爱在当当网上购书的主要原因。

2017 年 2 月 10 日，Z 老师在当当网下订单购买了 5 本书。根据库存情况，当当网自动分配其中 3 本书由 Z 老师所在的广州仓配送，而另外 2 本书则由北京仓移仓后一起配送（见表2-8）。

表 2-8 当当网购书及配送情况一

处理时间	处理信息
2017-02-10 13：12：24	提交订单
2017-02-10 14：12：06	订单审核通过
2017-02-11 12：50：19	从北京移仓
2017-02-15 11：03：18	抵达广州开始配货
2017-02-15 17：22：15	广州仓库 订单已通过扫描确认
2017-02-15 17：56：14	广州仓库 包裹已出库
2017-02-15 17：57：30	广州仓库 包裹发往【桂林天通】途中
2017-02-17 09：21：30	桂林天通 包裹已入库
2017-02-18 08：52：11	配送员已从站点出发，请您准备收货
2017-02-18 10：36：16	配送成功

这次购书，Z 老师下单后 8 天才收到书，大大出乎意料。

2017 年 3 月 12 日，Z 老师又到当当网上帮朋友购买了一批书，共计 16 本书，购买时发现，有两本书是朋友所在的武汉仓缺货的。有了上一次的经历，Z 老师决定把 16 本书分为 2 个独立的订单，即武汉仓有货的 13 本图书为一个订单，而武汉仓缺货的另外 2 本作为一个订单由北京仓发货（见表 2-9、表 2-10）。

表 2-9 当当网购书及配送情况二

处理时间	处理信息
2017-03-12 19：08：58	提交订单
2017-03-12 20：06：34	订单审核通过
2017-03-13 10：58：18	武汉仓库 订单已通过扫描确认
2017-03-13 18：12：38	武汉仓库 包裹已出库
2017-03-13 18：13：40	武汉仓库 包裹发往【长沙创一】途中
2017-03-14 17：30：13	长沙创一 包裹已入库
2017-03-14 17：31：05	长沙创一 包裹已出库
2017-03-14 17：32：33	湖南创一-长沙站 包裹已出库
2017-03-14 17：32：40	湖南创一-长沙站 包裹发往【changsha1】途中
2017-03-15 17：54：45	changsha1 包裹已入库
2017-03-15 17：55：04	配送员已从站点出发，请您准备收货
2017-03-16 09：34：15	配送成功

表 2-10 当当网购书及配送情况三

处理时间	处理信息
2017-03-12 19：17：34	提交订单
2017-03-12 20：18：10	订单审核通过
2017-03-13 18：48：13	北京仓库 订单已通过扫描确认
2017-03-13 19：46：38	北京仓库 包裹已出库
2017-03-13 19：47：46	北京仓库 包裹发往【湖南潇湘晨报】途中
2017-03-15 16：29：41	湖南潇湘晨报 包裹已入库
2017-03-16 11：07：58	配送员已从站点出发，请您准备收货
2017-03-16 16：58：07	配送成功

这次分单虽然使 Z 老师损失了极小的折扣，但大大提升了物流配送的速度。

思考：

1. 为什么 Z 老师两次购书物流配送速度存在差异？
2. Z 老师网上购书的图书配送过程涉及哪些物流功能？请以表 2-8 中的情况加以说明。
3. 据你所知，我国主要的几个网上书店的物流配送模式有哪几种？请进行比较。

实践与训练2

实训 2.1：物流运输方式的比较与选择

【实训目标】

1. 培养学生对各种运输方式特点及其适用性的认识。
2. 培养学生针对实际物流运输业务的分析能力。
3. 培养学生物流运输方式选择的能力。

【实训内容与要求】

模拟物流公司在不同的城市之间承担物流业务时的运输方式和线路规划。

1. 调查并了解本公司所承担的业务城市之间可用的运输方式。
2. 分析各种运输方式的特点、可能的合作伙伴（如果运输业务需要外包的话）。
3. 分析所承担业务对物流配送的时间、速度的要求有何差异。
4. 根据前述情况，分析不同运输方式的成本、收益、客户满意度，进行技术经济评价。
5. 画出所承担物流业务的运输规划示意图。

【成果与检测】

1. 提交可用运输方式的特点、合作伙伴（如果运输业务需要外包的话）分析表。
2. 提交不同运输方式的技术经济分析表。
3. 提交所承担物流业务的运输规划示意图。
4. 教师评估。

第3章　物流信息

知识目标

- 掌握物流信息的概念、特征及作用。
- 掌握物流信息系统的概念、特征及性能。
- 体会企业构建物流信息系统的必要性。
- 掌握常用物流信息技术的概念及应用。

导入案例

UPS 的物流技术与物流服务

联合包裹服务公司（United Parcel Service，UPS）是世界上最大的空中和地面包裹递送。1907 年初建时，UPS 只是厕所大小的一间地下办公室，两个来自西雅图的少年 Jim Casey 和 Claude Ryan 只有两辆自行车和一部电话，当时他们曾承诺“最好的服务，最低的价格”。目前，UPS 成功地运用这个信条已超 100 年。

今天 UPS 仍然兑现那个承诺，它每年向美国各地和 185 个以上的国家和地区递送的包裹文件几乎达到 30 亿件。

UPS 不仅胜过传统包裹递送方式，并且可以和联邦特快专递的“不过夜”递送生意抗衡。

UPS 之所以成功的关键是其投资于先进的信息技术。1992~1996 年，UPS 投入信息技术的资金约 1.8 亿美元，这使公司在全世界市场处于领导地位。信息技术帮助其在低价位和改进全部运作的同时，促进了对客户的服务。

由于使用了一种叫发货信息获取装置（DIAD）的手持计算机，UPS 的司机们可以自动获得有关客户签名、运货汽车、包裹发送和时间表等信息。然后司机把 DIAD 接入卡车车用接口，即一个连接在移动电话网上的信息传送装置。接着包裹跟踪信息被传送到计算机网络上，在公司位于新泽西州的主计算机上进行存储和处理。在那里信息可以通达世界各地，向客户提供包裹发送的证明。这个系统也可以为客户的查询提供信息。

依靠“全程监督”即公司的自动化包裹跟踪系统，UPS 能够监控整个发送过程中的包裹。从发送到接收路线的各个点上，有一个条形码装置扫描包裹标签上的货运信息，然后信息被输入中心计算机中。客户服务代理人能够在与中心机相连的台式计算机上检查任何包裹的情况，并且能够对客户的任何查询立刻作出反应。UPS 的客户也可以使用公司提供的专门的包裹跟踪软件来直接从他们自己的计算机上获得这种信息。

UPS 的商品快递系统建于 1991 年，为客户储存产品并一夜之间把它们发送到客户所要求的任何目的地。使用这种服务的客户能够在凌晨 1：00 以前把电子货运单传送给 UPS，并且要求在当天上午 10 : 30 货物的运送就应完成。

1988 年，UPS 积极进军海外市场，建立自己的全球通信网络——联合包裹服务网。该网作为全球业务的信息处理通道，通过提供有关收费及送达确认、跟踪国际包裹递送和迅速处理海关通关信息的访问，拓展了公司的全球能力。UPS 使用自己的电信网络把每个托运货物的文件在托运的货物到达之前直接输送到海关，海关让托运的货物过关或者标上检查标记。

UPS 正在增强其信息系统的能力，以便能保证某件包裹或若干包裹按规定的时间到达其目的地。如果客户提出要求，UPS 将会在送达之前拦截包裹，并派人将其送回或更改送货路线。而且，UPS 还可以使用它的系统直接在客户之间传送电子书信。

（邢喜荣等主编：《管理信息系统》，国防工业出版社 2016 年版，第 236~237 页。有改动）

阅读提示

学习本章后，体会企业构建物流信息系统的必要性，并能举出 3 个以上先进的物流信息技术。

3.1 物流信息概述

从现代管理思想与理念以及全球经济的要求来看，一个有核心竞争力的企业必须实施信息系统。物流信息系统（Logistic Information System，LIS）作为企业信息系统中的一类，可以理解为通过对与物流相关信息的加工处理来达到对物流、资金流的有效控制和管理，并为企业提供信息分析和决策支持的人机系统。它具有实时化、网络化、系统化、规模化、专业化、集成化、智能化等特点。物流信息系统以物流信息传递的标准化和实时化、存储的数字化、物流信息处理的计算机化等为基本内容。

成功的实例表明，物流信息系统的应用可为传统的运输企业带来实效：降低空载率；提高在途车辆的监控能力，有效保障货物安全；网上货运信息发布及网上下单，增加商业机会；无时空限制的客户查询功能，有效地满足客户对货物在运情况的跟踪监控，提高业务量；对各种资源的合理综合利用，降低运营成本。对传统仓储企业带来的实效表现在：提高配送能力和发货准确率，减少库存和短缺损耗；可降低劳动力成本，提高仓库空间利用率，提高生产力。中国宝供物流企业集团公司正是因为信息技术的应用，在物流业率先引进和使用了先进的物流信息系统，使其将“为客户提供优质高效的服务”的愿望变成了现实，具有了竞争优势。

3.1.1 物流信息的概念

物流信息是指与物流活动（如运输、仓储、装卸、搬运、包装、流通加工和配送等）有关的信息。物流信息的产生与物流活动的开展密不可分。由于物流系统是涉及社会经济生活各个方面的错综复杂的大系统，关系到原材料供应商、生产制造商、批发商、零售商、最终消费者及市场流通的全过程。因此，物流信息数量巨大，类型繁多。

物流信息包含的内容可以从狭义和广义两方面来考察。

1. 狭义的物流信息

从狭义范围来看，物流信息是指与物流活动（如运输、保管、包装、装卸、流通加工等）有关的信息。在物流活动的管理与决策中，运输管理、库存管理、订单管理、仓库作业管理等物流活动都需要物流信息的支持保证。如运输工具的选择、运输路线的确定、每次运送批量的确定、在途货物的跟踪、仓库库存的有效利用、最佳库存数量的确定、订单管理、如何提高顾客服务水平等，都需要详细和准确的物流信息。

2. 广义的物流信息

从广义的范围来看，物流信息不仅指与物流活动有关的信息，而且包括与其他流通活动有关的信息，如商品交易信息和市场信息等等。在现代经营管理活动中，由于物流信息与商品交易信息和市场信息相互交融、密切联系，所以广义的物流信息还包括与其他流通活动有关的信息。广义的物流信息不仅能起到连接整合生产厂家、经过批发商和零售商最后到消费者的整个供应链作用，而且在应用现代信息技术的基础上能实现整个供应链活动的高效运转，对供应链各个企业的计划、协调、顾客服务和控制活动进行有效管理。

3.1.2 物流信息的分类

1. 按物流信息的来源分类

根据物流信息的来源，物流信息分为物流系统内信息和物流系统外信息两个方面。

（1）物流系统内信息

物流系统内信息是指伴随着物流活动而发生的信息，包括交通运输信息、仓储信息、装卸搬运信息、包装信息、流通加工信息和配送信息。例如，交通运输信息就包括铁路、公路、水运、航空、管道等各种运输基础设施的建设进度、网络疏密、利用状况、畅通程度、收费标准、质量等级、营运能力、管理水平，以及火车、卡车、轮船、飞机等各种运输工具相互转换的难易度、物流结点的作业效率等。物流是一个系统工程，强调系统的整体性和协调性。所以，运输、保管、装卸搬运及包装等各个环节的协调运转。除了管理因素外，信息传递的及时性和顺畅程度也有着重要影响。各个物流环节信息的整合和系统化筛选是十分重要的。每个环节的信息都不能间断，否则物流系统的整体优势就会受到影响，甚至失去了物流本身存在的意义。

（2）物流系统外信息

物流系统外信息是指在物流活动以外发生的，但提供给物流活动使用的信息，包括商流信息、资金流信息、生产信息、消费信息，以及国内外政治、经济、文化等信息。例如，零售商根据对消费者需求的预测以及库存状况制定订货计划，向批发商或直接向生产厂家发出订货信息。批发商在接到零售商的订货信息后，在确认现有库存水平能满足订单要求的基础上，向物流部门发出发货配送信息。如果发现现有的库存水平不能满足订单的要求，则马上向生产厂家发出订单。生产厂家在接到订单之后，如果发现其现有库存不能满足订单要求，则马上组织生产，按订单上的数量和时间要求向物流部门发出发货配送信息。

2. 按物流的功能分类

根据物流的功能，物流信息分为计划信息、控制及作业信息、统计信息和支持信息等。

（1）计划信息

计划信息是指尚未实现但已当作目标确认的一类信息，如物流量计划、仓库吞吐量计划、车皮计划、与物流活动有关的国民经济计划、工农业产品产量计划等。掌握了计划信息，便可对物流活动本身进行战略思考，这对物流活动有着非常重要的战略意义。

(2) 控制及作业信息

控制及作业信息是指在物流活动过程中发生的信息，如库存种类、库存量、在运量、运输工具状况、物价、运费、投资在建情况、港口船舶的贸易货物到发情况等。掌握了控制及作业信息，可以控制和调整正在发生的物流活动和指导下一次即将发生的物流活动，以实现对过程的控制和对业务活动的微调。

(3) 统计信息

统计信息是指物流活动结束后，对整个物流活动的一种总结性、归纳性的信息，如上一年度或月度发生的物流量、物流种类、运输方式、运输工具使用量、仓储量、装卸量，以及与物流有关的工农业产品产量、内外贸易量等。掌握了统计信息，可以正确掌握过去的物流活动及规律，以指导物流战略发展和制定计划。

(4) 支持信息

支持信息是指对物流计划、业务、操作有影响的文化、科技、产品、法律、教育等方面的信息，如物流技术革新、物流人才需求等信息。这种信息不仅对物流战略发展具有价值，而且对控制、操作物流业务也能起到指导和启发的作用。

3. 按管理层次分类

根据管理层次，物流信息分为操作管理信息、知识管理信息、战术管理信息和战略管理信息。

(1) 操作管理信息

操作管理信息产生于操作管理层，反映和控制企业的日常生产和经营工作，如每天的产品质量指标、用户订货合同、供应厂商原材料信息等。

(2) 知识管理信息

知识管理信息是知识管理部门相关人员对企业自己的知识进行收集、分类、存储和查询，并进行知识分析得到的信息。例如，专家决策知识、物流企业相关业务知识、工人的技术和经验形成的知识信息等。

(3) 战术管理信息

战术管理信息是部门负责人制定局部和中期决策所涉及的信息。例如，月销售计划完成情况、单位产品的制造成本、库存费用和市场商情信息等。

(4) 战略管理信息

战略管理信息是企业高层管理决策者制定企业年经营目标、企业战略决策所需要的信息。例如，企业全年经营业绩综合报表、消费者收入动向和市场动态、国家有关政策法规等。

3.1.3 物流信息的特征

拓展案例

中海：完善的物流信息化系统

在中海物流分管营销和信息化业务的总经理助理肖国梁看来，中海物流能在与中远物流、中外运、招商局、宝供物流等公司的激烈角逐中脱颖而出，很大程度上是缘于先人一步建立了比较完善的信息化系统。

转型：实现三级管理

中海集团与中远集团、中外运被称为中国航运市场的三巨头，在集装箱运量取得突飞猛进的2002年，中海物流应运而生。按照中海集团的发展规划，物流业是发展重点和支柱性产业，并形成了以航运为核心，船代、货代、仓储堆场、集卡、驳船、空运、海铁联运等业务并举的大物流发展框架。

肖国梁介绍说，调整后的中海物流采用三级管理的业务模式，总部管片区、片区管口岸。总部代表集团领导、管理、计划、协调中海的物流业务，加强对整个物流业务的总成本的控制，建立物流供应链；片区公司在总部的领导和管理下，经营各所属片区的配送业务、仓储业务、车队业务、揽货业务等，建立所属各地区的销售网点以及对该地区的成本控制；口岸公司在片区公司的管理下，进行揽货、配送的具体业务操作，并负责业务数据采集。

而要实现这一点，没有强大的信息系统支撑是不可能的。中海物流总经理茅士家在公司成立初期就指出，要做一流的物流企业首先要有一流的IT。为实施集团制定的“大物流”战略，中海物流最终选择了招商迪辰为软件供应商。

模式：“一个心脏跳动”

虽说招商迪辰是首家在国内将地理信息（GIS）、卫星定位（GPS）、无线通信（Wireless）与互联网技术（WEB）集成一体，应用于物流、交通和供应链管理领域的软件供应商。但为中海物流这样规模的企业建立全国性的物流信息化系统，在国内并无先例可循。招商迪辰上海公司总经理曾辉军说：“现在不是一个点上看单个物流系统，而是要在整个物流网络的高度，从供应链衔接的角度设计整套系统。”

经过反复论证，双方一致认定，要在全国范围内应用一套企业级集成的系统，能实现信息的共享与交换，并保持数据的一致。曾辉军介绍说，该系统的核心就是以市场需求为驱动，以计划调度为核心，使物流各环节协同运作。它需要集成管理企业的计划、指标、报表、结算等，可层层细化与监控，并有统一的企业单证、报表、台账格式，而且有良好的扩展性和开放结构。而更为关键的是，系统建成后应当是一套面向订单流的信息系统，从接受客户委托订单开始，到订单管理、围绕订单制定物流方案、落实相关运力或仓储等物流资源、调度，直至物流作业、质量监控等环节，都要有一个平滑共享的信息流。

曾辉军坦言，软件项目最大的困难在于业务变更。中海物流的业务繁杂、需求众多且不断变化，信息系统也必须随之改进。他清楚地记得，项目开始时做调研主要是为了海运业务，关注的主要是货物从这个港拖到那个港，真正涉及的项目物流非常少，在经过战略转型后，中海物流已经将海运、货代业务剥离出去，专做第三方物流。

“一个心脏跳动”，曾辉军用了一个形象的比喻来描述中海现有的业务模式。他解释说：“中海物流集团总部是一个利润中心，底下八大片区视为成本中心，资源统一调配，全国一盘棋。现在拿到第三方物流单子，多少货发到什么城市、什么仓库，完全由中海物流自己来决策。仓储资源、运输资源、人力资源统一调配。当前中海物流完全按这种模式运作，第三方物流强调一个心脏跳动，集中式管理，集中式调度，统一核算，客户进来不是面对你单个分公司，而是面对你整个物流体系，整个体系通过一套信息系统协同作业。”

令肖国梁自豪的是，目前国内还没有同类物流企业能够做到这一点。

海信：初战告捷

从某种意义上来说，中海之所以要做战略调整，就是因为签了海信这样的项目物流大单。2002年年底，海信电器进行首次第三方物流的招标，中海物流在经过为期一个月的投标、调研、实施方案制定后，凭借着“中海”的强势品牌和完善的物流方案，一举击败国内数家知名物流企业，中标海信电器股份电视机产品的全国配送物流服务项目。

肖国梁不无得意地说：“我们之所以能拿下海信将近 45% 份额，超过中远、中外运，关键就是 IT 系统。目前这套系统全部无纸化操作，海信所有的客户需求，发送到当地销售公司，再到总部的销售中心，再转到总部的物流部，接着到我们的物流中心，继而到我们的操作点，整个过程可以说是全部无纸化，实现无缝连接。从他们的系统到我们的系统，整个过程是非常完美的。我们给海信的承诺是 2 小时，但实际上最快只需几分钟，而过去从客户指令发出到我们单子打出来，都是传真操作，几个来回半天时间就过去了。”

与此同时，招商迪辰作为中海物流的战略伙伴，也不时出现在中海的客户那里，为他们打单完成 IT 部分的“亲密接触”。而招商迪辰，又不失时机地将中海物流请到一些物流信息化的研讨会上“现身说法”。于是，一个有趣的现象出现了，就是很多客户选择中海物流做第三方物流供应商，又选择招商迪辰做物流系统供应商，比如健力宝、椰树集团。

扩张：以柔克刚

海信项目的成功运作增强了中海人的信心，目前中海物流正尝试以一流的网络服务和先进的电子商务为手段，积极发展国内、国外物流合作，整合社会资源，构筑供应链一体化经营模式。

肖国梁介绍说，随着信息系统应用的不断深入，中海将逐步向客户提供通过 Internet 订单操作、货物追踪以及其他个性化的增值服务，并能根据 VIP 客户的需要，建立和客户自身管理系统的电子数据交换系统，确保信息交换的及时性和准确性。

业务扩张带来的是对系统柔性要求越来越强，由物流层面提升到供应链层面，成为客户业务模式的一部分。曾辉军说：“这当然需要优化，其中包括物流运输的优化、仓储的优化、人力的优化。系统最高层面的信息库，更要上升到决策分析层面，通过数据比较我做什么类型的货物配送最赚钱，做什么样的货物是合理的，单车利润率、仓储周转率等等数据，都要成为决策层参考的重要依据。”

肖国梁也认为中海目前应用的系统具备了较好的柔性，整套系统通用性比较强，饮料类企业能使用，家电类企业也能使用，系统的平台能力很强，只不过要和客户系统搭一座桥接起来。

应当说，中海物流的系统到现在来说还并不是一个非常完整的系统，从开发至今，已经有仓储管理系统、运输系统、集卡管理系统、GPS 跟踪系统等陆续投入使用。肖国梁透露说，目前中海物流的 IT 项目已经投入 2000 多万元，接下来还会源源不断地投入，近期要开发的有集团总部管理模块、集装箱运作模块、财务商务增强性模块、自动配载系统等等。就在前不久，中海物流新开发的 GPS 系统已经在全国投入运营。

物流企业信息系统的开发不是一朝一夕的，要立足长远，就中海而言，整个过程是相当痛苦的，我们的需求在改变，开发商也要跟着改变。大的物流企业必须开发自己的信息系统，而规模稍小的公司，可以采用租赁的形式，例如租用 GPS 系统或者可以跟大物流公司合作。物流企业实施信息化应该根据自己的资金实力、开发商的能力等具体情况，一步步地走。选择物流开发商的过程尤为重要，千万不要选择资金实力小、人员流动频繁的公司。

（《中海：完善的物流信息化系统》，2013 年 8 月 5 日，https：//www. docin. com/p-685678252. html。有改动）

1. 信息量大

物流信息随着物流活动及商品交易活动展开而大量产生。多品种少批量生产和多频度小数量配送使库存、运输等物流活动的信息大量增加。零售商广泛使用销售时点系统（POS）读取销售时点的商品品种、价格、数量等即时销售信息，并对这些销售信息加工整理，通过电子数据自动交换（EDI）向相关企业传递。同时为了使库存补充作业合理化，许多企业采用电子自动订货系统（EOS）。随着企业间合作倾向的增强和信息技术的发展，物流信息的信息量在今后将会越来越大。

2. 更新快

物流信息的更新速度快、多品种少批量生产、多频度小数量配送与利用 POS 系统的即时销售使得各种作业活动频繁发生，从而要求物流信息不断更新，而且更新的速度越来越快。

3. 来源多样化

物流信息不仅包括企业内部的物流信息，而且包括企业间的物流信息和与物流活动有关的基础设施的信息。企业竞争优势的获得需要供应链各参与企业之间相互协调合作。协调合作的手段之一是信息即时交换和共享。许多企业把物流信息标准化和格式化，利用 EDI 在相关企业间进行传送，实现信息分享。

3.1.4 物流信息的作用

物流信息是伴随着物流活动的发生而产生的，贯穿于物流活动的整个过程中，在物流活动中起着中枢神经系统的作用。它不仅对物流活动具有支持保证的作用，而且具有连接整合物流系统活动效率化的作用。正是由于物流信息具有这些作用，使得物流信息在现代企业经营战略中占有越来越重要的地位。建立物流信息系统，提供迅速、准确、及时、全面的物流信息是现代企业获得竞争优势的必要条件。物流信息的作用具体表现在以下几个方面：

1. 物流信息有助于物流活动各环节之间的相互衔接

物流活动是一个系统工程，采购、运输、库存以及销售等物流活动在企业内部互相作用，形成一个有机的整体系统。物流系统内各子系统的相互衔接是通过信息相互沟通的，而且系统内基本资源的调度也是通过信息的传递来实现的。只有通过物流信息的指导，才能保证物流各项活动运转：物流系统也不再是各个独立活动的组合，而是有机的联系和密切的组合。例如，企业在接收到商品的订货信息后，要检查商品库存中是否存在商品，如果有，就可以发出配送指示信息，通知配送部门进行配送活动；如果没有库存，则发出采购或生产信息，通知采购部门进行采购活动，或由生产部门安排生产，以满足顾客需要。配送部门得到配送指示信息之后，就会按照配送指示信息的要求对商品进行个性化包装，并反馈包装完成信息；物流配送部门则开始设计运输方案，进而产生运输指示信息，对商品实施运输；在商品运输的前后，配送中心还会发出装卸指示信息，指导商品的装卸过程；当商品成功运到顾客手中之后，还要传递配送成功的信息（如图 3-1 所示）。因此，物流信息的传送连接着物流活动的各个环节，并指导各环节的工作，起着桥梁和纽带的作用。

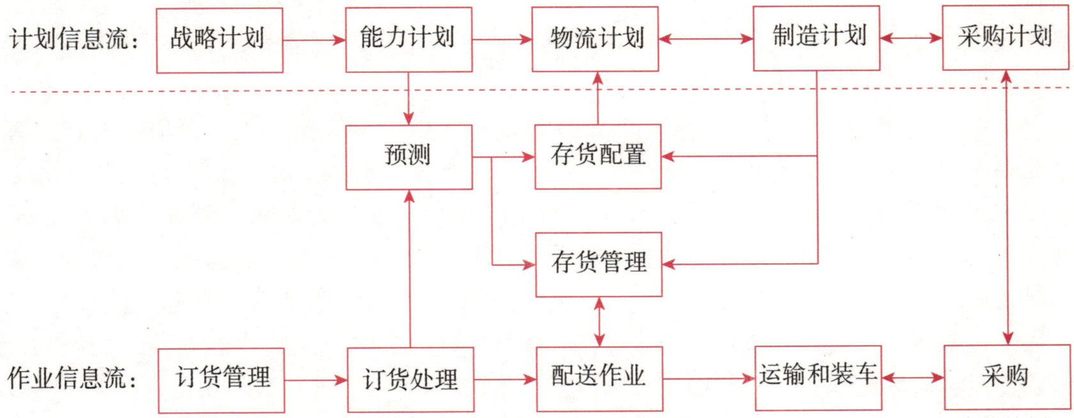

图3-1 物流业务信息流程图

2. 物流信息有助于物流活动各环节之间的协调与控制

要合理组织物流活动（即根据总目标的需要，适时、适量调度系统内的基本资源，使各个子系统相互协调），必须依赖物流系统中物流信息的沟通，只有通过高效的信息传递和反馈才能实现整个系统的合理有效运行。在整个物流活动过程中，每个活动环节都会产生大量的物流信息，而物流系统通过合理应用现代信息技术，对这些信息进行挖掘和分析，得到每个环节后下一步活动的指示性信息，从而对各个环节的活动进行协调与控制。例如，根据客户订购信息和库存反馈信息安排采购或生产计划，根据出库信息安排配送或货源补充等等。因此，利用物流信息能够有效地支持和保证物流活动的顺利进行。

3. 物流信息有助于物流管理和决策水平的提高

物流系统产生的效益来自于整体物流服务水平的提高和物流成本的下降，有效的物流管理可以提高客户服务水平，而物流服务水平的提高与畅通的物流信息在物流过程中的协调作用是密不可分的。物流管理需要大量准确、及时的信息和用以协调物流系统运作的反馈信息，任何信息的遗漏和错误都将直接影响物流系统运转的效率和效果，进而影响企业的经济效益。

拓展案例

华联超市的物流技术

华联超市自成立以来，以连锁经营为特征，以开拓全国市场为目标，不断提高集约化水平和自我滚动发展的扩张能力。华联超市多年来的实践证明，运用信息技术来重组和提升超市的供应链管理，是连锁经营的核心战略，也是支撑连锁超市超常规发展的重要条件。

近年来，华联超市开发并建设了庞大的计算机网络系统。公司总部的计算机中心与各分公司、配送中心通过专线实时联网，与800家门店通过拨号联网，实现企业型联机事务处理。

（1）门店实现了计算机联网，使公司的大量业务指令（如促销活动、调价信息、产品介绍、退调通知等）都可通过企业网络及时传输到门店。

（2）华联与供应商实施了EDI自动补货系统，即在电脑系统中设置最低库存量等指标，并按商品类别或采购员统计商品的周转期。这样，当某类商品达到最低库存水平时，供应商就会自动为华联补货。

（3）配送中心全面采用计算机管理，华联超市在上海、南京和北京共建成了5座现代化的配送中心。其中，上海新建的占地 2.8 万平方米的桃浦配送中心全面采用了计算机管理，并应用先进的无线网技术实现了无纸化收货验货、拣货理货、仓储保管盘点等业务，成为上海乃至全国最先进的配送中心。

(4) 华联超市在建设现代化配送中心的同时，还积极推广使用物流条码，在出入库管理、库存盘点、商品零售等环节广泛使用物流条码，使整个超市的运作一目了然。

(5) 科学辅助决策。为了辅助总经理、部门经理和店长进行决策，指导业务人员作业，计算机还提供了大量的业务分析功能，如按月、按日、按门店、按供应商统计“销售业绩”，分析配送中心的“出货情况”，根据业务员的需要编制“统计分析报表”等。

迄今，华联超市已经成功地利用信息技术重组了自己的业务流程，减少了不必要的环节，加快了总部、配送中心、门店和供应商之间的信息流动。

(《华联超市的物流信息技术》，2014 年 4 月 16 日，https://www.docin.com/p-794631944.html。有改动)

思考：

华联超市应用了哪些物流技术？对于上述物流技术，你了解哪些？

☞课堂互动

2016 年 5 月 31 日至 6 月 3 日，两年一度的汉诺威国际物流展览会（CeMAT2016）在德国汉诺威市隆重举行。CeMAT2016 关注的重点在于物流系统 IT 和智能化，指出未来物流技术发展的主要趋势是“智能的、联通的、高柔性的、透明的、快速的和有效的”。

请据此讨论分析上述物流技术合理配置的原则是否体现了这些趋势。

3.2 物流信息技术及其应用

☞课堂互动

呼吸系统、消化系统、神经系统……

计算机系统、子系统、网络系统、数据库系统……

生产系统、销售系统、信息系统……

系统忙，无法进入，请稍等……

你还在哪里听到过“系统”这个词？你是如何理解“系统”的？

3.2.1 条码技术

条形码系统是现代物流系统中基础信息系统的重要组成部分。条形码作为一种及时、准确、可靠、经济的数据输入手段已被物流信息系统所采用，在工业发达国家已经普及应用，成为商品独有的世界通用的“身份证”，并且其应用领域还在不断扩大。由于条码技术具有快速、准确，成本低廉，易于实现，并有全球通用的标准等特点，在信息（数据）采集中能发挥优势。无论在商品的入库、出库、上架还是和顾客结算的过程，都要面对如何将数量巨大的商品（不论是整包包装还是拆封后单个零售）信息输入计算机中的问题。采用了条码技术，利用条码阅读器，就可以高速、准确、及时地掌握商品的品种（货号）、数量、单价、生产厂家、出厂日期等信息。这样不仅提高了效率，同时也吸引了更多的顾客，减少或消除了顾客购货后结算和付款时出现拥挤排队现象，能适应物流大量化和高速化要求。

1. 条形码的概念

条形码是用一组数字来表示商品的信息。条形码系统包括条形码的编码技术、条形码符号码设计技术、快速识别技术和计算机管理技术的系统组合，是实现计算机管理和电子数据交换不可缺少的开端技术。其按使用方式分为直接印刷在商品包装上的条形码和印刷在商品标签上的条形码，按使用目的分为商品条形码和物流条形码。

条形码系统的主要应用领域，有以下几方面：

(1) 库存管理

通过对条形码的识别，掌握入库、出库、库存数量、库内位置的信息，以支持库存管理和库内作业。

(2) 重点管理

根据条形码信息，可以通过相关软件自动生成 ABC 的分类，从而支持了重点管理。

(3) 配送

在配送工作时，根据条形码所提供信息，进行拣选或分货，实现配货作业。

(4) 电子数据交换

作为电子数据交换系统的基础数据。

(5) 供应链管理

通过条形码识别，掌握货物在途情况，通过条形码所传递的信息，进行统计、结算、分析等管理活动。

2. 条形码的构成

条码是由一组按特定规则排列的条、空及其对应字符组成的表示一定信息的符号。目前，较常用的码制有 EAN 条码、UPC 条码、二五条码、交叉二五条码、库德巴条码、三九条码、128 条码等。条形码由一组黑白相间、粗细不同的条状符号组成，其中隐含着数字信息、字母信息、标志信息、符号信息，主要用以表示对象物（商店销售的商品、进入物流领域的货物）的名称、产地、价格、类别等。

条形码系统是全世界通用的商品代码表示方法。条形码的结构是由若干个黑色的“条”和白色的“空”所组成合成的一个单元（如图 3-2 所示）。这个条形码单元中，黑色条对光线的反射率低而白色空对光线的反射率高，再加上条与空格宽度不同，就能使扫描光线产生不同的反射接收效果，在光电转换设备上转换成不同的电脉冲，这些电脉冲就是信息，电脉冲通过网络就可以将其含有的信息进行传输。

6 901234 567892

条形码实例

条形码扫描仪

图 3-2 条形码与条形码扫描仪

3. 条形码系统的作用

（1）物流信息系统的基础

条形码所包含的是信息数据，是系统中物流对象的一部简要说明书，通过条码单元将大量信息集约起来，就能使信息的采集和录入工作电子化。依靠这个系统，企业构筑了物流信息系统的开端。

（2）整个物流过程中的信息源

条形码在整个营销系统中，不管它处在什么位置都可以通过专用的条形码读取设备，掌握它的运动节奏。在现代物流系统中，这是构筑 EDI 系统、供应链系统的一个重要组成部分，通过它可以随时掌握物流对象的位置状况和相关管理状况。

（3）沟通国际物流

条形码是一种国际通用语言，通过对条形码识别，可以进行国际的沟通。现代物流系统的国际化趋势，通过条形码系统进行这种国际间的沟通，就省却了在不同国家语言文字的转换问题，有力地支持了物流的国际化。

4. 商品条形码和物流条形码

商品条码是用于标识国际通用的商品代码的一种模块组合型条码，分为标准版商品条码（13 位）和缩短版商品条码（8 位）。商品条形码是以直接向消费者销售的商品为对象、以单个商品为单位使用的条形码。我国的商品条形码采用国际标准的条形码为通用商品条形码，它由 13 位数字组成，最前面的两个数字表示国家或地区的代码，中国的代码是 69，接着的 5 个数字表示生产厂家的代码，其后的 5 个数字表示商品品种的代码，最后的 1 个数字用来防止机器发生误读错误。

物流条形码是物流过程中的以商品对象、以集合包装商品为单位使用的条形码。标准物流条形码由 14 位数字组成，除了第 1 位数字表示物流的识别代码之外，其余 13 位数字代表的意思与商品条形码相同。此外物流条形码有另外一些类型，例如交叉二五码及贸易单元 128 条形码等等。商品条形码和物流条形码的区别如表 3-1 所示。

表 3-1　商品条形码和物流条形码的区别

	应用对象	数字构成	包装形状	应用领域
商品条形码	向消费者销售的商品	13 位数字	单个商品包装	POS 系统、补充订货管理
物流条形码	物流过程中的商品	14 位数字	集合包装	出入库管理、运输、保管、分拣管理

条形码是有关生产厂家、批发商、零售商、运输业者等经济主体进行订货和接受订货、销售、运输、保管、出入库检验等活动的信息源。由于在活动发生时点能即时自动读取信息，因此便于及时捕捉到消费者的需要，提高商品销售效果，也有利于促进物流系统提高效率。另外，条形码与其他商品信息识别的方法如光学文字识别 OCR（Optical Character Recognition）、光学记号读取 OMR（Optical Mark Reader）比较具有印刷成本低和读取精度高的优点。

5. 复合码

为了加强对物流商品的单品管理，提高物流管理中商品信息自动采集的效率，国际物品编码协会（EAN International）和美国统一代码委员会（UCC）于 1999 年初联合推出了一种全新的适于各个行业应用的物流条码标准——复合码（CS）。复合码是将一维条码与二维条码有机地叠加在一起，以实现在读取商品的单品识别信息的同时，还能够获取更多描述商品物流特征的信息。复合码作为一种新的条码体制，很好地保持了国际物品编码体系（EAN/UCC系统）的完整性及兼容性。复合码主要用于物流及仓储管理，其作用在于：一是单品标识，二是作为二维条码的定位符用于成像仪识别时的定位。复合码中的二维条码部分由PDF417条码构成，用于表示附加的应用标识符（Application Identifier）的数据串，诸如产品的批号、保质期等商品的描述性信息。复合码的出现解决了人们标识微小物品及表述附加商品信息的问题。

目前，复合码的应用主要集中在标识散装商品（随机称重商品）、蔬菜水果、医疗保健品及非零售的小件物品以及商品的运输与物流管理。在零售业中，复合码的应用首先解决了微小物品的条码标识问题。利用原有的EAN/UCC条码标识微小物品时，只能用8位EAN/UCC缩短码，所表述的信息仅为商品唯一编号（8位数据）。这种缩短码由于信息容量小、占用面积大、号码资源紧张等原因，给商业用户带来了诸多不便。采用复合码以后，有效地增大了单位面积条码的信息容量。其次，复合码的出现为商店散装商品及蔬菜水果等的条码标识提出了理想的解决方案。借助于复合码，不但可以表示商品的单品编码，还可以将商品的包装日期、最佳食用日期等附加商品信息标识在商品上，便于零售店采集，以对保质期商品实施有效的计算机管理和监控。

在物流系统中，物流管理所需要的信息可分为运输信息和货物信息。运输信息包括交易信息，诸如采购订单编号、装箱单及运输途径等。复合码中包含这些信息的好处在于供应链的各个环节都可以随时采集所需信息而无需在线式数据库。将货物本身信息编在二维条码中是为了给电子数据交换（EDI）提供可靠的备份，从而减少对网络的依赖性。这些信息包括包装箱及所装物品、数量以及保质期等，掌握这些信息对混装托盘的运输及管理尤其重要。采用复合码以后，这种以EAN/UCC128码及PDF417二维条码构成的复合码可将2300个字符编入条码中，从而解决了物流管理中条码信息容量不足的问题，极大地提高了物流及供应链管理系统的效率和质量。

6. 条码技术的应用

（1）分拣运输

铁路运输、航空运输、邮政通信等许多行业都存在货物的分拣搬运问题，大批量的货物需要在很短的时间内准确无误地装到指定的车厢或航班；一个生产厂家如果生产上百个品种的产品，并需要将其分门别类，以送到不同的目的地，那么就必须扩大场地，增加人员，还常常会出现人工错误。解决这些问题的办法就是应用物流标识技术，使包裹或产品自动分拣到不同的运输机上；所要做的只是将预先打印好的条码标签贴在发送的物品上，并在每个分拣点装一台条码扫描器。

配送中心为了提高吞吐能力，采用自动分拣技术更是十分必要的。典型的配送中心的作业从收货开始，送货卡车到达后，叉车司机在卸车的时候用手持式扫描器识别所卸的货物，条码信息通过无线数据通信技术传给计算机。计算机向叉车司机发出作业指令，显示在叉车的移动式终端上，或者把货物送到某个库位存放，或者直接把货物送到捡货区或出库站台。收货站台和仓库之间一般都有运输机系统，叉车把货物放到输送机上后，输送机上的固定式扫描器识别货物上的条码，计算机确定该货物的存放位置。输送机沿线的转载装置根据计算机的指令把货物转载到指定的巷道内。随即，巷道堆垛机把货物送到指定的库位。出库时，巷道堆垛机取出指定的托盘，由运输机系统送到出库台，叉车到出库台取货。首先用手持式扫描器识别货物上的条码，计算机随即向叉车司机提出作业指令，或者把货物直接送到出库站台，或者为捡货区补充货源。捡货区有多种布置形式，如普通重力式货架、水平循环式货架、垂直循环货架等。捡货员在手持式终端上输入订单号，计算机通过货架上的指示灯指出需要捡货的位置，捡货员用手持式扫描器识别货品上的条码，计算机确认无误后，在货架上显示出拣选的数量。捡出的货品放入货盘内，连同订单一起运到包装区。包装工人进行检验和包装后，将实时打印的包含发运信息的条码贴在包装箱上。包装箱在通过分拣机时，根据扫描器识别的条码信息被自动拨到相应的发运线上。

（2）仓储保管

有时通用商品代码不能满足仓储的需要，除了商品的生产厂家和产品种类外，还需要产品的数量、保质期、重量、体积等很多信息，采用物流条码可以通过应用标识符分辨不同的信息，经过计算机对信息进行处理后，更有利于对商品的采购、保管和销售。比如对于食品，其保质期一般都很短。如果食品过期，就会损害顾客的利益，同时给销售者带来经济上的损失。物流标识技术可以标识出该产品的生产日期和保质期，计算机管理系统可以随时提醒销售者，哪些食品接近了保质期，这时对这些食品可以打折出售或采取其他措施及时地处理，以免带来不必要的损失。物流标识技术给仓储现代化带来了更多的方便，它不仅使保管者提高效率、减少劳动，也为客户带来了间接的经济效益。

（3）机场通道

当机场的规模达到一个终端要在 2 小时内处理物品 10 个以上的航班时，就必须实现自动化，否则会因为来不及处理行李导致误机。当 1 小时必须处理 40 个航班时，实现自动化就是必不可少的了。在自动化系统中，物流标识技术的优势充分体现出来，人们将条码标签按需要打印出来，系在每件行李上。条码标签是一个纸牌，系在行李的手把上。根据国际航空运输协会（IAIA）标准的要求，条码应包含航班号和目的地等信息。当运输系统把行李从登记处运到分拣系统时，一组通道式扫描器包围了运输机的各个侧面：上下、前后、左右。扫描器对准每一个可能放标签的位置甚至是行李的底部。为了提高首读率，通常会印制两个相同的条码，互相垂直标签上。当扫描器读到条码时，会将数据传输到分拣控制器中，然后根据对照表，行李被自动分拣到目的航班的传送带上。在大的机场，每小时可能要处理 80~100 个航班，这使得首读率特别重要。任何未被扫描器读出的行李都将被分拣到人工编码点，由人工输入数据，速度是每分钟 10~20 件。对于印刷清晰、装载有序的自动分拣系统，首读率应该大于 90%。

（4）货物通道

包裹运输公司不能像制造厂家那样决定条码位置，它可以指定一种码制，但不能规定条码的位置，因为包裹在传送带上的方向是随机的，且以 3m/s 的速度运动。为了保证快件及时送达，不可能采用降低处理速度的办法。面临的问题不是如何保持包裹的方向，使条码对着扫描器，而是如何准确地阅读这些随机摆放的包裹上的条码，解决的办法就是扫描通道。

和机场的通道一样，货物通道也是由一组扫描器组成。全方位扫描器能够从所有的方向上识读条码，上下、前后和左右。这些扫描器可以识读任意方向、任意面上的条码，无论包裹有多大，无论运输机的速度有多快，无论包裹间的距离有多小，所有的扫描器一起运作，决定当前哪些条码需要识读，然后把一个个信息传送给主计算机或控制系统。

（5）运动中称量

在运动中称量与条码自动识别相结合，把电子秤放在输送机上可以得到包裹的重量而不需中断运输作业或人工处理，大大提高物流现代化水平。运动中称量使系统能保持很高的通过能力，同时实时提供重量信息，计算净重，检验重量误差，验证重量范围。在高效的物料搬运系统中，运动中称量可以与其他自动化过程，如条码扫描、标签打印及粘贴、包裹分拣、码托盘、库存管理、发运和其他功能集成在一起。

拓展案例

条码技术在天津丰田汽车公司的应用

天津丰田汽车有限公司是丰田汽车公司在中国的第一个轿车生产基地，在这里丰田汽车公司不惜投入最新技术，生产专为中国最新开发的，充分考虑到环保、安全等条件因素的新型轿车。丰田汽车在生产过程中应用 QR 二维码数据采集技术，实现了对生产过程的控制管理。具体操作流程如下：

（1）生产线的前端根据主控计算机发出的生产指示信息，由条码打印机打印出条码标签，贴在产品的载具上。

（2）操作人员用条码扫描器读取载具上的条码标签，将作业信息输入计算机，主系统对作业人员和检查装置发出指令。

（3）操作人员用扫描器读取贴在安装零件上的条码标签，然后读取贴在载具上的二维码，以确认零件安装是否正确。

（4）二维码的生产指示号码、生产线顺序号码、车身号数据和实装零部件的数据、检查数据等均被反馈回主控计算机，用来对进展情况进行管理。

丰田汽车采用二维码数据采集技术后，取得了以下效果：

（1）降低投资；

（2）二维码可被扫描器稳定读取（错误率低）；

（3）节省大量的人力和时间；

（4）主系统对生产过程的控制增强；

（5）生产全过程和主系统成为一体，生产效率大大提高。

（《天津丰田汽车应用条码》，2006 年 5 月 29 日，http：//www. ancc. org. cn/Application/appArticle. aspx？id=3116&codeId=1。有改动）

3.2.2 电子数据交换（EDI）

1. EDI 的概述

电子数据交换 EDI（Electronic Data Interchange）开始于 20 世纪 60 年代，指不同的企业之间为了提高经营活动的效率在标准化的基础上，通过计算机联网进行数据传输和交换的方法。国际数据交换协会（IDEA）对于电子数据交换的定义是：通过电子方式，采用约定的报文标准，从一台计算机向另一台计算机进行结构化数据传输的计算机网络系统。EDI 的目的是通过建立企业间的数据交换网来实现票据处理、数据加工等事务作业的自动化、省力化、及时化和准确化，同时通过有关销售信息和库存信息的共享来实现经营活动的效率化。

EDI 的发展经历了三个阶段：

在 EDI 的最初发展阶段，一般由大企业以自己独自设计的数据格式和系统构造建立以本企业为中心的 EDI 系统，通过在业务往来频繁的企业设置 EDI 终端来处理和交换有关订货、库存、销售时点、需求预测以及运输日程通知等方面的信息。对于大企业来说，为了获得和维持竞争优势地位，需要建立自己的 EDI 系统，对于有频繁业务关系的企业来说，利用 EDI 系统不仅可以减轻票据处理、数据输入输出等作业的繁杂，而且可以减少库存，缩短订货时间。这个阶段存在多个以大企业为中心的 EDI 系统，每个 EDI 系统采用各自的数据格式和代码，缺乏统一的 EDI 标准格式。

在 EDI 发展的第二阶段，随着业务范围的扩大和竞争的需要，主导 EDI 系统的大企业扩大 EDI 的使用对象，同时许多企业由于与多个大企业有频繁的业务关系，必须利用不同的 EDI 系统。EDI 使用范围的扩大使更多的企业通过 EDI 连接在一起交换信息，共享资源。但是使用者必须对应多个不同数据格式和不同代码的 EDI 系统，不得不增加投资添置计算机终端，同时必须对应不同 EDI 系统进行重复输入数据，增加事务作业成本。从行业范围来看，由于存在多个不统一的 EDI 系统，造成重复投资，增加成本。

在 EDI 发展的第三阶段，为了克服 EDI 标准不统一的弊端，需要 EDI 的各方取得共识，建立统一的 EDI 标准，避免重复投资，节约成本，提高 EDI 运用效率。特别是对物流行业来说，由于它的业务涉及许多其他行业，在建立本行业统一的 EDI 标准时，必须考虑兼容其他行业的 EDI 标准。为了推进 EDI 的标准化工作，联合国欧洲经济理事会（UN/ECE）在 1987 年公布了一套名为 UN/EDIFACT 的 EDI 国际标准，国际标准化组织（ISO）为该标准配套制定了一套程序规则（SYNTAXRULES，ISO9735）。目前，UN/EDIFACT 标准已占据全球 EDI 标准的主导地位。

企业在应用 EDI 时逐步认识到，不仅应关注在供应链参与各方之间传送信息的及时性和有效性，更重要的是如何利用这些信息来实现企业各自的经营目标和实现整个供应链活动的效率化。EDI 的主要功能表现在电子数据传输和交换、传输数据的存储、文书数据标准格式的转换、安全保密、提供信息查询、提供技术咨询服务、提供信息增值服务等。

EDI 是一套报文通信工具，它利用计算机的数据处理和通信功能，将交易双方彼此往来的文档（如询价单或订货单等）转成标准格式，并通过通信网络传输给对方。因此，EDI 只是一个电子平台，无论是物流领域还是其他领域，都只是 EDI 的一个具体的应用对象或应用实例。

2. EDI 的特点

（1）EDI 是企业之间传输商业文件数据的一种形式，其使用对象是具有固定格式的业务信息和具有经常性业务联系的单位。

（2）EDI 所传送的资料是一般业务资料，如发票、订单等，而不是指一般性的通知。

（3）EDI 所传输的文件数据采用共同的标准并具有固定格式，如联合国 EDIFACT 标准，这也是与一般电子邮件（Email）的区别。

（4）EDI 是由收送双方的计算机系统通过数据通信网络来直接传送、交换资料，尽量避免人工的介入操作。

（5）EDI 与现有的一些通信手段如传真、用户电报、电子邮件等有很大的区别。主要表现在：后者需要人工的阅读判断处理才能进入计算机系统，需要人工将资料重复输入计算机系统中，浪费人力资源，也容易发生错误。

3. EDI 的作用

(1) 实现无纸贸易

采用 EDI 后，原来由人工进行的单据、票证的核计、入账、结算及收发等处理均由计算机来完成。由于数据的处理和传送全部依靠计算机和通信网络来进行，基本上取消了纸张信息。

(2) 提高经营活动效率

通过建立企业间的数据交换网来实现票据处理、数据加工等事务作业的自动化、省力化、及时化和正确化。同时，有关销售信息和库存信息的共享，实现经营活动的效率化。

(3) 提高数据传输的准确性

由于在数据传输过程中无需人工干预，避免人为错误，因而提高了信息的准确性。

(4) 提高企业竞争能力

EDI 作为开展电子贸易的一种信息化手段，快速提高信息传递速度，有利于快速捕捉市场信息，对客户作出快速响应，提高服务水平，降低贸易成本，提高经济效益，从而增强企业的市场竞争能力。

4. EDI 系统构成

EDI 系统通过计算机联网进行数据传递和订货等交易活动，而不需要人工直接介入，因此利用 EDI 的当事者之间必须预先确定 EDI 系统的结构和标准。电子数据交换系统主体结构是电子数据交换系统软件、计算机终端设备及存储设备等硬件、广域计算机网络。为了使跨度很大的各个领域能实现有效的数据交换，电子数据交换系统需要有标准化的支持。电子数据交换系统的标准包括以下几方面：技术标准、代码标准、报文标准、单证标准、管理标准、应用标准、通信标准、安全保密标准等。

一般地说，EDI 系统由以下四个方面构成，如图 3-3 所示：

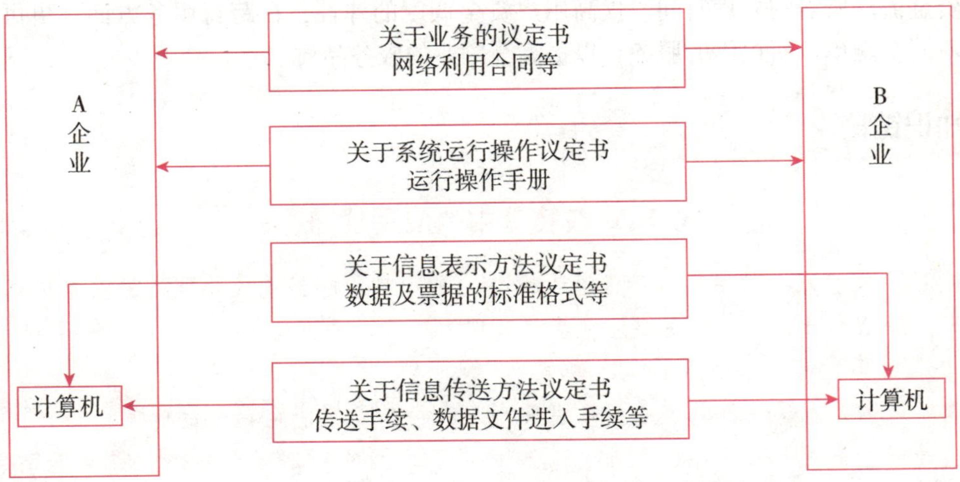

图 3-3　EDI 结构

EDI 系统包括关于信息传送方式的规定、关于信息表示方式的规定、关于系统运行操作的规定和关于交易业务的规定。这些规定或称为议定书，是利用 EDI 系统的各方达成的共识，这些规定实际上是对这四个方面涉及的内容进行标准化工作，其中最重要的标准化是信息传送方式的标准化和信息表示方式的标准化。信息传送方式标准化是指为了在不同的计算机之间传送信息，对通信线路类型以及传送控制方式等方面进行的决策，具体的内容包括通信速度、数据格式、数据长度、检查方法等方面的标准化，信息传送方式标准化工作还包括应用系统界面与数据格式之间相互转换方式的标准化。信息表示方式的标准化是指对应 EDI 网络传送的业务类型，确定对该业务信息内容的表示方式并使之标准化，具体内容包括数据代码、信息的格式等方面的标准化。

5. EDI 在物流领域中的应用

物流 EDI（Logistics EDI）是指货主、承运业主以及其他相关的单位之间，通过 EDI 系统进行物流数据交换，并以此为基础实施物流作业活动的方法。近年来，EDI 在物流中被广泛应用。物流 EDI 的参与对象有货主（如生产厂家、贸易商、批发商、零售商等）、承运业主（如独立的物流承运企业等）、实际运送货物的交通运输企业、协助单位（政府有关部门、金融企业等）和其他的物流相关单位（如仓库业者、配送中心等）。EDI 用在物流运作中的目的是充分利用现有计算机及通信网络资源，提高交易双方信息的传输效率，降低物流的运作成本。EDI 在物流管理中的应用主要包括以下几个方面：

（1）制造业

利用 EDI 可降低成本，有效地减少库存量及生产线待料时间，提高效率。

（2）运输业

利用 EDI 可以快速通关报检，科学合理地利用运输资源，缩短运输距离，降低运输成本费用和节约运输时间。

（3）零售业

利用 EDI 可减少商场库存量与空架率，加速资金周转，降低物流成本；同时还可建立起物流配送体系，完成产、存、运、销一体化的供应链管理。

（4）金融业

利用 EDI 实现电子转账支付，减少金融单位与其用户间交通往返的时间与现金流动风险，并缩短资金流动所需的处理时间，提高用户资金调度的弹性，在跨行服务方面，更可使用户享受到不同金融单位所提供的服务，以提高金融业的服务品质。

知识链接

EDI 在物流中的应用优势

物流 EDI 的优点在于供应链各方基于标准化 EDI 的信息格式和处理方法共享信息，提高流通效率，降低物流成本。其主要应用优势表现为以下几个方面。

1. 节省时间和资金，提高工作效率和竞争力

在全球范围内发送一份电子单证最快只需几秒钟，发票能在更短的时间内投递，数据能立即进行处理。采用 EDI 之后，订购、制造和货运之间的周期大大缩短，减少了库存开销。EDI 实现了数据标准化及计算机自动识别和处理，消除了人工干预和错误，减少了人工和纸张费用。

2. 改善对客户的服务

EDI 也是一种改善对客户服务的手段，它巩固了 EDI 贸易伙伴之间的市场和分销关系，提高了办事效率，加快了对客户需求的反应。

3. 消除纸面作业和重复劳动

经济的增长带来了各种贸易单证、文件数量的激增。纸张协会曾统计得出以下用纸量超速增长的规律：年国民生产总值每增加 100 亿元，用纸量会增加 8 万吨。此外，在各类单证中有相当大的一部分数据是重复出现的，需要反复地录入。重复录入浪费人力，浪费时间，降低效率，而使用 EDI 后，能够有效地解决以上问题。

4. 扩展客户群

许多大的制造商和销售商都要求他们的供应商采用 EDI，当他们评估选择新的供应商时，能否应用 EDI 是一个重要评价标准。由于 EDI 的应用领域很广，一个具有 EDI 实施能力的公司无疑会扩大其客户群，引来更多的生意。

3.2.3　销售时点信息系统（POS）

销售时点信息系统（Point of Sale，POS）是指通过自动读取设备（如收银机）在销售商品时直接读取商品销售信息，如商品名、单价、销售数量、销售时间、销售店铺、购买顾客等，并通过通信网络和计算机系统传送至有关部门进行分析、加工，以提高经营效率的系统。POS 系统最早应用于零售业，以后逐渐扩展至其他行业，如金融、旅馆等服务性行业，利用 POS 信息的范围也从企业内部扩展到整个供应链。现代 POS 系统已不仅仅局限于收款技术，还将计算机网络、EDI 技术、条形码技术、远程通信、电子广告、自动仓储技术、自动售货等一系列科技手段融为一体，形成一个综合性的信息资源管理系统。

1. POS 系统的组成

POS 系统包含前台 POS 系统和后台 MIS 系统两大组成部分。

（1）前台 POS 系统

前台 POS 系统是指通过自动读取设备在销售商品时读取商品信息（如商品名、单价、销售数量、销售时间、销售店铺、购买顾客等）实现销售业务的自动化，对商品交易进行实时服务和管理，并通过通信网络和计算机系统传至后台，通过后台计算机的计算、分析与汇总，掌握商品销售的各项信息，为管理者分析经营情况，制定经营方针提供依据。

（2）后台 MIS 系统

后台 MIS 系统是管理信息系统。它对整个商店的进、销、存、财务等环节进行管理，根据商品进货信息对供应商进行管理，根据前台 POS 系统提供的销售数据控制进货数量，合理调动资金，分析统计各种报表，快速准确地计算成本和毛利。后台 MIS 系统与前台 POS 系统紧密相连，两者缺一不可。

2. POS 系统的特征

（1）单品管理、职工管理和顾客管理

零售业的单品管理是指对店铺陈列展示销售的商品以单个商品为单位进行销售跟踪和管理的方法。职工管理是指通过 POS 终端机上的计时器的记录，依据每个职工的出勤状况、销售状况（以月、周、日甚至时间段为单位）进行考核管理。顾客管理是指在顾客购买商品结账时，通过收银机自动读取零售商发行的顾客 ID 卡或顾客信用卡来把握每个顾客的购买品种和购买额，从而对顾客进行分类管理。

（2）自动读取销售时点的信息

在顾客购买商品结账时，POS 系统通过扫描仪自动读取商品条形码标签或 OCR 标签上的信息，这是 POS 系统最突出的特征。

（3）信息的集中管理

在各个 POS 终端获得的销售时点信息以在线联结方式汇总到企业总部，与其他部门发送的有关信息一起由总部的信息系统加以集中并进行分析加工。

（4）连接供应链的有力工具

供应链参与各方合作的主要领域之一是信息共享，而销售时点信息是企业经营中最重要的信息之一，通过它能及时把握顾客的需要信息，供应链的参与各方可以利用销售时点信息并结合其他的信息来制定企业的经营计划和市场营销计划。

3. POS 系统的运行步骤

POS 系统的运行由以下五个步骤组成：

第一步，将店内销售的商品贴上表示该商品信息的条形码或 OCR 标签。

第二步，在顾客购买商品结账时，收银员使用扫描识别仪自动读取商品条形码或 OCR 标签上的信息，通过店铺内的计算机确认商品的单价，计算顾客购买总金额等，同时返回给收银机，打印出顾客购买清单和付款总金额。

第三步，各个店铺的销售时点信息通过在线联结方式即时传送给总部或物流中心。

第四步，在总部、物流中心和店铺利用销售时点信息来进行库存调整、配送管理、商品订货等作业。通过对销售时点信息进行加工分析来掌握消费者购买动向，找出畅销商品和滞销商品，以此为基础，进行商品品种配置、商品陈列、价格设置等方面的作业。

第五步，在零售商与供应链的上游企业（批发商、生产厂家、物流业者等）结成协作伙伴关系或战略联盟的条件下，零售商利用 VAN 以在线联结的方式把销售时点信息即时传送给上游企业。这样上游企业可以利用销售现场的最及时准确的销售信息进行销售预测，掌握消费者购买动向，找出畅销商品和滞销商品，把销售时点信息和订货信息（EOS 信息）进行比较分析，把握零售商的库存水平，以此为基础制定生产计划和零售商库存连续补充计划。

3.2.4 射频识别技术（RFID）

自 2004 年起，全球范围内掀起了一场无线射频识别技术（RFID）的热潮，包括沃尔玛。宝洁、波音公司在内的商业巨头无不积极推动 RFID 在制造、物流、零售、交通等行业的应用。RFID 技术及其应用正处于迅速上升的时期，被企业界公认为 21 世纪最具潜力的技术之一，其发展和应用推广将是自动识别行业的一场技术革命。而 RFID 在物流行业的应用更是为通信技术提供了一个崭新的舞台，将成为未来电信业有潜力的利润增长点之一。

RFID 技术无需直接接触、无需光学可视、无需人工干预即可完成信息输入和处理，且操作方便快捷，能够广泛应用于生产、物流、交通、运输、医疗、防伪、跟踪设备和资产管理等需要收集和处理数据的地方。

RFID（射频识别技术）是“Radio Frequency Identification”的缩写，它的主要功能是对运动的或静止的标签进行不接触的识别。通过对物流对象上面贴置的标签进行电磁波射频扫描，把物流对象物的相关信息，从标签上识别并进行直接读写，或者经过计算机网络将信息传输到目的地。射频识别的距离可达几十厘米至几米，且根据读写的方式，可以输入数千字节的信息，同时，还具有极高的保密性。射频识别技术适用于物料跟踪、运载工具和货架识别等领域，要求非接触数据采集和交换的场合以及频繁改变数据内容的场合。

射频识别系统由射频和标签两部分组成，其结构如图 3-4 所示。

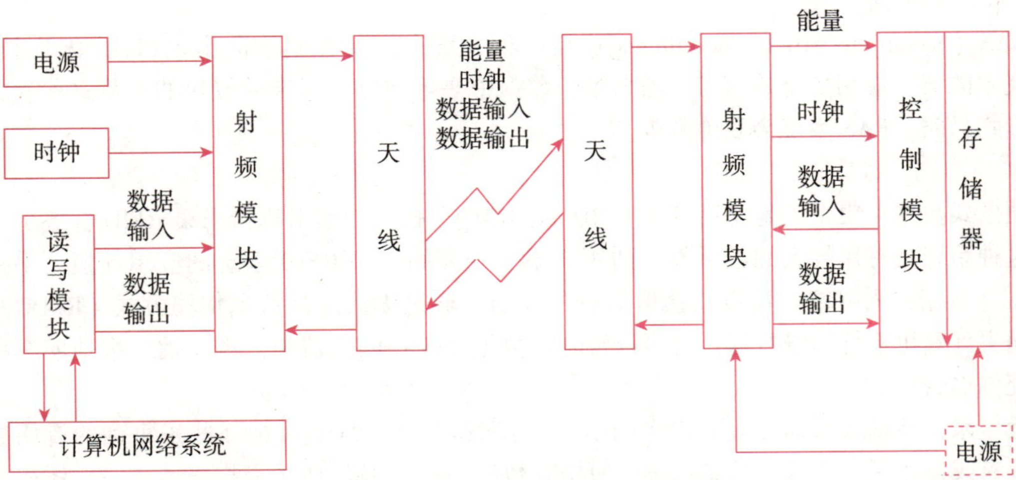

图 3-4 射频识别系统的结构

1. 射频

射频系统通常由读写器、计算机网络两部分组成。射频系统的读写器有三个主要组成部分：读写模块、射频模块、天线。读写器在一个区域范围内发射电磁波，对标签进行数据采集，通过计算机网络进行数据转换、数据处理和数据传输。

我国 RF 的应用也已经开始，一些高速公路的收费站口使用 RF 可以实现不停车收费，我国铁路系统使用 RF 记录货车厢编号的试点已运行了一段时间，一些物流公司也准备将 RF 用于物流管理中。

2. 标签

（1）射频标签的基本功能

射频标签基本功能有以下几点：具有一定的存储容量，用以存储被识别对象的信息；标签的数据能被读入或写入，而且可以编程，一旦编程后，就成为不可更改的永久数据；使用、维护都很简单，在使用期限内不需维护。

（2）射频标签的构成

射频标签由射频模块、存储器、控制器及天线四个主要部分构成。标签的主要作用是存储物流对象的数据编码，对物流对象进行标识。通过天线将编码后的信息发射给读写器，或者接受读写器的电磁波反射给读写器。

（3）标签的种类

根据标签的工作方式不同，有能够主动发射数据给读写器的主动式和只能由读写器发出查询信号进行识别的被动式两类；按照标签读写方式的不同，可以分成只读型和读写型两类，读写型标签的信息不但可以被读写器读出，还可以由读写器写入；按照标签的能源，有不带能源的标签和带能源的标签两类；按标签工作频率不同，有低频、高频、微波三种标签；按照工作的距离可能分为远程标签、近程和超近程三类，远程标签可以识别 100 厘米的距离，近程为 10~100 厘米，超近程为 0.2~10 厘米。

3. RFID 系统的分类

根据 RFID 系统完成的功能不同，可以粗略地把 RFID 系统分成四种类型：EAS 系统、便携式数据采集系统、物流控制系统、定位系统。

（1）EAS 技术

EAS（Electronic Article Surveillance）是一种设置在需要控制物品出入口的 RFID 技术。这种技术的典型应用场合是商店、图书馆、数据中心等地方。当未被授权的人从这些地方非法取走物品时，EAS 系统会发出警告。

（2）便携式数据采集系统

便携式数据采集系统是使用带有 RFID 阅读器的手持式数据采集器采集 RFID 标签上的数据。这种系统具有比较大的灵活性，适用于不宜安装固定式 RFID 系统的应用环境。手持式阅读器（数据输入终端）可以在读取数据的同时，通过无线电波数据传输方式（RFDC）实时地向主计算机系统传输数据，也可以暂时将数据存储在阅读器中，再一批一批地向主计算机系统传输数据。

近年来，便携式数据终端（PDT）的应用越来越广泛，PDT 可把那些采集到的有用数据存储起来或传送至一个管理信息系统。便携式数据终端一般包括一个扫描器、一个体积小但功能很强并带有存储器的计算机、一个显示器和供人工输入的键盘，在只读存储器中装有常驻内存的操作系统，用于控制数据的采集和传送。

PDT 存储器中的数据可随时通过射频通信技术传送到主计算机，操作时先扫描位置标签，货架号码、产品数量就都输入到 PDT，再通过 RF 技术把这些数据传送到计算机管理系统，可以得到客户产品清单、发票、发运标签、该地所存产品代码和数量等。

（3）物流控制系统

在物流控制系统中，固定布置的 RFID 阅读器分散布置在给定的区域，并且阅读器直接与数据管理信息系统相连，信号发射机是移动的，一般安装在移动的物体、人上面。当物体、人经过阅读器时，阅读器会自动扫描标签上的信息并把数据信息输入数据管理信息系统存储、分析、处理，达到控制物流的目的。

（4）定位系统

定位系统用于自动化加工系统中的定位及对车辆、轮船等进行运行定位支持。阅读器放置在移动的车辆、轮船或者自动化流水线中移动的物料、半成品、成品上，信号发射机嵌入到操作环境的地表下面。信号发射机上存储有位置识别信息，阅读器一般通过无线的方式或者有线的方式连接到主信息管理系统。

4. 射频技术在物流管理中的适用性

RF 适用于物料跟踪、运载工具和货架识别等要求非接触数据采集和交换的场合，由于 RF 标签具有可读写能力，对于需要频繁改变数据内容的场合尤为适用。

3.2.5 地理信息技术（GIS）

地理信息系统（Geographic Information System，GIS）是面向空间相关信息，采集、存储、检查、操作、分析和显示地理数据的系统。它是 20 世纪 60 年代开始发展起来的地理学研究成果，到 20 世纪 80 年代开始走向成熟，在技术上和应用上已达到了一个新阶段。此系统不但在资源和环境管理与规划中成功应用，而且是设施管理和工程建设的重要工具，同时还进入了军事战略分析、商业策划和文化教育乃至人们的日常生活领域之中。地理信息系统是以地理信息研究和决策服务为主的计算机网络系统，其主要功能是即时地提供多种空间的和动态的地理信息。它主要由两部分组成：一部分是桌面地图系统，另一部分是数据库，用来存放地图上与特定点、线、面所相关的数据。通过点取地图上的相关部位，可以立即得到相关的数据；反之，通过已知的相关数据，也可以在地图上查询到相关的位置和其他信息。可以借助这个信息系统，进行路线的选择和优化；可以对运输车辆进行监控，向司机提供有关的地理信息等等。根据应用领域不同，地理信息系统又有各种不同的应用系统，例如土地信息系统、城市信息系统、交通信息系统、仓库规划信息系统等，它们的共同点是用计算机处理与空间相关的信息。

GIS 在物流中的应用，主要是指利用 GIS 强大的地理数据功能来完善物流分析技术。完整的 GIS 物流分析软件集成了车辆路线模型、最短路径模型、网络物流模型、分配集合模型和设施定位模型等几个方面。

(1) 设施定位模型

用于确定一个或多个设施的位置。在物流系统中，仓库和运输路线共同组成了物流网络，仓库处于网络的结点上，结点决定着路线。如何根据供求的实际需要并结合经济效益等原则，确定在既定区域内设立多少个仓库，每个仓库的位置，每个仓库的规模，以及仓库之间的物流关系等，运用此模型均能很容易地解决这些问题。

(2) 网络物流模型

用于解决寻求最有效的分配货物路径问题，也就是物流网点布局问题。如将货物从 N 个仓库运往到 M 个商店，每个商店都有固定的需求量，因此需确定由哪个仓库提货送给哪个商店，总的运输代价最小。

(3) 分配集合模型

可以根据各个要素的相似点把同层上的所有或部分要素分为几个组，用以解决确定服务范围和销售市场范围等问题。如某一公司要设立 T 个分销点，要求这些分销点要覆盖某一地区，而且要使每个分销点的顾客数目大致相等的问题。

(4) 车辆路线模型

用于解决一个起始点、多个终点货物运输中，如何降低物流作业费用，并保证服务质量的问题，包括决定使用多少辆车，每辆车的行驶路线等。

拓展案例

京东的包裹跟踪（GIS）系统

无论是消费者还是电商行业，都迫切希望早日实现订单轨迹的全流程跟踪和展示。在通过详细的产品调研及内部研发后，京东的第三方配送大件订单轨迹功能于 2015 年 8 月正式上线，这个明确提升用户体验的应用一经推出，就受到了广大用户的欢迎。

京东此次大件订单轨迹的实现，是建立在强大的 GIS 系统基础上的。依托于强大的 GIS 技术，客户可以直观明了地看到订单的实时位置，而不再依赖物流各个站点的上传数据，这让用户的购物更加高效，也使整个配送过程更加公开与透明。

GIS 系统可以实现很多人性化的物流信息显示方案，如配送路线的显示。大件订单的配送路线分为两种：一是经过站点的配送模式，二是不经过站点的直送模式。有站点订单轨迹的配送路线是从仓库、站点到用户地址，直送订单轨迹的配送路线是从仓库到用户地址。不同颜色轨迹代表订单的不同状态。订单在仓库与用户地址之间时，配送路线已经可以提前预测，并用红色虚线表示。随着订单一步步向用户靠近，如站点配送情况下，订单已从站点出发，那么仓库到站点这段订单已经走过的路程将会变为实际路线，用蓝色实线表示。在配送过程中，配送员的位置也是实时显示的，GIS 通过手机 APP 及 POS 机每 30 秒采集一次 GPS 位置信息，每 2 分钟上传一次服务器，上传信息包括操作人员信息及 GPS 信息。在京东 APP 订单轨迹界面的站点主页、配送员主页，用户还可以查询相关联系方式、地址，直观地看到配送员头像等。当用户想要安排收货时间以及了解订单实时位置时，都能很方便地通过主页内的联系方式完成。

（《京东大件订单轨迹功能正式上线，全面提升用户体验》，2015 年 9 月 11 日，http://b2b.toocle.com/detail--6277413.html? from=groupmessage&isappinstalled=1。有改动）

3.2.6 全球定位系统（GPS）

全球卫星定位系统（Global Positioning System，GPS）是利用多颗通信卫星对地面目标的状况进行精确测定的系统。它通过卫星对地面上运行的车辆、船舶进行测定并精确定位，在车辆、船舶或其他运输工具设备上配置信标装置，就可以接收卫星发射信号，以置于卫星的监测之下，通过接收装置，就可以确认精确的定位位置。它可以实现运行车辆的全程跟踪监视，并通过相关的数据和输入其他系统相关联进行交通管理。

GPS 在物流领域的应用主要表现在以下几方面（如图 3-5 所示）：

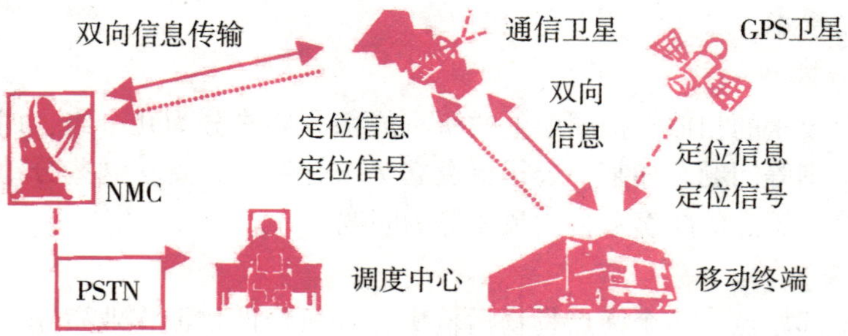

图 3-5　GPS 系统

（1）进行车辆、船舶的跟踪

可以通过地面计算机终端，实时显示出车辆、船舶的实际位置，位置精度以“米”计量。对于重要的车辆和船舶，必须随时掌握其动态，目前只能依靠这个系统来解决。

（2）信息传递和查询

可以实施双向的信息交流，可以向车辆、船舶提供相关的气象、交通、指挥等信息，同时可以将运行中的车辆、船舶的信息传递给管理中心。

（3）及时报警

通过全球及卫星定位系统，掌握运输装备的异常情况，接收求助信息和报警信息，迅速传递到管理中心实施紧急救援。

（4）支持管理

根据这两个系统所提供的信息，可以实施运输指挥、实施监控、路线规划和选择、向用户发出到货预报等，可以有效支持大跨度物流系统管理。

拓展案例

耐克的中心仓库运作

在20世纪90年代早期，耐克通过减少它在欧洲的仓库数量（从22个减少到只有1个建在比利时的Laakdal）合并它在欧洲的仓储。Laakdal接收来自世界各地生产的耐克产品——运动鞋和运动服，并且为整个欧洲的零售商店提供服务。

在欧洲，耐克最初通过经销商运作，在每个国家选择当地的业务伙伴。到1980年，市场已经发展得使公司决定逐渐全数收买它的经销商。随后，耐克把它们转变为耐克私有的子公司。然而，在很大程度上，每家经销商的运作是各自为政，自扫门前雪。每个当地的仓库都有自己的物流基础设施和自己的销售队伍，他们独立订货并且独自控制存货。所以，各国的服务水平各有千秋，不尽相同。事实上根本没有库存分配协调，因此在一个国家中闲置没用的产品正是另一个国家所需要的，反之亦然。公司在20世纪90年代的发展导致仓库能力的不足。为了响应这些瓶颈效应，配送中心集中大部分的精力解决配送问题，但是他们真正优先考虑的事应该是销售和市场。

根据1991年进行的战略评估，耐克决定集中它在欧洲的活动。第一步是在荷兰设立欧洲的总部，第二步是集中其在欧洲所有的配送。集中配送的主要原因如下：

1. 在按既定日期把运动服送到零售商方面存在重大问题。预订单的前置时间长和不可靠的供应商是问题的根源所在。

2. 没有充分告知当地管理层运输抵达日期。这相应地导致未能使客户得知他们何时可收到自己的订货。

3. 很难保证一致的增值服务。人们认为贴标签、重新包装和其他服务是包装潜在的重要部分，然而，并不是所有国家都准备好了提供这种服务。

4. 在每个国家都独立开发出了计算机系统，但是大多数存在严重的缺陷，所以配送网络中的沟通是非常困难的。

在1992年，耐克决定在比利时的Laakdal设立欧洲配送中心（EDC）。于是1994年开放了第一个运动服的高层储架，一年以后又开放了第一个运动鞋的储架。

当运动服送到Laakdal时，要经历以下七个步骤进行集中运作：

1. 收货并将产品放在托盘上。把集装箱从河道驳船上卸下，并打开集装箱，给每个从集装箱中取出的箱子打上条形码。计算机依据这个条形码为箱子分配储位，接着，把箱子放在托盘上。每个起重机都有一个行车记录电脑，由它来告诉司机存放托盘和箱子的地点。这一程序较之全自动的系统更有效也更灵活。

2. 质量控制。在收到货之后，产品被送往质量控制流程，12道关口有12个人，要检查颜色和尺寸。同样，雇主要查找不合格产品，进行耐洗性测试。质量控制是一项重要的活动。没有这一步，耐克无法向客户保证其产品的质量。这要追溯到耐克不断变化供应商，以获得成本利益的政策。由于耐克与供应商之间没有长期的关系，所以它必须自己进行产品的质量控制。质量控制的另一个原因是耐克的质量标准与供应商的质量标准不同。

3. 储存。货物一旦通过了质量控制，就被存放起来。层式储架组成了一个巨大的仓库，例如，一个运动服的高层储架高为28米、长为125米、宽为42米。

4. 拣货（运动服）和分类（运动鞋）。在拣货和分类单元，要根据订单对产品进行分类。计算机的终端利用无线电射频，可以使拣货操作员确切地知道需要的是哪件产品以及它存放在哪里。一个可以处理60位客户订单的机器对放置在自动传送系统上的大多数运动服进行分类。当临近运送日期时，产品被运往拣货中心和仓库。

5. 增值服务。离开拣货单元和分类单元之后，许多产品被运往加工部门。在这里根据客户具体的订单，将产品加工完成。例如，在这里给产品贴上标签，进行特殊包装。提供增值服务和优秀的质量是客户服务集团的重要目标之一。这些活动是劳动密集型的，并且容易出现人为的错误，为此一次只能为一个订单或一种产品实施增值活动。

6. 包装（运动服）、检查和封装（运动鞋）。经过计算机控制的检查后，把运动服装入箱子中。这项活动在包装站进行。但是在包装之前，操作员要检查这些服装是不是根据订单规格由传送带送到包装站的。对于运动鞋，会有一台扫描仪检查箱子内是否装着正确的鞋子。经确认后，箱子被自动封上。

7. 运输。根据订单和目的国家，箱子被自动合并在一起，这样它们就整装待发了。

以上步骤中的第1、2、5、6项是在低层区域进行的，其余步骤可以使用高层区。

（《耐克的中心仓库运作》，2013年6月13日，https：//wenku. baidu. com/view/430e441502020740be1e9b45. html。有改动）

思考：

Laakdal的七步物流程序是怎样为耐克提供竞争优势的？

淘宝“大物流”计划

淘宝网作为亚洲最大的网络零售商，在物流环节上采用的是推荐物流政策，较好地规范了其物流管理和服务。然而，随着淘宝网的迅速发展和B2C业务“淘宝商城”的推出，物流仍是阻碍其进一步发展的瓶颈之一。从百世物流的探索到投资星晨急便，过去持“绝不做物流”态度的淘宝网正在积极着手其物流战略布局。2010年6月提出的淘宝“大物流”计划便是淘宝网在物流服务模式上的大胆创新，其核心内容包括淘宝物流宝平台、物流合作伙伴体系及物流服务标准体系三大块。

淘宝物流宝平台是指由淘宝网联合国内外仓储、快递、软件等物流企业组成服务联盟，提供一站式电子商务物流配送外包服务，解决商家货物配备（集货、加工、分货、拣选、配货、包装）和递送难题的物流信息平台。该平台通过API接口的全面开放，使得物流服务商、淘宝卖家和外部商家以及各类电子商务网站均能实现订单交易信息、物流信息和商家自身ERP系统的全面信息共享。

同时，为了满足商家和消费者的多样化需求，淘宝“大物流”计划中还包括了对多种社会物流服务资源的整合。该体系包括七类合作伙伴，分别是提供物流园区建设、管理的基础设施投资者，提供流程、作业标准的服务提供商，提供运输、配送服务的运输、配送服务商，提供技术支持和数据接口的ISV管理软件服务商，提供各种包材、包装设计方案的包装材料供应商，提供加工、售后服务的流通加工服务提供商，以及提供流通融资服务的流通融资服务提供商。

此外，淘宝“大物流”计划还特别推出了物流服务标准体系，其中包括统一服务标准、统一合作伙伴流程、统一买家购买体验等，其目的是通过标准体系的制定，提高物流服务商的服务质量与能力，给商家和消费者提供更好的服务和消费体验。

（《淘宝“大物流”计划》，2012年8月16日，https：//wenku. baidu. com/view/a181270 f763231126edb1153. html。有改动)

知识链接

全球四大 GPS 系统

目前，世界主要的 GPS 系统有美国 GPS、欧洲的“伽利略”、依罗斯的 GLONASS 和我国的“北斗”卫星导航系统。

1. 美国 GPS

美国 GPS 由美国国防部于 20 世纪 70 年代初开始研制，于 1993 年全部建成。该系统有美国设置的“后门”，一旦发生战争，美国可以关闭对某地区的信息服务。

2. 欧洲的“伽利略”

1999 年，欧洲提出发射 30 颗卫星的计划，组成“伽利略”卫星定位系统。2009 年，该计划正式启动，截至 2016 年 12 月，该系统已经发射了 18 颗工作卫星，具备了早期操作能力（EOC），并计划在 2019 年具备完全操作能力（FOC）。全部 30 颗卫星（调整为 24 颗工作卫星，6 颗备份卫星）计划于 2020 年发射完毕。

3. 俄罗斯的 GLONASS

俄罗斯的 GLONASS 系统方案设想始于 20 世纪 70 年代，需要至少 18 颗卫星才能确保覆盖俄罗斯全境；如要提供全球定位服务，则需要 24 颗卫星。该系统于 2007 年开始运营，当时只开放俄罗斯境内的卫星定位及导航服务。到 2009 年，其服务范围已经拓展到全球。该系统主要服务内容包括确定陆地、海上及空中目标的坐标及运动速度信息等。

4. 我国的“北斗”卫星导航系统

这是我国正在实施的自主发展、独立运行的全球卫星导航系统。该系统已经有 11 颗卫星在轨运行，拥有 12 万军民用户。2020 年前，“北斗”导航定位系统卫星数量将达 30 颗以上，导航定位范围也将由区域拓展到全球，其设计性能将与美国第三代 GPS 导航定位系统相当。

☞**课堂互动**

若在物流过程中综合应用 GPS 技术与 GIS 技术，可实现哪些功能？

电子商务的若干层面

电子商务的内涵极为丰富，包括以下层面的内容：

就范围而言，包括商务活动的所有方面，如交易的方式、手段与工具等。

就过程而言，包括商务活动的所有阶段，如市场调研、合同签订、货物配送、售后服务等。

就参加者而言，涉及参加商务活动的所有人员，包括生产方、销售方、政府管理部门和客户等。

就营销理论而言，涉及从传统营销方式到基于 Internet 的现代营销方式的转变以及新的营销策略和理念。

就其涉及的信息技术而言，包括各种现代计算机技术和通信技术，以及各种软硬件解决方案、信息标准和安全策略等。

电子商务成本低廉化的具体表现

（1）距离越远，网络上进行信息传递的成本相对于信件、电话、传真的成本而言就越低。此外，缩短时间及减少重复的数据接入也降低了信息成本。

（2）买卖双方通过网络进行商务活动，无需中介者参与，减少了交易的中间环节。

（3）卖方可通过计算机网络进行产品介绍和宣传，避免了在传统方式下做广告、发印刷产品等大量费用。

（4）电子商务实行“无纸贸易”，可减少90%的文件处理费用。

（5）互联网使买卖双方可以即时沟通供需信息，使无库存生产和无库存销售成为可能，从而使库成本降为零。

（6）企业利用内部网可实现无纸办公（OA），提高内部信息传递的效率，节省时间，并降低管理成本。

（7）传统的贸易平台是地面店铺，而电子商务贸易平台只是一台电脑。

☞**课堂互动**

你是否参与过电子商务活动？你认为电子商务还有哪些功能？

电子商务在物流业的发展趋势

电子商务时代，由于企业销售范围的扩大，企业和商业销售方式及最终消费者购买方式的转变，使得送货上门等业务成为一项极为重要的服务业务。如今，信息化、全球化、多功能化和一流的服务水平，已成为电子商务下的物流企业的永恒追求。

1. 信息化——物流企业的必由之路

在电子商务时代，要提供最佳的服务，物流系统必须要有良好的信息处理和传输系统。EDI与Internet的应用使物流效率的提高更多地取决于信息管理技术，电子计算机的普遍应用提供了更多的需求和库存信息，提高了信息管理的科学化水平，使产品流动更加容易和迅速。物流信息化包括商品代码和数据库的建立、运输网络合理化、销售网络系统化和物流中心管理电子化建设等，目前还有很多工作有待实施，可以说，没有现代化的信息管理，就没有现代化的物流。

2. 全球化——物流企业竞争的趋势

电子商务的发展加速了全球经济一体化的过程，其结果将使物流企业向跨国经营和全球化发展，要求物流企业和生产企业更紧密地联系在一起，花费大量时间和精力更好地从事物流服务。

3. 多功能化——物流企业发展的方向

在电子商务时代，物流发展到集约化阶段，一体化的配送中心不单单提供仓储和运输服务，还必须开展配货、配送和各种提高附加值的流通加工服务项目，也可按客户的需要提供其他服务。现代供应链管理即通过从供应者到消费者供应链的综合运作，使物流达到最优化。企业追求的是全面的、系统的综合效果，而不是单一的、孤立的片面利益。

4. 一流的服务——物流企业永恒的追求

在电子商务下，物流企业是介于供货方和购货方之间的第三方，是以服务作为第一宗旨。

从当前物流的现状来看，物流企业不仅要为本地区服务，还要进行长距离的服务，因为客户不但希望得到很好的服务，而且希望服务点不是一处，而是多处。因此，如何提供高质量的服务便成了物流企业管理的中心课题。

本章小结

(1) 物流信息是指与物流活动相关的信息，是反映物流各种活动内容的知识、资料、图像、数据、文件的总称。现代物流的重要特征是物流的信息化，现代物流也可以看作是货物实体流通与信息流通的结合。物流信息除了具备一般信息的基本属性以外，还具有自动化、网络化、智能化、再生化等特点。

(2) 条码技术是实现各行业自动化管理的有力武器，有利于进货、销售、仓储管理一体化，是实现 EDI、节约资源的基础，是及时沟通产、供、销的纽带和桥梁，是提高市场竞争力的工具，可以节省消费者的购物时间，扩大商品销售额。

(3) EDI 是指按照统一规定的一套通用标准格式，将标准的经济信息，通过通信网络传输，在贸易伙伴的电子计算机系统之间进行数据交换和自动处理。物流 EDI 是指货主、承运业主以及其他相关的单位之间，通过 EDI 系统进行物流数据交换，并以此为基础实施物流作业活动的方法。

(4) POS 系统是物流管理信息系统的基础，是以商品条码为基础的销售点自动化管理系统。它可以实时采集各种商品的销售信息，对经营商品实施单品管理。

(5) RF 主要应用于货物跟踪、运载工具和货架识别等要求非接触数据采集和交换的场合，由于 RF 标签具有可读写能力，对于需要频繁改变数据内容的场合尤为适用。

(6) GIS 应用于物流，主要是利用其强大的地理数据功能来完善物流分析技术。

(7) GPS 在 21 世纪将会被广泛应用到许多领域，在物流领域，GPS 将会越来越普遍地应用于各个环节。

(8) 电子商务作为一个新兴的商务活动，对物流产生了很大的影响。同时，物流也是电子商务的重要组成部分，没有物流，电子商务就会成为泡沫。

自测题

一、选择题

1. (　　) 不是物流系统的目标。

A. 服务　　B. 快捷　　C. 节约　　D. 加工

2. (　　) 不是物流系统的一般要素。

A. 人　　B. 信息　　C. 资金　　D. 物

3. (　　) 表示电子数据交换。

A. EOS　　B. EDI　　C. POS　　D. GPS

4. 下列对物流系统的说法正确的是 (　　)。

A. 物流系统是一个单独的系统，可以作为一个整体单独存在

B. 物流系统存在一定的目标

C. 构成物流系统的各个要素达到最优，即可使得整个物流系统达到最优

D. 物流系统由物流作业系统和物流信息系统两大部分组成，两者之间是并列关系

5. 物流成本之间存在效益悖反，即物流功能之间，一种功能成本的削减会使另一种功能成本（　　）。

A. 增多　　B. 减少　　C. 不变　　D. 无法估计

二、判断题

1. 物流系统的目标是整个物流系统的成本最低，物流系统的目标是一成不变的。（　　）
2. 高水平的物流服务是指尽量用储备大量的库存来满足客户订单。（　　）
3. 简化包装可以节省包装费，但可能增加装卸搬运费。（　　）
4. 物流信息系统是物流作业系统的上层支持系统。（　　）
5. 物流信息化是物流管理的必然要求，没有物流的信息化，就没有先进的物流管理。（　　）
6. 交易促进不是物流信息的功能。（　　）
7. 自动识别技术的运用导致物流总成本增加。（　　）
8. 电子商务的广泛采用将改变传统的物流观念。（　　）
9. 物流 EDI 是采用非标准化格式进行物流数据交换。（　　）
10. 切断物流系统和其他系统之间的联系，只要物流系统本身功效完备，物流系统还是能发挥其应有的作用而得以生存。（　　）

三、简答题

1. 物流信息的特征有哪些？
2. 物流信息的作用是什么？
3. 物流信息如何进行分类？
4. 列举常用的三种物流信息技术。

四、案例分析

烟草返销配送系统成功案例

2000 年以来，由于市场竞争日趋激烈，我国各省烟草专卖局（公司）纷纷开展城乡卷烟销售网络的建设，形成“以我为主、归我管理、由我调控”的卷烟销售体系，基本上解决了卷烟销售体外循环的问题。为了建设完善的卷烟销售网络，各局（公司）根据卷烟商业企业的特点，结合目前国际上新型的“流通网络”管理思想，应用 IC 卡控制、远程数据通信、数据库等信息技术，建立起了以业务配送中心、专卖业户管理中心、信息管理中心三个中心为基本框架，IC 卡专卖管理为系统依托，计算机信息管理为技术支撑手段的运营模式。

目前在国内，实达电脑设备公司自行设计、生产的 STAR-722、STAR-701 是烟草行业专用 POS（销售时点）系统的首选品牌。公司已和全国性及区域性的烟草系统集成商达成了合作推广烟草返销配送系统的协议，并在黑龙江、湖南、江苏、福建、浙江、安徽等省进行试点。例如，国家烟草总局的试点单位南通烟草公司、黑龙江齐齐哈尔烟草公司等公司的烟草配送体系采用 STAR-701 作为 IC 卡数据采集设备，运行后都取得了良好的社会效益和经济效益。

烟草行业是最适合开展物流配送的行业，采用 IC 卡技术的返销配送体系实行专卖和销售“两网”并举，把责任目标具体落实到返销员、送货员和专卖管理员，在销售、财务、仓储、

调运和信息反馈等五个方面实现计算机管理系统联网。该体系通过 IC 卡进行数据处理，既保证了数据安全、快捷的采集，又使数据的录入工作从繁重的手工输入中解放出来，差错率基本降低为零。

烟草返销配送系统的主要操作流程如下：

(1) 烟草专卖局（公司）向所有卷烟零售单位和个人发放“卷烟专卖 IC 卡”，代替原有的“卷烟零售专卖证”。

(2) 由市内各烟草专卖店返销员上门销售，配备返销 POS，由 STAR-701 记录销售信息，回去后上传系统。销售员根据统计结果，安排路线上门送货，并在送货完毕后，使用返销 POS 机在“卷烟专卖 IC 卡”上记录该零售商购买卷烟的时间、编号、品名、数量等信息，同时也在 POS 机上记录其他相关内容，并可现场打印销售小票；或者，零售商直接到烟草专卖店采购卷烟，坐店销售员利用连接在 PC 机上的 IC 卡读写器对卷烟专卖 IC 卡进行操作，记录相应的信息。在专卖店配备有打印机，主要是用来打印报表及发票。无论是返销 POS 机还是 PC 机，均在每天下班后将销售流水逐级上传到分公司、省公司，以便统计整个卷烟销售数据。

(3) 专卖管理单位专卖稽查员手持 IC 卡读写器 STAR-722，随时到卷烟零售单位检查卷烟销售情况，通过检查“卷烟专卖 IC 卡”和销售发票、库存情况，可知道该零售户是否有违规行为。

IC 卡之所以能够成为烟草返销配送体系中的热点，有它自身的优势：首先，IC 卡的高存储容量可以存储大量的相关信息，并且为以后拓展应用提供可靠的物理保证。其次，IC 卡的不可复制的特性具有很高的安全机制，可从根本上防止卡片伪造等造成的危害。

采用烟草返销配送体系带来的好处是显而易见的，既可以提高效率，加强管理，又能增加经济效益。随着它的推广普及，特别是金融业介入这个领域后，银行利用其完善的结算体系和金融 IC 卡的加密、认证等安全特性，可以在 POS 机上直接进行无现金的支付交易，大大缩短了交易时间，形成烟草、银行、消费者三赢的局面。

(涂盛善等编：《物流经营管理实务》，辽宁科学技术出版社 2004 年版，第 228~229 页。有改动)

思考：

1. 联系本案例简述配送的作业的流程。
2. 试述物流信息技术在物流配送中的应用。

五、企业应用

易通物流公司物流信息系统

1. 案例

易通物流公司是一家快递成长的第三方物流公司，该公司从正式运营开始，其经营业绩以每年翻一番的速度迅速增长。易通物流公司的快速发展，不仅得益于第三方物流市场需求的发展，更得益于物流信息系统的支持。

(1) 易通物流信息系统的应用阶段

易通物流对信息系统的需求经历了从单一到全面、从模糊到清晰的发展过程，从总体上来说分为以下四个阶段：

第一阶段：系统只是解决运单录入和汇总数据的统计查询。

第二阶段：逐步涵盖委托、集货、调度、出入库、运输、配送、牵手等各环节的数据录入和统计查询。

第三阶段：完善调度、出入库、运输监控功能和实现网上功能。

第四阶段：进一步进行数据挖掘，实现系统对接。

（2）易通物流信息系统的结构和功能

易通物流信息系统分为物流管理子系统、车辆运输管理子系统、出入库管理子系统和企业门户网站四大部分。其中，物流管理子系统的功能包括基础委托单信息的录入、客户资料建档、业务流转过程中相关数据的录入等。这些信息分别由不同岗位的责任人完成，便于管理。车辆运输管理子系统包括司机、车辆基础档案的管理，车辆固定成本、可变成本的管理，行车安全管理，行车效率管理（路单管理）。出入库管理子系统的功能包括货物的入库数量、时间、完好情况记录，货物的出库数量、时间、完好情况记录，货物查询、统计、汇总等。企业门户网站作为易通物流对外宣传和与客户沟通的工具，主要提供网上查询、网上委托与网上交易服务。

（3）应用效果

由于系统的成功运用，易通物流公司在相关岗位的人力投入减少了50%以上，差错率降低了80%，整体效率提高了46%。另外，系统的统计分析功能使得公司管理层能够及时准确地获取重要的数据支持。同时，系统对业务流程的再造和实施起到了重要的导向和保障作用，提高了企业的竞争力。

2. 资料查询所得

（1）项目背景

易通交通信息发展有限公司易通物流分公司是一家快速成长的第三方物流企业，公司从2000年11月份开始正式运作，经营3年来，业绩每年以翻一番的速度迅速发展，目前已经达到年营业额2000多万元、运送货物400多万件、送达城市300多个的规模。易通物流公司的快速发展，不仅得益于第三方物流市场需求的发展，更离不开信息系统的支持。

易通物流信息系统结构：本系统分为物流管理子系统、车辆运输管理系统、出入库管理子系统和企业门户网站四大部分。

①物流管理子系统：基础委托单信息的录入，支持电话、传真、互联网等多种形式；客户资料建档，包括客户业务信息、客户信用、客户投诉、客户基础信息、合作状况评价等；业务流转过程中相关数据的录入，包括在库相关信息、在途相关信息、费用信息，分别由不同岗位的责任人完成，便于出现问题时责任的追究。

②车辆运输管理子系统：司机、车辆基础档案的管理；车辆固定成本、可变费用的管理；行车安全管理；行车效率的管理（路单管理）。

③出入库管理子系统：货物的入库数量、时间、完好情况的记录；货物的出库数量、时间、完好情况的记录；支持仓库网络分布情况下对货物的统计、汇总；支持针对不同权限的客户分库区、分品种的库存货物查询；实现上述各项功能的网上查询服务。

④企业门户网站：作为物流公司对外宣传和同客户沟通的工具，EIP物流企业门户网站主要提供网上查询、网上委托、网上交易。

（2）应用

该系统源于物流企业的实践，同时结合国内的实际情况，蕴含成功物流企业先进的管理思想和运作模式、完善的物流业务管理能力，支持各种成本核算方法、单品管理、票据全程跟踪和历史动态业务数据查询，支持工作流管理和各部门（如生产、销售、服务）之间的全面协同工作及全程无纸化作业。物流服务企业与发货方、供货方之间通过该系统都可以畅顺迅捷地了解到所需的数据信息，开放式接口易于构建和管理国内外其他应用系统的动态数据交换。

（3）应用体会

首先就是要先用起来，根据易通物流实际应用情况，如果一开始公司就上一套很完善的物流系统，那中途夭折的可能性在95%以上。因为信息系统是企业业务的神经系统，他与企业的骨骼和肌肉（即业务和管理水平）是相互适应的，任何一方面的超前和落后都会阻碍企业的发展。易通公司信息技术应用事业部为想上信息系统的企业提供了企业诊断和最高限价的咨询服务。根据企业的业务状况、企业规模、管理层认识程度、基层计算机应用程度等，提出一期信息系统应用投资的最高限价，超过这个限价企业就面临着很大的价格风险。事先设定一期投入应用效果评估，在达到一期目标之后，管理层增强了信心、总结了经验教训，再考虑二期投入。

数据的积累和挖掘是企业提高管理水平的依据。没有准确数据的长期积累，就谈不上科学的管理。有了准确数据的一年以上的积累，就可以进行各个层面的数据挖掘与分析。根据管理水平的不断提高，为自身企业设定一系列考核指标，根据指标随时监控企业的运行状况，做到提前预知事态发展，及时采取措施趋利避害。

软件良好的表现形式是系统成功应用的保障。信息系统的应用需要人们改变原来通过纸张进行阅览和传递信息的形式，因此要尽最大的可能去适应操作人员特别是管理人员的习惯，以最简单、最直观形式将各种信息展示出来。

结论：本系统是易通交通信息发展有限公司易通物流分公司自行开发、自行应用的物流信息系统，具有成本低、简明实用的特点，并伴随企业的发展而不断改进。目前已经在信息的跟踪服务和数据挖掘应用等方面进行了有益的探索，说明小企业的客户也会有先进的需求，只是要采用更加适用的解决方案才能满足客户。该公司利用本系统实现了物流全流程的整合，在图书市场的物流和配送领域实现了迅速成长，也成为该领域小企业信息化应用的一个成功案例。

（《易通物流管理信息系统》，2009 年 2 月 11 日，https：//www.51test.net/show/533732.html。有改动）

思考：

1. 任何一方面的超前和落后都会阻碍企业的发展，而易通物流应用这么一套完善的物流系统是如何做到与企业业务和管理水平相互适应的，又如何提出一期信息系统应用投资的企业诊断和最高限价来规避风险呢？

2. 易通物流信息系统结构是怎么样的？它们相互之间的关系是什么？如何做到配送合理化？

3. 作为易通企业决策者，你会通过什么措施来解决配送效率低的问题？为什么？

实践与训练3

实训 3.1：调查与访问——学校所在省市的物流中心（配送中心）的物流信息的应用情况

【实训目标】

1. 培养学生问题调查和分析的能力。
2. 让学生在实践中理解物流信息对人们生活的影响、对企业生产经营和发展的影响。
3. 让学生尝试寻找物流信息系统实施过程中面对的最大困难，以及物流信息系统面临的最大挑战。

【实训内容与要求】

1. 组织学生分析物流信息对当地人们生活的影响、对当地企业利润产生的影响。
2. 实地考察某物流中心（配送中心）或企业的物流信息技术的应用情况。
3. 收集当地政府与企业有关物流信息发展的政策、法规、管理制度、规划等资料。
4. 根据整理收集到的一手资料，对当地物流业的物流信息系统的现状和未来进行简单的分析评价。分析和整理当地物流业发展中物流信息系统实施过程中面对的最大困难，以及物流信息系统面临的最大挑战。

【成果与检测】

1. 提交考察当地某物流中心（配送中心）或企业的物流信息系统应用的调研和建议报告。
2. 与同学的调研报告进行交流讨论，评比出优秀报告。
3. 分析调研报告是否对当地物流业的物流信息系统建设发挥作用。

实训 3.2：案例讨论——各类企业的物流信息技术的应用

【实训目标】

1. 使学生对各类企业的物流信息技术应用情况形成初步的整体认识。
2. 培养学生对各类企业物流信息技术应用现状和前景的认识分析能力。

【实训内容与要求】

模拟某行业公司，组织搜集资料并进行分析。

1. 调查某企业的物流信息技术的具体应用过程。
2. 运用所学知识加以分析，并找出物流信息技术在企业生产经营中的作用。
3. 分析存在的问题，提出解决措施并说明理由。

【成果与检测】

1. 将学生分组，每个小组撰写一份具体企业的物流信息技术应用分析报告。
2. 教师根据分析的合理性对各小组表现进行评价。

第 4 章　企业物流管理

知识目标

- 了解并掌握企业物流的概念及管理的任务。
- 掌握采购管理、进货管理及供应商管理的内容。
- 了解企业生产物流的概念、组织，掌握 ERP 的应用、JIT 的原理和精益生产的方法。
- 掌握销售物流管理的原则和方法。
- 了解逆向物流的概念及管理方法。

导入案例

上海大众的零库存供应模式

在人们的生活消费水平越来越高的今天，汽车已经进入了寻常百姓家，不再是一种奢侈品了。我们熟悉的汽车品牌很多，从早期的国产红旗、北京吉普到如今的大众、奥迪、宝马、奔驰，还有国内的奇瑞、吉利等，汽车消费群体在增长的同时，汽车厂商之间的竞争也越来越激烈，从汽车的款型、性能等方面都要求能够快速地适应如今多样的消费者需求，同时还要求在成本上具有优势，才能够在激烈的市场竞争中立于不败之地。国内的汽车业目前以惊人的速度成长，产销屡创新高。作为企业来说，要想让自己的产品快速地反映市场需求，要求物资供应必需能够快速地满足生产环节的需要，同时要求供应链的环节要尽量缩短。怎样才能够让企业的原材料和零配件的供应快速、便捷，同时成本又低呢？上海大众汽车有限公司的物资供应模式给了我们一个全新的思维。

上海大众汽车有限公司（以下简称“上海大众”）位于上海西北郊安亭国际汽车城，占地面积 333 万平方米，建筑面积 90 万平方米，是目前国内生产规模最大的现代化轿车生产基地之一，年生产能力超过 45 万辆，产品包括桑塔纳、桑塔纳 3000 型、帕萨特、波罗、高尔、途安五大平台六大系列几十个品种。上海大众的诞生结束了中国汽车工业“闭门造车”低水平徘徊的历史，开辟了利用外资、引进技术、加快发展的道路。20 多年来，上海大众自我积累、滚动发展，创下了我国轿车工业发展的新模式。经过合资各方多次追加投资，上海大众的注册资本已从 1985 年的 1.6 亿元达到目前的 100 多亿元人民币，总资产由 9.8 亿元增长到 359.7 亿元人民币。2005 年 4 月 11 日，上海大众与斯柯达汽车公司签署了合作协议，在欧洲享誉百年的斯柯达汽车品牌正式落户上海大众。2005 年 7 月 5 日，上海大众累计生产的第 300 万辆轿车在汽车三厂下线。至此，经过 20 年的发展，上海大众成为国内首家，也是唯一一家累计生产达到 300 万辆的轿车企业。

上海大众的成功大大推进了中国轿车工业的发展。在扩大自身生产规模的同时，上海大众开展了振兴中国轿车零部件工业的桑塔纳轿车国产化工作。这一跨地区、跨部门、跨行业的宏大系统工程，带动了一大批配套企业的技术进步，为形成符合国际水准的零部件生产打下了扎实的基础。目前为上海大众配套的400多家零部件企业，更广泛地被其他汽车生产企业选作供应商，有的还被列入国际采购的行列。

从“最小风险”到“最优保障”，上海大众实施零库存管理，提高备件管理水平。提高备件管理水平，确保设备高效运行，保证生产正常进行，是工厂服务部门的主要职责。上海大众是国内最大的轿车生产厂家，主要设备都从国外进口，设备多，厂家多，所需备件十分复杂。为了保证生产的正常进行，多年来已购买了大量的备件。随着工厂产品更新换代，设备更新的步伐越来越快，库存备件的品种、数量也在不断增加。为了进一步提高工厂服务质量，做到既保证备件的及时供应，又能降低备件的库存资金占用，规划部一直在寻求改善备件供应的方法。零库存的供应方法可以有效地解决这些问题。然而，上海大众的备件种类繁多，国内的供应保障体系又不完善，因此，选择合适的备件品种，寻找合适的供应商，是备件零库存供应成败的关键。经过对多家供应商的考察，在众海公司的协助下，上海大众最终决定首先与必迪艾（天津）轴承有限公司合作进行轴承备件的无库存供应工作。轴承是上海大众应用最广的备件之一，其使用范围广，使用频率高，涉及品牌多，品种型号复杂。选择轴承作为备件无库存的起步，可以较好地体现零库存管理的优点，同时也较易实施。必迪艾（天津）轴承有限公司是美国BDI公司在中国设立的独资公司，美国BDI公司是北美最大的轴承及工作品专业经销商之一。美国的三大汽车公司——通用、福特、克莱斯勒都是其长期客户，因此其具有丰富的从事汽车工厂备件供应的经验，同时也有在国内进行备件零库存管理的经验。其全球化的库存及销售网络、长期的备件供应经验，都是其做好零库存工作的保证。实施轴承备件零库存管理后，双方联合对上海大众的轴承使用情况进行调查，以确定上海大众轴承备件的最小库存量，由必迪艾（天津）轴承有限公司进行储备，上海大众将在使用后再进行结算付款，从而可以大幅度降低轴承备件的库存资金。实施轴承备件零库存管理后，必迪艾（天津）轴承有限公司还将向上海大众提供全面的技术服务，由专职工程师为上海大众服务。同时，必迪艾（天津）轴承有限公司将根据现场使用情况对上海大众的人员进行技术培训，对有关轴承的新技术、新产品进行推广。依靠有实力的供应商，实施备件的零库存管理，是搞好备件供应、降低备件库存的较好途径。目前，上海大众规划部正与采购部一起合作，积极扩大和深化备件零库存的管理。

（邓永胜等：《物流管理案例与实训》，清华大学出版社、北京交通大学出版社2008年版，第35页。有改动）

阅读提示

学习本章后，能够对企业物流管理有一个感性的认识。假设你是一个企业的主管，你会怎样对企业物流进行管理？

4.1 企业物流管理概述

中国经济要融入世界经济，企业要参与国内和国外两个市场的竞争，就需要增强现代物流意识，积极采用先进的组织和管理技术。

企业物流是企业生产与经营的组成部分，也是社会大物流的基础。随着市场竞争的日益激烈，制造企业面临着巨大的生存压力。客户导向成为制造企业参与市场竞争的指导思想，而企业物流系统输出的正好是客户服务，所以越来越多的制造企业已将物流管理视为提高企业能力和竞争力的关键所在。以最低的物流成本，提供最好的服务，为客户创造最大的价值，成为制造企业赢得竞争优势的重要途径。

4.1.1 企业物流的概念和分类

1. 企业物流的概念

企业是为社会提供产品和服务的经济实体。一个工厂要进购原材料，经过若干工学的加工，形成产品后再销售出去；一个商场需要根据用户的要求购进商品，进行流通加工后再销售出去；一个运输公司要按客户的要求将货物输送到指定地点。因此，可以认为，在企业经营范围内由生产或服务活动所形成的企业内部的物品实物运动就是企业物流研究的内容。

(1) 物流的概念

有关物流的概念说法很多，国内外争议也很多。

美国管理派。1985 年，美国物流管理协会（Council of Logistics Management，CLM）认为，物流是对货物、服务及相关信息从起源地到消费地的有效率、有效益的流动和储存进行计划、执行和控制，以满足顾客要求的过程。该过程包括进向、去向、内部和外部的移动以及以环境保护为目的的物料回收。

美国工程派。1974 年，美国物流工程师学会（SOLE，Society of Logistics Engineers）认为，物流是与需求、设计、资源供给与维护有关，以支持目标、计划及运作的科学、管理、工程及技术活动的艺术。

美国军事派。1981 年，美国空军（U. S. Air Force）认为，物流是计划、执行军队的调动与维护的科学，它涉及与军事物资、人员、装备和服务相关的活动。

美国企业派。1997 年，美国 EXEL 物流公司认为，物流是与计划和执行供应链中商品及物料的搬运、储运及运输相关的所有活动，包括废弃物品及旧品的回收复用。

1985 年，加拿大物流管理协会（Canadian Association of Logistics Management，CALM）认为，物流是对原材料、在制品、产成品及相关信息从起源地到消费地的有效率的、成本有效益的流动和储存进行计划、执行和控制，以满足顾客要求的过程。该过程包括进向、去向和内部流动。

1994 年，欧洲物流协会（European Logistics Association，ELA）认为，物流是在一个系统内对人员及/或商品的运输、安排及与此相关的支持活动的计划、执行与控制，以达到特定的目的。

1982 年，日本日通综合研究所认为，物流是物质资料从供给者向需要者的物理性移动，是创造时间性、场所性价值的经济活动。从物流的范畴来看，其包括包装、装卸、保管、库存管理、流通加工、运输、配送等诸种活动。

1996 年，我国台湾物流管理协会（Taiwan Logistics Management Association）认为，物流是一种物的实体流通活动的行为，在流通过程中，透过管理程序有效结合运输、仓储、装卸、包装、流通加工、咨询等相关物流机能性活动，以创造价值，满足顾客及社会性需求。

2001 年，中国国家科委、国家技术监督局、中国物资流通协会等制定的国家标准《物流术语》认为，物品从供应地向接收地的实体流动中，根据实际需要，将运输、储存、装卸、搬运、包装、流通加工、配送、信息处理等功能有机集合来实现用户要求的过程。

(2) 社会物流的概念

按物流系统性质，物流可分为社会物流和企业物流。

《物流术语国家标准》中社会物流（External Logistics）也称为大物流或宏观物流，是一切外部的物流活动的总称。社会物流是指超越一家一户的以一个社会为范畴面向社会为目的的物流。这种社会性很强的物流往往是由专门的物流承担人承担的，社会物流的范畴是社会经济大领域。社会物流研究再生产过程中随之发生的物流活动，研究国民经济中的物流活动，研究如何形成服务于社会、面向社会又在社会环境中运行的物流，研究社会中物流体系结构的运行，因此带有宏观和广泛性。

(3) 企业物流的概念

《物流术语国家标准》中企业物流（Internal Logistics）的定义是企业内部的物品实体流动，它是和“社会物流”这个名词相对应的。学界对企业物流的定义有以下几种：

①企业物流是以企业经营为核心的物流活动，是具体的、微观物流活动的典型领域。

②企业物流主要是企业内部的生产经营工作和生活中所发生的加工、检验、搬运、储存、包装、装卸、配送等物流活动。

③企业物流是指在企业生产经营过程中，物品从原材料供应，经过生产加工，到产成品和销售，以及伴随生产消费过程中所产生的废弃物的回收及再利用的完整循环活动。

④美国后勤管理协会认为，企业物流是研究对材料、半成品、产成品、服务以及相关信息从供应始点到消费终点的流动与存储进行有效计划、实施和控制，以满足客户需要的科学。

一般来说，企业物流就是：企业在生产运作过程中，物品从供应、生产、销售到废弃物的回收及再利用所发生的运输、储存、装卸、搬运、包装、流通加工、配送、信息处理等活动。

☞提示

一体化物流与传统物流的最大区别在于：后者是以低廉的价格提供服务，而前者则是把客户需求放在第一位。它除了提供优质物流服务外，还承担促进销售、创造客户需求的功能，分享增值服务的利润。一体化物流强化了各节点之间的关系，使物流成为企业的核心竞争力。

2. 企业物流的内涵

从系统论角度分析，企业物流是一个承受外界环境作用的具有输入—转换—输出功能的自适应体系。其内涵表现如下：

(1) 企业物流系统的输入

输入是指企业生产活动所需生产资料的输入供应，即供应物流，它是企业物流过程的起始阶段。供应物流是保证企业生产经营活动正常进行的前提条件。现代企业生产具有规模大、品种多、技术复杂等特点，再加上专业化、协作化、共同化的发展，生产社会化程度提高，企业间的生产技术活动愈加密切。企业的生产活动要素的投入，首先是生产资料的投入。因此，是否适时、适量、齐备、成套地完成供应活动是保证企业顺利进行生产经营活动的基础。供应物流具体包括一切生产资料的采购、运输、库存管理、用料管理和供应运输等。

①采购。采购是供应物流和社会物流的衔接点，是根据企业生产计划所要求的供应计划制定采购计划并进行原材料外购的活动。在完成将采购物资输送到企业内的物料活动的同时，

它还要承担市场资源、供应厂家、市场变化、供求信息的采集和反馈任务。

②供应。供应是供应物流与生产物流的衔接点。它是根据材料供应计划、物资消耗定额、生产作业计划进行生产作业的活动组织。供应物流（Supply Logistics）是为生产企业提供原材料、零部件和其他物品时，物品在提供者与需求者之间的实体流动。

供应方式一般有两种基本形式：一是传统的领料制，即用料单位根据生产计划到供应部门（或供应仓库）领取生产资料；二是供应部门根据生产作业信息和作业安排，按生产中材料需要的物料数量、时间、次序、生产进度进行配送供应的方式。

原材料及设备采购供应阶段的物流是企业为组织生产所需要的各种物资供应而进行的物流活动。它包括物料送达本企业的企业外部物流和本企业仓库将物资送达生产线的企业内部物流。如生产企业从物资供销部门进货，则外部物流表现为物资供销企业到本企业仓库间这个过程的物流。

③库存管理。库存管理是供应物流的核心部分。库存管理的功能主要有两个方面：一方面，它要依据企业生产计划的要求和库存的控制情况，制定物资采购计划、库存数量和结构控制，并指导供应物流的合理运行；另一方面，库存管理又是供应物流的转折点，它要具有完成生产资料的接货、验收、保管、保养等具体功能。

（2）企业物流系统的转换

企业物流系统的转换是指企业生产物流，也称厂区物流、车间物流等，它是企业物流的核心部分。生产物流（Production Logistics）是生产过程中，原材料、在制品、半成品、产成品等在企业内部的实体流动。

生产物流包括各专业工厂或车间的半成品或成品流转的微观物流，各专业厂或车间之间以及它们与总厂之间的半成品、成品流转。工厂物流的外沿部分是指厂外运输衔接部分，它包括原材料、部件、半成品的流转和存放，产成品的包装、存放、发运和回收。生产物流系统的边界是始于原材料、配件、设备的投入，经过制造过程转换为成品，止于从成品库再运到中转部门或直接配送给用户或出口。生产物流并不是一个孤立的系统，而是一个与周围环境相关，不时地从外界环境中吸取“营养”，并向社会输送产品和劳务的开放系统。

生产阶段的物流是指企业按生产流程的要求，组织和安排物资在各生产环节之间进行的内部物流。

生产阶段的物流主要包括物流的速度，即物资停顿的时间尽可能地短，周转尽可能地加快；物流的质量，即物资损耗少，搬运效率高；物流的运量，即物资的运距短，无效劳动少等方面的内容。

①影响生产物流的主要因素。不同的生产过程有着不同的生产物流构成。生产物流的构成取决于下列因素：

生产的类型。不同的生产类型，它的产品品种、结构的复杂程度、工艺要求以及原材料的准备特点都影响着生产物流的构成以及相互间的比例关系。

生产规模。生产规模是指单位时间内产品的产量，通常以年产量来表示。生产规模越大，生产过程的构成越齐备，生产物流量越大；反之生产规模越小，生产构成越简单，则生产物流量也越小。

企业的专业化和协作水平。社会专业化和协作水平提高，企业内部生产过程就越趋简单化，物流流程缩短，某些基本工艺的半成品，如毛坯、零件、配件等，就可由厂外其他专业工厂提供。

②组织生产物流的基本要求。生产物流是与企业生产紧密联系在一起的。只有合理组织生产物流过程，才有可能使生产过程处于最佳的状态。如果物流活动组织水平低，达不到生产要求，即使生产条件、设备条件再好，也不可能顺利完成生产过程，更谈不上取得较高的经济效益。

(3) 企业物流系统的输出

销售物流是企业物流的输出系统，承担完成企业产品的输出任务，并形成对生产经营活动的反馈因子。销售物流（Distribution Logistics）是生产企业、流通企业出售商品时，物品在供方与需方之间的实体流动。

销售物流是企业物流的终点，同时又是宏观物流的终点。宏观物流接受它所传递的企业产品、信息以及辐射的经济能量，进行社会经济范围的信息、交易、实体流通活动，把一个个相对独立的企业系统联系起来，形成社会再生产系统。如果不能很好地组成企业销售物流，企业生产的产品停滞和脱销，系统的功能则无法实现，经济能量辐射被破坏，产品的劳动价值将无法得以补偿和实现，产品也不能最终成为现实有用的产品。

销售阶段的物流是企业为了实现产品销售，组织产品送达用户或市场供应点的外部物流。对于双方互需产品的工厂企业，一方的销售物流便是另一方的外部供应物流。商品生产的目的在于销售，能够顺利实现销售物流是关系到企业经营成果的大问题。销售物流对工业企业物流经济效益的影响很大，应当成为企业物流研究和改进的重点。

销售物流是服务于客户的企业物流，其运行的优劣不仅直接影响到客户的生产经营活动，也会给自己的经济造成影响。销售物流主要考虑的要素有：

①时间要素。时间要素通常是订货周期时间，即从客户确定对某种产品有需求与被满足之间的间隔。时间要素主要受以下几个变量的影响：

订单传送。从客户发出订单到卖方收到订单的时间间隔。

订单处理。处理客户订单并准备装运的时间。

订货准备。订货准备涉及挑选订货并进行必要的包装，以备装运。从简单的人供系统到高度的自动化系统，不同的物料搬运系统对于订货准备有不同的影响，准备时间会有较大差别。

订货装运。订货装运时间是从订货装上运输工具直到买方在目的地收到订货的时间间隔。它与装运规模、运输方式、运输距离等密切相关。

②可靠性要素。可靠性是根据客户订单的要求，按照预定的提前期，安全地将订货送到客户指定的地点。提前期的可靠性对于客户的库存水平和缺货损失有直接影响，可靠的提前期可以减少客户面临的不确定性。如果能向客户保证预定的提前期，加上少许偏差，那么卖方就能使它的产品与竞争者的产品明显区别开来。卖方提供可靠的提前期能使客户的库存、缺货、订单处理和生产计划的总成本最小化。

可靠性还包括安全交货和正确供货。安全交货是销售物流的最终目的，即产品安全无误，不出现破损与丢失的现象；正确供货即指客户收到的物品必须与订单相符，否则的话不但会给客户造成不利影响，也会使销售部门失去市场。

③方便性要素。方便性是指销售物流方法必须灵活。客户对产品包装、运输方式、运输路线、交货时间等的要求各不相同，为了更好地满足客户要求，就必须确认客户的不同要求，为不同客户设计适宜的服务方法。提高和降低服务水平的决策不能平等地建立在所有客户基础上或包括所有服务要素。不同客户服务需求的差异性，提供了降低客户服务成本和提高服

务水平的巨大潜力。

(4) 回收物流 (Returned Logistics)

回收物流是指不合格物品的返修、退货以及周转使用的包装容器从需方返回到供方所形成的物品实体流动。

所谓返品的回收物流，是指由于产品本身的质量问题或因用户因各种原因的拒收，而使产品返回原工厂或发生节点而形成的物流。

(5) 废弃物物流 (Waste Material Logistics)

废弃物物流是指将经济活动中失去原有使用价值的物品，根据实际需要进行收集、分类、加工、包装、搬运、储存等，并分送到专门处理场所时所形成的物品实体流动，即不能回收利用的废弃物，只能通过销毁、填埋等方式予以处理的流通过程。

综上所述，企业物流是由生产经营活动中的供应物流、生产物流、销售物流三部分及生产过程中所产生的回收物流和废弃物物流所组成，这是从企业物流内部的视角来观察物流活动。若从宏观角度来看，若干企业物流的产成品的输出，相互交织成社会物流。而社会物流也正是企业物流活动的条件和环境，这种企业物流和社会物流之间不间断的循环，形成了完整的物流过程。

☞提示

由于废弃物物流与回收物流之间具有交融性关系，因此也把其融合在一起进行理解，即废弃回收物流。

根据物流管理协会（CLM）的定义，逆向物流就是对由最终消费端到最初的供应源之间的在制品、库存、制成品，以及相应的信息流、资金流所进行的一系列计划、执行和控制等活动及过程，其目标是对产品进行适当的处理或者恢复一部分价值，逆向物流更多的是针对“返回”供应链渠道中的产品或材料，包括处理不符合客户要求的退回商品、季节性库存、残值处理、产品召回等，还包括废物回收、危险材料的处理、过期设备的处理和资产的回收。

3. 企业物流的分类

(1) 按企业性质不同分类

按企业性质不同，有以下不同种类的企业物流。

①工业生产企业物流。工业生产企业物流是对应生产经营活动的物流，这种物流有四种子系统，即供应物流子系统、生产物流子系统、销售物流子系统以及废弃物物流子系统。

工业生产企业种类非常多，物流活动也有差异。按主体物流活动区别，可大体分为四种：

供应物流突出的类型。这种物流系统，供应物流突出而其他物流较为简单，在组织各种类型工业企业物流时，供应物流组织和操作难度较大。例如，采取外协方式生产的机械、汽车制造等工业企业便属于这种物流系统。一个机械的几个甚至几万个零部件，有时来自全国各地甚至外国，这一供应物流既范围大，难度也大，成本也高，但生产成一个大件产品（如汽车）以后，其销售物流便相对简单了。

生产物流突出的类型。这种物流系统生产物流突出而供应、销售物流较为简单。典型的例子是生产冶金产品的工业企业，供应是大宗矿石，销售是大宗冶金产品，而从原材料转化为产品的生产过程及伴随的物流过程都很复杂，有些化工企业（如化肥企业）也具有这样的特点。

销售物流突出的类型。例如很多小商品、小五金等，大宗原材料进货，加工也不复杂，但销售却要遍及全国或很大的地域范围，是属于销售物流突出的工业企业物流类型。此外，如水泥、玻璃、化工危险品等，虽然生产物流也较为复杂，但其销售时物流难度更大，问题更严重，有时会出现大事故或花费大代价，因而也包含在销售物流突出的类型中。

废弃物物流突出的类型。有一些工业企业几乎没有废弃物的问题，但也有废弃物物流十分突出的企业，如制糖、选煤、造纸、印染等工业企业，废弃物物流组织得如何几乎决定企业能否生存。

②农业生产企业物流。农业生产企业中农产品加工企业的性质及对应的物流与工业企业是相同的。农业种植企业的物流是农业生产企业物流的代表，这种类型企业的四个物流系统的特殊性是：

供应物流。以组织农业生产资料（化肥、种子、农药、农业机具）的物流为主要内容，除了物流对象不同外，这种物流和工业企业供应物流类似，没有大的特殊性。

生产物流。种植业的生产物流与工业企业生产物流区别极大。主要区别是：第一，种植业生产对象在种植时是不发生生产过程位移的，而工业企业生产对象要不断位移。因此，农业种植业生产物流的对象不需要反复搬运、装放、暂存，而进行上述物流活动的是劳动手段，如化肥、水、农药等。第二，种植业一个周期的生产物流活动，停滞时间长而运动时间短，最大的区别在于，工业企业生产物流几乎是不停滞的。第三，生产物流周期长短不同，一般工业企业生产物流周期较短，而种植业生产物流周期长且有季节性。

销售物流。以组织农业产品（粮食、棉花等）的物流为主要内容。其销售物流的一个很大特点是，诸功能要素中，储存功能的需求较高，储存量较大，且储存时间长，“蓄水池”功能要求较高。

废弃物物流。种植生产的废弃物物流也是具有不同于一般工业企业废弃物物流的特殊性，主要表现在以重量计，废弃物物流重量远远高于销售物流。

③批发企业物流。批发企业物流是以批发据点为核心，由批发经营活动所派生的物流活动。这一物流活动对应于批发的投入是组织大量物流活动对象的运进，产出是组织总量同量物流对象物的运出，但是批发量变小，批次变多。在批发点的转换是包装形态及包装批量的转换。

商物合一型的批发企业和商物分离型批发企业的上述物流过程是同样存在的，只是发生的地点有所区别，一种是商物合一的据点，另一种是独立的物流据点。

不同地位的批发企业物流有所不同，主要有两种类型：

大型企业销售网络中的批发企业。这种批发企业面对固定的零售网点或固定的生产型、消费型用户，这种批发企业的物流特点是销售物流网络固定，因而网络组织完善，销售物流有效规划和组织 ，水平较高。

独立批发企业。这种批发企业依靠本身经营和市场开拓同步组织物流活动，用户有很强的不确定性，因而销售物流难以形成固定渠道和网络。

④配送企业物流。该物流是指以配送中心为核心的由配送活动组成的物流。这一物流的主要特点是主要从事配送中心内部的分货、拣选、配货等物流活动，这是和生产物流非常不同的有特点的物流活动。

⑤仓储企业物流。仓储企业是以储存业务为盈利手段的企业。仓储企业的物流是以接运、入库、保管保养、发货或运输为流动过程的物流活动，其中储存保管是其主要的物流功能。

⑥第三方物流企业的物流。第三方物流通常也称之为契约物流或物流联盟，是从生产到销售的整个物流过程中进行服务的“第三方”，它本身不拥有商品，而是通过签订合作协定或结成合作联盟，在特定的时间段内按照特定的价格向客户提供个性化的物流代理服务。具体的物流内容包括商品运输、储存、配送以及附加的增值服务等。它是以现代信息技术为基础，实现信息和实物的快速、准确协调传递，提高仓库管理、装卸运输、采购订货以及配送发运的自动化水平。

⑦零售企业物流。这是以零售商店或零售据点为核心的，以实现零售销售为主体的物流活动。不同零售企业伴随投入、转换、产出的物流活动有一定区别，主要有以下三种类型：

一般多品种零售企业。这种类型企业物流重点在于多品种、小批量、多批次的供应物流。这种物流一方面可以保证零售企业的零售，保证不脱销、不断档、不缺货；另一方面则是保证其不仅仅依赖于现有库存来支撑销售。所以，供应物流是零售企业突出的物流。企业内部物流的关键则是降低库存以保证最大的销售面积，少占用库存场地，尤其在“黄金地域”。零售企业内物流更要强调这一点。一般零售企业销售物流，主要是大件商品的送货和售后服务。大部分零售企业是在销售后由用户自己完成物流，所以销售物流不是这种类型企业的主要物流形态。

连锁店零售企业。这种企业的物流特点集中于供应物流，和一般零售企业供应物流不同，连锁店的销售品种是相同的、有特色的，其供应物流是由本企业的共同配送中心完成的。

直销企业。这种企业物流特点是重点集中于销售物流，销售物流决定了销售业绩。由于直销企业通过直销手段的品种可能不多，因而供应物流及企业内部物流较简单。

（2）按照物流活动的主体分类

按照物流活动的主体进行分类，物流可以分为企业自营物流、专业子公司物流和第三方物流。

①企业自营物流。它是指企业自备车队、仓库、场地、人员，以自给自足的方式经营企业的物流业务。

②专业子公司物流。它一般是指从企业传统物流运作功能中剥离出来，成为一个独立运作的专业化实体（子公司）。它与母公司（或集团）之间的关系是服务与被服务的关系。它以专业化的工具、人员、管理流程和服务手段为母公司提供专业化的物流服务。

③第三方物流（Third-Party Logistics，TPL 或 3PL）。第三方物流是由供方与需方以外的物流企业提供物流服务的业务模式，是企业为了更好地提高物流运作效率以及降低物流成本而将物流业务外包给第三方物流公司的做法。

4.1.2 企业物流管理的概念和内容

企业物流管理通过对企业物流功能的最佳组合，在保证一定服务水平的前提下，实现物流成本的最低化，这是企业不断追求的目标。

1. 企业物流管理的概念

（1）企业物流管理的产生

管理科学从宏观、中观和微观三个不同层次进行划分，可分为理论管理学、基础管理学和应用管理学。企业管理、物流管理都是属于微观层次的应用管理学。

20 世纪初在泰罗的“科学管理”学说的指导下，企业产生了三大最基本的职能管理，即市场管理、运营管理和财务管理，物流管理并没有被列入其中。企业物流习惯上被分成三段：采购物流、生产物流和销售物流，所以相应的管理业务被归入企业的采购部门、制造部门和市场营销部门，企业还没有一个独立的物流业务部门。这样，各部门各司其职，采购经理关心的是供应商的选择、采购谈判，希望获得尽可能低的采购价格。但低价格往往又以大批量采购为代价，价格上得到的好处很快被高额的库存费用抵消了。销售经理考虑更多的是如何扩大销售量，为保证供货，很少考虑产品的供货方式。成品仓库地点的选择、仓库的数量、库存量的控制、运输方式的选择等不是销售经理的事，无疑，销售费用的水平也难遂人意了。制造经理最感兴趣的就是生产过程的连续性，因此他也依靠大的制品库存来支持。可见在整个生产制造的过程中，到处存在大量的库存和费用，大量的流动资金被当时未被重视的“物流黑洞”吞噬了。

直到20世纪40年代系统论产生，人们才开始采用系统的观点来解决不适当的库存问题。20世纪60年代，物流管理被认为是对企业的原材料采购、运输，原材料和在制品的库存管理；而配送管理是对企业的输出物流的管理，包括需求预测、产品库存、运输、库存管理和用户服务。20世纪80年代，企业的输入、输出以及市场的制造功能被集成起来，企业物流管理才真正地受到重视。

（2）企业物流管理的含义和地位

1998年，美国物流管理协会为了适应物流的发展重新修订了物流的定义：物流是供应链的一部分，是以满足客户需求为目的，为提高商品、服务和相关信息从起始点到消费点的流动和储存的效率和效益而对其进行计划、执行和控制的过程。

国家标准《物流术语》对物流管理（Logistics Management）所下的定义是：为了以最低的物流成本达到用户所满意的服务水平，对物流活动进行的计划、组织、协调与控制。

企业物流管理作为企业管理的一个分支，是对企业内部的物流活动（诸如物资的采购、运输、配送、储备等）进行计划、组织、指挥、协调、控制和监督的活动。通过使物流功能达到最佳组合，在保证物流服务水平的前提下，实现物流成本的最低化，这是现代企业物流管理的根本任务所在。

企业管理中，企业的基本竞争策略有成本领先策略、差异化策略和目标聚集策略。近年来，企业对物流管理日益重视，逐渐把企业的物流管理当作一个战略新视角，制定各种物流战略，以期增强企业的竞争能力。

把企业物流管理上升到战略的地位，经历了一个过程。从纯粹为降低企业内部的物流成本，到为提高企业收益而加强内部物流管理，通过向顾客提供满意的物流服务来带动销售收入的增长，发展到现在从长远和战略的观点去思考物流在企业经营中的定位，甚至超越本企业从供应链的角度管理企业的物流。

2. 企业物流管理的内容

下面我们从不同的角度，如物流活动要素、系统要素以及物流活动具体职能等，分别介绍企业物流管理的内容。

（1）物流活动诸要素的管理内容

物流活动诸要素的管理内容包括：

①运输管理。主要包括运输方式及服务方式的选择、运输路线的选择、车辆调度和组织。

②储存管理。主要内容包括：原料、半成品和成品的储存策略，储存统计、库存控制、养护等。

③装卸搬运管理。主要内容包括：装卸搬运系统的设计、设备规划与配置和作业组织等。

④包装管理。主要内容包括：包装容器和包装材料的选择与设计，包装技术和方法的改进，包装系列化、标准化、自动化等。

⑤流通加工管理。主要内容包括：加工场所的选定、加工机械的配置、加工技术与方法的研究和改进、加工作业流程的制定与优化。

⑥配送管理。主要内容包括：配送中心选址及优化布局、配送机械的合理配置与调度、配送作业流程的制定与优化。

⑦物流信息管理。主要是指对反映物流活动内容的信息、物流要求的信息、物流作用的信息和物流特点的信息所进行的搜集、加工、处理、存储和传输等。信息管理在物流管理中的作用越来越重要。

⑧客户管理服务。主要是指对于物流活动相关服务的组织和监督，例如调查和分析顾客对物流活动的反应，决定顾客所需要的服务水平、服务项目等。

（2）对物流系统诸要素的管理

从物流系统的角度看，物流管理的内容有：

①人的管理。人是物流系统和物流活动中最活跃的因素。对人的管理包括：物流从业人员的选拔和录用、物流专业人才的培训与提高、物流教育与物流人才培养规划与措施的制定等。

②物的管理。“物”是指物流活动的客体即物质资料实体。物的管理贯穿于物流活动的始终。它涉及物流活动诸要素，即物的运输、储存、包装、流通、加工等。

③财的管理。主要是指物流管理中有关降低物流成本，提高经济效益等方面的内容，它是物流管理的出发点，也是物流管理的归宿。主要内容有：物流成本的计算与控制、物流经济效益指标体系的建立、资金的筹措与运用、提高经济效益的方法等。

④设备管理。这是指对物流设备管理有关的各项内容。主要有：各种物流设备的选择与优化配置，各种设备的合理使用和更新改造，各种设备的研制、开发与引进等。

⑤方法管理。主要内容有：各种物流技术的研究、推广普及，物流科学研究工作的组织与开展，新技术的推广普及，现代管理方法的应用等。

⑥信息管理。信息是物流系统的神经中枢，只有做到有效地处理并及时传输物流信息，才能对系统内部的人、财、物、设备和方法等五个要素进行有效管理。

（3）物流活动中具体职能管理

物流活动从职能上划分，主要包括物流计划管理、物流质量管理、物流技术管理、物流经济管理等。

①物流计划管理。这是指对物质生产、分配、交换、流通整个过程的计划管理，也就是在物流大系统计划管理的约束下，对物流过程中的每个环节都要进行科学的计划管理；具体体现在物流系统内各种计划的编制、执行、修正及监督的全过程。物流计划管理是物流管理工作的首要职能。

②物流质量管理。主要包括物流服务质量、物流工作质量、物流工程质量等的管理。物流质量的提高意味着物流管理水平的提高，意味着企业竞争能力的提高。因此，物流质量管理是物流管理工作的中心问题。

③物流技术管理。主要包括物流硬技术和物流软技术的管理。对物流硬技术进行管理，即对物流基础设施和物流设备的管理，如物流设施的规划、建设、维修、运用，物流设备的

购置、安装、使用、维修和更新，提高设备的使用率，日常工具管理工作等。对物流软技术进行管理，主要是物流各种专业技术的开发、推广和引进，物流作业流程的制定，技术情报和技术文件的管理，物流技术人员的培训等。物流技术管理是物流管理工作的依托。

④物流经济管理。主要包括物流费用的计算和控制，物流劳务价格的确定和管理，物流活动的经济核算、分析等。成本费用的管理是物流经济管理的核心。

☞课堂互动

有人认为“物流活动贯穿于企业生产经营活动的全过程”，这种观点正确吗？为什么？

4.2 采购与供应物流管理

采购是企业向供应商获取商品或服务的一种商业行为。企业经营活动所需要的货物绝大部分是通过采购获得的，采购是企业物流管理的起始点。采购物流管理的目标就是以正确的价格、在正确的时间、从正确的供应商处购买到正确数量和质量的商品或服务。传统的采购管理往往注重于采购行为本身，考虑如何选择供应商、决定采购的数量、确定采购的价格、签订采购合同以及如何谈判，使企业在采购行为中获利。而现代采购物流管理理论则更加强调企业和供应商之间的关系管理，强调企业和供应商之间建立起一种“互利双赢”的合作关系。

拓展案例

天成公司的采购管理

近年来，电子制造厂商面临价格大战、库存灾难、产能过剩、利润滑坡、电子废料的环境污染等压力，除了进行产品和市场创新，满足国家和地区的环保要求和挤压成本成为必不可少的手段。多年名列世界电子代工企业“三甲”之列的天成公司，为终端经销商安装了“金算盘”财务进销存软件，这一举动是天成公司日益浮出水面的“业务链条前移”策略——实现“供应商管理库存（Vendor Managed Inventory，VMI）”中的一个重要步骤。2012年以来，天成公司分别在企业内实施了如下两项改进措施。

1. 扩建污水处理厂

该项目经核准，由天成公司自行组织招标。项目招标和建设管理工作由污水处理厂基建处具体负责。基建处有9名员工。方案设计结束后，项目建设的部分工作计划如表4-1所示。

表4-1 项目建设的部分工作计划

工作代码	工作内容	最早开始时间	最迟完成时间	所需时间/周	所需人员/人
A	初步设计	方案设计结束	……	4	2
B	考察污水处理设备生产厂家	初步设计结束	施工图设计结束	2	5

续表

工作代码	工作内容	最早开始时间	最迟完成时间	所需时间/周	所需人员/人
C	施工图设计	初步设计结束	编制施工招标文件结束前1周	5	3
D	编制施工招标文件	方案设计结束	—	4	4
E	发布招标公告	—	—	1	1
F	发售施工招标文件等	—	投标截止	4	4
G	开标、评标	—	—	4	3
H	结束公示，发出中标通知书	—	—	1	2
I	签约	—	—	1	3

根据厂领导要求，每项工作均应连续完成。

2. 供应商管理库存

近年来，在降低市场费用、裁员、压低采购价格等方面，天成公司频繁变招，其目标始终是成本与效率。在供应链这条维系企业的生死线上，天成公司为了供应链的柔性、成本、响应时间和服务水平的绩效，更是动作不断。

基于国际市场压力，天成公司从2012销售年度开始加大VMI范围。天成公司的采购总监Jack分析如下：天成公司是供应链“链主”，其较为稳定的供应商共有3000多家，零配件(出口、内销产品）加起来一共有8万多种。但是，60%的供应商是在天成公司总部的周围，还有部分供应商在车程3天以内的地区，只有25%的供应商距离天成公司较远。因此，在这个现有的供应链上，天成公司实现VMI的难度不大。

对于这25%的远程供应商，天成公司在总部建立或租赁了很多仓库，然后把仓库分成很多片区。运输距离长（运货时间3~5天）的外地供应商一般都会在天成公司的仓库里租赁一个片区，并把零部件放到片区里储备。在天成公司计划用到这些零部件的时候，就会通知供应商，然后进行资金划拨、取货等工作。这时，零部件的所有权才由供应商转移到天成公司手上，在此之前所有的库存成本都由供应商承担。

以往相关采购项目实施VMI后，供应商不需要像以前一样疲于应付天成公司的订单，维持适当的库存即可。天成公司有比较强的ERP（企业资源管理）系统，可以提前预告供货的情况，告诉供应商需要的品种和数量，供应商不用备很多货，一般满足3天的需求即可。天成公司相关零部件库存周转率在2011年上升到每年70~80次，零部件库存也由原来的平均5~7天存货量，大幅降低为3天左右，而且这3天的库存也是由供应商管理并承担相应成本。

基于上述分析，天成公司采购总监Jack在6月底开始要求公司集采中心的采购人员对所有采购项目实施VMI，同时，天成公司按照每天每平方米12元的持有成本收取供应商的库存费用。

2012年9月的一天，刚刚从大学采购专业毕业一年的采购员Grace找到天成公司采购总监Jack先生，递交了一份工作报告。报告中提出，由Grace负责的一项专供天成公司的特制五金零配件的唯一供应商在她多次沟通后终于同意了公司的 VMI 方案，但是采购价格在两个季度里再也没有丝毫降低，这让 Grace 两个月来的工作绩效明显下降。Grace 建议在天成公司的供应链管理中，为了能更好地适应客户多样化和个性化的需求、增加供应链的柔性、降低供应链的总成本、提高响应速度，针对该特制的五金零配件恢复原来的采购政策，不但要取消 VMI 策略的应用，还应该尽可能多地增加一次采购量，通过制造企业备有库存来提高供应链的绩效。同时，这样也有助于 Grace 提高个人采购绩效。

（《天成公司的采购管理》，2018 年 9 月 17 日，http：//www. sohu. com/a/254422701_177747。有改动）

思考：

1. 在不增加人员、不压缩每项工作所需时间的前提下计算表 4-1 中相关工作的最短完成时间，并完成图 4-1。

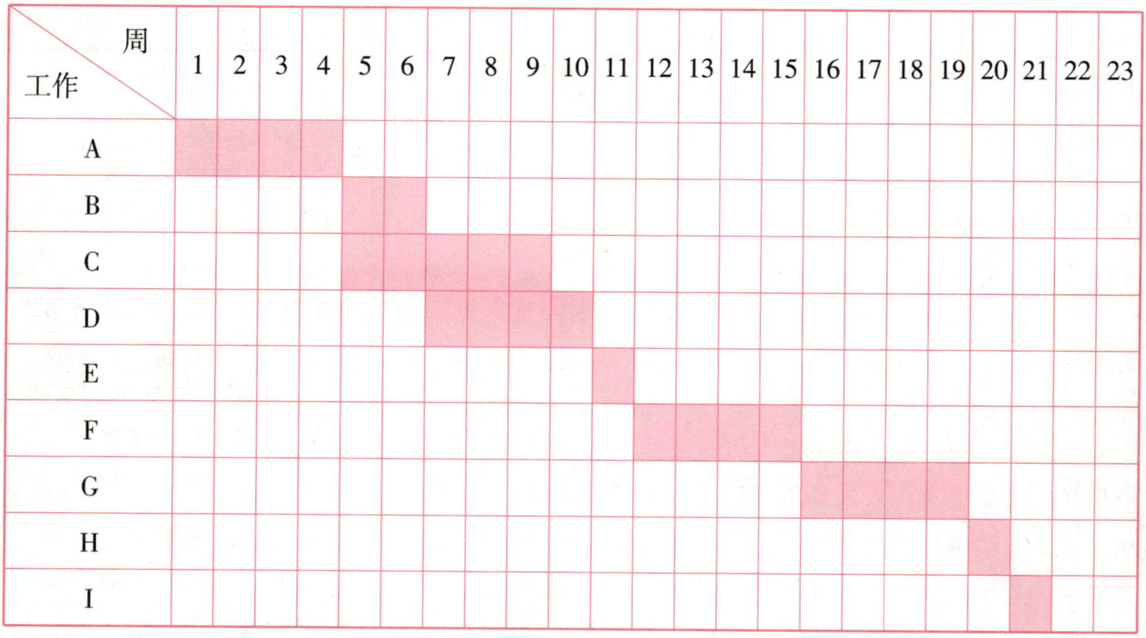

图 4-1　横道图（甘特图）

2. 如果你是天成公司采购总监 Jack 先生，你认为 Grace 取消 VMI 策略的建议是否可行？请说明理由。

3. 在 Grace 的建议中，供应链中库存的位置对供应链绩效有什么影响？为什么？

4. 你认为天成公司针对只有唯一供应商的这种特制五金零配件的库存策略应该如何制定？

4. 2. 1　企业采购管理

1. 采购的基本含义

采购应当包含两个基本意思：一是“采”，二是“购”。它一般包含以下一些基本含义：

（1）所有采购，都是从资源市场获取资源的过程。无论是生活，还是生产，采购对于人们的意义，就在于能为他们解决他们所需要，但是自己又缺乏的资源问题。这些资源包括生活资源，也包括生产资源；包括物质资源，也包括非物质资源。能够提供这些资源的供应商，形成了一个资源市场。而为了从资源市场获取这些资源，都是通过采购的方式。也就是说，采购的基本功能，就是帮助人们从资源市场获取他们所需要的各种资源。

（2）采购，既是一个商流的过程，也是一个物流的过程。采购的基本作用，就是将资源从资源市场的供应者手中转移到用户手中。在这个过程中，一是要实现将资源的所有权从供应者手中转移到用户手中；二是要实现将资源的物质实体从供应者手中转移到用户手中。前者是一个商流过程，主要是通过商品交易、等价交换来实现商品所有权的转移。后者是一个物流过程，主要通过运输、储存、包装、装卸、流通加工等手段来实现商品空间位置和时间位置的转移，使商品实实在在地到达用户手中。采购过程，实际上是这两个方面的完整结合，缺一不可。只有这两个方面都完全实现了，采购过程才算完成了。因此，采购过程实际上是商流过程和物流过程的统一。

（3）采购，是一种经济活动。采购是企业经济活动的主要组成部分。所谓经济活动，就是要遵循经济规律，追求经济效益。在整个采购活动过程中，一方面，通过采购，获取了资源，保证了企业的正常生产的顺利进行，这是采购的效益；另一方面，在采购过程中，也会发生各种费用，这就是采购成本。我们要追求采购经济效益的最大化，就要不断降低采购成本，以最少的成本去获取最大的效益。而要做到这一点，关键的关键，就是要努力追求科学采购。科学采购是实现企业经济利益最大化的基本利润源泉。

2. 采购管理的基本原则

根据价值分析原理，采购管理的基本原则是：

（1）仅采购所需的必要功能及相应的功能水平，而不是去购买某种具体的实物，这是采购管理首先要遵循的原则。采购中首先要分析购买物品的功能，分清哪些是必要功能，哪些是不必要功能；相应的功能水平是什么，哪些是过高的功能水平等。

（2）要以最低的订购费用购买物品，或者说，在满足必要功能的前提下，选择最低价格的物品，这是采购应该遵循的第二原则。任何功能的满足都要为之支付相应的费用，不考虑价格或费用，盲目追求高功能、高质量，同样是购买中的浪费。

（3）购买时不仅要考虑采购物品本身的售价，而且要考虑降低购买物品投入运营后的使用费用，这是采购管理要遵循的第三原则。使用费用是购买物品投入生产运营中必然发生的。购买物品的质量不同，使用费用就会不同。有的产品虽然能满足功能要求，但由于产品设计落后、结构性能差、制造质量粗糙，尽管购买费用低，却造成消耗能源多、工时损失大、维修费用高、使用寿命短等问题，使用户感到“买得起，用不起”，给用户造成很大负担，使社会资源浪费极大。

以上的第二、三条原则综合起来就是要设法降低购买物品的寿命周期费用，它由两部分组成：一部分是制造费用，是指从设计、试制到生产出产品，销售到用户手里为止所发生的费用，在购买时表现为物品的售价；另一部分是使用费用，是指用户在购买后投入使用直到报废为止所发生的一切费用。

3. 采购管理的内容

采购管理一般包括采购计划、订单管理及发票校验三个部分。

采购计划管理是对企业的采购计划进行制定和管理，为企业提供及时准确的采购计划和执行路线。采购计划包括定期采购计划（如周、月度、季度、年度）、非定期采购任务计划（根据销售和生产需求产生）。通过对多对象多元素的采购计划的编制、分解，将企业的采购需求变为直接的采购任务，系统支持企业以销定购、以销定产、以产定购等多种采购应用模式，支持多种设置灵活的请购单生成流程。

采购订单管理以请购单为源头，从对供应商确认订单、发货、到货、检验、入库等采购订单流转的各个环节进行准确跟踪，到实现全过程管理。通过流程配置，可进行多种采购流程选择，订单直接入库或经过到货质检环节后检验入库等，在整个过程中，可以实现对采购存货的计划状态、订单在途状态、到货待检验状态等的监控和管理，采购订单可以直接通过电子商务系统向对应的供应商进行在线采购。

发票校验是采购结算管理中的重要内容。采购货物是否需要暂估、劳务采购的处理、非库存的消耗性采购处理、直运采购业务、受托代销业务等均是在此进行处理。供应链管理通过对流程进行配置，允许用户更改各种业务的处理规则，也可定义新的业务处理规则，以适应企业业务不断重组、流程不断优化的需要。

4.2.2 进货管理

1. 进货方式管理

(1) 自提进货

自提进货，就是在供应商的仓库里交货，交货以后的进货过程全由采购方独家负责。自提进货包括以下管理过程：

①货物清点环节的管理。

②包装、装卸搬运环节的管理。

③运输环节的管理。

④中转环节的管理。

⑤验收入库环节的管理。

(2) 供应商送货

供应商送货对采购商来说是一种最简单轻松的采购进货方式。它基本上省去了整个进货管理环节，把整个进货管理的任务以及进货途中的风险都转移给了供应商，只剩下一个入库验收环节。而入库验收也主要是供应商和保管员之间的交接，进货员最多只提供简单的协助而已。

(3) 委托外包进货

委托外包进货，就是把进货管理的任务和进货途中的风险都转移给第三方物流公司。这时供应商和采购商都得到了解脱。因此这不但对采购商、供应商来说是一种最好最轻松的进货方式，对第三方物流公司来说，也是一种最理想的进货方式。因为它有利于发挥第三方物流公司的自主处理、联合处理和系统化处理的优势，提高物流运作效率，降低物流运作成本。

这种进货方式的管理主要抓好两次三方的交接管理和合同签订管理控制工作。第一次交接是供应商和第三方物流公司的交接，第二次交接是第三方物流公司与采购商保管员之间的交接。交接工作主要是货物的清点检验，保证货物数量质量无误。合同签订主要包括三方相互之间的合同，要分清权利、义务和责任。合同条款要详细、清楚，用合同规范、控制各方的行为。交接过程中要检查各方履行合同的程度，根据合同条款处理有关的事情或纠纷。

2. 进货管理的基本原则

企业要根据进货难度和风险大小的具体情况选择合适的进货方式。对于进货难度和风险大的进货任务，首先选择第三方物流公司的进货方式，其次可以选择供应商送货的方式，一般最好不选客户自提进货方式。

4.2.3 供应商管理

供应链管理成为关系企业生存和发展的关键，而供应商评估则是做好供应管理、使供应链合作关系正常运行的基础和前提。供应商管理的内容包括供应商开发、供应商评估、供应商联盟、供应商绩效管理等。其中供应商选择是供应商管理的重中之重。供应商评估是要对现有供应商在过去合作过程总的表现作评估或对新开发的供应商作全面的资格认定。

1. 供应商的选择标准

(1) 供应商选择的短期标准

选择、评价供应单位的短期标准一般是：商品质量合适、价格水平低、交易费用少、支付及时、整体服务水平好。采购单位可以通过市场调查获得有关供应单位的资料，把获得的信息编制成一览表，并就这几个方面进行比较，依据比较结论作出正确决策。

(2) 供应商选择的长期标准

选择供应商的长期标准主要在于评估供应商是否能提供长期而稳定的产品，其生产能力是否能配合公司的成长而相对扩展，供应商是否具有健全的企业体制及与公司相近的经营理念，其产品未来的发展方向能否符合公司的需求，以及是否具有长期合作的意愿等等。

2. 供应商选择的方法

选择合乎要求的供应商，需要采用一些科学和严格的方法。选择供应商，要根据具体的情况采用合适的方法。常用的方法主要有：直观判断、考核选择、招标选择和协商选择。

(1) 直观判断

直观判断法是指通过调查、征询意见、综合分析和判断来选择供应商的一种方法。这是一种直观性较强的判断方法，主要是倾听和采纳有经验的采购人员的意见，或者直接由采购人员凭经验作出判断。这种方法的质量取决于对供应商资料掌握得是否正确、齐全和决策者的分析判断能力和经验。这种方法运作简单、快速、方便，但是缺乏科学性，受掌握信息的详尽程度限制，常用于选择企业非主要原材料的供应商。

(2) 考核选择

所谓考核选择，就是在对供应商充分调查了解的基础上，再进行认真考核、分析比较而选择供应商的方法。

调查了解供应商。供应商调查可以分为初步供应商调查和深入供应商调查。每个阶段的调查对象都有一个供应商选择的问题，而且选择的目的依据是不同的。初步供应商调查对象的选择非常简单，选择的基本依据就是其产品的品种规格、质量价格水平、生产能力、地理位置、运输条件等。在这些条件合适的供应商当中选择几个，就是初步供应商调查的对象。深入供应商调查对象的选择，一是根据企业自己产品的ABC分类确定的产品重要程度，二是根据供应商的生产能力水平的实际情况。对于企业的关键产品、重要产品，要认真地选择供应商。这些产品，或者是价值高，或者是精度高，或者是性能优越，或者是技术先进，或者是稀缺品，或者是企业产品的关键的核心的零部件等。要对这些产品的供应商进行深入研究考察考核，选择真正等够满足企业要求的供应商。对于那些不太重要的产品，例如普通的、供大于求的原材料、通用件、标准件、零部件等，可以不需要进行深入供应商调查。深入供应商调查对象的选择标准主要是企业的实力、产品的生产力、技术水平、质量保障体系和管理水平等。

考察考核供应商。初步确定的供应商还要进入试运行阶段进行考察考核，试运行阶段的考察考核更实际、更全面、更严格，因为这是直接面对实际的生产运作。在运作过程中，就要进行所有各个评价指标的考核评估，包括产品质量合格率、按时交货率、交货差错率、交货破损率、价格水平、进货费用水平、信用度、配合度等的考核和评估。在单项考核评估的基础上，还要进行综合评估。综合评估就是把以上各个指标进行加权平均计算而获得的一个综合成绩。

考核选择供应商。通过试运作阶段，得出各个供应商的综合评估成绩，基本上就可以最后确定哪些供应商可以入选，哪些供应商被淘汰了。一般试运作阶段达到优秀级的应该入选，达到一般或较差级的供应商，应予以淘汰。对于良好级的供应商，可以根据情况，将其列入候补名单。候补名单中的成员可以根据情况处理，可以入选，也可以落选。现在一些企业为了制造供应商之间的竞争机制，创造了一些做法，就是故意选2个或者3个供应商，称作AB角或ABC角。A角作为主供应商，分配较大的供应量（50%~80%）；B角（或再加上C角）作为副供应商，分配较小的供应量（20%~50%）。在综合成绩为优者之中选供应商担任A角，候补供应商担任B角。在运行一段时间以后，如果A角的表现有所退步而B角的表现有所进步的话，则可以把B角提升为A角，而把原来的A角降为B角。这样无形中就造成了A角与B角之间的竞争，促使他们竞相改进产品和服务，使得采购企业获得更大的好处。

从以上可以看出，考核选择供应商是一个较长时间的深入细致的工作。这个工作需要采购管理部门牵头负责、其他各个部门的人共同协调才能完成。当供应商选定之后，应当终止试运作期，签订正式的供应商关系合同，进入正式运作期后，就开始了比较稳定正常的物品供需关系运作。

（3）招标选择

当采购数量大、供应市场竞争激烈时，可以采用招标方法来选择供应商。它是由采购单位提出招标条件，各投标单位进行竞标，然后采购单位决标，与提出最有利条件的供应商签订协议。招标方法可以是公开投标，也可以是选择性招标。公开招标对投标者的资格不予限制，选择性招标则由采购单位预先选择若干个供应商，再进行竞标和决标。招标方法竞争性强，采购单位能在更广泛的范围选择供应商，以获得供应条件有利的、便宜而适用的物品。但招标方法手续繁杂，时间长，不能适应紧急订购的需要；订购动机性差，有时订购者对投标者了解不够，双方未能充分协商，造成货不对路或不能按时到货。

4.3 生产物流管理

拓展案例

丰田公司的 JIT 管理

丰田的生产和管理系统长期以来一直是丰田公司的核心竞争力和高效率的源泉，同时也是国际上其他企业经营管理效仿的榜样。

20 世纪 70 年代初，丰田公司在北美市场实行了有效的车种转型战略，由原来的高档小型车转向更具竞争力的科罗拉。为此，丰田公司进行了严格的质量管理，并且与供应商协作，以提高生产效率。以往日本汽车生产商从各自独立的公司那里获得零部件，而单个企业内部的纵向联系又显得不够紧密。因此为了彻底解决这个问题，在高度相互信任和尊重的基础上，丰田公司和零部件供应商建立极其牢固的协作关系，这种协作关系主要依靠交叉管理、相互融资、技术转移和规定作业区来维系。“看板”和“及时供应”的管理方法运用在丰田公司及其供应商中。合理的生产流水线的安排减少了运输费用，使运输中的损失减到最低程度，并大幅度降低了必要的库存储备。丰田公司的“看板”管理是一种生产现场管理方法，它是利用卡片作为传递作业指示的控制工具，将生产过程中传统的送料改为取料，以“看板”作为“取货指令”“运输指令”“生产指令”进行现场生产控制。在“看板”制度下，很多部件要等到下一道工序需要的前几个小时才生产出来，这就是 JIT 管理的第一步。

丰田公司为充分发挥 JIT 的作用创造了两个条件：

第一，使产品规格相对地变化减少。他们提高汽车标准件的豪华程度，并宣传其所付出的额外成本。这样，既可以提高汽车售价，又不会增加汽车零部件生产上的复杂性，有利于采用 JIT 的生产流水线。

第二，使零部件供应商及其装配厂尽量靠近销售市场。东京、名古屋、广岛是日本丰田的三大汽车销售市场。零部件供应商都离这三处不超过 60 英里，有的甚至和汽车装配厂同处在一个园区之中，这为 JIT 从空间上提供了可能性。

丰田公司因而也从推行 JIT 管理中获得了两大好处：

第一，减少了供装配使用的零部件的库存量，从而减少了库存占用的流动资金与仓库空间，并避免了一些备用品因搁置而受到的损坏。

第二，提高了库存的周转次数，减少了其等待装配的时间。供应商相继推行 JIT 管理以后，在两年内将存货的周转次数提高了两倍。

丰田公司为了实现在最佳的时间将不同类型的汽车以合理的价格传递给客户的目标而采用了丰田生产系统（简称 TPS）。TPS 的宗旨在于通过消除浪费来实现成本降低，消除浪费的根本是防止过度生产。在丰田公司看来，过度生产所产生的浪费不仅仅是仓储所占用的资金，而且表现为仓储空间的占用、货物搬运过程中要使用各种设备、人员的额外雇佣、库存管理系统的使用等费用。所以 TPS 提供了两条重要的原则促进生产绩效的提高。第一条就是 JIT 生产，即在必要的时间、必要的地点，生产必要数量的产品，任何偏离这三个要素的生产都可以被视为浪费。第二条原则是自动化，即当生产中出现问题时立即停止生产，直到问题解决。

（《丰田公司的 JIT 管理》，2012 年 7 月 13 日，http：//www.doc88.com/p-730755950872.html。有改动）

思考：

1. 丰田公司为 JIT 管理奠定基础时是怎样与供应商协作的？
2. 丰田公司为充分发挥 JIT 管理的作用创造了什么条件？从 JIT 管理中得到了什么好处？
3. 丰田 JIT 生产的含义是什么？为什么 JIT 生产有助于杜绝浪费？

4.3.1 生产物流的概念与特征

1. 生产物流的概念

国家标准《物流术语》（GB/T 18354-2006）定义生产物流为：企业生产过程发生的涉及原材料、在制品、半成品、产成品等所进行的物流活动。

具体而言，生产物流一般是指原材料、燃料、外购部件投入生产后，经过下料、发料，运送到各加工点和存储点，以在制品的形态，从一个生产单位流入另一个生产单位，按照规定的工艺过程进行加工、存储，借助一定的运输装置在某个点内流动，又从某个点内流出，始终体现着物料实体形态的流转过程，这样就构成了企业内部物流活动的全过程。所以生产物流的起点是原材料、外购部件的投入，终点是成品库，贯穿了生产的全过程，它和生产过程同步。原材料、在产品、半成品、产成品等按工艺流程在各个加工点之间不停顿地移动、流转，如果生产物流中断，生产过程也将随之停顿。

2. 生产物流的特征

为保证生产过程始终处于最佳状态，一个合理的生产物流过程应该具有以下基本特征。

（1）比例性、协调性

比例性、协调性是指生产过程的各个工艺阶段之间、各工序之间在生产能力上要保持一定的比例，以适应产品制造的要求。比例关系表现在各生产环节的工人数、设备数、生产面积、生产速率和开动班次等因素之间的相互协调和适应，所以，比例是相对的、动态的。

（2）均衡性、节奏性

均衡性、节奏性是指产品从投料到最后完工都能按预定的计划（一定的节拍、批次）均衡地进行，能够在相等的时间间隔内（如月、旬、周、日）完成大体相等的工作量或稳定递增的生产工作量，很少有时松时紧、突击加班现象。

（3）连续性、流畅性

连续性、流畅性是指物料总是处于不停的流动之中，包括空间上的连续性和时间上的流畅性。空间上的连续性要求生产过程各个环节在空间布置上合理紧凑，使物料的流程尽可能短，没有迂回往返现象。时间上的流畅性要求物料在生产过程的各个环节的运动自始至终处于连续流畅状态，没有或很少有不必要的停顿与等待现象。

（4）平行性

平行性是指物料在生产过程中应实行平行交叉流动，平行交叉流动可以大大减少产品的生产周期。平行指相同的在制品同时在数道相同的工作地（机床）上加工流动；交叉指一批在制品在上道工序还未加工完时，将已完成的部分在制品转到下道工序加工。

(5) 准时性

准时性是指生产的各阶段、各工序都按后续阶段和工序的需要生产，即在需要的时候，按需要的数量，生产所需要的零部件。只有保证准时性，才有可能推动上述连续性、平行性、比例性、均衡性。

(6) 柔性、适应性

柔性、适应性是指加工制造的灵活性、可变性和可调节性，即在短时间内以最少的资源从一种产品的生产转换为另一种产品的生产，从而适应市场的多样化、个性化要求。

3. 生产物流不同于社会物流的特点

(1) 实现价值的特点

企业生产物流与社会物流的一个本质区别，不在于是实现时间价值和空间价值的经济活动，而主要是实现加工附加价值的经济活动。

企业生产物流一般是在企业的小范围内完成，当然，这不包括在全国或者世界范围内布局的巨型企业。因此，空间距离的小变化以及企业内部的储存和社会储存目的也不相同，这种储存是对生产的保证，而不是一种追求利润的独立功能，因此，时间价值不高。企业生产物流伴随加工活动而发生，实现加工附加价值，也即实现企业的主要目的。所以，虽然物流空间、时间价值潜力不高，但加工附加价值却很高。

(2) 主要功能要素的特点

企业生产物流的主要功能要素也不同于社会物流。一般物流功能的主要要素是运输和储存，其他是作为辅助性或次要功能或强化性功能要素出现的。企业物流主要功能要素则是搬运活动。许多生产企业的生产过程，实际上是物料不停地搬运的过程。在不停搬运过程中，物料得到了加工，改变了形态。即使是配送企业和批发企业的企业内部物流，实际也是不断搬运的过程。通过搬运，商品完成了分货、拣选、配货工作，完成了大改小、小集大的换装工作，从而使商品形成了可配送或可批发的形态。

(3) 物流过程的特点

企业生产物流是一种工艺过程性物流，一旦企业生产工艺、生产装备及生产流程确定，企业物流也因而成了一种稳定性的物流，物流便成了工艺流程的重要组成部分。由于这种稳定性，企业物流的可控性、计划性便很强，一旦进入这一物流过程，选择性及可变性便很小。对物流的改进只能通过对工艺流程的优化，这方面和随机性很强的社会物流也有很大的不同。

(4) 物流运行的特点

企业生产物流的运行具有极强的伴生性，往往只是生产过程中的一个组成部分或一个伴生部分，这决定了企业物流很难与生产过程分开而形成独立的系统。在总体的伴生性同时，企业生产物流中也确有与生产工艺过程可分的局部物流活动，这些局部物流活动有本身的界限和运动规律，当前企业物流的研究大多针对这些局部物流活动而言。这些局部物流活动主要是：仓库的储存活动、接货物流活动、车间或分厂之间的运输活动等。

☞课堂互动

生产物流过程实际是物料流动加信息流动的过程。上述生产物流管理的内容中，哪一项内容是生产物流管理的基础？为什么？

4.3.2 生产物流的组织

拓展案例

北京现代的企业物流

作为一家生产轿车的制造企业，北京现代没有设置独立的物流部，而是由各个部门分别承担相应的物流活动。其中，采购物流由采购部负责，生产物流由生产管理部具体安排，销售物流由销售部管理，三个部门各司其职，通过信息系统实现部门间的相互沟通、协调一致。下面着重介绍北京现代的供应物流和生产物流。

1. 高效的供应物流

北京现代在每月的第三周召开生产、销售计划会，决定下月与未来三个月的生产计划（确定车型与产量），据此计算出相应的物流量，再根据每天的生产数量由计算机系统对每种零部件的具体要货量进行细分。北京现代每天与供应商进行信息沟通，通过“伙伴系统”将生产计划与要货指令传递给供应商，后者按此制定本企业计划，安排生产与送货，与北京现代保持高度协调一致。

2. 独特的生产物流

生产管理部物流科主要负责以下工作：

(1) 接货、卸货。即接收零部件供应商或其物流公司的送货。主要依靠叉车、升降台等设备完成卸货、入库，但有些操作仍需借助人力。

(2) 储存、保管。北京现代按照来源将零部件分成两类，分别管理。其中，一类是从韩国进口的KD件，除了通关之外的主要物流工作都交给中远物流公司负责；另一类是国内采购件，由供应商或者其物流服务公司负责送到工厂仓库保管。

(3) 出库。送货人员每人一辆牵引车，按照生产计划将存放在带轮料架或料箱中的零部件直接拖挂、搬运至指定区域。

(4) 上线。物流工人负责管理生产线旁的KD件和部分国内采购件，按生产指令送到生产线旁的指定工位。有些零部件（如座椅等）采用直序列（JIS）供货方式，即与生产需求实时对接、同步供应，从而构建JIT均衡供货系统，满足柔性化生产需求。具体做法是：供应商先对全部物料进行统一编号，然后按照北京现代的生产节拍与车型进行排序，再直接送到相应工位，工人直接装配。

(5) 不良品与空器具回收。设专人负责，不良品回收后，经过维修，达到要求后再重新上线使用。

（《北京现代的企业物流》，2014年2月8日，http://www.doc88.com/p-7813707585008.html。有改动）

思考：

什么是生产物流？为什么说北京现代的生产物流是“独特”的？

1. 按空间组织生产物流

生产物流的空间组织相对于企业生产区域而言，目标是如何缩短物料在工艺流程中的移动距离。一般有三种专业化组织形式，即工艺专业化、对象专业化、成组工艺。

(1) 按工艺专业化形式组织生产物流

工艺专业化形式也叫工艺原则或功能性生产物流体系。其特点是把同类的生产设备集中在一起，对企业准备生产的各种产品进行相同工艺的加工，即加工对象多样化，但加工工艺、方法却雷同。在企业生产规模不大，生产专业化程度低，产品品种不稳定的单件小批量生产条件下，适宜于按工艺专业化组织生产物流。该形式的优点是对产品品种的变化和加工顺序的变化适应能力强，生产系统的可靠性较高，工艺及设备管理较方便。缺点是物料在加工过程中物流次数及路线复杂，难以协调。

(2) 按对象专业化形式组织生产物流

对象专业化形式也叫产品专业化原则或流水线。其特点是把生产设备、辅助设备按生产对象的加工路线组织起来，即加工对象单一，但加工工艺、方法却多样化。在企业专业方向已经确定，产品品种比较稳定，生产类型属于大量、大批生产，设备比较齐全并能有充分负荷的条件下，适宜于按产品专业化组织生产物流。该形式的优点是可减少运输次数，缩短运输路线；协作关系简单，从而简化了生产管理；在制品少，生产周期短。缺点是对品种的变化适应性差，生产系统的可靠性较低，工艺及设备管理较复杂。

(3) 按成组工艺形式组织生产物流

成组工艺形式是结合了上述两种形式的特点，按成组技术原理，把具有相似性的零件分成一个成组生产单元，并根据其加工路线组织设备。该形式的优点是可以大大地简化零件的加工流程，减少物流迂回路线，在满足品种变化的基础上有一定的批量生产，具有柔性和适应性。

上面三种组织生产物流形式各有特色，而如何选择则主要取决于生产系统中产品品种的多少和产量的大小。

2. 按时间组织生产物流

生产物流的时间组织是指一批物料在生产过程中各生产单位、各道工序之间在时间上的衔接和结合方式。要合理组织生产物流，不但要缩短物料流程的距离，而且还要加快物料流动的速度，减少物料的成批等待，实现物流的节奏性、连续性。

(1) 顺序移动方式

顺序移动方式是指一批物料在上道工序全部加工完毕后才整批地转移到下道工序继续加工。该移动方式的优点是一批物料连续加工，设备不停顿，物料整批转移工序，便于组织生产。其缺点是不同的物料之间有等待加工、运输的时间，因而生产周期较长。

(2) 平行移动方式

平行移动方式是指一批物料在前道工序加工一件物料以后，立即送到后道工序去继续加工，形成前后交叉作业。该移动方式的优点是不会出现物料成批等待现象，因而整批物料的生产周期最短。但其缺点是当物料在各道工序加工时间不相等时，会出现人力和设备的停工现象。只有当各道工序加工时间相等时，各加工场地才可连续满负荷地进行生产。

(3) 平行顺序移动方式

平行顺序移动方式是指每批物料在每一道工序上连续加工、没有停顿，并且物料在各道工序的加工尽可能做到平行。这样既考虑了相邻工序上加工时间尽量重合，又保持了该批物料在工序上的顺序加工。其生产周期虽然要比平行移动方式长，但可以保证设备充分负荷。其特点是：

①当上一道工序的加工时间小于或等于下一道工序的加工时间时，上一道工序加工完每一件物料后，应立即转到下一道工序去加工。

②当上一道工序的加工时间大于下一道工序的加工时间时，要使上一道工序加工完最后一件物料，恰好供应下一道工序开始加工该批物料的最后一件物料。

该种方式吸取了前两种移动方式的优点，消除了间歇停顿现象，能使工作满负荷。工序周期较短，但安排进度时比较复杂。

上述三种移动方式各有利弊。在安排物料进度计划时，需要考虑物料的大小、物料加工时间的长短、批量的大小以及生产物流的空间组织形式。一般来讲，批量小、物料小或重量轻而加工时间短的物料，适宜采用顺序移动方式；对生产中的缺件、急件可以采用平行或平行顺序移动方式，如 4-2 所示。

表 4-2 选择按时间组织生产物流时需考虑的因素

物流移动方式	物料尺寸	物料加工时间	物料批量大小	物料空间组织形式
顺序移动	小	短	小	工艺专业化
平行移动	大	长	大	对象专业化
平行顺序移动	小	长	大	对象专业化

4.3.3 ERP 的应用

1. ERP 概述

（1）ERP 的概念

20 世纪 90 年代初在 MRP Ⅱ 的基础上进一步发展形成了企业资源计划（Enterprise Resource Planning，ERP）的新概念。ERP 是在 MRP Ⅱ 的基础上通过反馈的物流和反馈的信息流和资金流，把客户需求和企业内部的生产活动，以及供应商的制造资源整合在一起，体现完全按用户需求制造的一种供应链管理思想的功能网链结构模式。

ERP 是一种全新的管理方法，它通过加强企业间的合作，强调对市场需求快速反应、高度柔软性的战略管理以及降低风险成本、实现高收益目标等优势，从集成化的角度管理供应链问题。在管理技术上，ERP 在对整个供应链的管理过程中更加强调对资金流和信息流的控制，同时通过企业员工的工作和业务流程，促进资金、材料的流动和价值的增值，并决定其流量和流速。

ERP 打破了 MRP Ⅱ 只局限在传统制造业的格局，并把它的触角伸向各行各业，如金融业、高科技产业、通信业、零售业等，从而使 ERP 的应用范围大大扩展。为给企业提供更好的管理模式和管理工具，ERP 还在不断吸收先进的管理技术和 IT 技术，如人工智能、精益生产、并行工程、Internet/Intranet、数据库等。ERP 在动态性、集成性、优化性和广泛性方面得到更大的发展。

（2）ERP 的结构与功能

ERP 覆盖了企业供应链上的所有环节，能帮助企业实现整体业务经营运作的管理和控制。

①生产控制模块。以计划为导向，将企业的整个生产过程有机地结合在一起，包括主生产计划、物料需求计划、能力需求计划、车间作业计划与控制、质量管理模块、制造标准等。

②物流管理模块。分为销售与分销模块、采购管理模块和库存管理模块。销售与分销模块包括：销售计划、客户信息的管理和服务、销售订单管理、运输发货、销售的统计与分析、分销网络管理等。采购管理模块包括供应商信息管理、采购订单管理、询价管理、催货管理、发票匹配等。库存管理模块包括收发料的日常业务处理、库存项目信息管理、库存统计分析和盘点等。

③财务管理模块。包括以会计核算为主线的总账模块、应收账模块、应付账模块、现金管理模块、固定资产核算模块、多币制模块、工资核算模块以及成本模块等。

④人力资源管理模块。包括人力资源规划、发展计划、招聘管理、工资核算、工时管理和差旅核算等。

⑤资产维护管理模块。包括设备管理、预防性维护、作业管理、工单管理和文档管理等。

⑥项目管理模块。包括项目计划、项目预算、资源管理、结果分析等。

⑦工作流管理模块。包括工作定义、流程管理、电子邮件、信息传送自动化等。

⑧决策支持模块。包括联机分析处理、数据挖掘、数据导航、多维报表等。

2. ERP 与 MRP Ⅱ 的联系与区别

（1）ERP 与 MRP Ⅱ 的联系

ERP 可以说是 MRP Ⅱ 的一个扩展，其联系主要表现为以下两方面：

①MRP 是 ERP 的核心功能。MRP 是一种保证既不出现短缺，又不积压库存的计划方法，解决了制造业所关心的缺件和超储的矛盾。所有 ERP 软件都把 MRP 作为其生产计划与控制的模块，MRP 是 ERP 软件系统不可缺少的核心功能。

②MRP Ⅱ 是 ERP 的重要组成部分。从管理信息集成的角度来看，由 MRP 到 MRP Ⅱ 再到 ERP，是制造业管理信息集成的不断扩展和深化，每一次进展都是一次质的飞跃，然而，它们之间又是一脉相承的。对 MRP、MRP Ⅱ 和 ERP 而言，虽然后者是从前者发展而来的，但没有后者取代前者的意思。可以说，MRP Ⅱ 已经融入 ERP 中了，而不是不存在。

（2）ERP 同 MRP Ⅱ 的主要区别

ERP 同 MRP Ⅱ 的主要区别可以概括为以下几个方面：

①在资源管理范围方面的差别。MRP Ⅱ 主要侧重对企业内部人、财、物等资源的管理，ERP 系统提出了供应链的概念，即把客户需求和企业内部的制造活动以及供应商的制造资源整合在一起，并对供应链上的所有环节进行有效管理，这些环节包括订单、采购、库存、计划、生产制造、质量控制、运输、分销、服务与维护、财务管理、人事管理、实验室管理、项目管理、配方管理等。

②在生产方式管理方面的差别。MRP Ⅱ 系统把企业归类为几种典型的生产方式来进行管理，如重复制造、批量生产、按订单生产、按订单装配、按库存生产等，针对每一种类型都有一套管理标准。在 20 世纪 90 年代初期，企业为了紧跟市场的变化，多品种、小批量生产以及看板式生产成为企业主要采用的生产方式，因此能很好地支持和管理这种混合型制造环境，满足了企业多元化经营需求。

③在管理功能方面的差别。ERP 除了 MRP Ⅱ 系统的制造、分销、财务管理功能外，还增加了以下功能：支持各个环节之间的运输管理和仓库管理，支持生产保障体系的质量管理、实验室管理、设备维修和备品备件管理，支持对工作流（业务处理流程）的管理。

④在事务处理控制方面的差别。MRP Ⅱ 是通过计划的及时滚动来控制整个生产过程，它的实时性较差，一般只能实现事中控制。而 ERP 系统支持在线分析处理、售后服务及质量反

馈，强调企业的事前控制能力。它可以将设计、制造、销售、运输等通过集成来并行地进行各种相关的作业，为企业提供了对质量、适应变化、客户满意、绩效等关键问题的实时分析能力。此外，在 MRPⅡ中，财务系统只是一个信息的归结者，它的功能是将供、产、销中的数量信息转变为价值信息，是物流的价值反映。而 ERP 系统则将财务计划功能和价值控制功能集成到整个供应链上，如在生产计划系统中，除了保留原有的主生产计划、物料需求计划和能力需求计划外，还扩展了销售执行计划和利润计划。

⑤在跨国（或地区）经营事务处理方面的差别。现代企业的发展使得企业内部各个组织单元之间、企业与外部的业务单元之间的协调变得越来越多、越来越重要，ERP 系统运用完善的组织架构，从而可以支持跨国经营的多国家地区、多工厂、多语种、多币制应用的需求。

⑥在计算机信息处理技术方面的差别。随着 IT 技术的飞速发展、网络通信技术的应用，ERP 系统能够实现对整个供应链信息进行集成管理。ERP 系统应用三层客户、服务器体系结构和分布式数据处理技术，支持 Internet、Intranet、Extranet、电子商务（E-business）。此外，还能实现在不同平台上的相互操作。

3. ERP 的实施

一个典型的 ERP 实施进程主要包括以下几个阶段：

（1）项目的前期工作（软件安装之前的阶段）

这个阶段非常重要，关系到项目的成败，但往往为实际操作所忽视。这个阶段的工作主要包括：

①领导层培训及 ERP 原理的培训。主要的培训对象是企业高层领导及今后 ERP 项目组人员，使他们掌握 ERP 的基本原理和管理思想。这是 ERP 系统应用成功的思想基础。因为企业的各级管理者及员工才是真正的使用者，真正了解企业的需求，只有他们理解了 ERP，才能判断企业需要什么样的 ERP 软件，才能更有效率地运用 ERP。

②企业诊断。由企业的高层领导和今后各项目组人员用 ERP 的思想对企业现行管理的业务流程和存在的问题进行评议和诊断，找出问题，寻求解决方案，用书面形式明确预期目标，并规定评价实现目标的标准。企业在准备应用 ERP 系统之前，还需要理智地进行立项分析，然后将分析的结果写成需求分析和投资效益分析正式书面报告，从而作出是否上 ERP 项目的正确决策。

③软件选型。在选型过程中，首先要知己知彼。知己，就是要弄清楚企业的需求，即先对企业本身的需求进行细致的分析和充分的调研，这在需求分析阶段已经完成。知彼，就是要弄清软件的管理思想和功能是否满足企业的需求。这两者是相互交织进行的，可以通过软件的先进管理思想来找出企业现有的管理问题，特定的软件则可能由于自身的原因，不能够满足企业一定的特殊需求，也需要一定的补充开发。为此，还要了解实施的环境。这里的环境包括国情（像财务会计法则等一些法令法规，还包括汉化等）、行业或企业的特殊要求。根据这些来运行流程和功能，从“用户化”和“本地化”角度来为 ERP 选型。

（2）实施准备阶段（包括数据和各种参数的准备和设置）

这一阶段要建立的项目组织和所需的一些静态数据可以在选定软件之前就着手准备和设置。在这个准备阶段中，要做这样几项工作：

①项目组织。ERP 的实施是一个大型的系统工程，需要组织上的保证，如果项目的组成人选不当、协调配合不好，将会直接影响项目的实施周期和成败。项目组织应该由三层组成，而每一层的组长都是上层的成员。

领导小组，由企业的一把手牵头，并与系统相关的副总一起组成领导小组。这里要注意的是人力资源的合理调配，像项目经理的任命、优秀人员的发现和启用等。

项目实施小组，主要的大量的 ERP 项目实施工作是由他们来完成的，一般是由项目经理来领导组织工作，其他的成员应当由企业主要业务部门的领导或业务骨干组成。

业务组，这部分工作的好坏是 ERP 实施能不能贯彻到基层的关键所在。每个业务组必须有固定的人员，带着业务处理中的问题，通过对 ERP 系统的掌握，寻求一种新的解决方案和运作方法，并用新的业务流程来验证，最后协同实施小组一起制定新的工作规程和准则，还包括基层单位的培训工作。

②数据准备。在运行 ERP 系统之前，要准备和录入一系列基础数据。这些数据是在运用系统之前没有或未明确规定的，故需要做大量分析研究的工作。既包括一些产品、工艺、库存等信息，还包括了一些参数的设置，如系统安装调试所需信息、财务信息、需求信息等等。

③系统安装调试。在人员、基础数据已经准备好的基础上，就可以将系统安装到企业中，并进行一系列的调试活动。

④软件原型测试。这是对软件功能的原型测试，也称计算机模拟。由于 ERP 系统是信息集成系统，所以在测试时应当是全系统的测试，各个部门的人员都应该同时参与，这样才能理解各个数据、功能和流程之间相互的集成关系，找出不足的方面，提出解决企业管理问题的方案，以便接下来进行用户化或二次开发。

(3) 模拟运行及用户化

这一阶段的目标和相关的任务是：

①模拟运行及用户化。在基本掌握软件功能的基础上，选择代表产品，将各种必要的数据录入系统，带着企业日常工作中经常遇到的问题，组织项目小组进行实战性模拟，提出解决方案。模拟可集中在机房进行，也称之为会议室模拟。

②制定工作准则与工作规程。进行了一段时间的测试和模拟运行之后，针对实施中出现的问题，项目小组会提出一些相应的解决方案，在这个阶段就要将与之对应的工作准则与工作规程初步制定出来，并在以后的实践中不断完善。

③验收。在完成必要的用户化的工作、进入现场运行之前，还要经过企业最高领导的审批和验收通过，以确保 ERP 的实施质量。

④切换运行。这要根据企业的条件决定应采取的步骤，各模块可以平行的一次性实施，也可以先实施一两个模块。在这个阶段，所有最终用户必须在自己的工作岗位上使用终端或客户机操作，处于真正应用状态，而不是集中于机房。如果手工管理与系统还有短时并行，可作为一种应用模拟看待，但时间不宜过长。

⑤新系统运行。一个新系统被应用到企业后，实施的工作其实并没有完全结束，而是将转入到业绩评价和下一步的后期支持阶段。这是因为有必要对系统实施的结果作一个小结和自我评价，以判断是否达到了最初的目标，从而在此基础上制定下一步的工作方向。还有就是由于市场竞争形势的发展，将会不断有新的需求提出，再加之系统的更新换代，主机技术的进步都会对原有系统构成新的挑战。所以，无论如何，都必须在巩固的基础上，通过自我业绩评价，制定下一目标，再进行改进，不断地巩固和提高。

以上就对 ERP 的实施过程作了简要的介绍。当然，这些阶段是密切相关的，一个阶段没有做好，决不可操之过急进入下一个阶段，否则，只能是事倍功半。值得注意的是，在整个实施进程中，培训工作是贯彻始终的。

4.3.4 JIT的应用

1. JIT的产生

JIT（Just In Time）生产方式起源于日本的丰田汽车公司。20世纪后半期，整个汽车市场的需求进入了多样化阶段，传统的以美国福特为代表的大量生产方式其弱点日见明显。整个制造业面临着一个新的课题，即如何有效地组织多品种小批量生产。否则的话，生产过剩引起的设备、人员、库存费用等一系列的浪费，将直接影响到企业的竞争能力甚至企业的生死存亡。在这种背景下，日本的汽车工业以丰田公司为代表，在实践中摸索创造出一种在多品种小批量混合生产条件下高质量、低消耗的新的生产方式，即JIT。其基本思想可以概括为“在需要的时候，按需要的量，生产所需的产品”。这种生产方式的核心是追求一种无库存，或库存达到最小的生产物流系统。

2. JIT的基本内容及其特点

一般来说，制造系统中的物流方向是从零件到组装再到总装。而JIT方式却从反方向来看物流，即从装配到组装再到零件。当后一道工序需要运行时，才到前一道工序去拿取正好所需要的那些坯件或零部件，同时下达下一段时间的需求量，这就是JIT的基本思想——适时、适量、适度（指就质量而言）生产。

（1）JIT的目标及要求

对于整个系统的总装线来说，JIT的目标是彻底消除无效劳动和浪费。具体包括以下几方面：

①废品量最低（零废品）。JIT要求消除各种引起不合理的原因，在加工过程中每一工序都要求达到最高水平。

②库存量最低（零库存）。JIT认为，库存是生产系统设计不合理、生产过程不协调、生产操作不良的证明。

③准备时间最短（零准备时间）。准备时间长短与批量选择相联系，如果准备时间趋于零，准备成本也趋于零，就有可能采用极小批量。

④生产提前期最短。短的生产提前期与小批量相结合的系统，应变能力强，柔性好。

⑤搬运量最低。零件送进搬运是非增值操作，如果能使零件和装配件运送量减小，搬运次数减少，可以节约装配时间，减少装配中可能出现的问题。

⑥机器损坏低。

⑦批量小。

为了达到上述目标，JIT要求做到以下工作：

①整个生产均衡化。按照加工时间、数量、品种进行合理的搭配和排序，使生产物流在各作业之间、生产线之间、工序之间、工厂之间平衡、均衡地流动。为达到均衡化，在品种和数量上应组织混流加工，并尽量采用成组技术与流程式生产。

②尽量采用对象专业化布局，用以减少排队时间、运输时间和准备时间。工厂采用基于对象专业化布局，以使各批工件能在各操作间和工作间顺利流动，减少通过时间；流水线和工作中心采用微观对象专业化布局和JIT工作中心布局，可以减少通过时间。

③从根源上强调全面质量管理。目标是从消除各环节的不合格品到消除可能引起不合格品的根源，并设法解决问题。

④合理设计产品。通过产品的合理设计，使产品与市场需求相一致，并且易生产、易装配。如模块化设计，设计的产品尽量使用通用件、标准件，设计时应考虑易实现生产自动化。

(2) JIT 系统的特点

①JIT 是一种积极和动态的系统。它强调在批量、准备时间、提前期、废品率、成本及质量方面的持续进取，全面对整个生产过程进行分析，消除一切浪费，减少不必要的操作，降低库存，减少工件等待和移动的时间，对于问题事前预防而不是事后检查。该系统没有必须达到的标准，所有的业绩都是前进的过程而不是终点。

②JIT 系统是拉动方式。以看板管理为手段，采用“取料制”，即后道工序根据市场需要的产品品种、数量、时间和质量进行生产，一环一环地拉动各个前道工序，对本工序在制品短缺的量从前道工序取相同的在制品量，从而消除生产过程中的一切松弛点，实现产品“无多余库存”以至“零库存”，最大限度地提高生产过程的有效性。这种拉动方式有助于在工序间实现前一工序的操作，是把下一工序作为顾客来对待，下一工序是用客户的眼光来检查上一道工序传来的零件，而这恰恰是实行全面质量管理过程的有效前提。

③JIT 采用强制性方法解决生产中存在的不足。由于库存已降低到最低状态，生产无法容忍任何中断，所以，整个生产过程必须精心组织安排，避免任何可能出现的问题。传统的 MRP 系统没有这种解决问题的机制，因为库存的存在不仅可以把许多问题隐藏起来，而且还会使生产费用大幅度增长。

3. JIT 物流的实施——看板管理

JIT 物流系统从产品装配出发，每道工序和每个车间都按照当时的需要向前一道工序和车间提出要求，发出工作指令，前面的工序和车间完全按这些指令进行生产，因而 JIT 物流系统的控制方式是拉动式的。JIT 物流系统可以真正实现按需准时生产，因为 JIT 物流系统的每道工序都是按其后工序的要求，在适当的时候按需要的品种和数量生产，因而不会发生生产不需要零部件的情况。JIT 物流系统认为存储不能增加产品的附加值，不仅是一种浪费，还会掩盖企业中的潜在问题，如工序能力不足、废品率偏高、交货不及时等。JIT 物流系统总是用减少存储的办法暴露企业存在的问题，然后积极地去解决这些问题。JIT 物流系统利用看板的数量限定了在制品的储备量，同时严格按订货生产大大减少了产成品的存储。因此，JIT 物流系统的存储水平远远低于 MRP。存储的降低加快了物流速度，缩短了产品的制造周期。

(1) 看板的种类

看板是一种类似通知单的卡片，是传递信息或指令的牌子、小票、信息和器具等。其基本形状是一种长方形卡片，用塑料、金属或硬纸制成，也有的为了耐用起见装入塑料袋内。看板上的内容，可以根据企业管理的需要决定。一般包括：产品名称、品种、数量、生产线名称、前后工序名称、生产方法、运送时间、运送方式和存放地点等。它应用了目视管理的原理，使现场人员一目了然，能够按照看板要求组织生产。一套良好的看板管理体系可以成为 JIT 物流管理模式的有力的支撑体系。在企业生产运作和物流管理中，看板根据功能和应用对象的不同，可以分为生产看板和取货看板。

生产看板指在一个工厂内，指示某工序加工制造规定数量工件所用的看板。生产看板又有两种类型：一是加工看板，它指出了需加工工件的件号、件名、类型、工件存放位置、工件背面编号、加工设备等；二是信号看板，它是在固定的生产线上作为生产指令的看板，一般的表现形式是信号灯或不同颜色的小球等。取货看板指后工序的操作者按看板上所列件号、数量等信息，到前工序（或外协厂）领取零部件的看板。取货看板又可分为两种类型：一是工序间取货看板，它指出应领取的工件件号、件名、类型、工件存放位置、工件背面编号、紧前加工工序号、紧后加工工序号等，是厂内工序间的物流凭证。二是外协取货看板，用于对供应商的物流管理。它除了指出有关外协件特征信息外，还指出本企业名称、外协厂名、交货时间、数量等，是向固定的协作厂取货的凭证。

（2）看板的运行模式

JIT 物流可以说是以实物为中心的生产活动的管理方式。在生产活动上，从材料加工到产品的过程中必然有物品的移动。JIT 物流是利用看板作为对物品的移动进行管理的手段。生产所需的零件，是由后工序到前工序去领取，并在开始使用该零件时，把附置在零件上的看板拆卸，放入板箱内（由后工序的作业员担任）。然后定期由领班或专人把箱内的看板回收，并悬挂在派工板上。领班依据派工板上的看板张数作为对前工序的生产指示。在前工序完成零件加工后，作业员即在该零件上附置看板，当作库存。所以，没有看板，就不得生产；物品的移动，必须要有看板跟着移动。

（3）看板的数量

计算制作看板时，需依产品种类（代号）或零件种类（代号）来计算看板的必要张数。在产品及零件种类繁多的情况下，如果依各产品及零件来计算看板张数，将不胜其烦。为方便起见，应统一相同的计算式。但在计算式中，以管制系数来控制价格昂贵的产品或零件的库存金额；对于庞大体积的制品或零件，则应设法尽量减少保管面积。

看板张数＝每天最大产量×（生产周期＋生产前置周期＋回收前置时间＋安全库存量）/SNP

①每天最大产量。生产计划的产品数量中每天的最大产量。但精益物流系统是以均衡化生产为前提，故产品的产量不应该每日有大幅度的变动。万不得已产量有变动时，在计算式上应有所考虑。

②生产周期（日）。自对生产线作出生产指示到下次的生产指示的间隔。

③生产前置期间（日）。自生产指示到生产完了时的间隔，表示在该生产线工序内在制品的数量。

④回收前置期间（日）。回收放在板箱内（由后工序所拆卸下）的看板，用来对前工序作生产指示的间隔。

⑤安全库存量（日）。生产线往往因产品不良、设备故障及其他异常而无法按照计划进行，因此，安全库存量一般根据企业的实际情况而定，同时也是变动的。安全库存就是来应付生产线上所发生的种种异常。但必须注意要依异常的发生几率来决定库存量，否则，将徒增庞大的库存数量。

⑥SNP（个）。表示附置在垫板、拖车、纸箱、零件箱等移动单位中的物品的收容个数。以上的说明系以生产线为例，在计算式中如将“生产”的部分改为“交货”或“供料”，亦可适用于零件交货或供料。此计算式只不过是一个例子而已，并非绝对需要用此计算，因各行各业有其不同的生产方式，即使是同行业，亦因生产体制或企业的想法而不同，因此，必须结合各公司的情况来制定计算公式。

（4）看板的使用规则

为了使看板充分发挥其功能和作用，必须制定必要的措施，并且要严格遵守。

①后工序向前工序取货。为了改变以往那种前工序向后工序送货的传统做法，实施看板管理，必须由后工序在必要的时候到前工序领取必要数量的零部件，以防止产需脱节而生产

不必要的产品。为确保这条规则的实行，后工序还必须遵守下面三条具体规定：第一，禁止不带看板领取零部件；第二，禁止领取超过看板规定数量的零部件；第三，实物必须附有看板。

②不良品不交给下道工序。上工序必须为下工序生产百分之百的合格品。如果发现生产了不良品，必须立即停止生产，查明原因，采取措施，防止再次发生，以保证产品质量，防止生产中的不必要浪费。

③前工序只生产后工序所领取数量的产品。各工序只能按照后工序的要求进行生产，而不生产超过看板所规定数量的产品，以控制过量生产和合理库存，彻底排除无效劳动。

④进行均衡化生产。均衡生产是看板管理的基础。实施看板管理，只对总装配线下达生产数量指令，因而其担负生产均衡化的责任。为了准确地协调生产，及时满足市场多变的需求，最好利用电子计算机分析各种因素，制定确切的均衡化生产计划。

⑤必须使生产工序合理化和设备稳定化。为了保证对后工序供应百分之百的合格品，必须实行作业标准化、合理化和设备稳定化，消除无效劳动，提高劳动生产率。

⑥必须根据看板进行微调。由于各工序的生产能力和产品合格率高低不同，必须在允许范围内进行微调，即适当地进行增减的调整，并且尽量不给前工序造成很大的波动而影响均衡生产。

4.3.5 精益生产

1. 精益生产方式的产生及目标

精益生产方式是以丰田汽车公司为代表的一批优秀日本企业在一步步扩大其生产规模，同时为了满足市场多样化需求、快速应对市场变化，经过 20 多年的努力发展起来的综合管理技术。到了 20 世纪 80 年代，欧美国家、韩国及我国台湾的大部分企业也全部或部分地导入了精益生产方式。

精益生产方式的最终目标与企业的经营目标一致：利润最大化。实现这个最终目标的方式就是不断取消那些不增加产品价值的工作，即降低成本、快速应对市场的需求。这是精益生产方式的两个基本目标。

2. 精益生产方式的基本手段

精益生产方式力图通过“彻底排除浪费”及“建立柔性生产机制”来达到基本目标。为了排除这些浪费，相应地产生了适时适量生产、建立柔性生产机制以及保证品质等基本手段，如表 4-3 所示。

表 4-3 排除浪费的基本手段

基本手段	基本目标	最终目标
适时适量生产	降低成本能快速应对市场大的需求	利润最大化
建立柔性生产机制		
保证品质		
模块化设计与并行设计法		

（1）适时适量生产

在需要的时候，按需要的量生产所需的产品。

(2) 建立柔性生产机制

弹性地配置作业人数。当生产量发生变动时，弹性地增减各生产线的作业人数，尽量用较少的人力完成较多的生产。这种"弹性地配置作业人数"的做法一反历来的生产系统中的"定员制"，是一种全新的人员配置方法。

(3) 保证品质

在精益生产方式中将品质管理贯穿于每一工序之中，实现提高品质与降低成本的一致性。在生产中导入两种机制：一是设备上开发、安装各种加工状态检测装置和自动停止装置，使设备或生产线能够自动检测产品，一旦发现异常或不良品可以自动停止的设备运行机制；二是设备操作工人发现产品或设备的问题时有权自行停止生产的管理机制。依靠这两种机制，出现不良品时马上就能发现，从而防止不良品的重复或大量出现，避免由此可能造成的巨大浪费。而且，由于一旦发生异常，生产线或设备就立即停止运行，比较容易找到发生异常的原因，从而能够有针对性地采取措施，防止类似异常情况的再次发生，杜绝类似不良品的再次产生，为实现适时适量生产提供质量上的保证。

(4) 模块化设计与并行设计法

在产品的开发设计中导入两种机制：一是模块化设计。当设计新产品时，总是在某些模块（或单元）上有新的突破，而其他部分尽可能使用现存的技术。计算机、汽车等产品均是采用此种方法进行开发的。二是并行设计法。在开发过程中，以设计部门为主，其他部门（如工艺部门、制造部门、采购部门、质量保证部门、生产计划部门等）共同参与形成团队，分工协作，同时进行有关工作。这样一方面可以提早发现开发设计上的问题（性能、成本、质量等方面），减少失误或不完善可能带来的成本损失；另一方面，当设计开发完成的同时，产品也能立刻进行批量生产，大大减少从开发设计到批量生产的时间。

3. 实现精益生产的具体方法

(1) 生产同步化

为了实现适时适量生产，首先需要致力于生产的同步化，即工序间、部门间不设置仓库，前一道工序加工结束后立即转到后一道工序去，组装线与机械加工几乎平行进行，产品被一件一件、连续地生产出来。对铸造、锻造、冲压等必须成批生产的工序，则通过尽量缩短作业切换时间来缩小生产批量。

(2) 生产均衡化

生产均衡化是实现适时适量生产的前提条件。所谓生产的均衡化，是指总组装线在向前道工序领取零部件时，应均衡地使用各种零部件，混合生产各种产品。为此在制定生产计划时就必须加以考虑，然后将其体现在产品投产顺序计划中。

(3) 生产柔性化

生产柔性化是通过设置细胞（cell）生产线、固定变动生产线以及简易拆装生产线等方式来实现的。当生产量发生变动时，可以十分方便地弹性增减各生产线的作业人数，缩短生产周期，快速地应对市场的需求变化。

4. 实现精益生产的管理工具

采用看板进行管理（简称"看板管理"）可以说是精益生产方式中最独特的部分，看板的主要机能是传递生产和运送的指令。在精益生产方式中，生产的月度计划是集中制定的，同时传达到各个工厂（车间）以及协作企业（供应商）。而与此相应的主生产指令只下达到最后一道工序或总组装线，对其他工序的生产指令均通过看板来实现，即后道工序"在需要的时候”用看板向前道工序去取“所需的量”时，同时就等于向前道工序发出了生产指令。由于生产是不可能 100% 完全按照计划进行的，主生产量的不均衡以及日生产计划的修改都通过看板来进行调整。看板就成为工序之间、部门之间进行生产沟通的重要工具。

4.4 销售物流管理

☞提示

销售物流归根到底是由客户订单驱动的，而物流的终点又是客户。因此，在销售物流之前，企业要进行售前的各种市场活动，包括确定客户（潜在客户、目标客户）、与客户的联系、产品展示、客户询价、报价、报价跟踪等。

4.4.1 销售物流的概念

制造商将自己的产品出售给用户或消费者的物流活动称为销售物流。销售物流又称企业销售物流，是企业为保证自身的经营利益，伴随着企业销售活动，将产品所有权转让给用户的物流活动，是生产者至用户或消费者之间的物流，它包括订单处理、产成品库存、发货运输、销售配送等内容。

销售物流是企业物流系统的一个重要环节，是企业物流与社会物流的最后一个衔接点，也是企业物流与社会物流的转换点。它与企业销售系统相配合，共同完成产品的销售任务。企业通过销售物流，实现其产品价值，获得利润。

对销售物流概念的理解有以下几个方面：

（1）销售物流是一个系统，具有一体化特征

销售物流是企业为保证本身的经营效益，伴随销售活动，不断将产品所有权转给用户的物流活动，它是订货处理、产成品库存、发货运输、销售配送等物流活动的有机统一。

（2）销售物流是连接生产企业和用户的桥梁，是企业物流与社会物流的另一个衔接点

销售物流是企业物流活动的一个重要环节，它以产品离开生产线进入流通领域为起点，以送达用户并经售后服务为终点，它与社会销售系统相互配合共同完成企业的分销和销售任务。

（3）销售物流是生产企业赖以生存和发展的条件

对于生产企业来讲，物流是企业的第三利润源泉，降低销售物流成本是企业降低成本的重要手段。销售物流成本占据了企业销售总成本的 20% 左右，销售物流的好坏直接关系到企业利润的高低，进而直接关系到企业的生存与发展。

（4）销售物流具有很强的服务性

销售物流是以满足用户的需求为出发，从而实现销售和完成售后服务，因此销售物流具有很强的服务性。在现代社会中，市场环境是一个完全的买方市场，只有满足买方要求，卖方才能最终实现销售。在这种市场前提下，销售往往以送达用户并经过售后服务才算终止。销售物流的服务性表现在要以满足用户的需求为出发点，树立“用户第一”的观念，要求销售物流必须快速、及时，这不仅是用户和消费者的要求，也是企业发展的要求。

(5) 销售物流以实现销售为目的

销售物流过程的终结标志着商业销售活动的终结。销售物流是以实现销售为目的。它的所有活动及环节都是为了实现销售利润，因此物流本身所实现的时间价值、空间价值及加工价值在销售过程中都处于从属地位。

拓展案例

李宁公司的销售物流

李宁公司的销售物流具有快速、可靠性高、技术支撑强等优势，这些优势的形成来源于公司对销售物流采取的一系列“组合拳”策略。

1. 实施标准物流操作

李宁公司对物流资源进行了彻底的优化组合，将所有产品的销售物流都划归其物流部运作，实施了SAP的R/3系统及AFS服装/鞋业解决方案，从而打通公司的各个关节，使其物流畅通，信息传导快捷、高效。

公司在全国设有完善的销售网络，产品从仓库出来，大部分流向分公司的配送中心或经销商的仓库，一小部分是直接送到门店（小规模经销商可能没有仓库）。这样，李宁产品的物流分拨快速高效，其全国的在途分拨时间仅为4.5天，在国内外都居于前列。

公司产品的大物流及地区配送均按照标准化流程运作，并且公司还有一套标准的物流服务协议作指导，实际上是内部的物流服务协议。专卖店作为内部的客户，把配送中心视为一个物流服务公司，在服务水平上以物流公司的标准来要求。

2. 挑选最适合的物流服务商

李宁公司在选择物流服务商时遵循“不求最大，但求适合”的原则，其挑选的物流服务商都是一些中等规模的物流公司。这些服务商将李宁公司视为优先客户，在服务上尽心尽力，无论什么情况都保证其货物运输效率。

李宁公司非常重视招标流程的合理化，因此中标的企业一般合作良好，除了淘汰补位，李宁公司积极与合作良好的承运商发展长期稳定的合作关系，从而减少了合作伙伴选择成本，也提高了合作的可靠性。

3. 定期对物流服务商进行考核

公司制定了五个考核指标，分别是准时提货率、及时正点率、货损货差率、服务态度及完美回单率（在要求时间内传回记载经销商、专卖店收货信息的单据），定期对物流服务商进行绩效考核。

公司要求物流承运商将其信息管理系统与李宁公司物流部进行对接，及时反馈有关运输监控信息，如货单号、提货时间、发货时间、在途时间等。与此同时，李宁公司物流部根据信息定期给承运商打分，并向承运商公布数据报表，针对其不足，限期整改。依靠这种严格的末位淘汰制度，承运商的服务水平不断提高。

4. 合理规划物流系统网络

李宁公司在全国设置了2个一级配送中心和13个分公司，每个分公司下辖的仓库是二、三级配送中心。为了集中网络优势促进销售，李宁公司设置物流中心统一管理全国13个分公司的物流储运部，并推行按销售地入仓，即产品出厂后直接送到相应销售地的配送中心，然后通过分拣分销出去。这种方法减少了运送环节，大大提高了对客户的响应速度。

5. 积极推进信息化进程

李宁公司不遗余力地将信息化贯彻到公司业务的每一个流程，在 ERP 信息系统的基础上，配合物流实施项目对原有的流程进行调整与优化，以期达到更好的应用效果。通过完善信息管理系统，进一步加快了物流分拨和配送速度，降低了成本，也提高了物流作业的准确性。

（《李宁物流的组合拳》，2015 年 2 月 3 日，https：//www. docin. com/p - 1053093804. html。有改动）

4.4.2 销售物流管理的概念、原则和方法

1. 销售物流管理面临的转变

对企业分销渠道中的物流、信息流进行高效协调和集成是销售物流管理成功的关键。

从功能管理向过程管理的转变。传统的管理将分销渠道中的采购、制造、市场营销、配送等功能活动分割开来独立运作，而这些功能都具有各自独立的目标和计划，这些目标和计划经常冲突。现代管理就是将分销渠道中的物流活动有效集成，实现以提高客户服务水平以及客户价值最大化为目标的面向过程的管理。不仅在企业内部要向过程管理过渡，在企业外部，管理供应链上游、下游的各个合作伙伴的业务活动，也需要从功能管理向过程管理过渡。

从利润管理向赢利性管理转变。传统管理将利润作为企业管理的重点，但现代管理认为利润管理还是很粗放，因为利润只是一个绝对指标，并不具有可比性；应该用相对指标来衡量企业的经营业绩，而赢利性就是一个相对指标。所以，国外企业界现在强调要进行赢利性管理。这种赢利性是建立在“双赢”基础上的，只有分销渠道中的各方均具有较好的赢利性，企业自身的赢利性才有可能得到保证。

从产品管理向客户管理转变。在买方市场上，客户主导企业的生产、销售活动，因此客户是核心，客户是主要的市场驱动力，而分销渠道上非常关键的一环就是客户。在买方市场上，销售物流管理的中心是由生产者向消费者倾斜的，客户管理就成为销售物流管理的重要内容。

从交易管理向关系管理转变。传统的分销渠道成员之间的关系是交易关系，所考虑的主要是眼前的既得利益，因此不可避免地出现渠道成员之间为了自身利益而损害他人利益的情况。现代管理理论认为，可以找到一种途径，能同时增加分销渠道各方的利益，就是要协调分销渠道成员之间的关系，并以此为基础进行交易，以使分销渠道整体的交易成本最小化，收益最大化。

从库存管理向信息管理转变。企业对待库存的心理一直都十分矛盾，在分销渠道成员之间，一会儿排斥库存，一会儿囤积库存，造成巨大浪费，故可以用信息代替库存。企业持有的是“虚拟库存”而不是实物库存，只有到分销渠道的最后一个环节才交付实物库存，从而可以大大降低企业持有库存的风险。

以上这些转变，发生在一个企业内部，作用于所有的相关企业，现代管理转变产生的效应将影响到整个分销渠道。

2. 销售物流管理的原则和步骤

企业实施销售物流管理有 7 项原则：

①根据客户所需的服务特性来划分客户群。

②根据客户需求和企业可获利情况，设计企业的物流网络。

③倾听市场的需求信息，及时发现需求变化的早期警报，并据此安排和调整计划。

④实施“延迟”策略。

⑤与渠道成员建立双赢的合作策略。

⑥在整个分销渠道领域构筑高效的信息平台。

⑦建立整个销售物流的绩效考核准则，销售物流管理的最终验收标准是客户的满意程度。

企业可以采取如下主要步骤来提高销售物流管理的水平：

①明确自己在分销渠道中的定位。分销渠道由制造商、分销商、零售商、物流与配送商及消费者组成。在富于竞争力的分销渠道中起到怎样的作用，都应该发挥各自的相对优势。分销渠道中任何企业都不可能具备分销渠道的所有功能，它必须根据自己的相对优势来确定其在分销渠道中的位置，并且依据在渠道中的地位与作用制定相关的发展战略，比如对自己的业务活动进行调整和取舍，对有些业务进行外包，着重培养自己的核心能力等。

②建立物流网络、配送网络。企业的产品能否通过分销渠道快速地分销到目标企业上，实现仓储、运输、配送等物流活动在渠道中高效的运作，其物质基础主要取决于分销渠道中物流、配送网络的构建。物流、配送网络是分销渠道依存的物质基础，组建物流、配送网络时应该最大限度地利用社会上闲置的物流资源，并考虑同专业物流公司的合作实现物流基础低成本快速的扩展。

③广泛采用信息技术。信息技术的高速发展与互联网的广泛应用，推动了全球范围的产业革命和重组，计算机集成制造、敏捷制造、企业资源计划、商品快速补货、电子商务等都离不开先进的信息技术和产品，销售物流高效的管理同样依赖于信息技术。

3. 销售物流管理的合理化及方法

（1）销售物流合理化的形式

销售物流合理化应该做到在适当的交货期准确地向客户发送商品：对于客户的订单，尽量减少商品缺货或者脱销；合理设置仓库和配送中心，保持合理的商品库存；使运输、装卸、保管和包装等操作省力化；维持合理的物流费用；使订单到发货的情报传递畅通无阻；将销售额等订货信息迅速提供给采购部门、生产部门和销售部门。销售物流合理化的形式有大量化、计划化、商物分离化、差别化、标准化等多种形式。

①大量化。通过控制客户的订货，增加运输量，使发货大量化。一般通过延长备货时间得以实现，如家用电器企业规定三天之内送货。这样做能够掌握配送货物量，大幅度提高配送的装载效率。现在，以延长备货时间来增加货运量的做法，已被所有的行业广泛采用。

②计划化。对客户的订货按照某种规律制定发货计划，并对其实施管理。例如，按路线配送、按时间表配送、混装发货、返程配载等各种措施被用于运输活动之中。

③商物分离化。商物分离的具体做法是将订单活动与配送活动相互分离，这样就把自备载货汽车运输与委托运输乃至共同运输联系在一起了。

④差别化。根据商品周转的快慢和销售对象规模的大小，把仓储地点和配送方式区别开来，是利用差别化方法实现物流合理化的策略。周转较快的商品群分散保管，周转较慢的商品群尽量集中保管，以做到压缩流通阶段的库存，有效利用保管面积，使库存管理简单化。此外，也可以根据销售对象决定物流方法。

⑤标准化。销售批量规定订单的最低数量，会明显提高配送效率和库存管理效率。比如成套或者成包装数量出售，如某一级烟草批发商进货就必须至少以一箱（50条）为一个进货

单位。

(2) 销售物流管理合理化的方法

①销售物流的综合成本控制。为了实现销售活动，仓储、运输、包装等各职能部门所投入的成本称为职能成本。系统成本则是整个销售物流活动过程中各职能成本的总和。

②直销方案的综合物流费用分析。把商品直接销售到用户手中，这种销售物流方案一般会耗费较高的物流成本费用，因为通常直销的货物数量不会很大，而且运输频率高，因此运送成本较高。但是这种直销一般是针对急需的用户采用，一旦延误，很有可能失去用户。如果失去销售机会而损失的成本大于物流成本，则企业还是应采取直销方案。

③销售物流的统一管理。在销售物流过程中，仓储、运输、包装决策应该是互相协调的。因此，企业应将销售物流活动统一管理，协调各职能部门的决策，全权负责，这对于满足用户需求、节约企业的物流投入是非常有利的。

知识链接

企业自营销售物流的可行性分析

生产企业自己组织销售物流，可以对销售物流的成本进行大幅度调节，充分发挥其“成本中心”的作用，同时能够从整个生产企业的经营系统角度，合理安排和分配销售物流环节的力量。

在生产企业规模可以达到销售物流的规模效益前提下，采取生产企业自己组织销售物流的办法是可行的，但不一定是最好的选择。主要原因如下：

一是生产企业的核心竞争力的培育和发展问题。如果生产企业的核心竞争能力在于产品的开发，销售物流可能占用过多的资源和管理力量，对核心竞争能力造成影响。

二是生产企业销售物流专业化程度有限，自己组织销售物流缺乏优势。

三是一个生产企业的规模终归有限，即便是分销物流的规模已达到经济规模，但延伸到配送物流之后，就很难再有规模优势，因此可能会反过来影响市场更广泛、更深入的开拓。

4.4.3 销售物流服务

1. 销售物流服务的概念及目标

销售物流服务是指企业向客户提供及时而准确的产品输送服务，是一个广泛满足客户的时间和空间效用需求的过程。

销售物流服务的目标主要表现在以下几个方面：

(1) 提高销售收入

销售物流服务通常是企业物流的重要要素，销售物流活动能提供时间和空间效用来满足客户需求，是企业物流功能的产出或最终产品。所以，提高客户服务水平，可以增加企业销售收入，提高市场占有率。

(2) 提高客户的满意程度

客户服务是由企业向购买其产品或服务的人提供的一系列活动。一般来说，客户关心的是购买全部产品，即不仅仅是产品的实体，还包括产品的附加价值。销售物流服务就是提供这些附加价值的重要活动。良好的销售物流服务能提高产品的价值和附加价值，更能提高客户的满意程度。

(3) 留住老客户，争取新客户

服务质量、留住客户和公司利润率之间有着非常高的相关性。物流领域高水平的客户服务能吸引客户并留住客户，对于客户来说，频繁地改变供应来源会增加其物流成本及其风险性。

(4) 降低销售物流成本

物流管理要求以最小的总物流成本产生最大的时间和空间效用。企业非常重视采取各种创新性的方法来降低物流成本。因此，从管理的角度来看，客户服务水平对物流系统起着制约作用，运输、仓储、订单处理等各项物流成本的增加或减少都依赖于客户所期望的服务水平。综上所述，提高销售物流的客户服务水平是提高企业竞争优势的重要途径，企业的销售物流服务与产品质量、质量管理具有同等重要性，需要引起企业管理者的高度重视。

2. 销售物流服务的构成要素

为客户提供快速的、满意的物流服务，需要从以下几个方面考虑：

(1) 时间

目前很多企业对物流服务要求的标准水平，用现代服务业的行话说，已经从“97—3”，提高到“98—2”。其含义是：97%的企业要求物流服务的时效从3天72小时，提高到98%的企业要求时效为2天48小时。很多企业接到生产指令后，从原材料供给到将产品送达供应商手中，全部周期仅仅为48小时。对销售物流而言，时间因素重点指订货周期（提前期），即从客户确定对某种产品有需求到需求被满足之间的时间间隔。

(2) 可靠性

“97—3”到“98—2”除了上面讲的时间外，还有一个意思就是差错率由3%下降到2%，也就是说目前供应商要求制造企业的供货差错率低于2%。因此企业在销售物流整个过程中要考虑货物的安全性，保证产品在预定的时间、以足够的数量及承诺的质量送到供应商手中，也就是正确供货的可靠性。当客户收到货物与所订货物不符时，将给客户造成停工待料损失或不能及时销售产品。销售物流领域中，订货信息的传送和订货挑选可能影响企业的正确供货。因此，为了做到正确供货，在订货信息传递阶段，使用电子数据交换（EDI）系统，可以大大降低出错率。

(3) 通信

当前供应商与企业之间的关系，已经由原来的短期买卖关系转变为长期合作伙伴关系，双方追求的是一种“双赢”的关系。企业和供应商要达到双赢就需要双方都尽心尽力地为销售产品努力。因此，企业与供应商之间要经常沟通，通信的方便与否直接影响到销售的状况。

(4) 便利性

便利性是指服务水平必须灵活便利。从销售物流服务的观点来看，所有客户对销售物流服务有相同的要求，有一个或几个标准的服务水平适用于所有客户是最理想的，但却是不现实的。为了更好地满足客户需求，就必须确认客户的不同要求，根据客户规模、区域分布、购买的产品及其他因素将客户需求进行细分，为不同客户提供适宜的服务水平，这样可使物流管理者针对不同客户以最经济方式满足其服务需求。总的来说，企业的产品只有经过销售才能实现其价值，从而创造出利润，实现企业的价值。因此提供优质的销售物流服务，和供应商相互配合与合作，才能真正达到双赢。

3. 销售物流客户服务能力

销售物流客户服务能力是指销售物流服务的基本水准，也是客户服务最基本的方面，包括可得性、作业绩效和可靠性。

（1）可得性

它是指当客户需要货物时，物流企业拥有的存货能够不断地满足其需要。可得性可以通过各种方式来实现，最基本的方法是按照预期的客户订货进行存货储备。可得性一般可用缺货频率、供应比率、订货完成率三个绩效指标来衡量。

①缺货频率。它是指缺货发生的概率。当需求超过产品可得性时，就会发生缺货。缺货频率是用来衡量一种特定的产品需求超过其可得性的次数。将全部产品所有的缺货次数汇总起来，可以反映企业实现其基本服务承诺的状况。因此，可以说缺货频率是衡量存货可得性的起点。

②供应比率。它是用于衡量缺货的程度或影响大小的比率。供应比率通常是按照客户服务目标予以区分的，于是对缺货程度的衡量就可以构成企业在满足客户需求方面的跟踪记录。如一位客户订货 50 个单位产品，只有 47 个单位产品可得，那么订货供应比率为 94%。要能够有效地衡量供应比率，一般在评估程序中还要包括在一段特定时间内对多位客户订货的完成情况进行衡量。同时，供应比率还可用来衡量按特定产品提供的服务水准。一般说来，供应比率高，客户会感到满意；反之，则不满意。

③订货完成率。它用于衡量物流企业完成客户所预订的全部产品的时间，把存货的充分可得性看作是一种可接受的完成标准。可以说，缺货频率、供应比率均为零缺陷，则订货完成率就为客户享受完美订货的服务提供了潜在时间。

将以上三个衡量指标结合在一起，就可以判断、识别一个物流企业满足客户期望的程度，成为评估适当可得性水平的基础。

（2）作业绩效

作业表现为物流企业从客户订货到产品交付使用的全部运作过程。作业一般通过速度、一致性、灵活性、故障恢复能力等来衡量所期望的完成周期。

①速度。从客户订货开始到货物实际到达的时间。

②一致性。物流企业必须随时按照递送承诺加以履行的物流处理能力。

③灵活性。处理异常（一次性改变装运交付地点、供给中断等）的客户服务需求的能力。

④故障恢复能力。物流企业要有能力预测服务过程中可能出现的故障或服务中断，并有适当的应急计划来完成恢复服务。当实际的服务故障发生时，应启动应急计划。应急计划还应包括客户期望恢复标准的确认和衡量服务一致性的方法。

（3）时效性

销售物流服务活动中还包括能否迅速提供有关物流作业和客户订货状况的精确信息。另外，客户服务能力的一个重要组成部分是持续改善。物流管理人员应关心如何尽可能少地发生故障，以完成作业目标，而完成作业目标的一个重要方法就是从发生的故障中吸取教训，改善作业系统，以防止故障再次发生。理想的销售物流服务水平要求达到：适当的质量，适当的数量，适当的时间，适当的地点，适当的价格，良好的印象。

知识链接

创造具有竞争优势的销售物流服务

创造具有竞争优势的销售物流服务的一个重要手段是提供增值服务，具体包括以下几个方面。

1. 以客户为核心的服务

以客户为核心的服务由处理客户向制造商的订货、直接送货到商店或客户家、持续提供递送服务等活动构成。这类专门化的增值服务可以被有效地用来支持新产品的推广，以及基于当地市场的季节性配送。例如，美国 UPS 公司开发了独特的服务系统，专门递送食品公司的快餐产品到批发商店，而不是通过传统的烟糖配送商提供配送服务。又如，某配送公司属下的一个部门创造性地建立了一种订货登记服务，为刚出世的婴儿安排将某公司生产的一次性尿布送货到家。对仓库来说，还普遍流行一种做法，就是提供“精选—定价—重新包装”服务，以便于按仓库、俱乐部、便利店等不同要求独特配置，配送生产企业的标准产品。

2. 以促销为核心的服务

该增值服务最为突出的是销售点展销，它可以包含来自不同供应商的多种产品，并组合成一个多节点的展销单元，以便适合特定的零售商店所需。在有选择的情况下，以促销为核心的增值服务还对储备产品的样品提供特别介绍或广告宣传，甚至进行直接邮寄促销等。

3. 以制造为核心的服务

该增值服务是通过独特的产品分类和配送来支持制造活动。例如，某仓储公司使用六种不同的纸箱重新包装一种普通的肥皂，以支持各种促销方案和各种等级的贸易要求；有的厂商将外科手术的成套器具按需要进行配装，以满足特定医生的独特要求。

4. 以时间为核心的服务

该增值服务包括专业人员在递送以前对存货进行分类、组合和排序。其典型方式就是准时生产（JIT），在准时生产条件下，供应商向位于装配厂附近的仓库进行日常的递送，一旦某时某地产生需要，该仓库就会对多家卖主的零部件进行精确的分类、排序，然后递送到装配线上去，其目的是要在总量上最低限度地减少在装配厂的搬运次数和检验次数。例如，本田汽车公司就是使用这类准时生产服务来支持其装配线的。总之，该增值服务的主要特征是排除不必要的仓库设施和重复劳动，以最大限度地提高服务速度。

4.4.4 分销需求计划（DRP）

1. DRP 的概念

分销需求计划（DRP）是指应用物料需求计划（MRP）的原则，在配送环境下从数量和提前期等方面确定物料配送需求的一种动态方法。在逻辑上 DRP 是 MRP 的扩展，但两者之间存在一个根本的差异：MRP 通常是在一种相关需求的情况下运作的，由企业制定和控制的生产计划所确定；而 DRP 是在一种独立的环境下运作的，由不确定的客户需求直接确定存货需求。

DRP 主要在以下两类企业中得到应用：一类是流通企业，如储运企业、配送企业、物流中心、流通中心等。这些企业的基本特征是：不一定搞销售，但必须有储存和运输的业务。

这些企业具有较强大的储存能力和运输能力，受生产企业的委托存货或自己从这些生产厂购进货物存放在自己的仓库里，为生产企业销售部门或企业订货用户进货。另一类是生产企业，大多数中小企业生产的产品是交给经销商或零售商去销售，自己没有销售网络，但一部分较大型的生产企业有自己的销售网络和储运设施，这样的生产企业是面对市场来生产自己的产品，既搞生产又搞流通。这两类企业的共同之处是：以满足社会需求为企业的宗旨；依靠一定的物流能力（储、运、包装、装卸、搬运等）来满足社会的需求；为满足社会需求，要从制造企业或物资资源市场组织物资资源。

2. DRP 的原理

实施 DRP 时，要输入三个文件，输出两个计划。

输入的三个文件是：

①社会需求文件。其内容包括所有用户订货单、提货单和供货合同，也包括下属子公司、企业的订货单。将这些需求按品种、需求日期进行统计构成一个文件，制定出社会需求文件。

②库存文件。它是仓库里所有库存物资量的列表。仓库里有的物资，从仓库里提货送货，送货的数量不得超过现有的库存量，仓库里没有，就应订货进货，所以仓库文件也是制定 DRP 计划必需的文件。

③生产厂资源文件。其包括可供的物资品种，也包括生产厂的地理位置情况。生产厂资源文件主要是为 DRP 制定订货计划用的。

输出的两个文件是：

①送货计划，即对用户的送货计划。由于仓库与用户、下属子公司都有一定路程，所以提货送货要提前一定时间开始作业。对于大批量需求的需求者实行直送，对于数量众多的小批量需求可以进行配送。

②订货进货计划。这里指从生产厂订货进货的计划。对于需求物资，如果仓库内无货或库存不足，则需要到生产厂订货进货。因为订货进货需要时间，所以也需要设定订货提前期。

3. DRP 的优点与局限性

（1）DRP 的优点

①DRP 在营销方面的优点。可改善服务水准，保证准时递送，减少顾客的抱怨；能更有效地改善促销计划和新产品引入计划，提高预计短缺的能力，使营销努力不花费在低储备的产品上；有利于改善与其他企业的协调功能，因为 DRP 有助于共用一套计划数字；可提高向顾客提供存货管理服务的能力。

②DRP 在物流方面的优点。由于实行协调装运，可降低分销中心的运输费用；能准确确定何时需要何种产品，可降低存货水平和仓库空间需求；能减少延迟供货现象，降低顾客的运输成本，提高物流与制造之间的存货可视性和协调性；能有效地模拟存货和运输需求，提高企业的预算能力。

（2）DRP 的局限性

DRP 系统需要每一个分销中心提供精确的、经过协调的预测数。但受递送可靠性等影响，预测误差不可避免，这成为不确定因素。DRP 系统要求分销设施之间的运输具有固定而又可靠的完成周期，虽然完成周期可以通过各种安全的前置时间加以调整，但是完成周期的不确定因素则会降低 DRP 系统的效率；加之生产故障或递送延迟，造成综合计划频繁改动，会使 DRP 系统在实际应用中有一定的局限性。

拓展案例

Glup公司的技术成本

Glup公司向北欧的超市供应一系列的家用肥皂产品，其物流管理者已经决定：改进材料搬运设备的50万欧元的投资将使主要配送中心转变为更具有灵活性的设施。公司已经确定出产品可用性改进以后的许多好处，但是，目前信息主要的表现形态为自定成本。现将Glup公司对好处的评估，及其把投资的正当理由（自定成本）折合为技术成本的计划概括如下：

1. 现有存货的可用性改善

这指的是能在货架上陈列并出售产品的时间长短。如果在货架上没有陈列产品，那么它将损失掉销售额，输给其他陈列在货架上的有竞争力的产品，如超市自有品牌。目前Glup公司的可用性资料显示的是刚好持平，但是，也表明对于一个库存单位（sku），其平均现有存货的可用性仅为85%。为了把这种自定的收益折合为技术成本，Glup公司试图针对12条产品线，衡量每种产品每周在货架上的时间。做这件事的一种方法是利用市场研究代理机构，在选出的几家商店，在一个工作周内随机进行产品可用性的抽样研究。这将得到一个存货可用性的指导数据，如85%的参考值。他们相信，新系统将缩短产品不在货架上的时间。Glup公司计划使用模拟法，模仿新材料搬运设备的搬运方法，并且计算新的存货可用性的数值。这样，缩短了的产品不在货架上的时间就被折合为每个库存单位的差益，节约其技术成本。

2. 运输成本降低

因为不同的库存单位的储架能够被组合到一起放在一个托盘上，所以新设备的使用也能降低运输成本。Glup公司再一次试图利用模拟法，确定使用新设备节约成本的机会。他们认为，通过更灵活地用拖车装运Glup公司客户所订购的产品，将会降低总运输成本。

3. 促销和新产品投放

公司认为，新设备将使公司能够更准确更快捷地在指定的商店里开展促销和新产品的投放。在这种情形下，需求的不确定性非常高。例如，最近的“买二送一”活动使销售额增加了五倍。为了在市场上投放新产品，要做的第一件事就是：“排空清理”旧产品的物流通路，或者把旧产品“报废”，注明是过时的存货。如果一个更灵活的仓库系统能缩短从工厂到超市的通路距离，那么，真正地节约时间或节约过时存货是很有可能做到的。Glup公司再一次打算用模拟法进行衡量。所以，凭借新产品的优势，有必要确定销量将增长多少个百分点。Glup公司的销售人员将统计这一数据，他们将应用上次促销和新产品投放的经验。技术成本等于新产品在货架上额外延长的时间乘以所统计的附加的销售额，再乘以每个库存单位的差益；或者，技术成本将是过时存货减少的数量乘以每种产品的总成本，再加上双倍的搬运和废料处理的成本。

（《Glup公司的技术成本》，2014年11月28日，https://www.docin.com/p-973310775-f3.html。有改动）

思考：

公司计划从新材料搬运设备的预期收益中计算出技术成本，请你对此作出评论。

4.5 逆向物流管理

4.5.1 逆向物流概述

1. 逆向物流的概念

目前，理论界对逆向物流概念表述也有很多，现在越来越被普遍接受的观点是，逆向物流是在整个产品生命周期中对产品和物资的完整的、有效的和高效的利用过程的协调。

中华人民共和国国家标准《物流术语》(GB/T18354-2006) 对逆向物流的定义是：物品从供应链下游向上游的运动所引发的物流活动。其具体表述是：逆向物流是指不合格物品的返修、退货以及周转使用的包装容器从需方返回到供方所形成的物品实体流动。比如回收用于运输的托盘和集装箱、接受客户的退货、收集容器、原材料边角料、零部件加工中的缺陷在制品等的销售方面物品实体的反向流动过程。废弃物物流是指将经济活动中失去原有使用价值的物品，根据实际需要进行收集、分类、加工、包装、搬运、储存等，并分送到专门处理场所时形成的物品实体流动。

综上所述，逆向物流有广义和狭义之分。狭义的逆向物流是指对那些由于环境问题或产品已过时的原因而导致产品、零部件或物料回收的过程。它是将排泄物中有再利用价值的部分加以分拣、加工、分解，使其成为有用的资源重新进入生产和消费领域。广义的逆向物流除了包含狭义的逆向物流的定义之外，还包括废弃物物流的内容，其最终目标是减少资源使用，并通过减少使用资源达到废弃物减少的目标，同时使正向以及回收的物流更有效率。

2. 逆向物流的分类

逆向物流根据分类的依据和标准的不同，可以分为不同的类别。

(1) 按照回收物品的渠道来划分

按照回收物品的渠道可分为退货逆向物流和回收逆向物流两部分。退货逆向物流是指下游客户将不符合订单要求的产品退回给上游供应商，其流程与常规产品流向正好相反。回收逆向物流是指将最终客户所持有的废旧物品回收到供应链上各结点企业。

(2) 按照回收物流材料的物理属性划分

按照回收物流材料的物理属性可分为钢铁和有色金属制品回收物流、橡胶制品回收物流、木制品回收物流、玻璃制品回收物流等。

(3) 按成因、途径和处置方式及其产业形态来划分

根据成因、途径和处置方式及其产业形态的不同，回收物流可分为投诉退货、终端使用退回、商业退回、维修退回、生产报废与副品以及包装六大类别。它们普遍存在于企业的经营活动中，其涉及的部门从采购、配送、仓储、生产、营销到财务部门。因此，从事回收物流管理的经理需要完成大量协调、安排、处置、管理与跟踪的工作，企业才能完成资源的价值再生。然而在许多企业，回收物流的管理却往往被忽视或简单化甚至被认为是多余的。

4.5.2 企业回收物流

1. 回收物流的概念与分类

回收物流是退货、返修物品和周转使用的包装容器等从需方返回供方或专门处理企业所引发的物流活动。它是对于生产、流通、消费活动中所产生的具有再利用价值的废旧物品进行回收、拣选、加工、分解、净化等作业，使其成为有用的资源或转化为能源而重新投入生产或生活这一循环系统的物流过程。其种类包括以下几种：

(1) 商业退货

退货逆向物流是指下游顾客将不符合订单要求的产品退回给上游供应商，或由于顾客对所购买产品的质量、包装、款式等方面不满意而向企业退货，或企业发现产品存在质量问题，而对已经售出的产品予以召回，由此产生的逆向物流属于商业退货逆向物流。广义的商业退货逆向物流，是既包括正常退货也包括企业对产品的主动召回。正常退货通常是由于顾客对购买的产品质量不满意等原因造成的，一般是由顾客驱动的，其中包括无条件的退货、保修期内的返修等。而产品召回是指由企业自身行为（如设计、生产、工艺等造成的有缺陷的产品进入供应链）导致的产品退回，一般是由供应商驱动的。退货处理是否妥当，是企业产品售后服务的重要内容，对于消除顾客不满、建立顾客忠诚度、提升企业形象、避免企业危机具有积极的作用。由于退货理由不同，退货的处理方式各不相同。若仅仅是由于包装、款式、型号等问题而出现退货，产品就不必退回生产企业，在分销商处作适当处理即可；若属于产品质量的缺陷，则需要退回生产企业进行检测、返工或维修，尽量使其再回到供应链的下游节点上。

(2) 维修回收

这是指有缺陷或被损坏产品在销售以后，根据售后服务承诺条款或协议的要求，退回经销商或制造商，它通常发生在产品生命周期的中期，如有缺陷的家用电器、电脑及手机。一般由制造商进行维修处理，再通过原来的经销渠道返回给用户，或由制造商委托经销商的维修点进行维修处理，直接交给消费者。

(3) 产品寿命终结的退回

产品出售且其使用寿命终结以后（即产品不能再使用），消费者的处理方式有选择回收，也有选择丢弃；但这些被丢弃的物品还具有一定的残余价值，通过回收再处理可使其残余价值重新利用，这就形成了终结产品回收的逆向物流。产品寿命终结的退回主要是由经济、资源环境、法律法规等因素驱动的。废旧产品的回收能给企业带来一定的经济收益，如汽车轮胎、飞机配件的修复等。随着全球经济的迅猛发展，资源短缺、环境污染已成为全球实现可持续发展的“瓶颈”环节，产品回收不仅有利于节约资源，同时也有利于环境保护，如家用电器（包括电脑、手机）中主板上含有大量的金、锡、铜等重金属，电池中含有大量的铅。

(4) 包装物回收

包装是物流的起点，这一物流要素无论是在保护商品、提高企业物流效率上，还是在对产品的促销上都有其十分重要的作用。不管是商业包装还是运输包装，都要消耗大量的自然资源，而且大量的包装物废弃后对环境的污染也非常严重。因此，包装材料的回收再利用，对于节约能源、保护环境以及减轻垃圾掩埋和焚烧设施的负担都大有裨益。

2. 回收物流的主要环节

回收逆向物流主要包括以下几个环节：

(1) 回收

回收是将顾客所持有的产品通过有偿或无偿的方式返回销售方。这里的销售方可能是供应链上任何一个节点，如来自顾客的产品可能返回到上游的供应商、制造商，也可能是下游的配送商、零售商。这是最重要的环节，也是逆向物流价值链的主要环节。

(2) 检验与处理决策

该环节是对回收品的功能进行测试分析，并根据产品结构特点以及产品和各零部件的性能确定可行的处理方案，包括直接再销售、再加工后销售、分拆后零部件再利用和产品或零部件报废处理等；然后，对各方案进行成本效益分析，确定最优处理方案。

(3) 分拆

按产品结构的特点将产品分拆成零部件。

(4) 再加工

对回收产品或分拆后的零部件进行加工，恢复其价值。

(5) 报废处理

对那些没有经济价值或严重危害环境的回收品或零部件，通过机械处理、地下掩埋或焚烧等方式进行无害化销毁。

具体而言，回收物流包括五种情况：①直接再售产品流：回收→检验→配送。②再加工产品流：回收→检验→再加工。③再加工零部件流：回收→检验→分拆→再加工。④报废产品流：回收→检验→处理。⑤报废零部件流：回收→检验→分拆→处理。

4.5.3 企业废弃物物流

☞课堂互动

物流过程中可能产生哪些废弃物？这些废弃物是否都是“垃圾”？如何将物流中的废弃物“变废为宝”？

1. 废弃物流的概念及种类

废弃物物流是指将经济活动或人民生活中失去原有使用价值的物品，根据实际需要进行收集、分类、加工、包装、搬运、储存等，并分送到专门处理场所的物流活动。它是对生产、流通、消费活动中所产生的不能再加以利用的废弃物进行妥善处理，以达到排放标准、减少废弃物对环境污染的物流活动。

废弃物主要有两种分类方法：

按照废弃物的物理形态分类，可分为固体废弃物、液体废弃物、气体废弃物。固体废弃物又称为“垃圾”，其形态是各种各样固体物的混杂体。这种废弃物物流一般采用专用垃圾处理设备，在无专用处理设备的地方，也可采用一般物流工具。液体废弃物也称为“废水”或“废液”，其形态是各种成分液体混合物，这种废弃物物流采用管道方式进行运输。在经管道排放到自然环境之前，废液必须经过相应的净化设备的处理，如化工厂、造纸厂的废水处理。气体废弃物又称“废气”，主要是工业企业尤其是化工之类的工业企业的排放物，多种情况下是通过管道系统直接向空气中排放，也最好经过相应的废气净化设备的处理。

按照废弃物的来源分类，可分为生活废弃物和产业废弃物。生活废弃物又称为“生活垃圾”，是人们生活中各种排放物的混杂体，其主要成分是食品屑、水果屑、蔬菜腐叶及变质的食物等有机物，还有各种生活用品的包装废物及家具、用具损坏形成的无机物等。其物流特点是，其本身对资源与环境有很大影响，有污染，有异味，有细菌传播和蚊蝇滋生，而且数量巨大，是经常性排放物。其需用防止散漏的半密封的物流器具进行储存和运输，且可回收和不可回收的废弃物往往混在一起，增加了废弃物的分拣难度和分拣成本，因而物流费用较高。产业废弃物来自不同的产业，第一产业中的废弃物为农田杂屑及农产品加工工艺过程中的废渣、废液，大多不需要收集处置，少部分可用于堆肥或制造沼气。第二产业中的废弃物数量巨大，包括工业垃圾、废液、废气等，废弃物流的规模很大。第三产业中的废弃物主要是建筑垃圾和一些生活垃圾，废弃物种类多，且较为分散，物流难度较大，物流费用较高。

2. 废弃物物流的运作方式

（1）废弃物掩埋

废弃物掩埋是指针对固体废弃物而言，且该废弃物对地下水不产生污染，将其填埋在预先挖好的深坑里，并在坑上覆盖土或草皮的一种运作方式。该方式有两种情况需考虑：第一，被掩埋的固体废弃物无价值，出于其占地或因气候原因会产生污染等因素的考虑；第二，被掩埋的固体废弃物还有残余的价值，但出于目前技术条件、资金状况和环境因素等考虑需要掩埋，等技术条件成熟，这些废弃物又可重新利用，像这种情况在掩埋时就应注意坑下的废弃物的再次利用。

（2）废弃物焚烧

由于有机物在垃圾中容易产生生物化学作用，是造成空气、水及环境污染的主要原因，且有机物的可燃性较高，因此，对于有机物含量较高的废弃物而言，适合采用焚烧的方式，有利于环境建设。

（3）废弃物堆放

利用堆放的方式处置废弃物一般在远离城市的区域进行，利用沟、坑、塘、谷等直接堆放废弃物，通过自然净化作用使废弃物逐渐沉降风化。堆放方式处理成本较低，但物流距离较远，由于露天在外，也容易对环境造成危害。

（4）废弃物净化处理加工

这是对垃圾（废水、废物）进行净化处理，以减少对环境危害的废弃物物流方式。废水的净化处理是其中有代表性的流通加工方式。在废弃物物流领域中，这种流通加工具有特殊性，它不是实现流通和衔接产需这两种典型的流通加工，而是为了实现废弃物无害排放的流通加工。其主要特点是有良好的社会效益，而微观经济效益却很差。一般流通加工有较大的产出投入比，而净化处理的流通加工的产出投入比很低，这种物流活动主要是社会活动而不是经济活动。

本章小结

（1）企业物流管理就是针对企业内部和外部的相关物流活动进行科学、合理的计划、组织、协调与控制，以最低的物流成本达到客户满意的服务水平。

（2）企业采购战略是指企业采购所采用的带有指导性、全局性、长远性的基本运作方案。供应商管理是物流采购管理中较为重要的一个环节。

（3）生产物流是指在企业生产经营过程中，物品从原材料供应开始，经过生产加工，到产成品和销售以及伴随生产消费过程中所产生的废弃物的回收及再利用的完整循环活动。

(4) 企业资源计划系统是指建立在信息技术基础上，以系统化的管理思想，为企业决策层及员工提供决策运行手段的管理平台。ERP 系统集信息技术与先进的管理思想于一身，成为现代企业的运行模式，反映时代对企业合理调配资源，最大化地创造社会财富的要求，成为企业在信息时代生存发展的基石。

(5) 准时生产方式其核心是“在合适的时间将合适量的合适物品提供给所需要的合适地方”的生产物流供给理念。

(6) 精益生产的要领是：精，即少而精，不投入多余的生产要素，只是在适当的时间生产必要数量的市场急需产品（或下道工序急需的产品），即所有的经营活动都要有效益，具有经济性。

(7) 销售物流又叫作分销物流，是销售过程中的物的流动，是伴随销售而进行的物流活动。销售物流管理的目标，就是保证销售物流有效合理地运行，既扩大市场、提高客户服务水平，又降低成本、提高物流工作效率。

(8) 狭义的逆向物流是指对那些已经废弃的产品再制造、再生以及物料回收的过程。广义的逆向物流除了包含狭义的逆向物流定义之外，还包括减少使用资源，并通过减少使用资源达到减少废弃物的目标，使正向以及逆向的物流更有效率。

自测题

一、选择题

1. 准时生产方式（JIT）的基本目标是（　　）。

A. 获取最高利润　　B. 提高效率　　C. 降低成本　　D. 提高质量

2. 分销需求计划输入的文件是（　　）。

A. 社会供应文件　　B. 送货文件　　C. 订货文件　　D. 库存文件

3. 分销需求计划输出的计划是（　　）。

A. 送货计划　　B. 库存计划　　C. 生产厂资源计划　　D. 生产厂需求计划

4. 下列废弃物产生于生产过程的是（　　）。

A. 造纸厂排出的废水　　B. 货物拆包后遗弃的纸箱

C. 汽车尾气　　D. 办公室遗弃的旧报刊

5. 适用于净化处理的废弃物是（　　）。

A. 对地下水无害的固体无机垃圾　　B. 有机垃圾

C. 化工厂排出的含汞废水　　D. 某工地完工后的建筑垃圾

二、判断题

1. 准时生产 JIT 和看板生产是两种完全不同的生产物流控制方法，准时生产 JIT 是应用拉式生产控制原理的方法，看板管理的实质是推动生产控制。（　　）

2. 零库存是 JIT 采购与供应追求的最终目标。（　　）

3. 现代物流是生产产品经过包装、装卸搬运、储存、流通加工、运输、配送，一直到最后送到用户的整个产品实体流动过程，也就是产品销售物流过程。（　　）

4. 企业生产物流主要是实现加工附加价值的经济活动。（　　）

5. 企业生产物流的运行具有极强的伴生性，这决定了企业物流很难与生产过程分开而形

成独立的系统。 (　　)

6. ERP 在对整个供应链的管理过程中更加强调对资金流和信息流的控制。 (　　)

7. JIT 生产方式的核心是追求一种无库存，或库存达到最小的生产物流系统。 (　　)

8. 精益生产方式的两个基本目标就是降低成本、快速应对市场的需求。 (　　)

9. 销售物流是企业物流系统的一个重要环节，是企业物流与社会物流的最后一个衔接点，也是企业物流与社会物流的转换点。 (　　)

10. 逆向物流通过减少使用资源达到废弃物减少的目标，同时使正向以及回收的物流更有效率。 (　　)

三、简答题

1. 简述生产物流的主要特征。
2. 看板管理中看板的种类有哪些？
3. 试述 DRP 的优点和局限性。
4. 企业回收物流有哪几类？
5. 简述废弃物物流的运作方式。

四、案例分析

云南白药的药材供应保障体系建设

我国西南边陲云南省地处高原，山峦叠嶂，气候多样，植物品种繁多。这里是我国中药材最为丰富的地区之一，中药是云南重要的资源，也是中华民族宝贵的历史文化财富。有人说，在国外，可能有人不知道中国有个云南省，但却知道中国有一种良药叫云南白药，因为它使许多人免于伤痛之苦，成为“救命良药”。

云南白药是有百年历史的著名中药品牌，集止血、活血、止痛、愈伤等多重功效于一身。经过了百年临床验证，加之相对的价格优势，云南白药在国内伤科用药领域具有很高的品牌知名度。近年来，随着云南白药集团股份有限公司（以下简称“云南白药集团”）的白药剂型的拓展与升级、武定药材基地的建立、云南白药大药房连锁药店的发展，其主业布局达到了一个新的层次，盈利能力快速提升。

云南白药集团的产品以云南白药系列、三七系列和云南民族特色药品系列为主，共 15 种剂型 177 个产品规格，产品畅销我国及东南亚一带，并逐渐进入日本、欧美等发达国家市场。

对于制药企业来说，要生产出好药，除了配方和技术外，关键在于药材的质量。有道是“药材好，药才好”。如果单纯靠在药材收购环节进行严格把关是难以从根本上解决药材的供应问题的。因为种植户会因为在种植和管理上缺乏科学技术指导而导致生产出的药材质量受到影响，所以云南白药的药材基地建设是一项解决原材料供应的长期工作。

目前，野生中药材遭到掠夺性采挖，资源日渐枯竭，致使中药企业所需原材料的价格直线上升。对野生药材一味采集，不重视人工栽培，会导致其后续不足，兰科类的石斛就是这样，龙胆草也由于外地收购价格高而大量外流。云南白药系列产品的主要原料有的已被国家列为濒危中药材。为保证生产原料的稳定供应，云南白药集团已向国家计委申报“稀缺中药种源繁育及宫血宁胶囊高技术产业化示范工程”项目，该项目总投资 7000 万元，云南白药集团在几年内将陆续投入5400万元用于项目的实施。2002~2004年正是集团武定基地建设的关键时期，刚刚起步没法赢利，资金基本依靠云南白药集团。这样3年下来，依靠云南白药集团现有的盈利水平，根本无法运作。云南白药2007年的原料收购价较2006年已翻了一倍，2008年还将有所上升，如果3年内基地建设还不能解决原料供应，集团还将面临原材料价格进一步上涨带来的压力，甚而因原料的匮乏，不得不将现有的生产量进行大幅度压缩。曾有人悲观地预测，若不能根本解决云南白药原料人工种植的问题，8~10年后，市面上将不再会有云南白药供应。这一说法不是没有道理。从这个意义上讲，云南白药此次调价还拉响了长期以来我们对于中药材资源只讲索取而保护不力的警报。

（《云南白药集团创新发展之路》，2018年11月30日，http：//www. wodefanwen. com/lhd_ 5pj3d1h6pi6d7jn4l247_ 1. html。有改动）

思考：

1. 云南白药的原材料生产基地的供应模式有哪些特点？比较适合哪些行业企业采用这种方式？

2. 你认为云南白药的药材基地还需要从哪些方面进行完善？

3. 从长远来看，建设药材基地会增加成本，你认为云南白药还需要从哪些方面完善自己的物流体系？

五、企业应用

格力公司的物流模式

珠海格力电器股份有限公司成立于1991年，是目前全球最大的集研发、生产、销售、服务于一体的专业化空调企业，2008年前三季度实现销售收入351.12亿元，全年预计实现净利润19.50亿元，连续8年上榜美国《财富》杂志“中国上市公司100强”。格力电器旗下的“格力”品牌空调，是中国空调业唯一的“世界名牌”产品，业务遍及全球90多个国家和地区。

“一个没有创新的企业，是一个没有灵魂的企业；一个没有核心技术的企业是没有脊梁的企业，一个没有脊梁的人永远站不起来。”这样一个技术公司，它的物流模式是怎样的？有着什么样的特点？下面我们就一起来看看。

格力公司的物流模式采用的是第三方物流的模式。2007年7月，为提升珠海物流行业的整体发展水平，增强企业竞争力，更好地服务地方经济，格力集团正式全资控股原珠海市一家物流公司，并将该公司更名为“珠海市格力物流有限公司”。同年，从中化格力码头顺利进入试运营，到收购名家物流成立格力物流，再到与全球最大的工业及物流地产开发商——美国普洛斯公司合作建设国际物流园，格力集团以漂亮的“三级跳”，用短短1年时间基本完成了在港口物流领域的区域性战略发展布局。

格力公司已经基本完成了包括港口码头、物流园区、高端VMI和跨境保税物流等在内的区域性完整物流产业链战略布局。格力公司的物流模式是分销售公司和生产基地两种，而销售公司又分为两种：一种的法人是格力的，也就是格力旗下的；另外一种的法人为其他企业，也就是格力之外的。但是不管是哪一种，均遵循一个模式，即订单模式。首先，销售分公司根据市场情况向生产基地下订单、付款，然后由生产基地生产出产品后，经物流部发出，由销售分公司自行提货，提至自己的仓库后进行自身经销商等的分配。

（1）生产物流

生产物流控制是供应链管理中的一个重要环节，关于生产方式的理论，在学界有三种主流：MRP（物流需求计划）、JIT/TPS（准时生产）、TOC（制约因素理论）。格力在生产的过程中，需要用到大量的物料，这些物料的供应情况（质量、配送、价格等）将直接影响到生产。由于格力自身拥有强大的零件配套能力，钣金、喷塑件，注塑件，管路，两器，控制器都可以自制生产，对于超出自身能力的部分，则将业务外发给周边的外协厂生产。由于零件结构原因，格力自己的这些配套分厂往往互相形成上下游供应关系：如控制器厂的遥控器外壳和金属支架需要分别由注塑分厂供应，两器分厂的钣金件和铜管分别需要钣金分厂和管路分厂供应。这些交叉的供应关系复杂化了生产物流的供应关系，也增加了内部供应链管理的难度。

（2）采购物流

拥有自己的物流公司，全资投资珠海市格力物流有限公司，有接近2万平方米的物流配送中心，这样方便了货物的置放，因为家电类的都比较大型，所以就不必担心货物无法处理。格力物流有限公司是珠海第一家也是目前唯一一家拥有公共保税仓和出口监管仓两仓资质的现代化第三方物流公司。这有利于格力家电的出口，因为处于保税区，所以在这个地区格力家电会相对减少税费。格力的物流主要是与其他物流公司合作，在不同的地区选取最好的物流公司来承载采购和货运，能把家电以最快的速度送往全国各地。

（3）销售物流

2009年2月，格力物流有限公司国内结转型出口监管仓成功通过中华人民共和国拱北海关验收，为格力物流保税VMI业务再添新翼。出口监管仓将结合保税仓同时运营使用，更好地发挥“两仓”资源优势。通过这一业务模式，出口企业可将货物以一般贸易出口、加工贸易来料出口、加工贸易进料出口、来料料件复出、进料料件复出或退港等多种方式将货物出口至仓库，然后进口企业再以手册或一般贸易等方式将货物进口。

这样就有效解决了货物出口至香港再进境的“绕港问题”，也就是俗称的“香港游”的烦恼，有效节约时间和成本，让企业实现快捷、便利通关。格力物流公司也因此成为珠海唯一同时拥有“公共保税仓”和“国内结转型出口监管仓库”的企业。出口监管仓的成功验收和“两仓”模式的推广运作，意味着格力物流在业务模式拓展方面取得重大突破，将更好地为客户提供多方位高端物流服务。同时，作为格力物流板块核心业务之一，“两仓”模式也将有效提升板块核心竞争力，为板块立足行业前列、实现快速发展提供积极的力量。

（《格力公司的物流模式》，2012年12月8日，https://www.sohu.com/a/121014316_545630。有改动）

思考：

1. 在当前美的、海尔强势的挑战下，格力该如何斡旋其中，设计好自己的销售渠道，保持自己的优势呢？

2. 格力公司如何改善物流状态，使其在激烈竞争的行业中能够更好发展？

实践与训练4

实训 4.1：案例讨论——各类企业物流管理的特点

【实训目标】

1. 培养学生对各类企业物流管理的初步认识。
2. 培养学生对各类企业物流管理的认识和分析能力。

【实训内容与要求】

模拟某行业公司，组织搜集资料，并进行分析。

1. 调查具体某企业物流管理的实际情况。
2. 运用所学知识进行企业物流管理运作的分析。
3. 分析存在的问题，提出解决措施并说明理由。

【成果与检测】

1. 将学生分组，每个小组撰写一份具体企业物流管理分析报告。
2. 教师根据分析的合理性对各小组表现进行评价。

第5章　国际物流

知识目标

- 掌握国际物流的概念分类，重点掌握国际物流系统的组成。
- 掌握国际物流业务的主要内容，重点掌握报关和理货业务。
- 掌握几个重要国家的国际物流发展现状，掌握国际物流的发展趋势。
- 掌握国际物流节点的概念、功能。

导入案例

索尼的全球物流运营

作为一家经营电子产品的跨国企业，索尼公司在全球120多个国家和地区进行生产和销售活动。随着经济发展的全球化，通过节约物资消耗和提高劳动生产率来降低生产成本的做法已转向非生产领域，特别是物流领域。索尼公司也不例外，强大的国际物流运营能力是索尼公司顺利开展跨国经营的重要保证。

1. 物流分支机构遍及全球并可提供联合服务

分布在世界各地特别是一些主要国家的物流分支机构已经成为索尼国际物流管理网络中的重要环节，其作用也越来越显著。

过去，分布于各个国家的索尼物流分支机构的主要功能是为在同一个国家的索尼公司提供物流服务。随着国际分工和销售市场的不断细化，在需求的拉动下，索尼逐渐将这些物流分支机构联合起来，形成了一个功能强大、服务范围广泛的全球性物流网络，物流成本也大大降低。例如，在生产过程中，新加坡或者马来西亚的一家索尼物流分公司会把来自当地的零部件拼装箱，运到位于日本的另一家索尼物流分公司；后者收到集装箱货后，立即拆箱，把货物迅速配送到分布于日本各地的索尼工厂完成下一步工序。

2. 独特务实的远洋运输业务解决方案

在远洋运输业务中，索尼公司经常与船公司直接洽谈运输合同而不是通过货运代理。如索尼与日本的商船三井、日本邮船、川崎船务等实力雄厚的航运集团都结成了联盟。再借助于先进的通用电子信息服务软件，索尼公司与船公司可以实现紧密、及时的信息数据交换。

为进一步降低物流成本，索尼公司经常使用集装箱运输中的拼箱业务。如索尼公司会把装载半箱货物的集装箱从某产地发往新加坡，将另外一种产品补充装箱后，将满箱货物的集装箱继续运输至北美或者欧洲某目的港。这种运输方式既节约了时间，又降低了成本。索尼公司已经把新加坡和中国台湾高雄作为索尼产品多国拼箱的集装箱枢纽港。其他方法还有满箱货物的“工厂直接装箱”，以及一个国家内几家子公司的产品拼箱运输等。

在面向美国的跨太平洋出口贸易航线上，索尼公司常把产品集中到北美内地某一个配送中心站，或者把货物运送到洛杉矶附近的混合中心进行中转或者拼箱，以充分发挥索尼公司在北美的亚特兰大、纽约和洛杉矶等地区的仓储能力。在欧洲，索尼公司利用荷兰作为其拼箱中心，如运往东欧地区的货物先从其他国家集中到荷兰，然后发送到东欧各地的配送站。

3. 在世界各地组织“牛奶传送式”服务

“牛奶传送式”（Milk Run）服务的高效、快捷、库存量合理，特别受到要求数量不多、产品规格特别的客户的欢迎。这种服务非常灵活，客户可以通过电话、传真和电子邮件等方式申请服务，甚至可以租用“牛奶传送式”服务车辆进行自我服务。“牛奶传送式”服务进一步改善了索尼公司在全球特别是在亚洲地区的产品运输质量。

索尼公司已向系统内的物流公司提出了三大要求：

一是竭尽全力缩短从产品出厂到客户手中的过程和时间，特别是要缩短跨国转运、多式联运和不同类型运输方式之间货物停留的时间，必须做到“零逗留时间，零距离，零附加费用，零风险”物流服务。

二是大力加强索尼公司和物流链服务供应方之间的合作关系和始终保持电子数字信息交换畅通。

三是当前最紧迫的任务是在东欧地区和中国地区迅速建立索尼物流的基础设施。

因为索尼公司认为：“如果物流服务质量低劣，任何严重问题都可能产生。”

（刘军：《国际物流》，电子工业出版社 2009 年版，第 47~78 页。有改动）

阅读提示

通过本章学习，能够举例说明国际物流系统的组成，熟悉国际物流业务的操作流程。

5.1 国际物流概述

国际物流是相对国内物流而言的，是指国际范围内的物流运作。由于国际物流涉及不同的国家，业务运作空间距离长、业务环节多，加之不同国家的企业、市场、法律法规、物流设施设备等差异很大，使得物流业务流程持续的时间更长，作业更加复杂，技术要求更高。因此，国际物流并不是国内物流的简单延伸。

5.1.1 国际物流的概念

广义的国际物流的研究范围包括国际贸易物流、非贸易国际物流、国际物流合作、国际物流投资、国际物流交流等领域。其中，国际贸易物流主要是指组织货物在国际间的合理流动，非贸易国际物流典型的有国际展览与展品物流、国际邮政物流等，国际物流合作是指不同国别的企业共同完成重大的国际经济技术项目的国际物流，国际物流投资是指不同国别的物流企业共同投资组建国际物流企业，国际物流交流则主要是指在物流科学、技术、教育、培训和管理方面的国际交流。

狭义的国际物流主要是指国际贸易物流，即组织货物在国际间的合理流动，也就是指发生在不同国家之间的物流。更具体地说，狭义的国际物流是指当生产和消费分别在两个或两个以上的国家（或地区）独立进行时，为了克服生产和消费之间的空间距离和时间间隔，对物进行物理性移动的一项国际贸易或国际交流活动，从而完成国际商品交易的最终目的，即卖方交付单证、货物和收取货款，买方接受单证、支付货款和收取货物。

国际物流的实质是根据国际分工协作的原则，依照国际惯例，利用国际化的物流网络、物流设施和物流技术，通过国际管理，实现货物在国际间的流动与交换，以促进区域经济的发展和世界资源的优化配置。其总目标是：为国际贸易和跨国经营服务，即选择最佳的方式和路径，以最低的费用和最小的风险，保质、保量、适时地将商品从某国的供方运送到另一个国家的需方。

5.1.2 国际物流的分类

根据划分标准的不同，国际物流主要可以分为以下几种类型：

(1) 根据货物在国与国间的流向分类

它可分为进口物流和出口物流。当国际物流服务于一国的货物进口时，即可称为进口物流；反之，当国际物流服务于一国的货物出口时，称之为出口物流。由于各国在物流进出口政策，特别是海关管理制度上的差异，进口物流与出口物流相比，既有交叉的业务环节，也存在不同的业务环节，需要区别对待。

(2) 根据货物流动关税区域分类

它可以分为不同国家间的物流和不同经济区域间的物流。区域经济的发展是当今世界经济发展的一大特征。比如欧洲经济共同体国家属于同一关税区，其成员国之间物流运作与欧洲经济共同体成员国同其他国家或经济区域之间的物流运作在方式和环节上都有很大的差异。

(3) 根据跨国运送货物的特征分类

它可以分为国际军火物流、国际商品物流、国际邮品物流、捐助或救助物资物流、国际展品物流和废弃物物流等等。

拓展案例

国际物流巨头 FedEx 在中国的经营策略

近年来，国际物流企业加快了在中国的发展，而像 FedEx 这样的物流业巨头，则早已悄悄地完成了在中国的战略部署。具体来说，FedEx 在中国的经营策略主要体现在以下几个方面。

1. 提供一体化的物流服务

一体化物流服务是根据客户需求，整合了上游企业与下游企业及客户自身的生产经营流程，是一种附加值最高的物流服务。FedEx 作为全球最大的快递企业之一，在提供门对门、一体化供应链物流服务方面有着先进的管理理念及运作模式。

2. 加快网点建设

表面上看来，FedEx 在中国只有深圳、上海、北京的第五航权，而实际上，FedEx 通过其中国的合作伙伴——大田集团，已经完成了以北京、上海、深圳为中心的中国物流网络的布局。这样，FedEx 实际上已经开通了中国京、津、沪、穗、深圳及周边城市等 15 个亚洲城市和美国、加拿大各个城市的“亚洲一日达”和“北美一日达”快递服务。

FedEx 通过其 FedEx Ship Manager、FedEx Power Ship、FedEx Shipping Assistant 与全球 100

多万客户保持着密切的电子通信联系。同时，它能够结合空运、陆运及 IT 网络，为全球提供电子托运、即时包裹追踪及物流配送服务等。它所提供的“亚洲一日达 AsiaOne”“欧洲一日达 EurONE”服务，在全球无人能及。

3. 利用物流信息化提升服务质量

现代物流企业服务质量的好坏，在很大程度上取决于企业的信息化程度及对信息的运用能力。FedEx 几乎应用了世界上最先进的各类物流信息技术和运作模式，因此其成功的原因可归结于拥有快捷、便利的信息系统及自动化的物流设备。

4. 物流运作的高度专业化

物流服务有很强的专业性，因此一方面要求有配套的运输工具和仓储设备，另一方面也需要有了解货物属性的专业人士。FedEx 能用飞机为赛马、跑车、钢琴等各种货物提供跨地区的运输服务，既满足安全、环保的要求，又可确保服务质量。FedEx 已经在全球物流运营过程中积累了丰富的知识与经验，各项安全、环保标准及其他技术指标能符合国际要求，这也提醒中国物流企业，若要持续发展和走向全球物流市场，物流运作必须符合国际标准。

（《FedEx 在中国的经营之道》，2006 年 12 月 1 日，https：//bbs. feeyo. com/thread-1864048-1-1. html。有改动）

思考：

什么是国际物流？中国物流企业可以从 FedEx 吸取哪些经验？

5.1.3 国际物流与国际贸易的关系

1. 国际贸易的概念和分类

（1）国际贸易的概念

国际贸易（International Trade）是指世界各国（地区）之间的商品以及服务和技术交换活动，包括出口和进口两个方面。从一个国家的角度看这种交换活动，称为该国的对外贸易（Foreign Trade）。从国际上看，世界各国对外贸易的总和，就构成了国际贸易，也称世界贸易（World Trade）。

随着生产力的发展、科学技术的进步和国际间经济联系的增强，在当代，国际贸易这一概念所包含的内容进一步扩大了。从前，国际贸易实际上只包括实物商品的交换，而现在，它还包括服务和技术等非实物商品的交换。所谓实物商品交换是指原材料、半制成品及工业制成品的买卖；服务交换是指在运输、邮电、保险、金融、旅游等方面为外国人提供服务，或本国工人技术人员在国外劳动、服务，从而获得外国货币报酬。技术交换包括专利、商标使用权、专有技术使用权的转让以及技术咨询和信息等的提供和接受。

（2）国际贸易的分类

国际贸易按货物的流动方向划分，可分为出口贸易、进口贸易、国境贸易。以国境和关境为划分进出口的标准，可分为总贸易和专门贸易。按商品形态，可分为有形贸易和无形贸易。依照货物运送方式，可分为陆路贸易、海路贸易、空路贸易、邮购贸易。依照有无第三者参加贸易，可分为直接贸易、间接贸易、转口贸易。依照清算工具的不同，可分为自由结汇方式贸易和易货贸易。

2. 国际贸易与国际物流的关系

国际物流是随着国际贸易的发展而产生和发展起来的，在当前已成为影响和制约国际贸易进一步发展的重要因素。国际贸易与国际物流之间存在着非常紧密的关系。

(1) 物流是国际贸易的必要条件

世界范围内社会化大生产必然会引起不同的国际分工，任何国家都不能够包揽一切，因而需要国际间的合作。国际间的商品和劳务流动是由商流和物流组成，前者由国际交易机构按照国际惯例进行，后者由物流企业按各个国家的生产和市场结构完成。为了克服它们之间的矛盾，就要求开展与国际贸易相适应的国际物流。对于出口国企业来说，只有物流工作做好了，才能将国外客户需要的商品适时、适地、按质、按量、低成本地送到，从而提高本国商品在国际市场上的竞争能力，扩大对外贸易。

(2) 国际贸易促进物流国际化

第二次世界大战以后，出于恢复重建工作的需要，各国积极研究和应用新技术、新方法，从而促进生产力迅速发展，世界经济呈现繁荣兴旺的景象，国际贸易也因此发展得极为迅速。同时，由于一些国家和地区资本积累达到了一定程度，本国或本地区的市场已不能满足其进一步发展的需要，加之交通运输、信息处理及经营管理水平的提高，出现了为数众多的跨国公司。跨国经营与国际贸易的发展，促进了货物和信息在世界范围内的大量流动和广泛交换。

(3) 国际贸易对国际物流提出新的要求

随着世界技术经济的发展和政治格局的风云变幻，国际贸易表现出一些新的趋势和特点，从而对物流提出了更新、更高的要求。

①质量要求。国际贸易的结构正在发生着巨大变化，传统的初级产品、原料等贸易，品种逐步让位于高附加值、精密加工的制成品。由于高附加值、高精密度的商品流量的增加，对物流工作质量提出了更高的要求。同时由于国际贸易需求的多样化，形成物流多品种、小批量化，要求国际物流向优质服务和多样化发展。

②效率要求。国际贸易活动的集中表现就是合约的订立和履行，而国际贸易合约的履行很大部分涉及国际物流活动，因而要求物流有很高的效率。从输入方看，提高物流效率最重要的是如何高效率地组织所需商品的进口储备和供应。也就是说，从订货、交货，直至运入国内保管、组织供应的整个过程，都应加强物流管理。

③安全要求。由于社会分工和社会生产专业化的发展，大多数商品在世界范围内分配和生产。国际物流所涉及的国家多，地域辽阔，在途时间长，受气候、地理等自然条件和政局、罢工、战争等社会政治经济因素的影响。因此，在组织国际物流中，当选择运输方式和路线时，要密切注意所经地域的气候条件、地理条件，还要注意沿途所经国家和地区的政治局势、经济状况等，以防这些人为因素和不可抗拒的自然力造成货物灭失。

④经济要求。国际贸易的特点决定了国际物流的环节多、储运期长。随着国际市场竞争的加剧，降低物流成本以获得价格优势是大势所趋。从可能性上看，控制物流费用、降低物流成本具有很大潜力。对于国际物流企业来说，选择最佳物流方案，提高物流经济性，降低物流成本，保证服务水平是提高竞争力的有效途径。

总之，国际物流必须适应国际贸易结构和商品流通形式的变革，向国际物流合理化方向发展。国际贸易结构、市场结构的巨大变化，需要专业化、国际化的物流运作。如果国际物流业者无法实现在低成本或不增加客户费用的条件下，跨国货物交付的准确、准时、无差错或少差错以及安全，国际贸易合同的履约率就会受到限制，就会影响到国际贸易企业的生存和发展。

知识链接

国际物流发展史

按时间来算，国际物流的发展史可划分为以下几个阶段：

第一阶段：20 世纪 50 年代至 80 年代初。这一阶段，物流设施和物流技术得到了极大的发展，建立了配送中心，广泛适用电子计算机进行管理，出现了立体无人仓库，一些国家建立了本国的物流标准化体系。物流系统的改善促进了国际贸易的发展，物流活动已经超出了一国范围，但物流国际化的趋势还没有得到人们的重视。

第二阶段：20 世纪 80 年代初至 90 年代初。随着经济技术的发展和国际经济往来的日益扩大，物流国际化趋势开始成为世界性的共同问题。美国密歇根州立大学教授波索克斯认为，进入 80 年代，美国经济已经失去了兴旺发展的势头，陷入长期倒退的危机之中。因此，必须强调改善国际性物流管理，降低产品成本，并且要改善服务、扩大销售，在激烈的国际竞争中获得胜利。与此同时，日本正处于成熟的经济发展期，以贸易立国，要实现与其对外贸易相适应的物流国际化，因此采取了建立物流信息网络、加强物流全面质量管理等一系列措施，以提高物流国际化的效率。这一阶段，物流国际化的趋势局限在美国、日本和欧洲一些发达国家。

第三阶段：20 世纪 90 年代初至今。这一阶段，国际物流的概念和重要性已为各国政府和外贸部门所普遍接受，贸易伙伴遍布全球，必然要求物流国际化，包括物流设施国际化、物流技术国际化、物流服务国际化、货物运输国际化、包装国际化和流通加工国际化等。世界各国广泛开展国际物流方面的理论和实践的大胆探索，人们已经形成共识：物流无国界，只有广泛开展国际物流合作，才能促进世界经济繁荣。

5.1.4 国际物流系统的组成

国际物流系统是由商品的运输、储存、包装、检验、加工、配送及报关、保险等子系统构成。运输和存储是国际物流系统中的两个关键环节。

1. 国际物流系统的主要构成

(1) 国际货物运输子系统

国际货物运输是国际物流系统的重要组成部分。通过国际货物运输可以使商品在交易前提下，由卖方转移给买方。国际货物运输具有路线长、环节多、涉及面广、手续繁杂、风险性大、时间性强等特点。

国际货物运输一般包括国内运输（包括进口国、出口国）和国际运输两个阶段。出口货物的国内运输是指出口商品由生产地或供货地运送到出运港（站、机场）的国内运输。出口货物的国内运输要求准备货源、产品包装、加工、短途集运、国外到证、船期安排和铁路运输配车等各个环节必须有机衔接，以减少压港、压站。国际货物运输是国内运输的延伸和扩展，同时又是衔接出口国运输和进口国货物运输的桥梁与纽带，是国际物流畅通的重要环节。出口货物被集运到港（站、机场），办完出关手续后直接装船发运，便开始国际运输。

国际货物运输随技术革命迅速发展。大宗货物散装化、杂件货物集装箱化已经成为国际运输技术革命的重要标志。国际物流的迅速发展与运输技术的革命密切相关，特别是联合运输和大陆桥运输的重要媒体——集装箱的发展与进步更是促进了国际物流的迅速发展。同时，运输设施的现代化对国际物流的发展也起着重大的推进作用。如在港口建设方面，船等泊位是一种极大的浪费，泊位等船则是符合经济规律的客观要求。因为港口泊位开工率达30%，码头经营者即可保本；开工率达50%，可获厚利；开工率达70%，将会驱使码头经营者新建码头。

(2) 国际货物储存子系统

国际货物的流通是一个由分散到集中、再由集中到分散的过程。货物的储存和保管是这个过程中必需的环节。货物从生产厂或供应部门集中运送到装运出口港（站、机场），经常需临时存放一段时间，进行货物贸易前的整理、组装、再加工、再包装或换装等工作，再从装运港装运出口。因此，口岸必然有一定量的周转储存能力。某些季节性生产但常年消费的商品和常年生产但季节性消费的商品，则必须有一定数量的季节储备。因此，国际货物的储存系统是十分重要的。

国际货物一般在生产厂家仓库存放，或者在收购供应单位的仓库存放，必要时再运达港口仓库存放，在港口仓库存放的时间取决于港口装运与国际运输作业的有机衔接。从物流的理念看，货物不应长时间停留在仓库内，要尽量减少储存时间、储存数量，加速物资和资金周转。

(3) 国际货物检验子系统

由于国际贸易和跨国经营具有投资大、风险高、周期长等特点，使得商品检验成为国际物流系统中重要组成部分。通过商品检验，确定交货品质、数量和包装条件是否符合合同规定，如发现问题，可分清责任，向有关方面索赔。在买卖合同中，一般都订有商品检验条款，其主要内容有检验时间和地点、检验机构和检验证明、检验标准和检验方法、品质证书和卫生检验证书等。当报关人员填写和提交有关单证后，海关按照海关法令与规定，查审核对有关单证，并检验货物、计算进口税额、结清进口税款、办完通关手续，方可准予货物结关放行。

同时由于国际贸易和跨国经营具有投资大、风险高、周期长等特点，货物的检验也成为国际物流系统中重要的组成部分。通过检验确定交货品质、数量和包装条件是否符合合同规定。如发现问题，可分清责任，向有关方面索赔。在买卖合同中，一般都订有商品检验条款，其主要内容有检验时间与地点、检验机构与检验证明、检验标准与检验方法等。

(4) 国际货物保险子系统

在国际物流中，货物的交接要经过长途运输、装卸和存储等环节，在整个运输过程中，货物遭遇自然灾害或意外事故而造成损失的可能性较大。为了转移货物在运输过程中的风险损失，货主或其代理人便需要办理货物运输保险。

国际货物运输保险是以对外贸易货物运输过程中的各种货物作为保险标的保险，是投保人为了规避自然灾害和意外事故风险而采取的一种经济措施。通过投保，当货物所遭到的损失在承保范围内时，投保人便可以从保险公司及时得到经济上的补偿，这有利于国际物流业务更好地运转。

国际货物的运送有海运、陆运、空运以及邮政送递等多种途径。国际货物运输保险的种类以其保险标的运输工具种类相应分为四类：海洋运输货物保险、陆上运输货物保险、航空运输货物保险和邮包保险。

(5) 国际物流信息子系统

该子系统主要功能是采集、处理和传递国际物流和商流的信息情报。没有功能完善的信息系统，国际贸易和跨国经营将寸步难行。国际物流信息的主要内容包括进出口单证的作业过程、支付方式信息、客户资料信息、市场行情信息和供求信息等。国际物流信息系统的特点是信息量大，交换频繁；传递量大，时间性强；环节多、点多、线长。所以，要建立技术先进的国际物流信息系统。

国际物流系统经常受到外界不可控因素的干扰，这些不可控因素包括国内外政治的、经济的、技术上的政策法令或是风俗习惯等。这些因素很难预计和控制，对国际物流系统的影响很大。这就要求国际物流系统要有较强的应变能力。如 1956~1967 年苏伊士运河受外界政治因素干扰封闭，直接影响了国际货物的运输，这是事先不可预见的。日本对外贸易商品运输因此而受到严重威胁，如果将货物绕道好望角或巴拿马运河运往欧洲，则航线增长、时间过长、经济效益太差。为此，日本试行利用北美横贯大陆的铁路线运输，取得良好的效果。

知识链接

国际物流特征“顺口溜”

(1) 国际物流反应快速化

国际物流服务提供者对上游、下游的物流、配送需求的反应速度越来越快，前置时间越来越短，配送间隔越来越短，物流配送速度越来越快，货物周转次数越来越少。

(2) 国际物流功能集成化

国际物流着重于将物流与供应链的其他环节进行集成，包括物流渠道与商流渠道的集成、物流渠道之间的集成、物流功能的集成、物流环节的集成等。

(3) 国际物流服务系列化

国际物流强调物流服务功能的恰当定位与完善化、系列化。除了传统的物流服务外，现代物流服务的外延向上扩展至市场调查与预测、采购及订单处理，向下延伸至配送、物流咨询、物流方案的选择与规划、库存控制策略建议、货款回收与结算、教育培训等增值服务；在内涵上则提高了以上服务对决策的支持作用。

(4) 国际物流作业规范化

国际物流强调功能、作业流程、作业动作的标准，使复杂的作业变成简单的，易于跨国界、跨区域推广与考核的作业。

(5) 国际物流目标系统化

现代化国际物流从系统的角度统筹规划一个公司整体的各种物流活动，处理好物流活动与商流活动及公司目标之间不同物流活动相互之间的关系，在追求整体物流活动最优化的同时，实现每个物流环节的最优化。

(6) 国际物流手段现代化

国际物流使用先进的技术、设备与管理为客户提供服务、生产、流通、销售，规模越大，范围越广，物流技术、设备及管理越现代化，自动化、机械化、无纸化和智能化等手段的应用越普遍。

(7) 国际物流组织网络化

国际物流需要有完整、健全的物流网络体系，网络上点与点之间的物流活动保持系统性、一致性，这样可以保证整个物流网络有最优的库存水平及库存分布，运输与配送快速、机动。

(8) 国际物流系统信息化

由于计算机信息技术的应用，国际物流过程的可见性明显增加，从而可以加强供应商、批发商、零售商等在组织物流过程中的协调和配合，以及对物流过程的控制。

(9) 国际物流服务社会化

众多工商企业更倾向于采取资源外包的方式，将本企业不擅长的物流环节交由专业物流公司，或者在企业内部设立相对独立的物流专业部门，而将有限的资源集中于自己真正的优势领域。

(10) 国际物流活动全球化

跨国公司普遍采取全球战略，在全世界范围内进行物流的选择和配置，着眼于物流技术和系统在全球大市场的推广。

☞课堂互动

采用大陆桥运输时，一定要以集装箱为运输单位吗？为什么？

5.2 国际物流的业务

拓展案例

RAS 加速华运国际物流

深圳华运国际物流集团是经国家经贸部、航管局批准的一级船运代理公司，在海运、空运、陆运以及保税、仓储、报关、保险拼箱集运等领域内有着成熟的业务网络和市场经验。公司总部位于深圳，业务分布于全国及东南亚国家等极具活力和潜力的新兴市场，在香港、深圳、东莞、长沙、福州、上海、宁波、杭州、南京、大连、天津、北京、青岛、武汉、重庆、南宁、昆明等中心城市设有20多家分公司和分支机构。

由于华运国际物流业务的迅速扩展和行业特性的需求，在实施了物流行业软件和用友U8软件的基础上，希望能实现如下的新功能：

(1) 单点集中管理：总部的IT工程师能够单点控制系统，以最快的速度和最低的成本进行系统部署，避免每个分支机构都建一个局域网的方案。

(2) 能利用现有Internet网，不需构建专用网络。

(3) 系统要具有良好的可扩展性，当网络系统中增加客户时，能够在最短的时间内开展工作，同时，新增加的服务器能够与原有的服务器协调工作。

(4) 能够保证数据安全可靠的传输与通信。

经过多种方案的比较，华运国际物流采用了科迈公司推出的国内首创远程快速接入解决方案RAS。RAS非常切合其需求，集中表现在以下几点：

第一，在总部深圳设立RAS应用服务器，将物流行业软件及用友U8软件装在该服务器上，全国各地的分公司和分支机构就可以通过Internet访问总部的应用和数据库，网络性能令人满意，用户感觉不到响应延迟。

第二，网络中软件的安装、调试、升级只需在总部进行，各分支机构同步更新，最大化降低维护成本。

第三，RAS 包含 SSL 加密，保证了 Internet 上的安全通信。

第四，由于 RAS 具有负载均衡功能，保证服务器集群协调工作。今后无论是增加服务器的数量，还是扩展新的分支机构，都很方便，花费也很少，只需购买所需的 License 数量即可。

凭借 RAS 快速、稳定、安全的应用体系，解决了华运国际物流在应用部署和远程应用访问方面所面对的挑战，降低了企业应用系统的整体拥有成本和系统运行维护成本，为加速华运国际物流发展提供了很好的解决方案。

（《RAS 加速华运国际物流》，2007 年 9 月 14 日，http：//www. yesky. com/422/7555922. shtml。有改动）

思考：

1. 在本案例中，应用 RAS 方案带来的好处有哪些？
2. RAS 提供了哪些技术支持？
3. 对其他企业的借鉴意义何在？

国际物流系统是由一系列相互影响、相互制约的环节构成的一个有机整体。图 5-1 简单描述了一个包括在起运地的发货和报关、国际间运输、到达目的地的报关和送货等环节的国际物流运作系统。显然，国际货物运输、仓储、理货、通关和国际货运等是国际物流的主要环节。这些环节在国际市场上信息的引导下，按照国际惯例和国际上通行的运作规程运作，从而使整个物流系统协调、高效地运行。

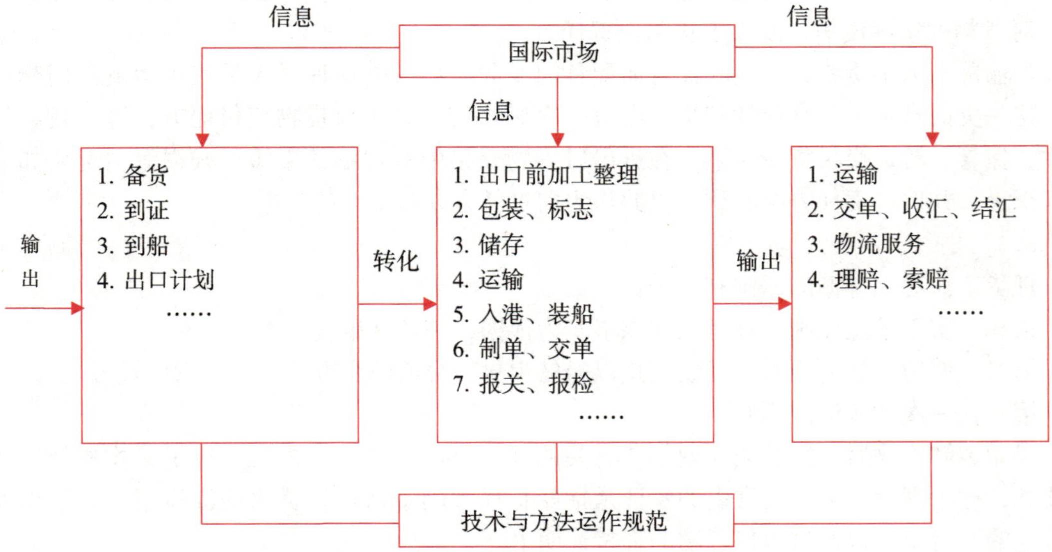

图 5-1 国际物流系统（出口）的运作模式

5.2.1 理货

☞**课堂互动**

某货轮从天津新港驶往新加坡，在航行途中船舶货舱起火，大火蔓延到机舱。船长为了船、货的共同安全，决定采取紧急措施，往舱中灌水灭火。火虽被扑灭，但由于主机受损，无法继续航行。于是船长决定雇用拖轮将货船拖回新港修理，检修后重新驶往新加坡。

事后调查，这次事件造成的损失有：(1) 1000箱货被火烧毁；(2) 600箱货由于灌水灭火受到损失；(3) 主机和部分甲板被烧坏；(4) 拖船费用；(5) 额外增加的燃料和船长、船员工资。

从上述各项损失的性质来看，哪些属单独海损？哪些属共同海损？

国际理货是对外贸易和国际海上货物运输中不可缺少的环节。理货（Tally）是指在货物交接过程中按照货物标志进行分唛、验残、计数、制单、编制记录，公证、实事求是地分清港贸、港航之间数字和残损责任的一种专业性工作。理货一般是船方或者货主根据运输合同在装运港口和卸运港口收受和交付商品时，委托港口的理货机构代理完成。理货工作的好坏直接影响到船、货双方的经济利益，有时还会涉及保险人的利益。

1. 理货的原则与方法

理货按其性质分为公证性理货和交接性理货两种。

公证性理货是由船方申请专业理货人员（外轮理货公司）对船舶实行的强制理货。理货人员代表船方收货或交货。这种理货，只是对货物进行清点、验收和交付，对货物的溢短、残损实事求是地作出记录，公正地代表船方办理货物交接手续。专业理货人员（外轮理货公司）对货物的实际溢短、残损不负赔偿责任。

运输部门为了货物的交接和保管而配备的专职人员或委托理货人员代表运输部门交接货物，这一类的理货就是交接性理货。港口的库场理货是将出口货物交付船方，进口货物接卸入库、保管、转运交付货主。港口在进出口货物交接中对货物的溢短、残损等情况要如实地做好记录，并取得责任方的签认，以此作为向责任方办理索赔的依据。

(1) 理货的原则

理货工作必须遵循的原则有三个：

第一，实事求是原则。理货工作以事实为依据，一切从事实出发。

第二，船边交接的原则。货物交接以船舷为界，交前由交方负责，接后由接方负责。

第三，一次性签证的原则。

船舶装卸货物后，船长或大副须在有关的理货单证上签字，视为完成了货物的交付或接受任务，称为理货签证。通常讲的签证是指船长或大副签认进口货物的溢短单、残损单和出口货物的装货单，以及进出口货物的理货证明书。

在理货或者货运单证上书写对商品数字或者状态的意见，称为批注。按批注对象分为理货批注和船方批注，按批注内容分为数字批注和残损批注。船方签证是承运人对托运人履行的义务和责任，是船方对理货工作的确认和信任，是划分承托运双方责任的依据和证明。为此，要求签证工作必须持慎重态度，坚持实事求是的原则，且理货签证一次为准。一次签证的前提是理货数字必须是准确的。

（2）理货的方法

理货的具体方法都是在一定的交接形式下产生的。当前普遍应用的方法有：划数理货法、点垛理货法、发筹理货法、按重理货法、小票理货法和计数器理货法六种。

① 划数理货法。划数理货法是一种应用比较普遍的理货方法，尤其是同一货种的大宗货物，船↔船、船↔驳、船↔库场、船↔车等装卸作业范围均可使用，其方法是采用一交一接、双边记数办法。双方人员站在适当的位置进行对口交接，每记一钩货物互相招呼，每隔一定时间互相核对数字。

② 点垛理货法。点垛理货法适用于按作业线对口点数（点垛）交接，目前多在出口货物集港、装船时使用。采用这种方法交接货物时要做到：

第一，必须将货物堆码整齐。规格不一、容易错批夹数的货物要码双批垛，成组时要严格定量、定型；无论什么货，均要以容易清点数字为原则。

第二，进口货物采用此种方法交接，要做到舱口与垛位一致，不能与其他舱口的货混卸、混堆。

③发筹理货法。发筹理货法是交接双方指定一筹代表一件货物，根据货物装卸数量和地点约定交接界线，随货一交一接。筹码发完、回筹时，双方记明数量、核实清楚。以筹代数是比较古老的理货方法，一般适用于人力操作、数量不大、按件计数的货物。

④按重理货法。按重理货法用于货主申请按重交接的货物，以及不能用件作为基本单位的散装货物。按重理货法的原则是：

第一，货主申请商检、进行船边衡量货物重量的，与检验检疫机构核对磅码单重量进行交接。

第二，凭车、船运单重量交接的，按车、船运单原来原转，办理交接。

第三，凭船舶水尺交接的，按水尺办理交接。

第四，大船过驳船，按驳船载重吨进行交接。

第五，大船过车，按车载重吨进行交接。

⑤小票理货法。小票理货法是指发货方与收货方用文字联系，按小票格式填提单号、数量、残损及顺序号，随货由司机带到收货地点，收货方据小票记载内容，核实货物的交接方法。小票采用双联，填发时留有存根，每班作业完毕，交接双方按票核实数字和残损，无误后双方签字，以示交接完毕。

小票理货法在接卸进口货物时较普遍应用，它优于“划数法”“点垛法”，遇有不符，能立即得到纠正，避免交接后扯皮；解决了船到库场中间环节无人管的现象，一张小票紧密地连着理货、装卸司机、库场员四个岗位，既能互相监督，又能互相配合。

⑥计数器理货法。计数器理货法是在袋装货专用码头使用皮带运输机装卸货物时，机上装有电子计数器代替人工进行理货的方法。该方法只适用于同一货种的大宗货物，如每件重量相等的袋装货。液体货物散装，一般采用流量仪表计量。

2. 国际理货业务

当前，国际理货公司的业务范围已从原来的专为外轮理货发展到也为内贸船舶理货、集装箱拆装箱理货等，可以为客户提供出单服务，可以代表船方办理理货业务，也可以接受收发货人委托理货。

（1）国际理货业务内容

国际理货业务内容很多，但主要有以下几项：

①按舱单（进口货物）、装货单（出口货物）和货物上的主标志，理清货物数字，分清货物残损。

②理清集装箱数字，分清集装箱残损。

③集装箱装拆箱的施封、验封以及理清箱内货物数字，分清箱内货物残损。

④绘制货物积载图和集装箱积载图，制作货物分舱单。货物积载图是指货物装在船上的实际位置以及准确的数量和重量，由理货公司绘制并提供给船方和卸货目的港。装船前，理货机构从船方或其代理人处取得配载图，理货人员根据配载图来指导和监督工人装船积载。装船结束后，理货长还要绘制实际的货物积载图。货物积载图能准确地掌握每个舱装载的货物数量、重量和剩余的舱容，以便其他港口加载货物。卸货港根据货物积载图情况可提前做好卸货的准备工作，在船舶作业中可随时掌握各舱卸货进度，并能防止货物的错卸及其他事故的发生。

⑤分清混装货物的主标志。分票，即依据出口装货单或者进口舱单分清商品的主标志或者归属，分清混票和隔票不清商品的归属。混票，即不同票的货物混装在一起，不能按票正常卸货。对于不同卸货港的货物、同包装不同收货人的货物、转船货物和过境货物，要分隔清楚，防止隔票不完全、界线不清楚、串货和混装现象。分票时，要求卸货港的理货员对混票货应尽量做到边卸边分票。

⑥指导和监督货舱积载、隔票、铺垫及分票卸货。装卸港的理货员应认真负责地监督和指导装卸工组装舱积载及铺垫隔票，按票装船，一票一清，零星小票货集中堆放，同包装不同标志大票货和同目的港的货物分隔清楚，按卸货港顺序装船，先卸的后装、后卸的先装。隔票的方法可采用不同包装的货物进行自然隔票，也可用格、帆布、席子、木板、绳、涂料、纸等物料进行隔票。

⑦依据理货结果，办理交接签证手续，提供有关理货单证。

⑧办理散装货物装卸船的单证手续业务，提供货物装卸进度，分清货物残损，办理交接签证手续，提供理货单证。

⑨货物的监装监卸业务。

⑩集装箱在各地的装拆箱、施封、验封，以及理清箱内货物件数、分清箱内货物残损、制作装箱单等。

⑪货物丈量。

⑫负责货物甩样、分规格、挑小号等特殊委托理货业务。

⑬外出理货、随船理货、出国理货及空运货物理货。

（2）理货作业过程中一些业务问题的处理

① 残损货物的处理。货物包装或货物外表发生破损、污损、水湿、锈蚀、异常变化等现象，并危及或可能危及货物质量或数量时，称为残损货物。在作业过程中造成的残损，称为工残。进口货物起卸前在船上发现的残损，称为原残。货物包装不牢固或包装质量不符合要求、货物本身潜在的缺陷或货物的自然特性、船舶设备致损、货物积载不当、装卸致损、船舶发生海事和外力等是导致货物残损的主要原因。

为了确保理货质量，维护委托方利益，理货人员可以按以下方法处理残损货物：

• 出口货物残损，原则上不能装船，应由发货人换货或整修。在舱内发现的残损货物应卸下船。

• 进口货物发现原残，应根据与船方商定的办法处理，集中验看或随时验看，编制现场记录，取得船方签字。未经理货员验看确认而卸下船的残损货物按工残处理。

• 在船上发生工残货物，应编制记录，取得工作组长的签字。

②溢短货物的处理。船舶承运的货物，在装货港以装货单数字为准，在卸货港以舱单数字为准。当船舶实际装卸的货物数字比装货单、进口舱单记载的数字多出时，称为溢；短少时，称为短。发货人发货数字不准，港口仓库漏装、错装，港口工人装船时途中掉包、掉件或落水，理货差错等是出口货物装船时发生溢短的主要原因。除有装货港的原因外，进口货物卸船时发生溢短的主要原因是：船舶运输途中错卸、漏卸、被盗或发生海事；由于装货港装舱混乱，隔票不清，卸货溢短船方未发现，遗漏船上；卸货时理货差错；卸货港收货差错等。对溢短货物，理货人员可以按以下方法处理：

• 出口货物应按装货单数字装船，对溢出的货物不能装船。如发货人坚持装船，应由发货人通过船舶代理人更改装货单。

• 装船时发现短少货物，应要求发货人补足装货单数字。如发货人无货补足时，应根据具体情况作部分退关、整票退关或由发货人通过船舶代理人更改装货单。

• 进口货物应按舱单数字卸船，对溢出或短少的货物应如实编制货物溢短单。

(3) 国际理货单证

理货单证是理货机构在理货业务中使用和出具的单证，反映船舶载运商品在港口交接当时的数量和状态的实际情况的原始记录，具有凭证和证据的功能。理货单证主要有：理货委托书、计数单、现场记录、日报表、待时记录、货物溢短单、货物残损单、货物积载图、理货证明书。其中，货物溢短单、货物残损单必须经大副和船长签字。理货证明书是委托方确认理货的凭证，是理货机构向船公司或委托人结算各种费用的依据。

5.2.2 报关

完善的报关制度是报关的前提。报关管理制度是海关依法对报关单位和报关员的注册登记许可及报关行为进行规范和管理的业务制度。其作用是海关完成各项任务的重要保证，是维护国家进出口经济活动正常秩序的重要保证。因此海关报关的根本意义在于配合海关依法实施进出境的监督和管理，以保证进出口贸易的正常秩序。报关与海关管理有着十分密切的关系，报关质量与报关秩序直接影响着海关工作任务的完成。

1. 报关流程

报关是指进出境的运输工具的负责人、货物的收发货人及其代理人、物品的所有人向海关申请办理进出口货物的进出口手续，海关对其呈交的单证和申请进出口的货物依法进行审核、查验、征缴税费、批准进口或者出口的全过程。一般来说进出口货物的报关，分为四个基本环节，即申报、查验、征税及放行。加工贸易进出口货物，经海关批准的减免税或缓期缴纳进出口税费的进口货物，以及其他在放行后一定期限内仍须接受海关监管的货物的报关，可以分为五个基本环节，即申报、查验、征税、放行及结关。

(1) 申报

根据海关法规定，进口货物的收货人、出口货物的发货人应当如实向海关申报，交验进出口许可证和有关单证。海关在接受申报时，要对进出口报送单位申报的内容及递交的随附申报单证，依据国家对进出口货物的有关政策、法令、规章进行认真审核。通过审核有关单证，确定进出口货物的合法性，申报的内容是否正确，申报的单证是否齐全、有效等。

申报是进出境货物报关的第一个环节。目前，海关接受申报的方式一般有三种，即口头申报、书面申报及电子数据交换申报等。其中后两种是常用的申报方式。

进出口货物的报关须在规定的时间内申请。出口货物一般应在装货前 24 小时内向运输工具所在地的海关申报；进口货物应在运输工具申报进境之日起 14 日内由收货人或其代理人向海关申报，超过期限的海关将征收滞报金。

准备好报关单证是保证进出口货物顺利报关的基础。报关单位及其报关员必须做好报关单证的准备工作。一般情况下，报关应备单证，除进出口货物报单外，可分为基本单证、特殊单证、预备单证三大类。基本单证包括进出口货物报关单和各类货运单证，其中货运单证主要包括各类提货单或装货单，或者相当于提货单或装货单的单据，如提单、商业发票、装箱单等。特殊单证主要是指进出口许可证件、加工贸易登记手册（包括电子的和纸质的）、特定减免税证明、外汇收付汇核销单证、原产地证明、担保文件等。预备单证主要是指贸易合同、进出口企业的有关证明文件等，对这些单证，海关在审单、征税时可能需要调阅或者收取备案。

为使报关工作顺利进行，各进出口企业在制作和提交上述单据时要做到：①单证齐全、有效；②单证相符、单货相符；③符合有关法令法规的规定；④符合海关的要求。

(2) 查验

查验是指海关在接受报关单位的申报后以已经审核的申报单证为依据，通过对进出口货物进行实际的核查，以确定其报关单证申报的内容是否与实际进出口货物相符的一种监管方式。通过对货物的查验可以防止不法分子以次充好、以假冒真、牟取暴利、非法获取退税等，从而维护对外贸易的正常。海关查验货物一般在海关监管区的进出口口岸、码头、车站、机场、邮局或海关的其他监管场所进行。对进出口大宗散货、危险品、鲜活品，经申请可在作业现场予以查验。特殊情况下，经申请，海关审核同意，也可派员按规定的时间到规定场所以外的工厂、库或施工工地查验货物。

(3) 征税

税费计征是指海关根据国家的有关政策、法规对进出口货物征收关税及进口环节税。海关征税首先要对进出口货物申报进行审核。核实申报的主要内容包括品名、规格、数量、单价、总值、成交金额、产地、贸易性质等。对申报进行审核后，对相关的货物计税费。海关计征税费的一般程序是：①确定税则分类；②确定适用的税率；③定完税价格；④计算税额；⑤缴纳关税。

(4) 放行

放行是口岸海关监管现场作业的最后一个环节。海关在接受进出口货物的申报后，经审核报关单据、查验实际货物，依法办理进出口税费计征手续并缴纳税款后，在有关单证上签盖放行章，海关的监管行为结束，在此情况下放行即为结关。

(5) 结关

结关是指对经口岸放行后仍需继续实施后续管理的货物，海关在规定的期限内进行核查，对需要补征、补税货物作出处理直至完全结束海关监管的行为。

2. 报关单证

对于一般贸易方式，报关单一般填写一式三联，第一联为海关留存联，第二联为海关附联，第三联为企业留存联。如果是利用计算机进行数据录入的口岸报关，只需提供一份报关单，交指定的预录入中心将数据输入计算机。

知识链接

我国国际物流运输存在的若干问题

第一，海运力量不足、航线不齐，港口较少、布局不合理等，压货压港现象普遍存在，影响了进出口货物的及时流转。

第二，铁路运输全面告急，海铁联运的能力无法充分发挥，内陆出口更加困难。

第三，航空运输力量不足，快速空运体系还未形成规模。

要解决外贸进出口运输的困难，必须由国家和地方政府出台相关政策，在加大对水运、空运和几种运输方式连接部分建设投入的基础上，形成大容量、快速化的国际货运通道，并组织以大型运输企业为龙头的国际货运船队、专列和快递企业。

5.2.3 国际货运

☞课堂互动

我方按 CIF 条件向南美某国出口花生酥糖 1000 箱，投保一切险。由于货轮陈旧，航速太慢且沿线到处揽货，结果航行 4 个月才到达目的港。花生酥糖因受热时间过长而全部软化，难以销售。请问这种货损保险公司是否负责赔偿？为什么？

1. 国际货运的内涵

国际货运是指在国家与国家、国家与地区之间的货物运输。国际货物运输包括国际贸易物资运输和国际非贸易物资（如展览品、援外物资、个人行李、办公用品等）运输。由于国际货物运输主要是国际贸易物资运输，非贸易物资的运输往往只是贸易物资运输部门的附带业务，所以，国际货物运输通常又被称为国际贸易运输，对国家来说就是对外贸易运输，简称外贸运输。

2. 国际货物运输的特点

国际货物运输是国际间的运输，所以它具有不同于国内运输的许多特点：

（1）国际货物运输是一项政策性很强的工作

国际货物运输是对外贸易的一个组成部分。在组织对外贸易运输过程中，需要经常同国外发生广泛的联系，而且国际政治、经济形势的变化，也往往影响运输，在处理运输当中的问题和日常业务接触中，都牵涉到国际关系和对外政策问题。因此，国际货物运输既是一项经济活动，也是一项外事活动。

(2) 国际货物运输路线长、环节多

国际货物运输是国与国之间的运输，故一般运距较长，少则数千里，多则上万里。国际货物运输往往需要使用多种运输工具，变换不同的运输方式，经由不同的国家和地区，中途还要经过多次装卸搬运，中间环节很多，其中任何一个环节发生问题，都会影响整个国际货物运输进程。

(3) 国际货物运输涉及面广，情况复杂，可变性大

国际货物运输是对外贸易的一个组成部分。在组织对外贸易运输过程中，国际货物运输涉及国内外许多部门和多方面的问题。现在，我国已经同170多个国家和地区有贸易经济关系，我国进出口货物在运输过程中，需要同国内外货主、交通运输部门、商检机构、保险公司、银行、海关和各种中间代理人打交道，涉及面很广。同时，由于各国政治、法律、金融货币制度不同，政策、法令、法规不一，贸易、运输习惯和经营做法也有差别，加之国际货物运输易受政治、经济形势变化和自然条件的影响，故情况十分复杂，可变的因素很多。

(4) 国际货物运输的时间性强

在国际贸易中，按时装运进出口货物，及时将货物从起运地运至目的地，对完成进出口任务、满足市场需要、减少货损和提高商品的竞争能力，都有着重要的意义。在当前市场竞争十分剧烈的情况下，我们必须加快货运，抢行应市，以快取胜。如果不能及时装卸，运输迟缓，到货慢，就会影响贸易的开展，甚至会减少销路或丢失市场。特别是对某些鲜活商品或季节性商品的运输，更是要抢时间，争速度，及时完成运输任务，以免造成经济上的损失和信誉上的不良影响。

(5) 国际货物运输的风险较大

国际货物运输，经由五洲四海，越过千山万水，远涉重洋，沿途需要经过各种制度不同的国家和地区，国际形势的变化、社会的动乱、各种自然灾害和意外事故的发生，以及战争、封锁禁运或海盗活动等，都可能直接或间接影响国际货物运输，甚至有可能带来严重的后果，因此，国际货物运输的风险较大。为了转嫁运输过程中的风险损失，各种进出口货物和运输工具都需要办理运输保险。

3. 国际货物运输方式

国际货物运输的方式有传统的海洋运输、铁路运输、航空运输、邮政运输、公路运输、管道运输等。随着科学技术的进步，国际货物运输方式出现了现代新兴的运输方式，即国际多式联运方式，它大大地加速了国际贸易的发展。特别是集装箱运输的采用，为多式联运的发展提供了有利条件。运输服务从过去的船边、舱边交货，发展到现在从仓至仓、门至门交货，为买卖双方提供了更多的方便。除公路运输、内河运输和管道运输适用于边境贸易外，其余各种运输方式均可结合货物的安全、运费高低和运输速度等多种因素综合权衡进行合理选择。

国际货物运输方式种类很多，买卖双方要根据出口商品的特点、数量的多少、路程的远近、需要的缓急、运费的高低、风险的大小以及国际政治局势的变化，来商定合适的运输方式。国际货物运输方式根据使用的运输工具不同，可以分为以下几种运输方式，见图5-2。

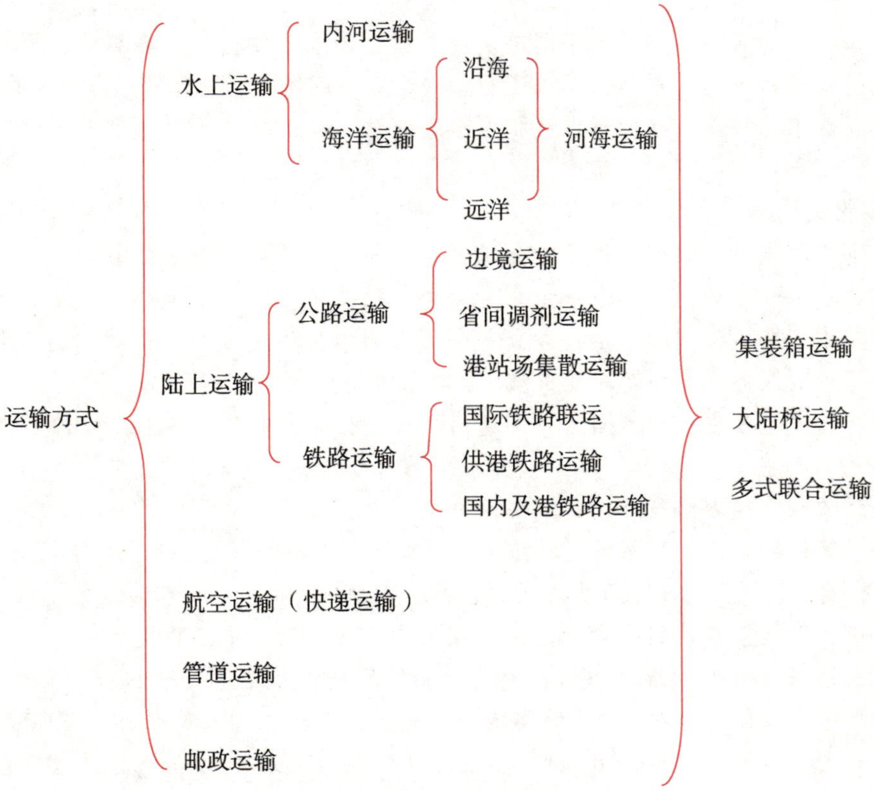

图 5-2 国际货物运输方式分类

知识链接

国际贸易的特点

国际贸易属商品交换范围，与国内贸易在性质上并无不同，但由于它是在不同国家或地区间进行的，所以与国内贸易相比具有以下特点：

(1) 国际贸易涉及的不同国家或地区在政策措施、法律体系方面可能存在差异和冲突，在语言文化、社会习俗等方面也有差异，因此所涉及的问题远比国内贸易复杂。

(2) 国际贸易的交易数量和金额一般较大，运输距离较远，履行时间较长，因此交易双方承担的风险远比国内贸易大。

(3) 国际贸易容易受到交易双方所在国家的政治变动、经济变动、双边关系及国际局势变化等条件的影响。

拓展案例

TNT 快运别具特色的运作模式

作为荷兰 TPG 公司——唯一在欧洲各主要城市拥有网络的快件服务商——旗下两个品牌之一的一个品牌，TNT 快运的业务收入占到了 TPG 公司三大主营业务的 41.3%。TNT 快运目前主要提供以下五种门到门的服务：当日快件、早 9 点快件、午时 12 点快件、全球午后 17

点快件、经济快件。另外，TNT 快运还提供多种价值附加服务，如技术速递、夜间速递、保险速递等。多样化的服务能够满足不同层次、不同要求顾客的需要，多样化的服务使得快运网络更加稠密，通达不同的角落，促进了企业快运业务的增长。这五项服务均为标准化服务，服务的内容及要求都按照严格的标准及相关程序进行。就 TNT 快运的运作模式而言，其主要具有以下三个特点：统一营销、集中分级分拣、统一配送。

1. 统一营销

客户服务中心统一负责整个快运业务的销售、售后服务以及财务结算等，实行统一业务受理、标准化服务、程序化管理、一个声音对外一站式的运作模式。TNT 快运共有五个客户服务中心，其中四个负责国际快运业务，一个负责国内快运业务。根据客户的需要，客户服务中心提供不同的服务。小型客户业务量小，要求方便，专门为小型客户设立了每天 24 小时的免费电话。对大型客户，则有固定人员定期联系。所有的业务受理电话由 TNT 快运付费。

2. 集中分级分拣

TNT 快运欧洲空运网络有五个空运快件主集散站，分布在比利时的列日、英国的利物浦和德国的科隆等地。在列日租用机场和跑道，每周飞行 500 个航班，加上利用商业网络，构成 250 条空运航线，每周飞行 13000 个飞行段，运送 1500 吨货物，与 745 个集散站相连。在欧洲路运网络中，卫星集散站到客户（门或货架）的配送 85% 由 TNT 快运公司承担，卫星集散站到主集散站以及主集散站之间的长途、大吨位厢式货车运输的 30% 是 TNT 快运公司承担，70% 是外包，由有运输协议的小型运输公司承担，但车辆和人员要使用 TNT 的标志和品牌。集散站分为主集散站（main depot）和卫星集散站（satellite depot）。卫星集散站对货物进行粗拣，按流向运到相应的主集散站，在主集散站进行集中分拣。重量小于 30 公斤的货物由货物到达地的主集散站运到卫星集散站配送，31 公斤以上的货物由主集散站直接配送。主集散站负责快运货物的分流向分拣（粗拣），卫星集散站负责快运货物的定向分拣（细拣）。卫星集散站在进行货物收集（托运）业务时是粗拣，承担货物配送时是细拣。通过主集散站和卫星集散站的分级分拣，合理分工，加快了快运货物的分拣速度，便于货物按流向集中运输，降低了运输费用。

3. 统一配送

TNT 快运服务网络覆盖面很广，按照服务功能和区域不同分为欧洲空运网络、欧洲路运网络、亚洲网络、商用网络、国内网络五个部分。货运量的 65% 靠路运，25% 靠空运，10% 靠商业航班。快件货物运输根据不同的服务项目的要求，采用空运或陆运（汽车或大型货车）。一般早上 9 点、中午 12 点快运选择空运方式；当日快件则比较灵活，只要能按时到达，则采用较经济的运输工具；经济快运一般采用汽车运输。通常在 800 千米范围内用汽车运输，超过 800 千米用航空运输。由于 TNT 快运网络十分发达，能运达 200 多个国家，故快件的运送速度比邮件快。虽然快件和邮件由不同的网络运送，但有时邮件和快件会相互利用和协调，邮件也能通过快件网络运行。

TNT 快运运输组织形式的统一营销、集中分级分拣、统一配送，特别是集中分级分拣，将不同的货运站进行功能设置，有些大型货运站完全服务于粗拣后站与站间的运输。这种接力式的分拣、运输，强化了集团公司间的合作，也提高了分拣和运输的整体效率。这种在集团公司内部进行专业化分工的组织形式非常有利于提高整个网络的运输效率，降低营运成本。统一营销、统一调度、统一分拣、统一配送、信息共享，是今后快件运输发展的趋势，也是货物运输集团企业专业化、规模化、网络化的运作模式。

快递公司最主要的特点就是快捷、准时、安全，这就要求其背后有高效的运作体系作为支撑，TNT公司正好体现出这方面的运作能力。

首先是完善的配送系统。TNT公司通过完整的配送网络将顾客、卫星集散站、主集散站联系在一起，形成有机的、高效的运作系统，各地操作员将其所在地客户的货物收集并集中到就近的卫星集散站，再通过主集散站或者直接配送到目的地集散站，最后送到目的地，这样形成网状运作体系。

其次是高效的管理水平，高效特点体现为统一营销、集中分级分拣、统一配送的管理方法。这种管理方法的优点有四点：一是便于集团监控各地公司的运作情况和送货情况，保证准时、快速、安全配送，做到有目标、有监督、有控制；二是强化集团公司间的合作，提高TNT送货速度、运作效率，提高竞争力；三是总部财务部门可以监督各地的收支情况，便于总部统一核算，减少呆账。

（《TNT快运运输组织形式的三大特点》，2011年10月17日，https://wenku.baidu.com/view/21a3b40d52ea551810a687c4.html。有改动）

思考：

什么是国际物流？中国物流企业可以从中吸取哪些经验？

5.3 国际物流的发展趋势

世界范围的社会化大生产必然会引起国际分工。自然资源的分布和国际分工导致了国际贸易、国际投资和国际经济技术合作的产生，在国际化的过程中，产生了货物和商品的转移，从而带动了国际运输和国际物流的产生和发展。尤其是经济全球化的发展，以及企业的国际化经营和跨国公司的发展带来的生产经营的全球化、专业分工的深化、供应链模式的改变，均促进了国际物流的兴起。

1. 物流规模和物流活动的范围进一步扩大，物流企业将向集约化与协同化发展

就整个物流产业而言，在物流市场形成初期，由于物流服务的技术含量不高，行业壁垒较低，物流业内模仿行为相对容易，因此存在大量潜在进入者，各类物流企业间因经营模式的大同小异而平分秋色。多数物流企业还没有形成独特的经营理念，企业的竞争地位不稳定，凭借“先动优势”获取较大的市场份额是企业惯常的竞争策略。随着物流市场的全面启动，物流产业将由起步期逐渐过渡到发展期乃至成熟期，物流服务产品的标准化、规范化和全面市场化的发展必将对参差不齐的物流企业进行大浪淘沙般的洗礼。物流行业服务标准的形成和物流市场竞争格局的逐步确立，将使物流产业的规模效应迅速显现出来，物流产业的空间范围将进一步扩大，物流企业将向集约化与协同化发展。产业经济规模的扩大会相应提升物流行业壁垒，从而使潜在进入者面临全部市场进入障碍。在这种情况下，新进入的企业如果规模过小，就会处于成本竞争的劣势；反之，如果采取大规模进入的方式，又会由于新增生产能力对行业供求关系的影响而遭遇行业中现有企业的激烈反应，如通过削价等竞争策略为新进入者制造壁垒。由此可以得出，物流产业规模的扩大将进一步对物流服务标准体系的形成及市场竞争格局的确立产生积极影响。

2. 物流服务优质化与全球化，构建合同导向的个性化服务体系

随着消费多样化、生产柔性化、流通高效化时代的到来，社会和客户对物流服务的要求越来越高，物流成本不再是客户选择物流服务的唯一标准，人们更加注重物流服务的质量。物流服务的优质化是物流发展的重要趋势。五个亮点（Right）的服务，即把适当的产品（the right product），在适当的时间（at the right time）、适当的地点（in the right place），以适当的数量（in the right quantity）、适当的价格（at the right price）提供给客户将成为物流企业优质服务的共同标准。

物流服务的全球化是又一重要趋势。荷兰国际销售委员会（HIDC）在一篇题为“全球物流业——供应连锁服务业的前景”的报告中指出，许多大型制造部门在朝着“扩展企业”的方向发展。这种所谓的“扩展企业”基本上包括了把全球供应链条上所有的服务商统一起来，并利用计算机体系加以控制。同时，该报告认为，制造业已经实行“定做”服务理论，并不断加速其活动的全球化，对全球供应连锁服务业提出了一次性销售（即“一票到底”的直销）的需求。这种服务要求极其灵活机动的供应链，这也迫使物流服务商几乎采取了一种“一切为客户服务”的解决办法。

为客户提供日益完善的增值服务，满足客户日益复杂的个性化需求，将成为现代物流企业生存和发展的关键。物流企业的服务范围将不是仅限于一项或一系列分散的外协物流功能，而是更加注重客户物流体系的整体运作效率与效益。供应链的管理与不断优化将成为物流企业的核心服务内容。物流企业与客户的关系将越来越多地体现为一种风险共担的战略同盟关系，而不仅仅是一般意义上的买卖关系或服务关系。

随着合同导向的个性化服务体系的建立，物流市场的服务标准将逐渐规范化。在物流服务产品化的初期，由于市场尚未形成公认的服务标准，而国外物流业的服务模式又不完全适合我国现阶段的物流市场需求，因此，众多物流产品之间往往千差万别，难以达成基本的行业服务标准。这在某种程度上阻碍了物流产品的优化和服务成本的下降，并加剧了替代品的竞争。随着合同导向的客户服务观念的确立与普及，以及物流服务产品化、市场化的继续发展，物流市场的服务标准将逐渐趋于规范化。

3. 第三方物流快速发展并且在物流产业中逐渐占据主导地位

第三方物流（Third Party Logistics）是指在物流渠道中由中间商提供的服务，因此，第三方物流提供者是一个为外部客户管理、控制和提供物流服务作业的公司，他们并不在供应链中占有一席之地，仅是第三方，但通过提供一整套物流活动来服务于供应链。

第三方物流的积极作用表现在：

（1）集中主业

企业能够实现资源优化配置，将有限的人力、财力集中于核心业务，进行重点研究，发展基本技术，开发出新产品参与世界竞争。

（2）节省费用，减少资本积压

专业的第三方物流提供者利用规模生产的专业优势和成本优势，通过提高各环节能力的利用率节省费用，使企业能从分离费用结构中获益。

（3）减少库存

企业不能承担多种原料和产品库存的无限增长，尤其是高价值的部件要及时送往装配点，实现零库存，以保证库存的最小量。

（4）提升企业形象

第三方物流提供者通过全球性的信息网络使顾客的供应链完全透明化，顾客随时可以通过网络了解供应链的情况；第三方物流提供者用完备的设施和训练有素的员工对整个供应链实现完全控制，减少物流的复杂性；第三方物流通过遍布全球的运送网络和服务，帮助顾客大大缩短交货期，帮助顾客改进服务、树立自己的品牌形象，为顾客在竞争中取胜创造有利条件。

4. 绿色物流是物流发展的又一趋势

物流虽然促进了经济的发展，但是物流的发展同时也会给城市环境带来不利影响，如运输工具的噪声、污染排放、对交通的阻塞等。21 世纪，人类面临人口膨胀、环境恶化、资源短缺的三大危机，因此，绿色物流备受关注。绿色物流是指以降低对环境的污染、减小资源消耗为目标，利用先进物流技术，规划和实施运输储存、包装、装卸、流通加工等物流活动。绿色物流从环境的角度对物流体系进行改进，形成了一个与环境共生型的物流管理系统。现代绿色物流强调了全局和长远的利益，强调了全方位对环境的关注，体现了企业的绿色形象，是一种全新的物流形态。

5. 物流产业将由单一的业种向业态多元化发展

商品流通领域有业种和业态之分，简单来看，业种主要是指经营范围，业态主要是指经营方式。物流业态可理解为物流领域交易方式和组织形态的总和。各种经营类型和业态的共存与充分发展是现代物流规范化的重要标志。

在经济发达国家，随着电子商务、网络技术以及物流全球化的迅速发展，广义的区域物流与企业物流通过上、下游的延伸与拓展，呈现相互融合的趋势。这一趋势促使物流企业模式即物流产业经营类型与业态向着多样化和细分化发展。

根据对全球前 20 名专业物流公司经营模式的分析，可将国外物流产业经营类型与业态粗略归为以下三类：①由交通运输、邮电业发展起来的物流企业，如 UPS、FedEx 等；②由零售业、批发商发展起来的物流企业，如沃尔玛等；③由大型制造企业物流部门发展起来的物流企业。随着我国物流业的发展逐步趋于成熟，市场份额的控制壁垒将随之产生并不断强化，在优胜劣汰中保留下来的物流企业将控制行业的部分市场份额，并形成稳定的业务渠道，新进入的企业则必须开辟新的市场空间。这也会在一定程度上加速物流业态多元化的发展。

6. 有待发展的第四方物流

第三方物流作为一种新兴的物流方式活跃在流通领域，它的节约物流成本、提高物流效率的功能已为众多企业认可，但第三方物流在整合社会所有的物流资源以解决物流瓶颈、达到最大效率方面力不从心。虽然从局部来看，第三方物流是高效率的，但从地区、国家的整体来说，第三方物流企业各自为政，这种加和的结果很难达到最优，难以解决经济发展中的物流瓶颈，尤其是电子商务中新的物流瓶颈。另外，物流业的发展需要技术专家和管理咨询专家的推动，而第三方物流缺乏高技术、高素质的人才队伍支撑，于是第四方物流（Fourth Party Logistics，4PL）应运而生。

第四方物流的首要倡议者是安盛咨询公司，它将第四方物流定义为：一个调配和管理组织自身的具有互补性服务提供商的资源、能力与技术，来提供全面的供应链解决方案的供应链集成商。第三方物流作为整个供应链的一部分，通常情况下不可能向客户提供整个供应链的物流服务，即便在供应链的某些环节的服务，第三方物流也只能完成其中的部分内容。第四方物流是在第三方物流的基础上对管理和技术等物流资源进一步整合，为用户提供全面意义上的供应链物流解决方案。

同第三方物流相比，第四方物流服务的内容更多，覆盖的地区更广，对从事货运物流服务的公司要求更高，它们必须开拓新的服务领域，提供更多的增值服务。第四方物流最大的优越性，是它能保证产品被“更快、更好、更廉”地送到需求者手中。当今经济形式下，货主/托运人越来越追求供应链的全球一体化以适应跨国经营的需要，跨国公司要集中精力于其核心业务，必须更多地仰赖于物流外包。基于此理，它们不只是在操作层面上进行外协，而在战略层面上也需要借助外界的力量，以期能得到更快、更好、更廉的物流服务。

第四方物流的基本功能有三个方面：一为供应链管理功能，即管理从货主/托运人到用户、顾客的供应全过程；二为运输一体化功能，即负责管理运输公司、物流公司之间在业务操作上的衔接与协调问题；三为供应链再造功能，即根据货主/托运人在供应链战略上的要求，及时改变或调整战略战术，使其经常高效率地运作。而第三方物流要么独自提供服务，要么通过与自己有密切关系的转包商来为客户提供服务，不大可能提供技术、仓储和运输服务的最佳整合。因此，第四方物流就成了第三方物流的“协助提高者”，也是货主的“物流方案集成商”。

拓展案例

L 物流园打造物流业的“阿里巴巴”

信息不对称、成本居高不下是物流业普遍面临的瓶颈，而运价指数的发布将大大提高市场透明度。与此同时，L 物流园还将通过打造另一大标准，即诚信体系，主动掌握行业话语权。得供应链者得天下，在“互联网+”时代，以 L 物流园为代表的传统物流企业，正通过去中间化、引入第三方支付平台、整合产业链资源等措施做大平台。

1. 车货匹配软件服务成为新业态

一直以来，公路物流占据中国物流总运量的 75% 以上，不过在中国注册的公路物流企业中，90% 以上的都是中小微企业，与此相关联的中国 2000 万辆物流卡车的空载率高达 40% 以上。究其原因，信息不畅导致货运车空载率高，现代物流将比拼的是信息化和供应链。在“互联网+”的风口上，物流行业企业也积极运用互联网思维和信息化手段，加快传统物流行业转型升级。L 物流园推出的车货匹配软件服务备受业内关注。通过“我要物流”手机 APP，可搜罗最新最全的物流信息。司机和发货人均可在系统上发布需求，如同滴滴专车软件一样，系统将自动匹配需求。这就是“物流版”的滴滴打车。

据 L 物流园总裁余栋梁介绍，经过半年的试运行，“我要物流”每天的服务量就有两三千票，司机或发货人不需要到交易现场，只需点击手机屏幕，就能轻松找到与需求匹配的车源、货源信息，大大节省了等待时间。

帮助企业缩短交易环节，也是一场针对自己的“革命”，如何挖掘客户的潜在需求，成为物流行业新的增长点。值得关注的是，L 物流园拿到了中国人民银行的“非金融机构支付业务许可”，其支付系统于 2015 年 10 月正式上线并投入运作。针对货运行业普遍存在的问题，如代收货款拖欠、资金无监管、回单才结算、司机运费被克扣等，L 物流园通过第三方支付平台，为货运企业提供资金环节的账务清分支付结算服务、代收代付结算服务、融资贷款服务等。“很多第三方公司与大企业合作，运费一般是按月或季度结算一次运费，如果开通了物流金融，就可以将回单进行抵押，提前预支部分运费，帮助物流企业解决资金问题。”余栋梁表示。

2. 争做行业标准，掌握话语权

诚信缺失，一直是货运行业的一个顽疾。“诚信缺失，是 L 物流园要解决的一大难题。”余栋梁说。L 物流园有一套物流诚信服务体系，通过入会实名制、交易验证制、契约式管理、保险制度、结算体系、司法调节制度、诚信首赔制度、诚信曝光台和诚信评级等市场监管体系，以市场利益引导、信息化监管、适度奖惩的办法，集中解决物流行业诚信缺失的问题。

所谓诚信首赔制度，即一旦发生纠纷或货品在运输途中损坏，L 物流园即启动先行赔付。“这类情况现在并不多，但给企业吃了‘定心丸’。”余栋梁介绍说。

在 L 物流园官网“信用标普”一栏，清晰标注物流企业、中介信息公司、驾驶员的“信用等级”，更“狠”的是，还公开发布了失信名单。一旦被列入“黑名单”，失信人员将在 L 物流园及其合作伙伴中寸步难行。“刚开始发布的时候，还是有不少司机和公司上榜，后来知道‘威力’了，这种情况就几乎没有了。”余栋梁说。“诚信体系”对市场环境起了很好的净化作用。

此外，L 物流园联合中国物流与采购联合会发布“中国公路物流运价指数”，目的是把无价变有价，把有价变低价。目前，L 物流园采取价格招标的形式，打破过去靠关系做生意，让价格透明化。同时，根据该运价指数，给出淡旺季指导价。

“运价指数细化到城际之间的运价，如广州到成都、上海到重庆，供求方在发货前，都会上网查看了解大致费用。”余栋梁说。L 物流园力争通过诚信体系和运价指数，打造行业或国家标准，实现行业良性发展。

十年前，L 物流园从一家家具企业转型物流园区，经过十年发展，L 物流园已经成为行业翘楚并开始布局全国，在 15 个城市复制“L 物流园模式”。据 L 物流园董事长李金平透露，L 物流园计划用三到五年时间，争取实现在深圳中小板市场上市。

（《L 物流打造物流业的“阿里巴巴”》，2016 年 1 月 18 日，http：//epaper. southcn. com/nf-daily/html/2016-01/18/content_ 7509841. htm。有改动）

5.4 国际物流节点

5.4.1 国际物流节点的概念

国际物流节点是指那些从事国际物流相关活动的节点，如制造商仓库、中间商仓库、国内外中转点仓库、保税区仓库、物流中心等。

国际贸易商品就是通过这些节点收入和发出，并在中间存放保管，以克服生产时间和消费时间上的分离，促进国际贸易系统的顺利运行。

5.4.2 国际物流节点的功能

1. 衔接功能

衔接功能是指国际物流节点将各个物流线路联结成一个系统，使各个线路通过节点变得更为贯通而不是互不相干。国际物流节点一般采取以下手段衔接物流：①通过转换运输方式，衔接不同运输手段；②通过加工，衔接干线物流及配送物流；③通过储存，衔接不同时间的供应物流与需求物流；④通过集装箱、托盘等集装处理，衔接整个“门到门”运输，使之成为一体。

2. 信息功能

国际物流节点是整个物流系统或与节点相接的物流信息传递、收集、处理和发送的集中地，这种信息作用在国际物流系统中起着重要的作用。

3. 管理功能

国际物流系统的管理设施和指挥机构大都设置于物流节点之处。实际上，物流节点大都是集管理、指挥、调度、信息、衔接及货物处理为一体的物流综合设施，整个物流系统运转的效率高低都取决于物流节点的管理水平。

知识链接

物流节点的种类

物流节点按照节点的主要功能可分为以下几类：

（1）转运型节点是指以联结不同运输方式为主要职能的节点。铁道运输线上的货站、编组站、车站，水运线上的港口、码头，空运中的空港等都属于此类节点。一般而言，由于这种节点处于运输线上，又以转运为主，所以货物在这种节点上停滞的时间较短。

（2）储存型节点是指以存放货物为主要职能的节点。货物在这种节点上停滞时间较长。在物流系统中，储备仓库、营业仓库、中转仓库、货栈等都属于此种类型的节点。

（3）流通型节点是指以组织货物在系统中运动为主要职能的节点。现代物流中常提到的流通仓库、流通中心、配送中心就属于这类节点。

（4）综合性节点是指在物流系统中集中于一个节点全面实现两种以上主要功能，并且在节点中并非独立完成各自功能，而是将若干功能有机结合于一体，有完善设施、有效衔接和协调工艺的集约型节点。这种节点是为适应物流大量化和复杂化，在一个节点中要求实现多种转化而使物流系统简化、高效的要求而出现的，是现代物流节点的发展方向之一。

5.4.3 国际物流节点——口岸与港口

1. 口岸

口岸原来的意思是指由国家指定的对外通商的沿海港口，但现在，口岸已不仅仅是经济贸易往来（即通商）的商埠，还包括政治、外交、科技、文化、旅游和移民等方面往来的港口。

简单地说，口岸是由国家指定对外往来的门户，是国际货物运输的枢纽。从某种程度上说，它是一种特殊的国际物流节点。

对国家而言，口岸的地位与作用主要体现在以下三个方面：

（1）口岸是对外开放的门户

对外开放表现为政府间或民间在政治、经济、军事、文化、资源保护、制止国际犯罪及维护世界和平等领域的广泛合作与交流，而这种国际的合作与交流是通过口岸得以实现的。

（2）口岸是国家主权的象征

口岸权包括口岸开放权、口岸关闭权和口岸管理权。其中，口岸管理权又包括口岸行政权、关税自主权、检查权、检验权等，这些都是国家主权的重要组成部分。

(3) 口岸是国际货运的枢纽

口岸是国际物流的必经通道，国际货物运输的起始点和目的地通过口岸衔接起来。口岸作为国际物流在系统中的重要关口，起着国际货物运输的枢纽作用。

2. 港口

港口是水陆交通的集节点和枢纽，是工农业产品和外贸进出口物资的集散地，是船舶停泊、装卸货物、上下旅客、补充给养的场所。

由于港口是联系内陆腹地和海洋运输的一个天然界面，因此，人们也把港口作为国际物流的一个特殊节点。港口按其基本功能可分为商港、渔港、军港和避风港四大类型。

港口在国际物流中的地位和作用的具体体现如下：

(1) 货物集节点

港口是整个供应链上最大的集节点，连接着各种运输方式，汇聚着大量的货物，90% 以上的世界贸易是通过港口实现的。

(2) 信息中心

在港口地区落户的有货主、货运商、批发商、物流企业、海关、商品检验机构及其他各种有关机构，汇集了大量的货源信息、技术信息和服务信息，促使港口成为重要的信息中心。

(3) 现代产业中心

港口是生产要素的最佳结合点，缩小国家之间生产要素的禀赋差异与优化配置国际生产要素建设工业，可以节省大量物流成本，增强国际竞争力。

(4) 国际贸易服务基地

在物流方面，港口为船舶、汽车、火车、飞机、货物、集装箱提供中转运输、装卸及仓储等综合物流服务；在商流方面，港口为客户提供代理、保险、融资、货代、船代、通关等商贸和金融服务。

拓展案例

港区联动是上海港口发展的要求

港区联动是实现保税区经济和港口经济共同发展而产生的客观要求，是一种联系紧密的区域经济安排。从系统科学角度分析，港区联动属于协同的概念，是保税区与港口两个子系统整体协同的组织过程。就其内涵而言，可以用“政策叠加、优势互补、资源整合、功能集成”16 个字来概括，体现了保税区与港口在区域、资产、信息、业务等方面的联动发展。

“九五”时期以来，上海港口经济蓬勃发展，港口建设投资力度不断加大。目前，上海港共有集装箱专用泊位 24 个，码头岸线总长 6787 米，拥有集装箱堆场 24.8 万平方米。每月集装箱班轮航班达 1494 班，航线覆盖全球各主要航区和港口，已与世界上 200 多个国家和地区的 500 多个港口和 600 多家航运公司建立了贸易往来，占我国航线覆盖面的 75% 以上。近年来，集装箱吞吐量年均增长都在 30% 以上，已经成为上海港口发展的支柱产业。2003 年，上海港货物吞吐量突破 3 亿吨，首次进入世界前三名。

依托港口经济的发展，上海外高桥保税区经过十多年的开发建设，初步形成了集出口加工、国际贸易、现代物流、港口运作等产业于一体的自由贸易区雏形。外高桥保税区已累计批准企业7447家，吸引各类投资90多亿美元，世界500强的跨国公司中已有99家入驻区内，区内从业人员近11万人，与世界上129个国家和地区建立了贸易往来。凭借紧靠海港的优越地理位置和便捷的交通条件，依托在市场准入、税收、外汇等方面的一系列特殊政策及快速的通关渠道、便捷的分拨机制，外高桥保税区为现代物流业的发展提供了良好的环境、政策和功能条件。迄今为止，已吸引包括英国空运、日本大通、荷兰TNT、德国邮政、美国APL和中国香港嘉里物流等一大批知名物流企业在区内投资落户。

外高桥的港区联动是从2000年开通保税区与机场的空运直通式开始起步的，空运的零部件可以直接从机场以海关监管直通方式进入保税区，6小时甚至更短时间内即可完成货物运抵保税区的全过程。外高桥保税物流园区是继空运直通式联动后的一个新的阶段，也是今后外高桥发展为真正意义上的自由港跨出的基础性一步。从“两点一线”的空运直通，到港区联动的保税物流园区，再到港区联动的自由港，将是我国保税区发展的必由之路。

（《港区联动是上海港口发展要求》，2014年4月25日，http：//www.360doc.com/content/14/0425/18/16994451_372177915.shtml。有改动）

知识链接

港区联动

港区联动是指整合保税区的政策优势和港区的区位优势，在保税区和港区之间开辟直通道，将物流仓储的服务环节，移到口岸环节，拓展港区功能，实现口岸增值，推动转口贸易及物流业务发展。

其作用如下：

（1）政策叠加

保税物流园区除了继续享受保税区在免征关税和进口环节税、海关特殊监管等方面的政策及港区原有的政策外，在税收政策上，还叠加了出口加工区的政策，即实现国内货物的进区退税，从而改变了保税区现行的“离境退税”方式，降低了企业的运营成本。在中转集拼方面，中转集装箱在保税物流园区可以进行拆拼箱，改变中转集装箱在港区只能整箱进出的现状。集装箱在保税物流园区堆存无时间限制，改变集装箱在港区有14天报关期限的现状。政策叠加的结果是对货物的流动来说，“一线放得更开，二线管得严密”，区内真正实现货物的自由流动。

（2）优势互补

将保税区在税收、海关监管等方面的政策优势与港区在航运、指泊、装卸等方面交通便利的区位优势相结合，实现航、港、区一体化运作，集装箱综合处理与货物分拨、分销、配送等业务的联动，既是优势互补，也是优势组合，使外高桥保税物流园区成为长三角地区支线箱源和国际中转箱源的集散地。

（3）资源整合

通过保税区和港区在形态、资源上的整合、集成，促进货物在境内外快速集拼、快速流动、快速集运，带动信息流、资金流和商品流的集聚和辐射。“港”和“区”的资源在保税物流园区项目形成了优化组合。

（4）功能集成

实施港区联动的保税物流园区将集成四大功能：①国际中转。对国际、国内货物在园区内进行 分拆、集拼后，转运至境内外其他目的港。国际中转是世界各大自由港的主体功能产业，也是航运中心实力的体现。②国际配送。对进口货物进行分拣、分配或进行简单的临港增值加工后，向国内外配送。国际配送为保税物流园区发展增值服务创造了一个重要平台。③国际采购。对采购的国际货物和进口货物进行综合处理和简单的临港增值加工后，向国内外销售。④国际转口贸易。进口货物在园区内存储后不经加工即转手出口到其他目的国或地区。

保税区和保税仓库的区别

(1) 概念不同

①保税区

中国境内保税区就形同国外，即国外过来的货物放在保税区，相当货物还在国外，不用交关税，但出了保税区进入非保税区，就是从国外进口到中国的意思，要交关税。中国非保税区货物进入保税区，就表示已经出口到国外了，要交关税了。

保税区又称“加工贸易保税区”，即一个国家划出一定范围，在海关监管之下，对制造出口货物而进口的原材料、零部件以及在区内存储、加工、装配后复出境的货物，准予暂缓办理纳税手续。进入保税区货物属于海关保税货物，自进口之日起至全部出口之日止，受海关监管。

保税区具有仓储、贸易、加工和展示功能，今后的发展重点是依托口岸强化仓储物流功能。保税区是外向型经济区域，与境外开展业务往来的外向型企业适合在保税区运作。

②保税仓库

保税仓库是指经海关批准设立的专门存放保税货物及其他未办结海关手续货物的仓库。保税仓库是已经在中国境内的意思，只是有储存货物的功能。比如中国贸易企业进口货物入境，但是没有找到货物买主，就可以放入保税仓库，要交监管费，等找到买家就出库，或者入库后想等有个好价钱再卖。这也涉及海关的不同贸易方式的申报。

保税仓库仓储货物可以进行包装、分级分类、加刷唛码、分拆、拼装等简单加工，不得进行实质性加工。入库货物的进境口岸不在保税仓库主管海关的，经海关批准，按照海关转关的规定或者在口岸海关办理相关手续。

(2) 操作流程不同

保税区内外进出，视同进出口，即按照一般的有关进出口的管理规定来办理相关手续。进出区报关，主要有四种情况：

①保税进口料件以及用保税进口料件生产的成品、半成品进出区

进区要报出口，提供出口报关单、加工贸易保税登记手册、相关出口许可证件；出区要报进口，填写进口货物报关单。

保税区内加工企业加工的制成品原产地为中国，用进口料件制成的成品、半成品出区要按进口料件比例征税。出区用于加工贸易保税的，进入保税货物报关程序，填写加工贸易保税报关单，提供加工贸易保税登记手册，按批准的保税额保税。出区供可享受特定减免的企业使用的，进入特定减免货物报关程序，提供“进口征免税证明”和应当提供的许可证件，免缴进口税。

②进出区外发加工

外发加工是指加工贸易保税企业出口产品生产的某一环节由其他企业代为加工的业务。保税区企业出区外发加工，或区外企业进区外发加工，需经主管海关核销。进区凭外发加工合同向保税区海关备案，加工出区后核销，不进入进出境报关程序，不填写进出口报关单，不纳税。出区外发加工的，由区外加工企业在加工企业所在地海关办理备案手续，进入加工贸易保税合同备案程序，加工期限最长6个月，需延长的，最长延长期限为6个月，备案后进入加工贸易保税货物出区报关程序。

③设备进出区

设备进出区均需向保税区海关备案，设备进区不进入报关程序，不缴纳出口税，海关不签发出口退税证明联。设备系从国外进口已征进口税，不退进口税，设备出区外，也不进入报关程序。

④非保税区其他货物运入保税区

此类货物应按照一般出口货物办理手续。对属于出口许可证管理的商品还应交验出口许可证，对应征出口税的商品，还应按规定缴纳出口税。对非保税区进出口企业出口到保税区或从保税区进口的货物，海关予以签发进口付汇或出口收汇核销用进出口货物报关单。

自由港

自由港（Free Port）又称“自由口岸”，是全部或大多数外国商品可以免税进出的港口。这种港口划在一国关税国境（即关境）以外，外国商品除进出港口时免征关税外，还可在港内自由改装、加工、长期储存或销售。只有将货物转移到自由港所在国内消费者手中时才需缴纳关税，但外国船舶进出时仍必须遵守有关卫生、移民等政策法令。

自由港有全自由港和有限自由港之分。前者对外国商品一律免征关税，后者对绝大多数外国商品不征收关税，只对个别商品征收少量进口税或禁止进口。开辟自由港可扩大转口贸易，并从中获取各种贸易费用，扩大外汇收入。

早在16世纪，欧洲就出现了自由港。当时欧洲一些国家为活跃对外贸易，先后把一些沿海港口开辟为自由港，作为经济特区。其中最早的是1547年在意大利设置的里南那自由港，它是通行的自由港的雏形。17~19世纪，在国际贸易中占有优势地位的国家（如荷兰、英国等）为了扩大贸易，增加外汇盈利，将地中海沿岸一带的某些地区（如直布罗陀、东南亚和加勒比等）辟为自由港。二战后，许多国家增设了更多的经济特区，以促进贸易的发展。

目前，世界上有600多个自由贸易港，荷兰、美国、新加坡、日本、韩国等国家和我国香港地区都有自由贸易港或类似的贸易经济区，成为主导国际贸易的枢纽、集散地和交易中心。世界著名的自由港有香港、新加坡、亚丁、贝鲁特、汉堡、巴拿马等20多个。

5.4.4 国际物流节点——保税物流园区

☞课堂互动

查阅相关资料，举例说明国际物流中心还有哪些特殊性的节点。

1. 物流园区的概念

物流园区又称“物流基地”，是一个具有特定功能的空间概念，它是具有一定规模和综合服务功能的物流集节点。

现代物流园区主要具有两大功能，即物流组织管理功能和依托物流服务的经济开发功能。

☞**提示**

物流园区是一家或多家物流配送中心在空间上集中布局的场所，是具有一定规模和综合服务功能的物流集节点。物流园区是物流中心的空间载体，但不是物流管理和经营的实体，而是物流管理和经营企业的集中聚集地。

拓展案例

上海外高桥保税物流园区

上海外高桥保税物流园区位于我国改革开放最前沿的上海浦东新区，与外高桥港区连成一体，距离外高桥保税区仅有3000米。园区是国务院特批的全国第一家保税物流园区，同时是上海市“十一五”期间重点规划的三大物流基地之一。该物流园区具有以下功能：

(1) 进区视同出口。区外货物进入园区视同出口，可以申请海关办理出口货物报关单证明联的签发手续，用于办理出口退税；从境外进入园区的货物，可以申请进境备案，无需征税，予以保税。

(2) 加工贸易的货物进区即可办理核销手续。境内企业（包括外商投资企业）用于开展加工贸易的货物，进区即可办理加工贸易手册的核销手续，如需返回区外深加工，可以凭加工贸易手册实施深加工结转，办理即进即出手续。

(3) 进区储存海关无时间限制。进区货物享受保税待遇，海关对储存在园区的内货物不设期限限制，可以延缓税金缴付。

(4) 区内可开展流通性增值简单加工。园区企业可以对所存货物开展流通性简单加工和增值服务，包括分拆分拣、分装、计量、组合包装、加刷唛码、刷贴标志、改换包装等具有商业增值的辅助性作业。

(5) 海运直通模式覆盖上海全关区。园区连接外高桥港区一、二、三期码头，货物从码头卸船后无需通过海关加封转运，可以直接进入园区，实现场内直通；与外高桥四期至六期、浦江、吴淞、洋山保税港区实现了场外直通。

(6) 园区卡口实行智能化管理。海关对进入园区的货物实现卡口智能化监管，便于多批次的货物实现分批进区、集中报关、先进后核，提高通关效率。

(7) 区城联动辐射长三角联动。“属地申报、异地验放”，长江沿线和沿海各货物积聚点可利用园区二次拼箱和国际中转功能，开展来自不同目的港的进口货物集聚、拼装后向长江沿线输送的业务。同时以覆盖区域性的多式联运来辐射周边地区，为长三角和长江沿线提供适时配送。

(8) 设有报检报验一站式现场服务。园区设有专门的检验检疫机构，实现现场报检报验，提供一次报验、一次检验检疫、一次处理的“一站式”服务。

(9) 区内企业境外贸易可自由选择结算币种。区内企业与境外企业进行贸易，可选择由人民币或外汇自由结算。

(10) 驻区公安机构确保园区平安保障。区内设有公安机构，24 小时对园区实行实时监控管理，确保园区治安和平安保障。

（百度百科“上海外高桥保税物流园区”词条，2019 年 5 月 3 日，https：//baike. baidu. com/item/上海外高桥保税物流园区/9101580？fr=aladdin。有改动）

2. 保税物流园区的概念

保税物流园区是在毗邻保税区的特定港区或在国务院已经批准的保税区规划区域内，划出专门供发展现代国际物流产业的独立封闭区域。

区港联动、建立保税物流园区是将综合型保税区的保税仓储功能和临近港口的装卸、运输功能整合起来，实现保税区与港口的一体化运作，重点发展仓储和运输业，并赋予其国际中转、国际配送、国际采购中心和国际转口贸易四大功能。

3. 保税物流园区的优势

（1）政策优势

①对进入保税物流园区的国内货物实行进区退税。

②给予区内企业在税费政策和市场准入方面的国民待遇。

③适度放宽外汇管理。

（2）功能提升

根据“一线放开，二线管住，区内自由”的区域管理理念，可以充分发展“区港一体”的优势，进一步完善货物配载、货物中转与仓储、国内外货物代理、多式联运、物流信息管理等功能，进一步完善进出口贸易、报送、通关、货物装卸、保税仓储、保税展示、分拨配送等服务功能。

（3）通关便捷

通过实施“区域管理封闭化，海关管理智能化，园区管理信息化，海关通关快捷化”等措施，一次申报、一次查验、一次放行，园区和港区之间开辟海运直通式，设立自动判别体系，实现 EBI 无纸报关、直通式卡口实货放行等。特别是对园区同保税区、出口加工区、保税仓库之间的保税货物结转可实行“分批出区，集中报关”的快速通关手续，大大提高了通关效率。

（4）监管严密

采用高科技手段，设置先进的海关监管设施和完备的企业电子册管理系统，既保证了海关对园区的严密监管，又实现了货物的快速流通。

（5）体制创新

保税物流园区通过设立专门的海关和检验检疫机构，集成口岸和保税区的监管职能，减少通关环节，大大提高了通关效率，降低了商务成本。

4. 保税物流园区发展的新思路

（1）通过功能开发，建设一流的物流服务平台；

（2）通过合作联盟，实现区域共同繁荣；

（3）通过探索实践，创新业务流程；

（4）集聚国际物流企业，形成物流产业集群；

（5）整合物流资源，发展第四方物流；

（6）实施差异化战略，培育个性化服务。

本章小结

(1) 国际物流是物流活动的国际化，也就是物流业务跨越国界，在全球范围内的运作。其实质就是为国际贸易和跨国经营服务，根据国际分工协作的原则，依照国际惯例，利用国际化的物流网络、物流设施和物流技术，选择最佳的方式与路径，以最低的费用和最小的风险，实现货物在国际的流动与交换。

(2) 根据不同的标准，国际物流可以分成不同的类型。例如，按照货物在国际间的流向，国际物流可分为进口物流和出口物流；根据跨国运送的货物特性分类，国际物流还可分为贸易型国际物流和非贸易型国际物流等。

(3) 国际物流是随着国际贸易的发展而产生和发展起来的，在当前已成为影响和制约国际贸易进一步发展的重要因素。国际贸易与国际物流之间存在着非常紧密的关系。

(4) 国际物流系统是由商品的运输、储存、包装、检验、加工、配送及报关、信息等系统组成。运输和存储是国际物流系统中的两个关键环节。

(5) 从具体业务来看，国际物流业务是由一系列相互影响、相互制约的环节构成的一个有机整体，国际货物运输、理货、通关是国际物流的主要业务。

(6) 随着物流规模和物流活动的范围进一步扩大，国际物流企业向集约化与协同化发展，物流服务向个性化服务发展，且伴随着第三方物流、绿色物流和第四方物流的兴起趋势。

(7) 国际物流节点是指那些从事国际物流相关活动的节点，如制造商仓库、中间商仓库、国内外中转点仓库、保税区仓库、物流中心等。

自测题

一、选择题

1. 国际物流为（　　）的衍生物？

A. 物流　　B. 国际贸易　　C. 信息　　D. 国际分工

2. 国际物流系统的核心子系统是（　　）。

A. 物流信息　　B. 国际货物运输

C. 国际货物通关　　D. 国际货物储存

3. 下列（　　）属于国际货物运输代理企业的经营范围。

A. 国际展品运输代理　　B. 国际多式联运

C. 私人信函快递业务　　D. 报关、报检

4. 4PL 是（　　）的一些企业。

A. 提供以技术为中心的服务　　B. 提供以劳力为中心的服务

C. 提供以管理为中心的服务　　D. 提供以资产为中心的服务

5. 海关的任务包括（　　）。

A. 监管进出境的货物　　B. 征税

C. 查缉走私　　D. 编制海关统计

二、判断题

1. 物流与流通的关系是：流通是联结生产和消费的纽带。（　　）

2. 国际物流系统网络模式：国际物流系统作为一个涵盖范围广泛的开放系统，其有效运行，各子系统可以相互独立的。（　）

3. 仓储的基本功能是搬运和储存。（　）

4. 在商品出库过程中，任何白条都不能作为发货凭证。（　）

5. 装船时，一般由理货公司代表船公司负责理货、监督装船，理货公司代表货主监装。双方共同掌握货物装船进度，与有关方面联系，出现问题及时处理。（　）

6. 国际贸易按货物的流动方向划分，可分为有形贸易和无形贸易。（　）

7. 报关流程可以分为申报、查验、征税、放行及结关等五个基本环节。（　）

8. 物流的主要功能包括运输、仓储、装卸、流通加工。（　）

9. 绿色物流是指以降低对环境的污染、减小资源消耗为目标，利用先进物流技术，规划和实施运输储存、包装、装卸、流通加工等物流活动。（　）

10. 发筹理货法是一种应用比较普遍的理货方法，尤其适用于同一货种的大宗货物。（　）

三、简答题

1. 国际物流的系统组成有哪些？
2. 国际物流业务中的理货方法有哪些？
3. 简述国际货物运输的特点和方式。
4. 简述国际物流的发展趋势。

四、案例分析

德国邮政的业务扩张

德国邮政 1990 年以前还是一个传统的邮政企业，其后通过资产重组、上市、专业经营等走上了业务扩张的道路。1998 年，德国邮政斥巨资收购了世界性的物流公司 DANZAS。为同美国 UPS 和 FEDEX 抗衡，2001 年它又出资 11.4 亿美元收购了美国环球捷运公司（AEI），这些收购奠定了其物流霸主的地位。通过购买汉莎公司的股份，德国邮政占 DHL 的股份已达到 75%，实现了对 DHL 公司的绝对控股，确立了在快递业务上的龙头地位。通过以上并购，德国邮政形成了目前信函、快递、物流、金融等四大板块的业务体系，成为全球最大的货运代理企业和上市物流企业。

（杨长春、顾永才：《国际物流》，首都经济贸易大学出版社 2007 年版，第 66~67 页。有改动）

思考：

德国邮政是通过什么途径拓展国际物流市场的？给我国的物流业的发展带来哪些启示？

五、企业应用

郑明国际物流冷库温度智能控制系统

1. 项目概况

当今社会随国民经济的发展，人们的生活质量要求越来越高，人们对冷藏食品质量的要求也在不断提高，不仅要求食品经冷藏后尽量减少营养成分的损失，还希望能保持原有的色泽。食品外观及营养成分的变化与冷藏温度密切相关，并且不同种类的食品，其相应的最佳冷藏或冷冻温度也不同。如水果、蔬菜、花卉、乳制品、巧克力、黄油、保鲜肉、海鲜、鲜蛋、茶叶等食品的保鲜储藏，啤酒、饮料的冷藏温度在-10~-8 ℃，冻鱼、冻肉、冻家禽、冻蛋等冷藏温度在-20~-10 ℃，鲜鱼、鲜肉、米面制品、冰激凌冻结温度则要求在-35~-20 ℃。冷库是冷藏业发展的基础，是冷链的关键环节，是供应链前端生产与后端销售的纽带。由于反季节消费、食品、饮品等生产企业仓储等需要冷藏过渡储存的食物、货物越来越多，为冷藏业发展带来了契机，市场容量逐渐扩大。然而，目前的冷库温度控制系统结构复杂且温度检测仪器大都是单点测量，同时还有温度信息传递不及时、精度不够的缺点，不利于实现实时检测及控制。此外，在大型冷库系统中往往库房个数多，保存的食品种类也多，每个库房有自己所要求的工作温度，因此大型冷库的温度控制起来比较复杂。在允许的冷藏温度范围内，以较高温度储存食品，对于节省电能、延长制冷设备的使用寿命都很有利，但传统的冷库温度控制技术对库房温度测量的准确性不高，而且不能满足节能和智能化要求。

郑明物流公司作为国内第三方冷链物流企业的佼佼者，拥有强大的网络体系及客户群体，拥有现代化冷链运输车辆 600 余辆，每日冷链货物吞吐量超过 5500 吨，冷库面积为 10 多万平方米。其自主规划设计、自主开发建设、自主管理运营多个冷库，已形成标准的冷库管理及运作流程。在强大冷库设计技术及运营经验的支持下，开发冷库温度智能控制系统，服务企业上下游客户及行业类的其他物流公司，打造国内冷库温度智能控制标准体系，提升服务水平，促进冷链行业信息化进程，对于公司来说是一项关键的任务与重要的目标。

2. 国内外现状、水平和发展趋势

(1) 冷库智能控制技术

国内外发展现状自 1834 年诞生第一台用乙醚作制冷剂的制冷机以来，制冷技术不断发展，先后发明了氨和氟利昂为制冷剂的制冷机，创造出了各种类型、转速较快的制冷机，制冷系统逐步完善并实现自动控制。

日本的冷库在 20 世纪 60 年代初自动化程度并不高，但在 1965 年后逐渐把电子技术应用到制冷装置的自动控制上，现在新建的冷库都装有库温自动显示、记录和调节仪表，并实现了制冷设备的自动启停、蒸发器自动融霜等。一些大型冷库自动化程度较高，如东京水产冷藏库中心总容量为 18.8 万吨，分为 4 幢库、4 个机房，整个冷库群白天只有 4~5 个人，晚上只有 1 个人值班，监视仪表和管理机器。近年来，日本等国相继推出了新研制成功的带节能控制的电脑控制系统的分体式制冷机组，它具有库温预测控制、最佳除霜控制、额定用电控制和制冷机优化控制等功能。据有关资料介绍，它与不装节能电脑的同类机组相比可节电 10%左右。制冷装置实现自动控制包括库房温度的自动调节和蒸发器冷却排管的自动融霜、冷加工工艺流程的程序控制、制冷压缩机的启停和能量调节、辅助设备的自动控制、最佳工况的调节等。冷库采用自动控制技术后，不仅能节省人力，保证设备的安全运行，还能使装置合理运转、降低成本。

虽然对冷库进行自动化控制有很多优越性，我国冷库自动化控制也经过了 20 多年努力，毕竟应用的时间不是很长、经验不足，还处于摸索阶段。对一般中、小型制冷系统，以制冷设备的安全保护控制、局部回路的自动控制为主，也可以采用机械点式全自动控制；而对大型制冷系统，可采用电子计算机实现自动调节制冷。

(2) 智能温度控制法国内外发展现状

1971 年，著名的美籍华裔科学家傅京孙最早公开指出了一个崭新的研究领域，并提出了相应的概念，这就是智能控制系统（Intelligent Control Systems）。1985 年 8 月，IEEE（电气和电子工程师协会）在美国纽约召开了第一届智能控制学术讨论会，智能控制原理和智能控制系统结构这一提法成为这次会议的主要议题。这次会议决定，在 IEEE 控制系统学会下设立一个 IEEE 智能控制专业委员会。这标志智能控制这一新兴学科研究领域的正式诞生。智能控制作为一门独立的学科，已正式在国际上建立起来。在过去的 20 多年里，智能控制理论发展迅猛，出现了大量新颖的控制理论。智能控制系统是某些具有仿人工智能的工程控制和信息处理系统，它与人工智能的发展紧密联系。智能控制是一门新兴的交叉前沿学科，它具有非常广泛的应用领域。智能控制就是应用人工智能的理论与技术和运筹学的优化方法，并将其同控制理论方法与技术相结合，将智能控制与 PID 控制相结合，实现温度的智能控制。智能控温法采用神经元网络和模糊数学为理论基础，并适当加以专家系统来实现智能化。其中应用较多的有模糊控制、神经网络控制以及专家系统等。尤其是模糊控温法在实际工程技术中得到了极为广泛的应用。目前已出现一种高精度模糊控制器，可以更好地模拟人的操作经验来改善控制性能，从理论上讲，可以完全消除稳态误差。所谓第三代智能温控仪表，就是指基于智能控温技术而研制的具有自适应 PID 算法的温度控制仪表。目前国内温控仪表的发展，相对国外而言在性能方面还存在一定的差距，它们之间最大的差别主要在控制算法方面，具体表现为国内温控仪在全量程范围内温度控制精度低，自适应性较差。这种不足的原因是多方面造成的，如针对不同的温控对象，由于控制算法的不足而导致控制精度不稳定等。

（3）温度智能控制系统发展趋势

国际上新型温度控制系统正从模拟式向数字式、由集成化向智能化和网络化的方向发展。在 20 世纪 90 年代中期最早推出的智能温度传感器，采用的是 8 位 A/D 转换器，其测温精度较低，分辨率只能达到 1 ℃。国外已相继推出多种高精度、高分辨率的智能温度传感器，所用的是 9~12 位 A/D 转换器，分辨率一般可达 0.5~0.0625 ℃。由美国 Dallas 半导体公司新研制的 DS1624 型高分辨率智能温度传感器，能输出 13 位二进制数据，其分辨率高达 0.03125 ℃，测温精度为± 0.2 ℃。为了提高多通道智能温度传感器的转换速率，也有的芯片采用高速逐次逼近式 A/D 转换器。目前，智能温度传感器的总线技术也实现了标准化、规范化，所采用的总线主要有单线（1-Wire）总线、I2C 总线、SM Bus 总线和 SPI 总线。

3. 温度控制是冷库的核心，智能化温控的实现能够增效降本

冷库是利用降温设施创造适宜的湿度和温度条件的仓库，又称冷藏库，是加工、储存农畜产品的场所。它能摆脱气候的影响，延长农畜产品的储存保鲜期限，以调节市场供应。冷库主要用作对食品、乳制品、肉类、水产、禽类、果蔬、冷饮、花卉、茶叶、药品、化工原料、电子仪表仪器的恒温储藏。温度控制作为冷库的核心，因食品专用冷库不足、食品的冷藏链不完整、食品经营管理的各种因素影响，我国每年约有 3000 万吨水果、蔬菜、乳制品和其他易腐食品有待于从变质中拯救出来，易腐食品每年要损失 10 多亿元。养殖种植业的大幅发展与保鲜、存储及流通的发展极不协调，产量越大，亏损越多。我国现有人口众多，食品资源非常宝贵，如不尽快改观，不仅我国的食品工业的水平将大幅度落后于先进国家，而且将会造成资源的大量浪费。为此，我们迫切需要提高冷库自动化管理的水平，加强冷库智能化温控，降低运营成本，促进冷库向安全、规范、节能、环保、结构简单、操作方便的方向发展。

4. 研究内容和目标

（1）项目主要内容、目标及关键技术

①项目目标

能够连续测量冷库的温度值，用 1602 液晶模块来显示冷库的实际温度；

利用软件设定冷库温度范围为-18~-20 ℃时绿灯亮，温度高于或低于温度范围时红灯亮，并且执行相应的动作；

温度测量的精度为 0.5 ℃；

温度测量的误差范围在± 0.5 ℃；

传感器 AD590 使用环境-55~+155 ℃；

电源电压 DC+5V；

显示、提示电路使用环境+10~+50 ℃；

温度采集速度为 1 秒钟。

②项目内容

温度智能控制系统是通过温度传感器将冷库的温度传到单片机，单片机判断温度是否达到限定值来决定是否开启或者关闭压缩机。通过单片机可以将冷库的温度传到上位机里面作数据备份，工作人员还可以通过上位机监控软件查询冷库的实时温度。其中涉及温度调节、冷凝压力的调节和压缩机的能量调节。

温度调节。当库温高于给定温度上限值时，控制节点发出降温信号，继电器闭合，使电磁阀打开，主阀打开，氨泵运转供液，冷风机启动工作，压缩机启动工作；若库温低于给定温度下限值时，继电器断开，使电磁导阀关闭，主阀关闭，停止该库房的供液，该库房冷风机也停止运转，这样就能把库房温度控制在所需的范围内。当各库房的温度都达到给定温度下限值，不需要供液降温时，氨泵和压缩机自动停止工作。

冷凝压力的调节。用调节水量的方法来控制冷凝压力。该系统有三台水泵：第一台水泵的工作受温度控制，只要有任意库房控制节点发出需降温的信号，则在供液降温的同时该台水泵投入工作。另外两台水泵受压力控制器控制，随热负荷的增大，冷凝压力要升高。当压力升高至 1.28MPa 时，第二台水泵投入工作（在冷凝压力下降至 1.15MPa 时，该泵停止工作）；当压力升高至 1.4MPa 时，第三台水泵也投入工作（在冷凝压力下降至 1.25MPa 时，该泵停止工作）。

压缩机的能量调节。压缩机的能量调节是通过压力控制器控制吸气压力的方法来实现的。大型冷库系统中一般可有四台压缩机：第一台压缩机的工作是受库房温度控制，只要有一个库房温度高于温度给定上限值，则控制节点发出降温信号，使冷风机启动，供液电磁阀开启，主阀开启，氨泵运转供液，同时使这台压缩机投入运转。只有在所有的冷风机全部停止运转后，经 30 秒延时，这台压缩机才停止工作。第二台压缩机受压力控制器控制，在系统运转半小时后，吸气压力大于 0.2MPa 时，它就投入运转，在吸气压力下降至 0.09MPa 时，它停止工作。第三台压缩机是在系统运转 1 小时后，当吸气压力大于 0.22MPa 时，它就投入运转，在压力下降至 0.1MPa 时，它停止工作。第四台压缩机是在系统吸气压力达 1.30MPa 时投入运转，在压力下降到 0.05MPa 时停止工作。

③项目关键技术

本系统采用的关键技术为 PCI 接口技术和 C8051F 单片机技术。

PCI 接口技术。目前市场上的接口卡具有通用性，但对于冷库环境而言，其实时性较差，智能化程度受到限制，只负责发送和接收数据包，对接收到的数据包的解析需要用户自己来处理，产生使用的难度，需要设计智能化接口卡。PC 机的接口主要有 RS-232、USB、PCI 接口，32 位 PCI 局部总线速率可以达到 132M/s，相对于 USB 接口，PCI 协议较简单，需要的开发周期短。PCI 总线支持 33MHZ 的时钟频率，其数据宽度为 32 位，可以扩展到 64 位，为大批量的数据传送和高性能的磁盘输入提供了硬件技术支持。PCI 总线开放性好，具有广泛的兼容性，是一种低成本、高效益、能与 SIA 总线兼容的、代表未来发展趋势的局部总线。

C8051F 单片机技术。单片机选用美国 Silabs 公司推出的高性能 C8051F 系列单片机 C8051F020，主要特性是高速流水线结构的 8051 兼容的 CIP-51 内核；64KB 可在线系统调试和编程的 Flash 存储器；4352B 的片内 RAM，可寻址 64KB 的外部数据存储器接口，片内集成了数据采集和控制系统中常用的模拟、数字外设及其他功能部件，其中包括真正 12 位 100ksps 的 8 通道 ADC。C8051F020 是高度集成的混合信号 SoC 系统级 MCU 芯片，在工业温度-45~+85 ℃范围内用 2.7~3.6V 工作电压。

(2) 项目的创新点、先进性及主要技术特点

①创新和先进性。自动控温精确。该系统采用 C8051F 单片机技术及 PCI 接口技术，通过使用 8 个温度传感器进行多点温度的检测，使得冷库温度在-25~+75 ℃范围内变化，精度达到± 0.1℃，达到了工作实时性强、稳定可靠、控制精确、操作简便的目标。

多个测量点进行温度检测控制。温度传感器是实现多点温度检测控制的关键，要求传感器有很好的线性，同时最大限度地提高检测温度的精度。AD590 温度传感器是一种已经集成的温度感测器，它会将温度转换为电流，温度每增加 1℃，AD590 会增加 1uA 输出电流，在-55~150 ℃范围中有较好的线性度，工作电源电压范围为 4~30V。通过组建起传感器网络，形成多点温度测量电路，实现多个测量点温度检测控制。

系统抗干扰性强。在电路设计及布局上采用先进技艺，通过两级电压跟随器、RC 滤波电路和平均数字滤波，减少外界干扰对温度的影响，增强系统抗干扰性。

②主要技术特点和相关指标

RC 滤波电路技术。根据 RC 组成的无源滤波电路中，根据电容的接法及大小主要可以分为低通滤波电路和高通滤波电路。前者是将较高频率的信号旁路掉［因 $XC=1/(2\pi fc)$，f 较大时，XC 较小，相对于短路］，因而电容 C 的值是参照低频点的数值来确定。高通滤波电路与微分电路或耦合电路形式相同，因 RC 与脉宽 tw 的关系不同而区分为微分电路和耦合电路，选择恰当的电容 C 值，就可以有选择地让较高频的信号通过，而阻断直流及低频信号。

平均数字滤波技术。数字滤波器是由数字乘法器、加法器和延时单元组成的一种装置。其功能是对输入离散信号的数字代码进行运算处理，以达到改变信号频谱的目的。由于电子计算机技术和大规模集成电路的发展，数字滤波器已可用计算机软件实现，也可用大规模集成数字硬件实时实现。数字滤波器是一个离散时间系统（按预定的算法，将输入离散时间信号转换为所要求的输出离散时间信号的特定功能装置）。应用数字滤波器处理模拟信号时，首先须对输入模拟信号进行限带、抽样和模数转换。数字滤波器输入信号的抽样率应大于被处理信号带宽的两倍，其频率响应具有以抽样频率为间隔的周期重复特性，且以折叠频率即 1/2 抽样频率点呈镜像对称。为得到模拟信号，数字滤波器处理的输出数字信号须经数模转换、平滑。数字滤波器具有高精度、高可靠性、可程控改变特性或复用、便于集成等优点。数字滤波器在语言信号处理、图像信号处理以及其他应用领域都得到了广泛应用。数字滤波器有低通、高通、带通、带阻和全通等类型。

两级电压跟随器技术。通过两级电压跟随器，构成电路输出级，提高带负载的能力，使得电压可测量又不分流输出电流。同时用电压跟随器 U3 来稳定输入电压，保证采样时输入信号的波动较小。

智能温控技术是现代信息技术的三大基础之一。进入 21 世纪后，智能温控器正朝着高精度、多功能、总线标准化、高可靠及安全性、开发虚拟温控器和网络温控器、研制单片测温控温系统等高科技的方向迅速发展。

5. 郑明国际物流冷库温度智能控制系统效果

该项目作为公司冷链标准化运作的关键技术环节，是公司全程冷链的保障，有助于规范冷库运作管理，降低成本，提高服务质量，增进效益。2013 年冷库业务营收增加 10% 以上，2014 年营收增长将突破 100%，同时节约运作成本 2000 万元。

本项目实施后，公司投入最小的人力、物力、财力收到最大的经济效益，通过行业内推广，实现 10 套系统销售，并通过系统的逐步完善，形成冷库温度管理典范，确立行业领导地位，并逐渐成为物流业知名的方案提供商和服务商。

同时，该项目具有明显的社会效益：

(1) 节能降耗。采用能量调节装置，使机器合理调配；保证库温稳定，避免不必要的低温；保证氨泵系统满液运行，提高蒸发器的传热效率；合理控制水量，保持稳定。

(2) 安全生产。一般氨压缩机设高低压保护、油压差保护和过电流保护，制冷系统中设有水泵断水报警、氨泵气蚀保护和低压循环储液器与中间冷却器的液位超高保护，其中任何一项出现故障，就能自动报警，有的立即切断压缩机电源，自动停止运作。

(3) 提高劳动效率，减轻劳动强度。自动控制代替许多手工操作，而且可靠合理，这样大大减少值班工人的数量，并且操作工人可省去繁重的跑库、查温和频繁地启闭门，控制室和机房隔开，大大降低环境噪声，劳动条件得到很大的改善。

(《郑明国际物流冷库温度智能控制系统》,2015 年 10 月 19 日,http://www.chinawuliu.com.cn/information/201510/19/306102.shtml。有改动)

实践与训练5

实训 5.1：了解国际货运代理

【实训目标】

使学生对国际货运代理有整体的感性认识。

【实训内容与要求】

1. 国际货运代理企业如何开展代理业务。
2. 国际货运代理企业在开展代理业务中存在的问题。

【成果与检测】

1. 要求学生写出调研报告。
2. 与同学的调研报告进行交流讨论，评比出优秀报告。
3. 分析调研报告是否对当地国际货代企业的建设发挥作用。

实训 5.2：案例讨论——世界十大物流企业的特点

【实训目标】

1. 培养学生对国际知名十大物流企业的了解与认识。
2. 培养学生对这十大企业物流现状和其在中国目前发展状况的分析能力。

【实训内容与要求】

组织搜集资料，并进行分析。

1. 调查世界十大物流企业的相关资料。
2. 运用所学知识进行各企业物流特点的分析。

【成果与检测】

1. 将学生分组，每个小组针对十大物流企业中的一个企业撰写一份该企业物流特点分析报告。
2. 教师根据分析的合理性对各小组表现进行评价。

第6章　第三方物流

知识目标

- 了解第三方物流的起源，掌握第三方物流的含义及特点。
- 掌握第三方物流的定位和优势。
- 了解企业物流管理方式，掌握第三方物流企业的决策选择和管理内容。
- 了解国内外第三方物流的现状与发展趋势。
- 了解第四方物流的概念、特征、功能和动作模式。

导入案例

宝供物流

宝供物流企业集团有限公司（P. G. Logistics group Co.，Ltd.）创建于1994年，总部设在广州，是国内第一家经国家工商总局批准以物流名称注册的企业集团，被中国物流与采购联合会命名为“中国物流示范基地”，是中国最早运用现代物流理念为客户提供物流一体化服务的专业公司，也是目前我国最具规模、最具影响力、最领先的第三方物流企业之一。

公司自创办以来，一直致力于推动中国现代物流的发展和进步，宝供模式已成为中国现代物流发展的主流模式。当前，公司已在全国65个城市设有7个分公司、8个子公司和50多个办事处，形成了一个覆盖全国并开始向美国、澳大利亚、泰国以及我国香港地区等地延伸的国际化物流运作网络和信息网络，与国内外近百家著名大型工商企业结成战略联盟（其中52家为宝洁、飞利浦、联合利华、安利、通用电器、松下、三星、东芝、LG、壳牌、丰田汽车、雀巢、卡夫等世界500强企业以及国内一批大型制造企业如TCL、厦华、中石油等），为他们提供商品以及原辅材料、零部件的采购、储存、分销、加工、包装、配送、信息处理、信息服务、系统规划设计等供应链一体化的综合物流服务。

2004年，宝供集团的货物运作可靠性达到99%，运输残损率为万分之一，远远优于国家有关货物运输标准。宝供物流运作货物超过10亿件，总量近550万吨，比上年增长30%；主营物流服务收入超过5.5亿元，比上年增长52%；实现利润2500多万元，比上年增长60%。

国际著名的企业管理咨询机构麦肯锡及国际著名投资机构摩根斯坦利评价宝供物流集团是中国目前“最有价值”的和“最领先”的第三方物流企业。同时宝供拥有国家经贸委的重点联系企业、广东省流通龙头企业、中国物流百强企业、中国5A级物流企业等称号。

（钱延仙：《现代物流管理》，东南大学出版社2007年版，第162~163页。有改动）

阅读提示

学习本章后，举出5个中外著名的第三方物流企业的例子。

6.1 第三方物流概述

第三方物流（简称 TPL 或 3PL）是西方 20 世纪 80 年代中后期出现的一种新型的物流服务方式。第三方物流诞生后，就以提高顾客服务水平、降低成本、增加企业柔性、使厂商集中精力于自己的核心业务等优势显示了良好的发展势头，对企业自营物流的传统观念提出了极大的挑战。

6.1.1 第三方物流的起源

20 世纪 70 年代，由于经济从高增长进入低增长时期，市场竞争加剧，产品需求向多品种小批量方向发展。多品种小批量的需求给企业带来的是时间管理、空间管理和费用管理方面的难度。在时间上，为了满足准时交货的要求，只有采用缩短物流流通时间的方法，将部分服务工作转向中介企业。在空间上，为了满足库存存储的需要，在现有仓库的基础上，企业采用了租用外部公司仓储空间的方法。在费用上，为了对付多品种小批量的运输方法，只有采用小批量集成运输，这种方法是将不同货主所委托运输的不同货物集成在一起，由运输企业发运，以便降低费用。于是人们开始注重企业核心竞争力，把不属于企业核心竞争力的物流要素由自营转向外包，所以产生了第三方物流。由于企业采用种种外购物流的增加，从事第三方物流服务的专业公司不断兴起，第三方物流逐渐地形成了一种物流行业，并且不断地壮大。

第三方物流是物流专业化的重要形式。物流业发展到一定阶段必然会出现第三方物流，而且第三方物流的占有率与物流产业的水平之间有着非常紧密的相关性。西方国家的物流业实证分析证明，独立的第三方物流至少占社会的 50% 时，物流产业才能形成。所以，第三方物流的发展程度反映和体现了一个国家物流业发展的整体水平。

6.1.2 第三方物流的含义

第三方物流在国外常被称为“契约物流”“外协物流”或“合同物流”，是 80 年代中期才在欧美发达国家出现的概念。我国对第三方物流的定义是：由供方与需方以外的物流企业提供物流服务的业务模式。

理解第三方物流应把握以下几点：

（1）第三方物流的经营主体是第三方，既不是生产者自身或货主，也不是最终用户。它所提供的产品并不是自己所有，这是第三方物流最基本的内涵。

（2）第三方物流的服务是建立在现代技术基础之上的物流活动，包括支持物流服务过程实现的功能技术和信息技术，其中电子信息技术的支持显得尤为重要。这些技术支持能够充分满足客户所需全部或部分物流需求的集成运作、可视化监控和个性化服务等过程的技术需要。

（3）第三方物流提供者与客户之间是现代经济关系，并以合同的法律形式为基础得以体现。现代经济关系包括个性化服务、合作双方或多方建立企业间战略联盟、业务联盟等形式，采用合同规范双方或多方的长期合作伙伴关系，一般可建立 1~5 年或更长时间的合作关系。

6.1.3 第三方物流的特点

结合国内外专家学者的观点，根据第三方物流的发展现状及未来趋势，可以从以下四个方面来进一步把握第三方物流的含义：

（1）第三方物流建立在现代信息技术基础之上

信息技术的发展是第三方物流出现的必要条件。信息技术实现了数据的快速、准确传递，提高了仓库管理、装卸搬运、采购订货、订单处理、配送发运等作业的自动化水平，使订货、包装、保管、运输、流通加工实现一体化，企业可以更方便地使用信息技术与物流企业进行交流和协作。

（2）第三方物流是合同导向的一系列服务

第三方物流有别于传统的外协，外协只限于一项或一系列分散或临时的物流功能，如运输公司提供运输服务、仓储公司提供仓储服务，第三方物流则是根据合同条款规定的要求，向客户提供从系统设计、计划、管理到实施的多功能甚至全方位的物流服务。

（3）第三方物流是个性化服务

许多第三方物流公司的服务对象并不多，只有一家或数家，但服务期限较长，往往长达几年，这不同于“来往都是客”的公共物流服务。由于各行业与各企业的物流服务需求的业务流程各不一样，即使服务于多家企业的大型第三方物流服务商，其服务的营业范围也是有限的，因为第三方物流服务市场需求复杂多样，任何一家第三方物流服务商都难以对各行业各企业的物流服务做到专业化和规模化。因此第三方物流服务商应力求提供个性化物流服务，提高专业化与规模化效益，而不是搞大而全、小而全。

（4）第三方物流服务供应商与客户之间是战略联盟关系

依靠现代电子信息技术的支撑，第三方物流服务供应商与客户之间可以充分共享信息。只有双方彼此相互信任，才能比单独从事物流活动取得更好的效果。从物流服务提供者的收费原则来看，第三方物流服务供应商与客户之间是物流联盟关系，它们之间是共担风险、共享收益。

6.1.4 第三方物流的定位

（1）第三方物流是客户的战略同盟者而非一般的买卖对象

现代意义上的第三方物流企业不是运输公司、仓储公司，也不是单纯的货代公司、速递公司，在物流领域扮演的是客户战略同盟者的角色。在服务内容上，它为客户提供的不仅仅是一次性的运输或配送服务，而是一种具有长期契约性质的综合物流服务，最终职能是保证客户物流体系的高效运作和不断优化的供应链管理。从这个角度来看，第三方物流企业与其说是一个专业物流公司，不如说是客户的一个专职物流部门，只是这个“物流部门”更具有专业优势和管理经验。

第三方物流更加注重客户物流体系的整体运作效率与效益，其业务深深地触及客户企业销售计划、生产计划、采购计划、库存管理等整个生产经营过程，远远超越了与客户一般意义上的买卖关系，与客户紧密地结合为一体，形成了一种战略合作伙伴关系。从长远看，第三方物流的生存与发展与客户的命运紧密地联系在一起，服务领域还将进一步扩展，有可能会成为客户销售体系的一部分。西方发达国家的物流理论非常强调“相互依赖”关系，也就是说一个企业的迅速发展光靠自身的资源、力量是远远不够的，必须寻找战略合作伙伴，通过同盟的力量获得竞争优势。第三方物流扮演的就是这种同盟者的角色，它与客户形成的是相互依赖的市场共生关系。

（2）第三方物流是客户的战略投资人，也是风险承担者

第三方物流服务本身就是一种长期投资。第三方物流公司是以一种战略投资人的身份为客户服务的，追求的不是短期的经济效益。比如，为了适应客户的需要，第三方物流公司往往自行投资或合资为客户建造现代的专用仓库、个性化的信息系统，以及购置特种运输设备等，这种投资少则几百万元，多则上亿元，直接为客户节省了大量的建设投资，而这种投资的风险必然也由第三方物流公司自身承担，使其成为风险投资者。所以，第三方物流这种投资的收益很大程度上取决于客户业务量的增长，以及双方利益一体化基础的形成。

（3）利益一体化是第三方物流的利润基础

第三方物流的利润从本质上讲来源于现代物流管理资源科学地运用所产生的新价值。以美国为例，1980 年全美企业存货成本总和占 GNP 的 29%，由于物流管理中零库存控制的实施，到 1992 年这一比例下降到 19%，下降了 10 个百分点。可以说这种库存成本的节约就是物流科学管理创造的新价值。这种新价值是由第三方物流与客户共同分享，直接展现利益一体化，形成“双赢”的局面。所以，第三方物流公司的利润来源与客户的利益是一致的，来源于与客户一起在物流领域新创造的价值，不是来自运费、仓储费用等直接收入，也不是以客户的成本性支出为代价。

拓展案例

上海通用与中远集团的战略联合

1. 上海通用的物流外包

上海通用汽车是上海汽车集团公司与美国通用汽车公司合资的企业，他们的生产线上基本上做到了零库存，这主要是通过物流外包实现的。

汽车制造行业比较特殊，零部件比较多，品种规格都比较复杂，如果自己去做采购物流，要花费很多时间。因此，上海通用选择将物流业务外包给中远集团，要求做到生产零部件 JIT 直送工位、准点供应，这种外包就是把原材料直接送到生产线上的一种外包制度。

2. 中远的准点供应服务策略

中远是很专业的第三方物流公司，上海通用通过与其联合建立起战略合作伙伴关系。

（1）实施“门到门”配送

“门到门”配送具有以下优势：第一，可以大幅度降低包装成本，因为从供应商的仓到客户的仓库门，装一次卸一次就可以了，这比铁路运输要先进得多。第二，库存可以放在运输途中，大大降低了库存成本，只要提前算好时间，就可以保证所需零部件准时送到。

（2）在生产线旁边设立“再配送中心”

在生产线旁边设立“再配送中心”，货物到位后两个小时以内就用掉了，它在这两个小时里就起到了缓冲作用，就是一般所说的安全库存。

此外，再配送中心也可以起到“蓄水池”的作用，每隔两小时“自动”补货到位，“自动”补货到位在时间上控制得非常严格，因为这是与库存量密切相关的，实行动态管理能够达到降低成本、提高效益的目的。

（《上海通用与中远集团的战略联合》，2018 年 6 月 30 日，https：//wenku. baidu. com/view/10907d6e5f0e7cd1842536ff. html。有改动）

思考：

上海通用与中远集团的强强联合，将给双方带来哪些益处？

6.2 第三方物流的优势

6.2.1 第三方物流的利润源泉

第三方物流发展的推动力就是要为客户及自己创造利润。第三方物流公司必须以有吸引力的服务来满足客户需要，服务水平必须符合客户的期望，既要使客户在物流方面得到利润，同时又要使自己获得收益。因此，第三方物流公司必须通过自己物流作业的高效化、物流管理的信息化、物流设施的现代化、物流运作的专业化和物流量的规模化来创造利润。

（1）作业利益

第三方物流服务首先能为客户提供“物流作业”改进利益。一方面，第三方物流公司可以提供给客户自己不能自我提供的物流服务或物流服务所需要的生产要素。在企业自行组织物流活动情况下，受组织物流活动所需要的专业知识或自身的技术条件等因素的限制，企业内部物流系统难以满足自身物流活动的需要，而企业自行改进或解决这一问题又往往是不经济的。另一方面，物流作业的改进就是通过第三方物流公司的专业化运作，改善内部管理，增加作业的灵活性，提高质量和服务、速度和服务的一致性，使物流作业更具效率。

（2）经济利益

第三方物流服务为客户提供经济或与财务相关的利益是第三方物流服务存在的基础。一般低成本是由低成本要素（其中包括劳动力要素成本）和规模经济的经济性创造的。通过物流外包，一方面可以将不变成本转变成可变成本，同时可以避免盲目投资而将资金用于其他用途从而降低成本；另一方面由于使用第三方物流服务，供应商要申明成本和费用，这可以增加物流成本的透明性，使物流成本与其他环节的成本区分开来。

（3）管理利益

物流外包既可以使用企业不具备的管理专业技能，也可以与企业核心战略相一致，将企业内部管理资源用于别的更有利可图的用途中去。也就是说，物流外包既可以使公司的资源更集中于公司的核心活动，又同时可获得第三方物流公司的核心经营能力。第三方物流服务可以给客户带来的管理利益还有很多，如订单的信息化管理、作业连续进行、运作协调一致等。

（4）战略利益

物流外包还能产生战略性利益，即提高了企业战略的灵活性，包括地理范围的灵活性（设点或撤销）及根据环境变化进行调整的灵活性。另外，共担风险的利益也可以通过第三方物流服务来获得。

6.2.2 第三方物流的运作价值

第三方物流服务供应商面临的挑战是要能提供比客户自办物流更高的价值。他们不仅考虑同类服务提供者的竞争，还要考虑到潜在客户的内部运作。第三方物流供应商一般需要从物流运作效率提高、客户运作整合、横向或者纵向整合、客户运作发展四方面创造运作价值。

(1) 运作效率提高

物流运作效率的提高意味着对每一个最终形成物流的单独活动进行开发。除了作业技能外，还需要协调和沟通技能。协调和沟通技能在很大程度上与信息技术相关联，因为协调与沟通一般是通过信息技术这一载体来实现的。如果存在着有利的成本因素，并且公司的注意力集中在物流方面，那么用较低的成本提供更好的服务是非常有可能的。

(2) 客户运作整合

第三方物流服务带来增值的另一个方法是引入多客户运作，或者是在客户中分享资源。整合的运作规模效益成为提高物流效率的重要方面，但第三方物流整合运作的复杂性很高，需要更多的信息技术与技能。这一整合增值方式对于单个客户进行内部运作的很不经济的运输与仓储网络也适用。因此，这一整合表现出来的规模经济效益是递增的，如果运作得好，将导致竞争优势及客户基础的扩大。

(3) 横向或者纵向整合

从第三方物流服务供应商角度，也需要进行资源整合、业务外包。对无资产主要是以管理外部资源为主的第三方物流服务提供商而言，其为客户创造价值的技能是强有力的信息技术和物流规划与实施等。它可以通过纵向整合，购买具有成本和服务优势的单项物流功能作业或资源，发展同单一物流功能提供商的关系。这也是第三方流公司创造价值的一种方法。在横向上，第三方物流公司如果能够与类似的但不是竞争的公司合作，则可以联合为客户服务，扩大为客户提供服务的地域覆盖面。

(4) 客户运作发展

第三方物流公司为客户创造价值的另一类方式是通过发展客户公司及组织运作来获取价值，这种第三方物流服务基本上接近传统意义上的物流咨询公司所做的工作，所不同的是这时候提出的解决方案要由物流供应商自己来开发，完成运作。增值活动中的驱动力在于客户自身的业务过程，所增加的价值可以看作参与供应链管理与整合。

6.2.3 第三方物流的效益

第三方物流之所以在世界范围内受到广大企业的青睐，根本原因就在于其独特的作用与经济和社会效益。

1. 第三方物流的经济效益

(1) 第三方物流的成本效益

在竞争激烈的市场上，降低成本、提高利润率往往是企业追求的首选目标。企业将物流业务外包给第三方物流公司，由专业物流管理人员和技术人员充分利用专业化物流设备、设施和先进的信息系统，发挥专业化物流运作的管理经验，以求取得整体最优的效果。企业可以不再保有仓库、车辆等物流设施，对物流信息系统的投资也可转嫁给第三方物流企业来承担，从而可减少投资和运营物流的成本；还可以减少直接从事物流的人员的工资支出，提高单证处理效率，减少单证处理费用，降低存货水平，削减存货成本，实施共同配送，提高运输效率，减少运输费用等等。这些都是第三方物流能够产生的成本价值。对企业而言，应建立一套完整的物流成本核算体系，以便真实地反映企业实施物流控制或采用第三方物流所带来的效益，促使企业物流活动日趋合理化。

（2）第三方物流的服务效益

以最小的总成本提供预期的顾客服务已成为企业努力的方向，帮助企业提高顾客服务水平也正是第三方物流所追求的根本目标。利用第三方物流企业信息网络和节点网络，能够加快对顾客需求的反应能力，加快订单处理，缩短从订货到交货的时间，进行门到门运输，实现货物的快速交付，提高顾客满意度。通过其先进的信息技术和通信技术，第三方物流公司可加强对在途货物的监控，及时发现、处理配送过程中的意外事故，保证订货及时、安全送达目的地，尽可能实现对顾客的承诺。产品的售后服务、送货上门、退货处理、废品回收等也可由第三方物流企业来完成，保证企业为顾客提供稳定、可靠的高水平服务。企业对物流的控制和管理，实际上就是成本与服务之间的一种均衡，而且在市场环境下，服务甚至比成本更重要。

（3）第三方物流的风险分散效益

企业如果自己运作物流，要面临两大风险：一是投资的风险，二是存货的风险。企业自营物流必然要进行物流设施、设备的投资，如建立仓库、购买车辆等。这样的投资往往比较大，如果企业物流管理能力较低，不能将企业拥有的物流资源有效协调、整合起来，尽量发挥其功用，致使物流设施闲置，那么企业在物流上的投资就是失败的，这部分在物流固定资产上的投资将面临无法收回的风险。另外，企业由于自身配送能力、管理水平有限，为了及时对顾客订货作出反应，快速交货，同时防止缺货，往往需要采取高水平库存的策略，即在总部以及各分散的订货点处维持大量的存货。在市场需求高度变化的情况下，安全库存量会占到企业平均库存的一半以上，对于企业来说就存在着占用大量资金的风险。企业如果通过第三方物流企业进行专业化配送，由于配送能力的提高，存货流动速度的加快，那么企业可以减少内部的安全库存量，从而减少企业的资金风险，或者把这种风险分散一部分给第三方物流企业。

（4）第三方物流的竞争力提升效益

企业利用第三方物流，可使自身专注于核心竞争力的提高。随着外部市场环境的变化，企业的生产经营活动已变得越来越复杂。一方面，企业需要把更多的精力投入到自己的生产经营当中；另一方面，企业交往的对象更多了，所要处理的关系也更为复杂。如果将企业与顾客间的物流活动转由第三方物流企业来承担，企业便可避免直接与众多顾客打交道，简化关系网，大大降低在关系处理上的复杂程度，便于将更多精力投入自身的生产经营中。此外，作为第三方物流企业，可以站在比单一企业更高的角度上来处理物流问题，通过其掌握的物流系统开发设计能力、信息技术能力，将原材料供应商、制造商、批发商、零售商等处于供应链上下游的各相关企业的物流活动有机衔接起来，使企业能够形成一种更为强大的供应链竞争优势，这是个别企业所无法实现的工作。

2. 第三方物流的社会效益

第三方物流除了其独特的经济效益外，还具有另一为大多数人所忽视的价值，即社会效益。首先，第三方物流可将社会上众多的闲散物流资源有效整合、利用起来。通过第三方物流企业专业的管理控制能力和强大的信息系统，对企业原有的仓库、车队等物流资源进行统一管理、运营，组织共同存储、共同配送，将企业物流系统社会化，实现信息、资源的共享，极大地促进社会物流资源的整合和综合利用，提高整体物流效率。其次，第三方物流有助于缓解城市交通压力。通过第三方物流的专业技能，加强运输控制，制定合理的运输路线，采用合理的运输方式，组织共同配送、配载等，可减少城市车辆运行数量，减少车辆空驶、迂回等运输现象，解决由于货车运输的无序化造成的城市交通混乱、堵塞问题，缓解城市交通压力。由于城市车辆运输效率的提高，可减少能源消耗，减少废气排放量和噪声污染等，有利于环境的保护与改善，促进经济的可持续发展。再次，第三方物流的成长和壮大可带动中国物流业的发展，对中国产业结构的调整和优化有着重要的意义。

6.3 第三方物流管理决策

6.3.1 企业物流管理模式

1. 物流自营

物流是企业与生俱来的组织功能，企业可以自营物流。企业要生产就需要后勤的支援和保障，包括原材料和零部件的供应、库存、配送等。在过去，我国一般企业都是内部各职能部门行使各自的物流职责。随着近几年的发展，不少企业内部设有专门的物流部门来统一运作企业的物流，甚至一些企业还通过资源整合成立了直属的物流公司，如美的物流公司、李宁物流公司和海尔物流公司。

（1）物流自营的优势

①掌握控制权。通过物流自营，企业可以对物流系统运作的全过程进行有效的控制，以便随时调整自己的经营战略。

②盘活企业原有资产。企业选择物流自营的模式，可以在改造企业经营管理结构和机制的基础上盘活原有物流资源，带动资金流转，为企业创造利润空间。

③降低交易成本。通过物流自营，企业可不必就相关的运输、仓储、配送和售后服务的佣金问题进行谈判，避免多次交易花费以及交易结果的不确定性，降低交易风险，减少交易费用。

④避免商业秘密的泄露。物流自营，企业内部的运营情况都是处于相对封闭的环境下，不必向第三方公开，以便保持企业的竞争力。

⑤提高企业品牌价值。企业自建物流系统，就能够自主控制营销活动，一方面可以亲自为顾客服务到家，让顾客切身体会到企业的人文关怀；另一方面，企业可以掌握最新的顾客信息和市场信息，从而根据顾客需求和市场发展动向调整战略方案，提高企业的竞争力。

（2）物流自营的劣势

①资源配置不合理。物流活动最主要的环节就是运输和仓储，因此，企业自营物流必须具备与生产能力相符的运输力量和仓储容量。由于市场的供需存在着不可预期的波动性，所以会为企业经营带来一系列的风险。如果处于销售旺季，由于企业运力不足，可能导致企业失去商机；如果处于销售淡季，企业的运力和仓储空间就会出现闲置，导致企业资金无法有效利用，在计算固定成本的情况下却没有收益。

②管理机制约束。物流活动涉及企业生产的方方面面，由于各部门都存在着独立的利益，都追求自身效益的最大化，这给物流活动的有效开展带来麻烦。在我国企业现有经营管理机制下，如何协调各方面的利益，甚至要求某些部门牺牲自身利益以达到企业整体效益的最大

化是一件困难的事。

2. 物流外包

企业将物流外包给专业的第三方物流供应商（3PL），可以有效降低物流成本，提高企业的核心竞争力。

（1）物流外包的优势

①企业得到更加专业化的服务，从而降低营运成本，提高服务质量。当企业的核心业务迅猛发展时，也需要企业的物流系统跟上核心业务发展的步伐。第三方物流可以集成小批量送货的订单来获得规模经济效应，在组织企业的物流活动方面更有经验、更专业化，从而降低企业的营运成本，改进服务，提高企业运作的灵活性。

②解决本企业资源有限的问题，更专注于核心业务的发展。资源的有限性往往是制约企业发展的主要瓶颈。物流外包策略对于企业有限资源的合理利用非常重要，国内外的许多企业正是通过利用物流外包，突破原有的资源瓶颈，获得了难以想象的增长速度。

③可以提高企业的运作柔性。企业可以更好地控制其经营活动，并在经营活动和物流活动中找到一种平衡，保持两者之间的连续性，提高其柔性，使实行物流外包的委托企业由于业务的精简而具有更大的应变空间。

④可以减少监督成本，提高效率。委托公司可以利用物流外包策略缩小公司的规模，精简公司的组织，从而减轻由于规模膨胀而造成的组织反应迟钝、缺乏创新精神的问题。公司要想在激烈竞争的环境里成长，就必须确保公司的灵活反应能力，物流外包策略在这方面具有非常重要的意义。

⑤降低风险，同时也可以同合作伙伴分担风险。通过物流业务外包，委托公司可以与合作公司建立起战略联盟，利用其战略伙伴们的优势资源，缩短产品生产周期，减轻由于技术和市场需求的变化造成的产品风险。同时，由于战略联盟的各方都发挥了各自的优势，这有利于提高新产品和服务的质量，提高新产品开拓市场的成功率。最后，采用物流外包策略的委托公司在与其战略伙伴共同开发新产品时，风险共担，从而降低了由于新产品开发失败给公司造成巨大损失的可能性。

（2）物流外包的劣势

不难看出，物流外包确实能给企业带来多方面的利益，但这并不意味着物流外包就是所有企业的最佳选择，事实上，物流外包也不可避免地存在以下弊端。

①生产企业对物流的控制能力降低。由于第三方的介入，使得企业自身对物流的控制能力下降，在双方协调出现问题的情况下，可能会出现物流失控的风险，从而使企业的客服水平降低。另外，由于外部服务商的存在，企业内部更容易出现相互推诿的局面，影响效率。

②客户关系管理的风险。一方面，企业与客户的关系被削弱，由于企业是通过第三方来完成产品的配送与售后服务，同客户的直接接触少了，这对建立稳定密切的客户管理非常不利；另一方面，客户信息泄漏风险，客户信息对企业而言是非常重要的资源，但第三方物流公司并不只面对一个客户，在为企业竞争对手提供服务的时候，企业的商业机密被泄漏的可能性将增大。

③连带经营风险。第三方物流是一种长期的合作关系，如果服务商自身经营不善，则可能影响企业的经营，解除合作关系又会产生较高的成本，因为稳定的合作关系是建立在较长时间的磨合期上的。

3. 物流自营与物流外包兼并

企业物流自营或外购不是对立的，也不是静止的，随着外部环境和内部资源条件发展，物流地位、物流功能发生变化后，其策略亦应该发生相应的变化。企业物流和社会物流二者是相互依托、相互促进的，即企业物流的发展要到社会物流中找到有效的帮助和依托，社会物流的发生也要在生产需求中找到可落实的动力与指引。二者都是物流供应链上的节点，发挥各自的优势，就可以拓展企业物流空间，降低物流成本，开发企业的第三利润源。

☞**课堂互动**

某家电公司从一个濒临破产的小厂快速成长为中国乃至世界前列的家电制造商，产品门类从单一型号的家电产品，发展到已拥有近百类的产品品牌。随着公司业务的不断发展，其现有的物流体系已经远远不能满足企业的物流需求。

王先生在该公司工作了20多年，主要负责制定公司物流战略。他邀请其他三位主管讨论如何改善现有的物流系统，提高客户服务水平。主管们意识到，成功的关键取决于物流系统的运作效率，但是他们在选择自营物流还是第三方物流的问题上未能达成一致意见。以下是他们观点的总结：

张先生：50岁，主要负责运输管理。他认为公司应采用自营物流的方式，因为公司现有从事物流工作的职工有1200多人，运输车辆有200辆，如果采用第三方物流，将面临富余人员安置、物流费用增加等问题。

刘先生：40岁，主要负责仓储管理。他认为公司应采用自营物流的方式，原因是自营物流可以保证公司的服务水平、降低仓储外包的成本；而选择第三方物流，公司将面临更大的信息外漏风险和部分员工失去工作的风险。

陈小姐：32岁，在被提升为物流主管之前曾多年从事财务管理。她认为，选择自营物流将面临更多的物流基础设施投资和更多管理难题，因此应该选择第三方物流，这样不但可以优化公司资产结构，加快资金流动，而且可以降低公司投资风险，提高客户服务水平。

讨论：该公司目前应选择自营物流还是第三方物流？为什么？

6.3.2 第三方物流企业的类型

1. 物流企业的分类

专业化、社会化的第三方物流的承担者是物流企业。综观国内外物流业现状，物流企业种类繁多。以下两种分类方法，相信对于认识和指导第三方物流是十分有益的。

按照物流企业是自行完成和承担物流业务，还是委托他人进行操作，可将物流企业分为物流自理企业和物流代理企业。物流代理企业也就是我们所说的第三方物流企业，它可进一步按照业务范围进行划分。

2. 第三方物流企业的类型

（1）根据提供服务的种类划分

①以资产为基础的物流企业。以资产为基础的物流企业主要通过运用自己的资产来提供专业的物流服务。这些资产可以是运输工具（车队、船队、机群）或仓库、物流中心，如美国的UPS、FedEx等。

②以管理为基础的物流企业。以管理为基础的物流企业通过信息系统和咨询服务提供物

流管理。它们经常以一个承包人的身份，负责部分或全部的客户相关业务；或者它们不负责物流操作上的任务，而是提供概念上和战略上的物流规划设计服务，为各类企业提供物流解决方案。

③综合物流企业。这类提供综合物流服务的企业拥有资产，一般是货车、仓库，或两者都有，但是它们所提供的服务，并不以使用自己的资产为限；一旦需要，便可与其他企业签订子合同提供相关的服务。

④以行政管理为基础的物流企业。以行政管理为基础的物流企业主要提供行政性的管理服务，比如运费的支付等等。

（2）按所属的细分物流市场划分

①操作性的物流企业。操作性的细分市场中，物流企业通常以成本优势进行竞争，他们一般精于某项物流业务的操作。如快递公司中的 UPS、FedEx、DHL 等公司就是操作性公司的典型代表。

②行业倾向性的物流企业。行业倾向性物流公司常为满足某一特定行业的需求而设计自己的作业能力。如荷兰的 Pakhoed 公司，为满足化工行业的需求而建立了作业能力和基础设施。

③多元化的物流企业。多元化物流公司开发出一系列相关又不具相互竞争性的服务。比如在班轮运输中的相关服务：集装箱、码头、汽运、仓储和水运等。

④客户定制化的物流企业。客户定制化的物流企业面向一些有很高专业需求的客户，它们之间的竞争主要在于服务而不是费用。例如 FransMass 公司，这家公司与一家欧洲大公司有着密切的服务关系，FransMass 公司不仅为原材料的运入和产成品的运出安排运输，还提供最终产品装配的操作和在 Venray 的仓库为顾客进行产品测试。

拓展案例

“中国的沃尔玛”——苏宁电器

“13 亿人的中国市场一定能够培育出世界 500 强的现代零售企业。”张近东说。窗外的一缕阳光照在他脸上，更添坚毅之色。

从 20 世纪 90 年代初南京宁海路上的一个小门面到今天的国内家电连锁业“航母”，苏宁用了不到 20 年。用张近东的话来说：“苏宁正值青春期，未来不可限量。”

打造“中国的沃尔玛”并不是嘴上说说那么简单。1993 年轰动全国的“空调大战”，是苏宁和 8 个国有商场的“战争”，更是新旧经济模式的一次正面碰撞。敢想敢干的苏宁最终站稳脚跟，并从此发展壮大。

截至 2009 年 1 月 1 日，苏宁已在国内 29 个省、直辖市和自治区，150 多个地级以上城市拥有近 850 家连锁店。和他们的董事长一样，敢想敢干的 12 万苏宁人正在为打造“中国的沃尔玛”而努力。

店面直接与消费者接触，显示的是一个“看得见的苏宁”。家电连锁发展模式如何创新？4 月 16 日，无锡苏宁广场奠基，标志着苏宁电器“自建店”模式的落地，它将全面开启苏宁连锁平台升级的序幕。

据苏宁总裁孙为民介绍，在创业的 19 年发展历程中，苏宁电器已经历了空调专营店、综合电器店、3C 旗舰店和“3C+”旗舰店四代店面经营模式。其中前三代主要着眼于产品结构的调整和扩充，第四代“3C+”模式则开始将重心集中到消费者体验上来。然而，苏宁850多家连锁店，基本以租赁为主。这在发展初期能够保证连锁企业快速做大规模，完成连锁布局，但同时也带来了一些弊端，主要在于店面软硬件条件千差万别，不利于统一形象、统一标准和统一服务。而第五代自建店模式，最大的特点在于完全以顾客为导向，并且在经营标准以外加入了更加适合家电连锁经营的建筑设计标准。

如果说店面的改变是看得见的，那么，60个物流基地则在建设一个“看不见的苏宁”。“今年，我们将投资数十亿，同步在沈阳、天津、北京、无锡、成都、重庆、徐州、苏州、上海等地建9个物流基地，共40万平方米。同时，计划开发签约16个物流基地。”孙为民说，按照规划，最终苏宁在全国的大型现代化物流基地将达60个左右。

物流的能力使填补市场空白成为可能。拿家电下乡来说，全国31个省份已经开展，苏宁电器已中标28个省份。目前，家电下乡产品在苏宁家电下乡门店品类销售占比高达30%，并且保持着40%~50%的增长速度。2008年，公司实现总营收70.4亿美元，各项指标在中国电器行业名列前茅。中国电器市场蕴含着巨大潜力，苏宁电器也将有巨大的发展前途。

(《苏宁要做“中国沃尔玛”》，2011年6月1日，https://www.51test.net/show/1630790.html。有改动)

思考：

1. 苏宁电器建了60多个物流基地，基地成本较高，那它是怎么控制成本的呢？
2. 60多个物流基地具体给企业带来了什么利益？其带来的利润占总利润的多少？
3. 是什么促使苏宁电器上层决定建设物流基地的呢？

6.3.3 第三方物流决策选择

如何选择合适的第三方物流是企业与第三方物流进行战略合作的前提。选择第三方物流时需要考虑的因素很多，通常主要考虑以下三个因素。

1. 成本因素

在决定选择第三方物流时，成本是首要考虑的因素。企业必须对外购物流资源与内部物流资源的成本作一个比较。最简捷的比较方法是建立一张成本比较表，列出外购物流资源所花费用与内部物流资源所花费用，然后，根据结论决定是否需要外购物流资源。

如果决定外购，可以采用全部物流业务的外购，也可以采用单项物流业务的委托。这时候，可以对同一物流项目不同的第三方物流申报的价格进行比较，同样也可以列出各个第三方物流企业承接物流管理项目的价格表。在考虑服务质量的前提下，按照性能价格比的方法，决定选择哪一家第三方物流企业。

2. 第三方物流企业的特长及资源

在选择第三方物流时，还必须了解第三方物流企业的特长是什么，有些什么资源及多少资源可使用。企业需要外购的物流功能必须与所选择的物流企业的物流功能相吻合，最好是该物流企业擅长的业务，这样的选择才是最理想的，才能更好地满足企业对物流管理的要求。

第三方物流企业可以是一个规模大的公司，拥有众多的员工，宽敞的库房，庞大的运输车队，一流的配送中心，这样的物流企业拥有的资源很丰富，服务较正规，但物流管理的收费相对也就较高。反之，第三方物流企业也可以是一个规模较小的公司，员工不多，库房很小或者是租用其他公司的，运输工具不多，不具备配送中心等，这样的物流企业持有的资源较贫乏，但服务较灵活，物流管理的收费相对较低。

3. 第三方物流的服务水平

选择第三方物流时，第三方物流的服务水平的高低，也是需要注意的问题。物流企业服务水平的高低体现在：善于理解客户的要求，并能尽量满足客户的特殊要求；同时，当客户的需求发生变化时，它也能适应灵活多变的环境。总之，无论何时，第三方物流都应能密切地与客户合作，努力为客户服务，不断地提高服务质量。对于外购物流资源的企业来说，第三方物流服务水平的高低也就成为选择第三方物流的标准之一。

拓展案例

麦当劳的第三方物流

谈到麦当劳的物流，不能不说到夏晖公司，这家几乎是麦当劳“御用 3PL”（该公司客户还有必胜客、星巴克等）的物流公司，其与麦当劳的合作，至今在很多人眼中还是一个谜。麦当劳没有把物流业务分包给不同的供应商，夏晖也从未移情别恋，这种独特的合作关系，不仅建立在忠诚的基础上，还在于夏晖为麦当劳提供了优质的服务。

麦当劳对物流服务的要求是比较严格的。在食品供应中，除了基本的食品运输之外，麦当劳要求物流服务商提供其他服务，比如信息处理、存货控制、贴标签、生产和质量控制等诸多方面，这些“额外”的服务虽然成本比较高，但它使麦当劳在竞争中获得了优势。另外，麦当劳要求夏晖提供一条龙式物流服务，包括生产和质量控制在内。这样，夏晖设在台湾的面包厂，就全部采用了统一的自动化生产线，制造区与熟食区加以区隔，厂区装设空调与天花板，以隔离落尘，易于清洁，应用严格的食品与作业安全标准。所有设备由美国 SASIB 专业设计，生产能力为每小时 24000 个面包。在专门设立的加工中心，物流服务商为麦当劳提供所需的切丝、切片生菜及混合蔬菜，拥有生产区域全程温度自动控制、连续式杀菌及水温自动控制功能的生产线，生产能力为每小时 1500 公斤。此外，夏晖还负责为麦当劳上游的蔬果供应商提供咨询服务。

麦当劳利用夏晖设立的物流中心，为其各个餐厅完成订货、储存、运输及分发等一系列工作，使得整个麦当劳系统得以正常运作；通过它的协调与连接，使每一个供应商与每一家餐厅达到畅通与和谐，为麦当劳餐厅的食品供应提供最佳的保证。目前，夏晖在北京、上海、广州都设立了食品分发中心，同时在沈阳、武汉、成都、厦门建立了卫星分发中心和配送站，与设在香港和台湾的分发中心一起，斥巨资建立起全国性的服务网络。

（《麦当劳的第三方物流》，2016 年 8 月 10 日，https：//tech. hqew. com/fangan _ 1654658。有改动）

思考：

麦当劳公司和夏晖公司的强强联合，给双方带来哪些益处？

6.3.4 第三方物流管理内容

第三方物流管理的主要内容有合同管理、能力管理、设备管理、安全管理、信息管理等。

1. 合同管理

无论第三方物流企业承接的是何种项目，必须做好物流合同的管理工作，一般可以根据合同生命周期的不同阶段来进行管理，即签订合同、合同的修改与中止、合同的执行及跟踪。

(1) 签订合同

货主企业与第三方物流供应商经过协商后，签订一份购买物流服务与销售物流服务的合同，在双方认可的情况下，此合同作为正式文件。合同中应包含的内容有购买物流服务方和销售物流服务方的公司名称、物流服务内容、物流服务时间（合同起止时间）、涉及物品数量、服务收费、付款方法及时间、服务要求（质量要求、包装要求、验收方法等）、服务方法（工具、交货方式）、违约经济责任及处理方法。合同内容应该详细而具体。

(2) 合同的修改与中止

合同签订之后，在执行期间，由于各种因素的影响，合同有可能需要修改或者中止，签约双方可以根据实际需要通过协商进行修改或中止。

(3) 合同的执行及跟踪

在合同的执行过程中，必须注意对合同的执行情况进行跟踪，以便随时掌握合同的执行是否顺利，遇到哪些困难，已执行的有哪些，尚未执行的又有多少，在时间进度上是否符合要求，付款情况如何等，做到发现问题及时解决，更好地为客户服务。

2. 安全管理

第三方物流企业在进行物流管理活动中不能忽视安全管理，因为当货主将货物托付给物流企业时，最起码的要求是保证其货物的安全。第三方物流企业为了确保货物的安全无损，必须采取必要的安全防范管理措施。

在安全管理方面要做的工作首先是防止货物被盗。在物流企业中货物较为集中，吞吐量大，运输和保管部门必须要做好防盗工作，避免由于发生盗窃而造成货物的损失。同时，要根据运输工具、保管场所和物品特点及气候条件，建立消防组织，防止发生意外火灾等事故，以避免货物的损失。当然，第三方物流企业还不能忽视工作人员的人身安全。

3. 能力管理

第三方物流企业必须对自身物流资源进行全面的规划和衡量，以便能了解自身有多大的能力，可以承接多大的项目，完成多少订单。这些能力包括运输能力、保管能力、配送能力、装卸能力、设备能力和管理能力等。第三方物流企业对这些能力做到心中有数，才能最大限度地发挥物流管理的能力，平衡物流的负荷，达到最好的物流资源的销售水平，以取得最佳的经济效益。

以保管能力管理为例，保管能力与保管的仓容有关。保管的仓容是仓库的容量，它由仓库的面积、高度、地坪承载量三个要素组成。仓容容易受到物品保管淡旺季节的变化及货物吞吐过程中时间间隙的影响，对影响仓容情况的因素进行检查和分析，就可以不断地修改仓容能力，科学地绘制出仓库布局的平面图形，以便进一步加强能力管理，对仓储面积有效地进行负荷分配，提高存储量。

4. 设备管理

第三方物流企业管理的另一项内容是物流设备管理。第三方物流企业所拥有的物流设备种类多、更新快、技术新。从用途上来看，物流设备可以分为装卸搬运设备、运输设备、保管设备、计量设备和安全设备。为了保证物流业务的正常开展，物流设备管理是必不可少的，因为物流设备是物流活动赖以运行的另一种能力，即设备能力。物流设备管理的内容包括以下几个方面：

(1) 购进

购进物流设备时要掌握以下一些原则：技术先进、安全可靠、经济合算、操作方便。

(2) 使用

对于不同用途的设备应合理使用。只有合理使用，才能真正发挥每台设备的作用，提高设备的使用效率，同时也能避免设备过早地损坏和报废。

(3) 维修与保养

为了延长设备的寿命，还必须做好设备的保养工作。要设立专门的保养部门，安排专门的保养人员，建立专门的保养制度，建立设备保养档案。除了日常保养工作之外，根据损耗的程度，可以分别对设备进行大修理、中修理及小修理等修复工作。

(4) 处理

当设备调拨、报废处理或者出售时，均需做好专门的记录。

5. 信息管理

第三方物流管理活动也包括了对物流信息的管理。在合同、能力、设备、安全的管理以及其他物流管理中，都涉及信息管理。信息管理主要包括企业信息系统建设以及日常信息的接收、存储、处理、发送等。每个物流企业都可以建立一个物流信息系统。这个信息系统可以利用新的信息技术来建立，它所建立的是一个集成的信息系统。

知识链接

3PL 实时物流战略

3PL 实时物流战略是最新产生的一种物流理念，作为供应链关联节点的第三方物流服务商，无论是外部客户对实时目标的追求，还是第三方物流服务商内部发展的要求，都使得实时物流战略成为第三方物流服务商的必然选择。第三方物流服务商实施实时物流战略有五方面的要求，即标准化、信息化、自动化、无缝化和协同化。

一般来说，企业实施实时物流战略需要从两方面着手：一方面，通过对先进信息技术和现代物流技术的应用，使得物流系统达到信息化和自动化的要求；另一方面，通过业务流程再造，使得物流系统达到无缝化和协同化的要求。

6.4 国内外第三方物流的发展

拓展案例

通用汽车的第三方物流

美国通用汽车公司在美国的 14 个州中，大约有 400 个供应商负责把各自的产品送到 30 个装配工厂进行组装。由于卡车满载率很低，使得库存和配送成本急剧上升。为了降低成本，改进内部物流管理，提高信息处理能力，通用汽车公司委托 Penske 专业物流公司为它提供第三方物流服务。在调查和了解半成品的配送路线之后，Penske 公司建议通用汽车公司在

Cleveland 设立一家有战略意义的配送中心，负责接收、处理、组配半成品，由该公司派员工管理。同时该公司也提供 60 辆卡车和 72 辆拖车。除此之外，还通过 EOI 系统帮助通用汽车公司调度供应商的运输车辆以便实现 JIT（Just In Time）送货。为此 Penske 公司设计了一套最优送货路线，增加供应商的送货频率，降低库存水平，改进外部物流活动，运用全球卫星定位技术使供应商随时了解行驶中的送货车辆的方位。与此同时，该公司还通过在配送中心组配半成品后，对装配工厂实施共同配送的方式，既降低卡车空载率，也减少通用汽车公司的运输车辆，只保留了一些对其所提供的车队有必要补充作用的车辆，这样也减少了通用汽车公司的运输单据处理费用。另外，美国通用汽车公司选择目前国际上最大的第三方物流公司 Ryder 负责其土星和凯迪拉克两个事业部的全部物流业务，选择 AlliedHoldings 公司负责北美陆地车辆运输任务，选择 APL 公司、WWL 公司负责产品的洲际运输。

（《通用汽车的第三方物流》，2012 年 3 月 27 日，http：//www. doc88. com/p-786671896654. html。有改动）

思考：

1. 美国通用为什么要选择第三方物流服务？
2. 美国通用是怎样选择第三方物流服务的？

6.4.1 第三方物流市场

1. 全球的第三方物流市场

从全球情况来看，第三方物流的市场份额逐年扩大，据美国美智管理顾问公司的分析，1996 年全球第三方物流服务市场份额为 1340 亿美元，占当年全球物流总支出的 3.9%；1998 年为 1740 亿美元，占当年全球物流总支出的 5%；2000 年为 2070 亿美元，占当年全球物流总支出的 5.5%；2002 年底约为 2810 亿美元，占当年全球物流总支出的 7%。据测算，从 1996~2002 年末，全球物流市场的平均增长率为 4%，而全球第三方物流的年均增长率为 13%，是前者的 3 倍多。这一情况说明了社会生产专业化分工客观要求的必然趋势，反映了经济市场化的进程在加快，同时更说明了第三方物流的巨大生命力。

2. 美国的第三方物流市场

据美国权威的第三方物流咨询公司 A&A 公司的分析报告：2000 年美国的第三方物流市场份额为 564 亿美元，占当年美国总支出的 5.6%，比上年增长 22.6%（1999 年占 5%，增长率为 16.5%；1998 年占 4.45%，增长率为 15%）。其中专用合同运输 87.2 亿美元，增长 21%；国内货运管理 100.3 亿美元，增长 21%；增值仓储或分拨 204.4 亿美元，增长 23%；以美国为基地的国际物流管理 138.5 亿美元，增长 15%；物流软件 35 亿美元。

A&A 公司认为，由于许多大企业还外包诸如货运、仓储和存货管理等非核心竞争力的业务，同时许多中小型企业正在寻求由单一的合同物流公司来管理其一体化供应链系统，所以第三方物流市场的发展还存在巨大的空间。市场竞争的压力将迫使越来越多的企业外包物流服务。在未来 3~5 年，美国的第三方物流服务将以 15%~20% 的速度增长。

3. 日本的第三方物流市场

日本通运公司近期以制造业和批发业货主为对象，对货主企业的物流现状进行了调查，约有 760 家企业对调查问卷作出了回答。调查表明，日本约 70% 的货主企业将本企业的物流业务委托外部专业公司承办，其中近 30% 的企业表示今后将进一步扩大物流相关企业外包的比重。

从行业种类看，一般机械、运输机械、精密仪器等机械制造业和食品饮料业、纸张纸浆业、消费产品批发业将物流业务委托外部专业公司承办的比率较高。从业务类别看，运输业务外包的比重约占 9 成，商品保管、装卸业务外包的比重约占 6 成，捆包、包装的比重约为 4 成。其他相关业务和委托处理废弃物外包的比重也较高。其中，将部分物流业务委托外部企业承办的比重约为 30%，全部委托外部承办的约为 40%。今后拟委托外部企业构筑物流系统的货主企业也逐渐增多。

4. 我国的第三方物流市场

与第三方物流较为成熟的发达国家相比，我国的第三方物流启动和发展都比较缓慢。中国仓储协会于 2005 年组织了《第六次中国物流市场供需状况调查报告》，调查表明：有 74% 左右的生产制造企业在寻求新的物流代理商，相对于第五次调查结果有较大的上升。这说明大部分制造业企业越来越认识到物流外包的优势，纷纷寻求第三方物流的专业服务。另外，商贸企业只有 46% 的企业在寻求第三方物流服务，说明商贸企业更愿意自理物流业务，也说明采用商贸企业的第三方物流服务难以满足企业要求，物流供求关系极不稳定，第三方物流公司的市场机会广阔且变数较大。

拓展案例

安吉物流

作为业内领先的专业的第三方物流企业，五粮液安吉物流集团公司在数年的发展壮大过程中，成功实现了三次飞跃：1996 年 4 月，从一个汽车队发展成为五粮液汽车运输公司，公司由一支服务于五粮液酒厂的货运车队第一次获得了独立的法人地位，成功实现第一次飞跃。2002 年 12 月，从五粮液汽车运输公司发展成为五粮液安吉物流公司，公司踏上了由传统道路运输企业向现代物流企业转变的征程。2005 年 8 月，公司组建成立宜宾安吉物流集团有限公司，公司按照组织结构扁平化的原则对原有机构进行调整，形成一支精干高效的队伍，增强了对市场的快速反应能力，成功完成第三次飞跃。

（《宜宾安吉物流集团向第三方物流转型的成功典范》，2007 年 10 月 29 日，http://www.chinawuliu.com.cn/xsyj/200710/29/138291.shtml。有改动）

思考：

1. 宜宾安吉物流集团有限公司是如何从一个普通的汽车队发展为业内闻名的第三方物流公司的？

2. 它的三次成功飞跃给正在向第三方转型的国内企业物流提供了哪些经验？

6.4.2 我国第三方物流的发展现状

1. 我国第三方物流的发展途径

从第三方物流企业的形成结构看，我国第三方物流企业的发展大体有四个途径：

（1）由传统仓储、运输企业经过改造转型而来的第三方物流企业

这种类型的物流企业占主导地位，占据较大市场份额。中远国际货运公司、中国对外贸易运输（集团）总公司（简称“中外运”）、中国储运总公司等，凭借原有的物流业务基础

和在市场、经营网络、设施、企业规模等方面的优势，不断拓展和延伸其他物流服务，向现代物流企业逐步转化。

（2）新创办的国有或国有控股的新型第三方物流企业

这种类型的物流企业是现代企业改革的产物，管理机制比较完善，发展比较快。例如，中海物流公司成立于 1993 年 11 月，从仓储开始发展物流业务，已发展成为国际大型知名跨国公司提供仓储、运输、配送、报关等多功能物流服务的第三方物流企业。

（3）由境外投资者创办的第三物流企业

这种类型的物流企业一方面为原有客户——跨国公司进入中国市场提供延伸服务，另一方面用它们的经营理念、经营模式和优质服务吸引中国企业，逐渐向中国物流市场渗透，如丹麦有利物流公司主要为马士基船运公司及其货主企业提供物流服务，深圳的日本近铁物流公司主要为日本在华的企业服务。

（4）由民营资本创办的第三方物流企业

由于机制灵活、管理成本低等特点，这种类型的物流企业发展迅速，是我国物流行业中最具朝气的第三方物流企业。如广州的宝供物流集团，是从 1992 年承包铁路货物转运站开始，1994 年成立广东宝供储运公司，当年承接世界上最大的日用洗化品生产企业——美国宝洁公司在中国市场的物流业务。经过几年的开拓创新，其已成为在澳洲、泰国、香港及国内主要城市设有 40 多个分公司或办事处，为 40 多个跨国公司和一批国内企业提供国际性物流服务的物流集团公司。

2. 我国第三方物流的服务现状

从提供的服务范围和功能来看，我国的第三方物流企业仍以运输、仓储等基本物流业务为主，加工、配送、定制服务等增值服务功能处在发展完善阶段。像宝供、中海这样功能完善的第三方物流企业目前为数不多，规模也不是很大。中远集团、中外运集团、中国储运总公司这样大型的运输、仓储企业虽已向第三方物流企业转化，但它们的传统运输、仓储业务仍占主要部分，第三方物流的功能还不完善。

目前，我国第三方物流的服务对象主要集中在外资企业，其次是民营企业和少数改制后的国有企业。如中海物流的客户主要有 IBM、美能达、诺基亚、三洋、东芝、三星、华为、联想等企业，宝供物流公司服务的对象是宝洁、飞利浦、雀巢、沃尔玛、联想等。

拓展案例

百胜餐饮集团在中国的物流配送模式

百胜餐饮集团是全球餐厅网络最大的餐饮集团之一，在全球超过 125 个国家和地区拥有超过 39000 家连锁餐厅，员工人数 150 多万。中国长期以来一直是百胜全球业务发展最快、增长最迅速的市场。截至 2014 年 5 月底，百胜集团在中国 950 多个城市和乡镇成功开办 4600 余家肯德基餐厅，在中国 300 多个城市开办 1100 余家必胜客餐厅。此外，百胜还拥有 200 余家必胜客宅急送、近 30 家东方既白和近 400 家小肥羊餐厅，员工人数超过 41 万。

在美国，百胜的物流配送一直由专业的第三方物流公司 Meclane Food Service 来做，所以最初百胜也想把美国的合作伙伴请到中国来继续为其服务。但当时中国市场小，营运条件落后，让 Meclane 望而却步。从 1987 年进入中国到现在，百胜一直都找不到一家理想的第三方物流公司，因而该公司创造出了业内公认的“灵活而实用”的物流配送模式：自营服务为主，辅以供应商提供物流服务和第三方物流服务。

百胜自营的物流服务占 50%，主要集中于核心业务以及有特殊要求的产品的物流服务，配送核心城市和餐厅密集型区域的核心产品，如必胜客餐厅的沙拉、肯德基餐厅的薯条（温度要求高）；第三方提供物流服务的比例占 40%，主要是在分散的区域以及对温度要求不高的产品；供应商提供物流服务比例占 10%，主要用于进货环节。

虽然百胜的餐厅种类只有三种，但分布在全国各地，每种餐厅配送的食物品种和状态都不完全一致，而且在一些地方还会有些地域差异，这对控制成本不利。百胜采取的解决方案是配备一种能在同一辆车中营造不同温度的车辆。这样，百胜可以先把所有食品集中到配送中心，根据每家餐厅的需要将需要配送的原料集中到一辆车中，然后一次性配送到餐厅。

百胜的配送中心一周为餐厅送 3 次货。最初，配送中心按照排好的路线表在固定的时间把货送到餐厅，就像列车一样，在固定的时间走固定的路线。但后来百胜发现并不是每次的配送车都是满的，如果车辆闲置太多，则会增加成本，所以最终改变这种固定的模式，对路线重新安排。配送中心根据餐厅的销售预估送货，而餐厅的销售预估经常变动，因而配送中心的路线安排也必须实时。采用这种变动式的排班方式就能有效满足这种实时需求。这种安排虽然增加了配送中心工作人员的劳动强度，但只有这样才能在保证服务质量的前提下最大限度地控制成本。

（《百胜餐饮的物流配送模式》，2016 年 9 月 13 日，https：//wenku. baidu. com/view/02c56a5add3383c4ba4cd299. html。有改动）

思考：

1. 百胜餐饮集团在中国采用何种物流配送模式？为何采用这种模式？
2. 配送中心在百胜物流配送体系中处于何种地位？有哪些功能？

6. 4. 3 第三方物流服务的发展趋势

1. 物流服务的全球化

就物流的区域化以及全球化发展趋势而言，21 世纪必将是物流服务全球化的时代，这也是“经济全球化、物流无国界”的反映。国际分工的深化，特别是经济全球化推动了全球范围内的产业结构调整，使得中间产品和制成品的贸易大幅度增加，物流的地域和数量均高速拓展。与此同时，现代科技在交通运输领域、信息领域的大规模应用，极大地提高了物流的效率。以中国为例，外资企业的工业产值占中国工业产值的比例从 1993 年的 9. 2% 增加到 2002 年的 33. 4%。外资企业出口占中国总出口的比例从 1993 年的 27. 5%增加到 2002 年中的 52. 2%。作为中国第三方物流服务需求的主体，跨国公司经营活动的全球化使区域内物流服务已经难以满足其全球范围内物流一体化运作的需求，必然要求第三方物流服务提供商提供跨国界的、全球化的物流服务。

2. 物流服务的综合化

面对日益激烈的市场竞争和迅速变化的市场需求，为客户提供全程物流服务，即一体化的综合物流服务，成了现代第三方物流企业生存与发展的关键。物流体系的整体运作效率、客户供应链管理的不断优化将成为其核心服务内容。物流企业的“混业”经营——船运公司上岸、货代公司下海，互为代理、战略联盟或在全球范围内的网络扩张，加速了物流服务或供应链管理市场的一体化整合。

3. 物流服务的绿色化

随着人们对可持续发展观的逐渐认同、环保意识的不断增强以及资源的不断枯竭。在物流研究领域中，绿色物流已逐渐成为学者关注的焦点之一。绿色物流主要解决的问题包括两个方面：首先是减少物流活动对环境的污染，实现物流活动的绿色化；其次是减少物流作业活动的资源消耗，通过建立逆向物流系统来处理采购、生产与销售环节出现的废弃物，错误与被退回的订单，循环使用的原材料、半成品、产成品与包装材料，损坏、变质、过期物品等，从而实现物流服务的绿色化。

物流服务的绿色化趋势在发达国家表现得更为明显，美国、德国、日本等国家纷纷通过立法来保证绿色物流的顺利实现，日本更是对大力推行绿色物流服务的企业进行补贴。虽然这在一定程度上提高了物流企业的运作成本，但是从长远利益来看，谁也不希望先污染后治理的情况重演。

知识链接

物流保险的借鉴

以下结合中国人民财产保险公司现行的保险产品体系，给出一些可行的物流保险建议：

(1) 与托运人之间产生的风险可以通过投保物流责任保险解决。除此之外，还可以根据自身风险情况，附加盗窃责任保险、提货不着责任保险、冷藏货物责任保险、错发错运费用损失保险、流通加工和包装责任保险等。

(2) 与分包商之间产生的传递性风险可以通过保险予以转嫁，但这种情况属于风险小类型，企业选择投保是不经济的，因此在签订分包合同时可尽量保持责任限额的一致性。另外，可以通过选择分包商以及加强管理等方法降低这类风险的出险概率。

(3) 至于诈骗风险，可以投保信用保证保险，即保险公司对分包商的信用承担保险，一旦发生诈骗风险，第三方物流企业可以从保险公司受偿。

(4) 发生环境污染事故往往责任巨大，一般保险产品均做责任免除处理。物流公司应该采取相应的技术措施，降低污染发生的概率和可能造成的损害。

(5) 对于道路交通肇事风险，可以投保机动车第三者责任保险，转嫁因交通事故需向第三者承担的民事赔偿责任。此种情况适用于配送业务量较大的物流公司。

(6) 对于危险品责任风险，可以单独投保道路危险货物承运人责任保险，也可以投保物流责任保险附加危险货物第三者责任保险。

☞课堂互动

某物流公司每天按照固定的路线为某超市供货，由于公司没有充分预计到高考时可能造成的车辆拥堵和临时交通管制，结果高考当天发生配送延误达 2 个小时。按照合同约定，该物流公司应向超市赔偿单票物流费用 5% 的违约金。

讨论：该物流公司应如何应对上述类似风险？

6.5 第四方物流

知识链接

第四方物流兴起的背景

每种物流形态的产生都有一定的原因和背景，第四方物流作为一种新型物流形态也不例外，其实质是以第三方物流为基础，结合国际贸易的发展、信息技术的改进而诞生的。众所周知，第三方物流作为一种活跃在流通领域的物流方式，其节约物流成本、提高物流效率的功能已为众多企业认可，然而，它在整合社会物流资源以解决物流瓶颈、达到最大效率方面仍力不从心。虽然从局部来看，第三方物流是高效率的，但从地区、国家整体来说，第三方物流企业各自为政，这种加和的结果很难达到最优，难以解决经济发展中的物流瓶颈，尤其是电子商务中新的物流瓶颈。另外，物流业的发展需要技术专家和管理咨询专家的推动，而第三方物流缺乏高技术、高素质的人才队伍支撑。对此有人提出，必须加强客户和第三方物流的关系并进行规范化管理，由此促进了第四方物流的诞生。

第四方物流（Fourth-Party Logistics）简称“4PL”，是由埃森哲（Accenture）公司首先提出的概念，并将其注册为商标。

4PL 专门为第一方、第二方和第三方提供物流规划、咨询、物流信息系统、供应链管理等活动，并不实际承担具体的物流运作活动。

拓展案例

菜鸟网络——数据驱动的第四方物流平台公司

杭州菜鸟物流信息科技有限公司成立于 2013 年 5 月 28 日，由阿里巴巴集团、银泰集团联合复星集团、富春集团、申通集团、圆通集团、中通集团、韵达集团等共同组建。

菜鸟网络是基于互联网思考、基于互联网技术、基于对未来判断而建立的创新型互联网科技企业，它致力于提供物流企业、电商企业无法实现，但是未来社会化物流体系必定需要的服务，即在现有物流业态的基础上，建立一个开放、共享、社会化的物流基础设施平台，未来可实现中国范围内 24 小时内送货必达、全球范围内 72 小时送货必达。

成立以来，菜鸟网络以数据为核心，通过社会化协同，打通了覆盖快递、仓配、末端配送的全网物流网链，提供了大数据联通、数据赋能、数据基础产品等。菜鸟网络将不同服务商串接在一起，为商家提供了仓配一体解决方案、跨境无忧物流解决方案等服务。

2016 年 3 月，菜鸟网络完成首轮融资，此轮融资金额超过百亿元。紧接着，菜鸟网络与其合作伙伴共同组建了菜鸟联盟，通过大数据预测、多地分仓和就近配送，实现了对社会化物流资源的高效协同。目前，菜鸟联盟当日达、次日达的服务范围已经覆盖了 1000 多个区县。菜鸟联盟是一个开放的组织，只要物流合作伙伴致力于为消费者提供可靠的物流服务，都可以加入这个联盟。菜鸟联盟的成立不仅为中国快递企业提供仓配网络、电子面单等基础设施全面的集约化整合，同时根据菜鸟的战略将开放数据，把所有网状生态的供应链串起来，对未来菜鸟大生态的大数据挖掘、驱动中国电商物流的升级有着重要战略价值。

（《菜鸟物流体系》，2013 年 8 月 7 日，https：//wenku. baidu. com/view/17e4a792cc22bcd126ff0c2e. html。有改动）

6.5.1　第四方物流的概念

第四方物流是一个供应链的集成商，是供需双方及第三方物流的领导力量。它不是物流的利益方，而是通过拥有的信息技术、整合能力及其他资源提供一套完整的供应链解决方案，以此获取一定的利润。它是帮助企业实现降低成本和有效整合资源，并且依靠优秀的第三方物流供应商、技术供应商、管理咨询和其他增值服务商，为客户提供独特的和广泛的供应链解决方案。

6.5.2　第四方物流的特征

（1）第四方物流有能力提供一整套完善的供应链解决方案，是集成管理咨询和第三方物流服务的集成商。

（2）第四方物流通过对供应链产生影响的能力来增加价值，在向客户提供持续更新和优化的技术方案的同时，满足客户特殊需求。

（3）成为第四方物流企业需具备一定的条件，如能够制定供应链策略、设计业务流程再造、具备技术集成和人力资源管理的能力；在集成供应链技术和外包能力方面处于领先地位，并具有较雄厚的专业人才；能够管理多个不同的供应商，并具有良好的管理和组织能力等。

6.5.3　第四方物流的基本功能

供应链管理功能，即管理从货主、托运人到客户的全过程。

运输一体化功能，即负责管理运输公司、物流公司之间在业务操作上的衔接与协调问题。

供应链再造功能，即根据货主/托运人在供应链战略上的要求，及时改变或调整战略战术，使其高效率地运作。

6.5.4　第四方物流的运作模式

1. 协同运作模式

在该运作模式下，第四方物流只与第三方物流有内部合作关系，即第四方物流企业不直接与客户企业接触，而是通过第三方物流企业将其提出的供应链解决方案、再造的物流运作流程等进行实施。它们之间的合作关系可以采用合同方式绑定或采用战略联盟方式形成。

2. 方案集成商模式

在该运作模式下，第四方物流企业作为客户企业与第三方物流企业的纽带，将客户企业与第三方物流企业联结起来，这样，客户企业就不需要与众多第三方物流企业进行接触，而是直接通过第四方物流企业来实现复杂的物流运作的管理。第四方物流企业作为方案集成商，除了提出供应链管理的可行性解决方案外，还要对第三方物流资源进行整合，统一规划为客户企业服务。

3. 行业创新者模式

在这种模式下，第四方物流企业提供行业整体物流的解决方案，可以使第四方物流运作的规模更大限度地得到扩大，使整个行业在物流运作上获得收益。该模式与方案集成商模式有相似之处：都是作为第三方物流企业和客户企业的沟通桥梁，将物流运作的两个端点联结起来。二者的不同之处在于：行业创新者模式的客户是同一行业的多个企业，而方案集成商模式只针对一个客户企业进行物流管理。

本章小结

(1) 第三方物流，简称 3PL 或 TPL，是由供方与需方以外的物流企业提供物流服务的业务模式。

(2) 第三方物流的特征：第三方物流是建立在现代电子信息技术基础上，提供以合同为导向的一系列个性化物流服务，第三方物流服务供应商与客户之间是战略转移联盟关系。

(3) 第三方物流利润主要源于作业利益、经济利益、管理利益、战略利益。

(4) 第三方物流企业应正确定位为客户的战略同盟者，而非一般的买卖对象；定位为客户的战略投资人，也是风险承担者；同时明确利益一体化是第三方物流的利润基础。

(5) 第三方物流服务供应商要能为客户及自己创造利润，要能提供比自营物流更高的运作价值，同时又能带来经济效益和社会效益。

(6) 如何选择合适的第三方物流是企业与第三方物流进行战略合作的前提。选择第三方物流时需要考虑的因素很多，通常主要考虑以下三个因素：成本、第三方物流企业的特长及资源、第三方物流的服务水平等。

(7) 第三方物流管理的主要内容有供应商管理、合同管理、能力管理、设备管理、安全管理、信息管理等。

(8) 第三方物流服务有向全球化、综合化和绿色化发展的趋势。

(9) 第四方物流是一个供应链的集成商，是供需双方及第三方物流的领导力量。它不是物流的利益方，而是通过拥有的信息技术、整合能力及其他资源提供一套完整的供应链解决方案，以此获取一定的利润。它是帮助企业实现降低成本和有效整合资源，并且依靠优秀的第三方物流供应商、技术供应商、管理咨询和其他增值服务商，为客户提供独特的和广泛的供应链解决方案。

自测题

一、选择题

1. 企业外购物流空间资源的原因是由于（　　）。

A. 运输车辆不够　　B. 仓库不够　　C. 装卸人员不够　　D. 没有计算机设备

2. 下列有关第三方物流含义的说法错误的是（　　）。

A. 第三方物流向客户提供一系列分散的物流功能

B. 第三方物流服务具有个性化物流服务特征

C. 第三方物流是建立在现代电子信息技术基础上的

D. 第三方物流企业之间是联盟关系

3. 第三方物流公司通过发展客户公司及组织运作来获取价值，这是从（　　）方面创造运作价值。

A. 运作效率提高　　B. 客户运作整合

C. 横向或者纵向整合　　D. 客户运作发展

4. 美国的 UPS 属于以（　　）为基础的物流企业。

A. 资产　　B. 管理　　C. 行政管理　　D. 综合

5. 物流自营的优势不包括（　　）。

A. 掌握控制权　　B. 降低交易成本

C. 提高企业的运作柔性　　D. 避免商业秘密的泄露

二、判断题

1. 选择第三方物流时，最好选择服务资源丰富的企业。（　　）
2. 第三方物流企业之间是联盟关系。（　　）
3. 第三方物流只创造经济效益，不能创造社会效益。（　　）
4. 第三方物流是物流专业化的重要形式。（　　）
5. 利益一体化是第三方物流的利润基础。（　　）
6. 只有当物流自营具有成本优势时，企业可以选择物流自营。（　　）
7. 企业如果选择物流自营，将要面临较大风险。（　　）
8. 企业物流自营或外购不是对立的，也不是静止的，随着外部环境和内部资源条件发展，物流地位、物流功能发生变化后，其策略亦应该发生相应的变化。（　　）
9. 客户定制化的物流企业面向一些有很高专业需求的客户，它们之间的竞争主要在于服务而不是费用。（　　）
10. 如何选择合适的第三方物流是企业与第三方物流进行战略合作的前提。（　　）

三、简答题

1. 如何理解第三方物流？
2. 第三方物流企业该如何定位？
3. 物流外包与物流自营的优缺点各是什么？
4. 如何选择第三方物流服务？
5. 第三方物流管理的主要内容有哪些？
6. 第四方物流的动作模式如何？

四、案例分析

招商局打造标志性物流集团

1. 香港四大中资集团之一——招商局

招商局曾拥有中国历史上第一艘商轮，开辟了中国近代史上第一条远洋航线，是中国近代民族工商业的先驱，如今已发展成为拥有管理资产总额达 1200 亿港元的综合性企业集团，成为香港四大中资集团之一。它创立了中国第一个改革开放区——蛇口工业区，在中国改革开放的大潮中，不断创造着一个又一个的经济奇迹。

2. 首家中外合资现代化物流企业——安达公司

1995年，招商局物流集团的前身——深圳蛇口安达实业股份有限公司（以下简称“安达公司”），按照国际惯例与新加坡科技集团合作，成立了首家中外合资现代物流企业，率先将国际先进的第三方物流管理技术和理念引进中国，在快速消费品领域成功地为多家国际知名企业提供了优质的第三方物流服务。经过多年的积累，招商局于2000年将现代物流业确立为四大支柱产业之一，开始全面实施向现代物流业积极转化的方针策略。

3. 招商局物流集团

（1）整合

2001年，为进一步加快现代物流业的发展步伐，招商局将与现代物流业有关的资产从上市公司中剥离出来，同时把安达公司更名为注册资本1.5亿元人民币、总资产达23亿元的专业大型物流企业——招商局物流集团，作为招商局发展现代物流业的核心载体。

（2）网络

通过对属下资源的整合，招商局物流集团下属分公司或办事处遍及北京、上海、广州等全国重要的物流中心城市，形成完善的物流分发网络。在全国拥有各类运输车辆逾千台，建有年吞吐量20万吨的专用液化气码头，总容量26000立方米的液化气储存罐，总装载量2600吨的液化气船舶，以及150多台专用油气运输车辆。此外，招商局还投资1亿多元用于物流资讯系统的建立，充分具备了独立开发和运用个性化服务以及中国一流的物流管理信息系统的能力。

（3）资源型

作为中国为数不多的资源型专业物流企业，招商局物流集团不仅拥有丰富的物流软件和硬件资源，更重要的是，招商局物流集团拥有强大的资金筹措和运营能力，能以市场为导向，以多种方式合理承担，或盘活合作伙伴在物流领域的巨额投入，使其能集中资源和精力于企业的研发、生产和销售等核心业务，从而提升合作伙伴的核心竞争能力。

（4）全方位

多年来，招商局物流集团致力于为社会提供全方位的第三方和第四方综合物流服务，包括物流整体方案策划和咨询，配送中心设计、建设及运营管理，原材料与产成品的储存、配送、流通加工、国际储运、报关以及物流管理信息系统的设计和构建等一整套物流解决方案。物流配送货物涵盖了食品、饮料、化妆品，以及家电、化工、纸业、粮食、硅钢等多种快速消费品及耐用消费品。

①在第三方物流服务方面，为大型连锁零售商和大型生产商提供物流服务，并通过遍布世界50多个国家和地区的航线，为中国、国外大型进出口商及国外零售业采购集团的进出口业务提供优质的物流服务。此外，旗下的招商石化公司和招商燃气公司还凭借其所具备经营危险品的资格，为客户提供优质的液化石油气、船舶用油、化工原料等石化产品及石油机械设备的进口、销售、中转和储存等特种品物流服务。

②在第四方物流服务方面，招商局物流通过高薪聘请国际资深的物流专家出任公司的要职，并结合公司近年来在物流业运作过程中积累的丰富经验和专业人才优势，成功地为国内外多家著名的大型企业提供了整体物流方案的策划和咨询服务，并负责其整体物流方案的运营实施。

（5）完善全国物流服务体系

招商局物流集团正斥巨资进一步完善华南、华东、华北、华西、华中、东北以及香港等七大片区的全国物流服务体系，充分发挥资源型物流集团的专业化、网络化、资讯系统现代化的优势，从源头上主导物流市场。

（钱延仙：《现代物流管理》，东南大学出版社 2007 年版，第 178~179 页。有改动）

思考：

1. 我国传统物流如何向现代物流转变？
2. 招商局物流集团的成功经验是什么？

五、企业应用

湖南粮食集团的发展之路

1. 波澜壮阔的改制之路

年近 50 的刘志强是个典型的湖南人，具有坚忍不拔、敢为天下先的勇气和韧劲。自大学毕业进入长沙市粮食公司之后，从基层员工干起，一直干到了公司总经理的位置。

作为农业大省，湖南自古享有“湖广熟，天下足”的美誉。一个显而易见的事实是，湖南的工程机械、出版传媒等行业，早已是响彻全国的领军企业。作为行业龙头，他们的价值不仅在于示范带动作用，更意味产业发展的高度。湖南是粮食生产大省，稻谷产量全第一，但一直没有一个在国内真正叫得响的优势粮食品牌。整合资源，做强品牌，成为了全省粮食系统上下的共同呼声。历史机遇终于来了。2010 年 12 月，湖南省粮食局与长沙市政府联手，将湖南金霞粮食产业有限公司、湖南粮食中心批发市场、湖南长沙霞凝国家粮食储备库 3 家企业整合，湖南粮食集团应运而生，刘志强担任集团公司的董事长。集团集粮食品种研发、种植、收购、储备、加工、物流、期货、贸易、市场交易等功能于一体，注册资本 2 亿元，总资产 40 亿元。

整合后的优势显而易见。金霞粮食公司有铁路专线，霞凝储备库有水运码头，而粮食批发市场则有交易会展。湖南粮食集团投资建设的金霞粮食物流项目占地 1450 亩，年粮油加工能力 43 万吨，物流吞吐量 350 万吨，粮食收储能力 53 万吨，通过对 3 家企业的资产重组、资源整合，集团一举挺进全国粮食企业十强，并被吸纳为全粮油集团“ 4+4 ”峰会成员。集团现拥有储备仓（罐）容 85 万吨，有国家各级储备粮油 40 多万吨；拥有铁路专用线 2 条，千吨级泊位 2 个，年货物吞吐量 300 多万吨；拥有大米加工生产线 7 条，大米加工能力 36 万吨；拥有长沙国家粮油交易中心，2010 年交易量 270 多万吨，交易额 56 亿元；拥有湖南粮食饲料现货交易市场，年货物吞吐量 300 万吨，交易额 56 亿元；拥有“金霞”“沁园春”“霞凝”“帅”等米面油系列品牌，营销网络覆盖三湘四水，辐射全国 。作为农业产业化国家重点龙头企业，集团利用优越的区域优势、较好的基础设施、全生态的产业链，整合行业资源，创新发展思路，已逐渐成为湖南粮食行业乃至中国南部粮食产业发展的领军企业，在确保国家粮食安全、保证市场供应、稳定市场粮价、促进农民增产增收上发挥了重要作用。

当有人问到刘志强关于集团公司的发展战略时，刘总说，在湖南粮食集团成立之前，湖南粮企的重组整合，更多的是从业务合作的角度来进行。而现在，湖南粮食集团正从战略上把资源的有效整合、全产业链的商业模式作为集团整体发展的路径方向来对待。

事实上，中国粮食企业的出路是要整合提升现有的资源，实现规模化、集团化，从而产生聚合效应。湖南粮食集团目前在湖南省主要产粮地区通过资源整合、战略布局，提高收储能力，夯实收储基础，集团现有收储能力已突破 100 万吨。

按照湖南粮食集团的思路，全产业链是从田间到餐桌，包括育种种植、粮油仓储购销、食品原料和饲料原料、物流配送、食品销售等众多环节在内的大产业链概念。

湖南粮食集团正致力构建“大粮食、大物流、大市场、大产业”，3~5 年，集团粮油仓储规模将达 100 万吨，粮油年加工能力 100 万吨，年货物吞吐量 500 万吨，年市场交易额 100 亿元，物流总产值 100 亿元，成为中国最具品牌影响力的现代粮食产业集团。

2. 超常规的物流发展

近年来，集团全面落实科学发展观，立足产、学、研，全面开展院企合作，以先进的农业科技成果和特色基地为依托，打造了从优质稻种研发、生态基地种植、绿色环保储藏、低温细加工到高端品牌营销的“全生态产业链”，实现从稻田到餐桌全产业链绿色生态。集团按照现代粮食物流理念，充分发挥粮食产业优势，大力发展现代粮食物流，提高粮食经济发展水平，夯实粮食宏观调控的产业基础，确保国家粮食安全，被评为“中储粮管理优秀单位”“湖南省十大商贸物流领军企业”“湖南省新农村建设十佳明星单位”，正式通过国家标准化委员会和中物联的 AAAAA 级仓储型物流企业评估认证。

集团旗下的粮食饲料大市场，主要经营和中转粮油、饲料、饲料原料等农产品，市场立足长沙、服务三湘、辐射全国，拥有 200 多经营客户，主要为饲料生产商、养殖业者服务，是湖南省粮食宏观调控和养殖业发展的重要平台，是全国最大的粮食饲料原料现货交易市场。市场内有铁路专用线 2 股道，风雨站台 6 个，是长沙北站最大的铁路专用线。多年来，集团充分利用专用线资源，发挥企业优势，提高服务质量，规范货场经营，强化安全，稳定市场，拓展业务，服务社会，年货物吞吐量达 160 万吨，年交易额 15 亿元，强力带动了周边农村经济的发展，取得了较好的经济效益和社会效益，为搞活粮食流通、满足市场需求、平抑市场粮价发挥了积极作用。市场连续被评为“五星级文明货场”“长沙市铁路专线道口管理先进单位”。市场的供求关系和价格波动已直接影到南北两地的粮食饲料产业供需关系，成为各粮食饲料交易市场的晴雨表。2011 年上半年，市场中转起卸量 33 万吨，实现物流收入 538 万元。集团已正式申请成为“北粮南运”铁路散粮运输试点，将与华粮集团合作开展散粮运输业务。

集团旗下的霞凝库区港口码头现有千吨级泊位 1 个，主要从事货物的港口中转、仓储业务。中转货种主要包括粮食、饲料、油脂及其他农副产品，产能达 40 万吨/年。近年来码头功能由原来的粮库自用向社会化服务成功转变，与嘉吉、来宝、东海粮油等单位建立了稳定的商贸关系，已成为长沙市最大的散装食用油脂集散中心。今年，根据码头物流营运及中转业务拓展的需要，公司更新了物流公司的设施设备，添置了车辆、运带等用于码头货物起卸，对搬运工作实行市场化改革，合理规范搬运流程，有效提高了工作效率。上半年码头货物起卸量 8 万吨（因上半年枯水季节影响）。目前，港口即将启动二期 2 个千吨级泊位工程建设，将配备先进的装箱装卸设备，配有装箱通过道口、拆装箱库、修理车间及集装箱堆场，产能将达 300 万吨/年，是一个多功能的社会化大型内河港口。建成后将加快推进港口物流发展，打造粮食物流水运中心、粮食散装接发中心。

3. 大力挺进第三方物流

为加快粮食物流节点和市场体系建设，扩大粮食产业发展空间，集团根据现代粮食物流的要求和具体特点，率先发展粮食行业第三方物流，打造区域性的现代粮食物流园——金霞粮食物流园。集团聘请了专业设计院，高起点、高标准对园区进行统一规划设计。按粮食现代物流中心功能要求，园区规划为三大片区六大功能分区。三大片区包括：铁路物流片区，依托铁路专用线，重点发展以铁路运输为主的粮油中转、饲料中转交易、综合物流配送；批发交易片区，依托已建的粮油交易展示中心及配套仓储设施，重点发展有形及无形的粮食交易市场；港口物流加工片区，依托港口，发展粮油、散货重件及其他货种的中转，发展稻米加工及米糠油炼、灌装等临港加工产业，发展稻壳发电等副产品综合利用。六大功能分区包括：铁路物流区、港口物流区、临港加工区、商贸会展区、粮油交易区、配套服务区。园区建成后，将具备物流中转、粮油储备、粮油加工、商贸会展、市场交易、产品配送、期货交割、信息服务、研发检测、应急保障等功能，将逐步形成铁路、公路、航运无缝对接，有形市场与无形市场相结合的现代粮食物流园。经过3~5年的发展，集团粮油仓储规模将达100万吨，粮油年加工能力100万吨，年货物吞吐量500万吨，年市场交易额50亿元，物流总产值100亿元，力争利税过亿元。

4. 关键还是要创新思路

踌躇满志的刘志强在办公室里面思考公司未来的发展战略问题，他简要地回顾了公司近年的发展历程：从一个濒临破产的粮食企业，经过长达10多年的艰苦努力，终于发展壮大成为一个大型综合企业集团。他认为，主要有以下几方面的原因：

首先，有效整合资源，增强企业实力。全面整合企业优势，带领企业进行跨市、跨省经营，实现多方联合，变竞争对手为合作伙伴。2011年，集团托管了一家省级农业产业化龙头企业——湖南金山粮油食品有限公司，控股收购了一家国家级农业产业化重点龙头企业——郴州裕湘面业有限公司，与益阳市粮食局、华粮集团等单位达成合作，加强了南北购销合作，拓宽了经营范围，增强了经营能力。积极推进集团上市工作，在引资的同时，达到引才引智的目的，寻求企业跨越式发展。集团成立以来，资产由原来的15.5亿元增长至40亿元，仓容由53万吨扩展至近90万吨，加工能力由29万吨扩展至39万吨，拥有各类控股、参股分公司、子公司23个，企业实力显著增强，已逐渐成为湖南粮食行业乃至中南部粮食产业发展的领军企业。

其次，发展粮食物流，推动转型升级。以金霞粮食物流为主体，重点发展粮食商贸、物流产业，全力打造中南地区最大的全粮食物流节点，着力粮食流通贸易，抓好产业转型升级，增强企业发展后劲。聘请专业设计院高起点、高标准对金霞粮食物流园进行统一规划，科学合理布局，全力推进园区及其他项目建设，做到一流的设计单位设计出一流的物流园区，一流的物流园区引进一流的产业项目，一流的产业项目带动一流的综合效益。积极推进信息化平台项目的立项实施，按照物流专业化、现代化的要求，对运输、储存、装卸、搬运、包装、流通加工、配送、信息处理等基本功能进行有机结合，通过对粮食物流的全过程信息化管理，及时对市场作出反映。同时，通过对物联网技术的利用，加强产业过程的控制，提高管理效率，确保粮食食品安全、粮食流通稳定。

再次，推进科技创新，打造强势品牌。带领企业，立足产学研究，推进科技创新，通过加强与湖南省水稻研究所的交流合作，开发优质稻种、品牌大米，引领消费潮流，研发了“金品”系列优质稻种，开发了“金霞”大米品牌中“香黏米”“红香米”等一批深受消费者青睐的中高档大米产品，打造强势粮油品牌，努力将科技研发能力和资源优势转化为参与市场竞争、推动产业发展的竞争优势。

最后，规划企业管理，加强文化建设。建立了全新的薪酬管理模式和绩效考核模式。实施全员竞聘上岗，以岗定酬，薪随岗动，员工与部门领导之间实现双向选择，竞聘上岗，建立“干部能上能下、员工能进能出、薪酬能高能低”的用人机制，充分调动广大干部职工工作的积极性和主动性。推动了集团文化建设，用发展理念塑造集团先进文化，用优秀文化凝聚干部职工，提升集团形象，扩大集团知名度，提高集团影响力。在实现企业自身发展壮大的同时，集团也承担了一个国有企业应当承担的社会责任。集团每年直接从农民手中收购粮食22万吨，从其他购销企业采购粮食23万吨以上，为稳定粮食市场，解决农民卖粮，增加农民收入，保护和调动农民生产积极性，促进农村经济发展和小康社会建设发挥了重要作用。

（《湖南粮食集团的发展之路》，2012年11月28日，https：//wenku. baidu. com/view/f140440652ea551810a68763. html。有改动）

实践与训练6

实训6.1：如何选择第三方物流供应商

【实训目标】

1. 培养学生与供应商谈判的能力。
2. 培养学生对供应商的分析能力。
3. 培养学生对供应商选择方法的应用能力。

【实训内容与要求】

1. 模拟某企业在选择第三方物流合作伙伴时的决策分析。
2. 调查并收集某企业的相关资料。
3. 分析统计某企业的物流网络、实力、规模、信誉和业务能力。
4. 应用数学方法进行定量评价。
5. 根据经验作出定性评价。
6. 按最优方案选择物流供应商。

【成果与检测】

1. 提交物流网络、实力、规模、信誉、业务能力的统计资料。
2. 学生制定方案，教师评估。

实训6.2：物流方案的设计

【实训目标】

1. 帮助学生熟悉物流方案设计的流程。
2. 使学生学会具体的物流方案设计，比如仓储方案、配送方案、运输方案、供应链解决方案。

【实训内容与要求】

1. 情景设定：A物流企业以外包形式获得B制造企业的运输与配送业务。
2. 设计过程按课程讲授内容进行，学生在课下进行精心准备，在课上完成各角色扮演。
3. 物流企业草拟物流方案。
4. 制造企业审定研究物流方案。
5. 签订合作合同。
6. 物流业务的监督、检查、效果评价。

【成果与检测】

1. 检查物流企业提交的物流方案文件。
2. 管理外包合同。

3. 双方谈判过程记录的存档。
4. 合作合同的确定。
5. 物流作业过程的稽核。
6. 物流作业检查及评价。
7. 教师进行统计与综合评估。

第 7 章　供应链管理

知识目标

- 了解并掌握供应链的概念、结构及特征。
- 了解并掌握供应链管理的概念、结构及特征。
- 掌握供应链管理涉及的主要领域及内容。
- 掌握供应链管理与传统管理模式的区别和供应链管理原理。
- 了解 QR、ECR 产生的背景，掌握 QR、ECR 方法的应用。

导入案例

戴尔供应链管理法宝

戴尔公司以“直接经营”模式著称，其高效运作的供应链和物流体系使它在全球 IT 行业不景气的情况下逆市而上。根据权威的国际数据公司（IDC）的统计资料，在 2002 年第三季度，戴尔重新回到了全球 PC 第一的位置。中国市场上戴尔的业绩更是不俗，出货量与前年同期相比增加了 42%。谈到戴尔公司在全球的业务增长，萨克斯表示这要归功于戴尔独特的直接经营模式和高效供应链：“直接经营模式使我们在供应商、戴尔及客户之间构筑了一个我们称之为‘虚拟整合’的平台，保证了供应链的无缝集成。”事实上，戴尔的供应链系统早已打破了传统意义上“厂家”与“供应商”之间的供需配给。

在戴尔的业务平台中，客户变成了供应链的核心。萨克斯先生谈到：“由于戴尔的直接经营模式，我们可以从市场得到第一手的客户反馈和需求，然后，生产等其他业务部门便可以及时将这些客户信息传达到戴尔原材料供应商和合作伙伴那里。”这种在供应链系统中将客户视为核心的“超常规”运作，使得戴尔能做到 4 天的库存周期，而竞争对手大都还徘徊在 30~40 天。这样，以 IT 行业零部件产品每周平均贬值 1% 计算，戴尔产品的竞争力便显而易见。

在不断完善供应链系统的过程中，戴尔公司还敏锐捕捉到互联网对供应链和物流将带来的巨大变革，不失时机地建立了网上电子商务平台。戴尔公司还利用互联网与全球超过 113000 个商业和机构客户直接开展业务。通过戴尔公司网站，用户可以随时对戴尔公司的全系列产品进行评比、配置，并获知相应的报价。用户也可以在线订购，并且随时监测产品制造及送货过程。戴尔公司在电子商务领域的成功实践使“直接经营”插上了腾飞的翅膀，极大增强了其产品和服务的竞争优势。

（钱延仙：《现代物流管理》，东南大学出版社 2007 年版，第 230 页。有改动）

阅读提示

学习本章后，能把握供应链管理原理，体会 SCM 与传统管理模式的区别，掌握供应链管理方法（QR、ECR）。

7.1 供应链管理概述

拓展案例

供应链的中断

2001 年 1 月，著名的爱立信公司宣布退出手机市场，准备把所有手机生产包给另一家国际公司，这是由于供应链中断造成跨国公司出现危机的一个实例。

2000 年 3 月，美国新墨西哥州阿尔伯克基一家半导体工厂被雷电击中起火，大火虽然只持续了 10 分钟，却使爱立信移动电话的芯片生产停止。供应链的突然中断，使爱立信的一种重要新产品缺少 700 万个芯片，一下子造成了至少 4 亿美元的损失。7 月份，公司第一次公布火灾损失时，股票价格仅仅在几个小时就下跌了 70%，而后一个时期继续下滑。

2000 年，爱立信的市场占有率从 12% 下降到 9%，全年的经营亏损达到 1563 亿美元。虽然最终爱立信重新建立了供应链，但丢失的市场难以恢复，这就是爱立信宣布退出中国手机市场的原因。

（《供应链中断，爱立信挥泪断腕》，2019 年 2 月 18 日，http：//www. doc88. com/p-0798453346753. html。有改动）

思考：

1. 本案例中，爱立信的供应链在哪一环节中断？这种中断带来了什么后果？
2. 通过本案例，你认为进行供应链管理应注意哪些方面的问题？

20 世纪后期科学技术的迅猛发展，加剧了市场的激烈竞争，促进了全球经济的一体化和用户需求的多样性，同时也带来了不确定性的增加，这些都对传统企业管理运作模式提出了新的挑战。20 世纪 80 年代末期应运而生的供应链以其敏捷度高、生产成本低、生产周期短等特点得到全球制造业的广泛重视和运用，基于供应链的管理成为未来企业管理的发展趋势。

当今的市场竞争不再是单个企业之间的竞争，而是供应链与供应链之间的竞争。时下，许多国际化大公司都把供应链的建设与管理当作提高竞争力的重要一环，戴尔公司借助其高效率低成本的供应链取得的巨大成功更是印证了这一点。

7.1.1 供应链概述

1. 供应链的概念

供应链至今尚无一个公认的定义，在供应链管理的发展过程中，有关的专家和学者提出大量的定义，这些定义其实都是在一定的背景下提出的，是在不同发展阶段上的产物，可以把这些定义大致划分为三个阶段：早期的观点认为供应链是制造企业中的一个内部过程；后来供应链的概念注意了与其他企业的联系；而到了最近，供应链的概念更加注重围绕核心企业的网链关系。供应链的概念已经跨越了企业界线，从扩展企业的新思维出发，并从全局和整体的角度考虑产品经营的竞争力，使供应链从一种运作工具上升为一种管理方法体系、一种运营管理思维和模式。

2001 年发布实施的《物流术语》国家标准（GB/T18354-2001）把供应链定义为：在生产及流通过程中，涉及将产品或服务提供给最终用户活动的上游与下游企业所形成的网链结构。

供应链是围绕核心企业，通过对信息流、物流、资金流的控制，从采购原材料开始，制成中间产品以及最终产品，最后由销售网络把产品送到消费者手中的将供应商、制造商、分销商、零售商、直到最终用户连成一个整体的功能网链结构模式。供应链是一个范围更广的企业结构模式，它包含所有加盟的节点企业，从原材料的供应开始，经过链中不同企业的制造加工、组装、分销等过程直到最终用户。它不仅是一条连接供应商到用户的物料链、信息链、资金链，而且是一条增值链。物料在供应链上因加工、包装、运输等过程而增加其价值，给相关企业都带来收益。供应链一般分为内部供应链和外部供应链。

形象一点，我们可以把供应链描绘成一棵枝叶茂盛的大树：生产企业构成树根，独家代理商则是主干，分销商是树枝和树梢，满树的绿叶红花是最终用户。在根与主干、枝与干的一个个节点，蕴藏着一次次的流通，遍体相通的脉络便是信息管理系统。

2. 供应链的结构

供应链由所有加盟的节点企业组成，成员当中一般有一个核心企业，这家核心企业可以是产品制造企业，也可以是大型零售企业，如美国的沃尔玛。节点企业在需求信息的驱动下，通过供应链的职能分工与合作（生产、分销、零售等），以资金流、物流或服务流为媒介实现整个供应链的不断增值。

知识链接

供应链的"内外之说"

内部供应链是指企业内部产品生产和流动过程中所涉及的原材料采购、生产产品、储存原材料及产品、销售产品等环节组成的供需网络。

外部供应链是指企业外部的，与企业相关的产品生产和流动过程中所涉及的供应商、运输商、销售商及消费者组成的供需网络。

☞**提示**

在实际管理运作中，需要根据不断变化的需求，相应地改变供应链的组成。

3. 供应链的特征

从供应链的结构模型可以看出，供应链是一个网链结构，由围绕核心企业的供应商、供应商的供应商和用户、用户的用户组成。一个企业是一个节点，节点企业和节点企业之间是一种需求与供应关系。供应链主要具有以下特征：

（1）复杂性

因为供应链节点企业组成的跨度（层次）不同，供应链往往由多个、多类型甚至多国企业构成，所以供应链结构模式比一般单个企业的结构模式更为复杂。

(2) 动态性

供应链管理因企业战略和适应市场需求变化的需要，各节点企业需要动态地更新，这就使得供应链具有明显的动态性。

(3) 面向用户需求

供应链的形成、存在、重构，都是基于一定的市场需求而发生，并且在供应链的运作过程中，用户的需求拉动是供应链中信息流、产品/服务流、资金流运作的驱动源。

(4) 交叉性

节点企业可以是这个供应链的成员，同时又是另一个供应链的成员，众多的供应链形成交叉结构，增加了协调管理的难度。

拓展案例

日本7-11便利店的供应链管理

日本7-11便利店在物流管理中充分运用了供应链管理的思想。公司认为，物流的高效率离不开商品生产到销售的整个供应链的有效管理，因此要综合考虑制造商、批发商、配送中心、连锁公司总部、加盟店和消费者所组成的供应链的物流情况，使系统达到最优化。

7-11便利店的硬件和软件信息系统形成生产—物流—销售的综合性网络，使商品的销售信息灵活应用于商品供应计划及物流中，防止因无计划所造成的低效率和浪费。此外，该系统还能根据商品的销售情况定期发出订单，制造商、批发商接到订单后开始制造或筹备所需商品，共同配送中心则根据总部、制造商和批发商提供的商品明细表和指示单向不同商店配送商品。

7-11凭借成功的供应链管理实现了物流运作的低成本化和效率化，在与其他零售企业的竞争中处于优势地位。

(《日本7-11便利店的供应链管理》，2015年5月27日，https：//www. docin. com/p-1163168090. html。有改动)

思考：

什么是供应链管理？7-11便利店是如何进行供应链管理的？

7.1.2 供应链管理的概念

供应链管理（Supply Chain Management，SCM）是指利用计算机网络技术全面规划供应链中的商流、物流、信息流、资金流等并进行计划、组织、协调与控制。供应链管理是一种集成的管理思想和方法，执行供应链中从供应商到最终用户的物流的计划和控制等职能。

供应链管理是一种新的管理策略，它把不同企业集成起来以增加整个供应链的效率，注重企业之间的合作。最早人们把供应链管理的重点放在管理库存上，作为平衡有限的生产能力和适应用户需求变化的缓冲手段。它通过各种协调手段，寻求把产品迅速、可靠地送到用户手中所需要的费用与生产、库存管理费用之间的平衡点，从而确定最佳的库存投资额。因此，其主要的工作任务是管理库存和运输。现在的供应链管理则把供应链上的各个企业作为一个不可分割的整体，使供应链上各企业分担的采购、生产、分销和销售的职能成为一个协调发展的有机体。

知识链接

供应链管理的兴起

20 世纪 90 年代以来，随着各种自动化和信息技术在制造企业中的不断应用，制造生产率已被提高到了相当高的程度，制造加工过程本身的技术手段对提高整个产品竞争力的潜力开始变小。为了进一步挖掘降低产品成本和满足客户需要的潜力，人们开始将目光从管理企业内部生产过程转向产品全生命周期中的供应环节和整个供应链系统。

随着全球经济一体化和信息技术的发展，企业之间的合作日益加强，它们之间跨地区甚至跨国合作制造的趋势日益明显。国际上越来越多的制造企业不断地将大量常规业务“外包”给发展中国家，而只保留最核心的业务。譬如，波音 747 飞机的制造需要 400 多万个零部件，可这些零部件的绝大部分并不是由波音公司内部生产，而是由 65 个国家中的 1500 个大企业和 15000 个中小企业提供；美国克莱斯勒公司制造汽车使用的零部件有 2/3 是从外部获得，它需要从 1140 个不同的供应商那里购买 60000 多个不同的零部件。

在这些合作生产的过程中，大量的物资和信息在很广的地域间转移、储存和交换，这些活动的费用构成了产品成本的重要组成部分，而且对满足客户的需求起着巨大的作用。因此，有必要对企业整个原材料、零部件和最终产品的供应、储存和销售系统进行总体规划、重组、协调、控制和优化，加快物料的流动，减少库存，并使信息快速传递，时刻了解并有效地满足客户需求，从而大大降低产品成本，提高企业效益。这就是所谓的供应链管理。

☞**课堂互动**

有人认为，供应链管理“是一种一体化管理模式，是全过程的战略管理，以最终客户为中心”。这种观点正确吗？

7.1.3 供应链管理的内容

1. 供应链管理的主要领域

供应链管理主要涉及四个主要领域：供应（Supply）、生产计划（Schedule Plan）、物流（Logistics）、需求（Demand）。供应链管理是以同步化、集成化生产计划为指导，以各种技术为支持，尤其以 Internet 为依托，围绕供应、生产作业、物流（主要指制造过程）、需求来实施的。供应链管理主要包括计划、合作、控制从供应商到用户的物料（零部件和成品等）和信息。供应链管理的目标在于提高用户服务水平和降低总的交易成本，并且寻求两个目标之间的平衡。

在以上四个领域的基础上，我们可以将供应链管理细分为职能领域和辅助领域。职能领域主要包括产品工程、产品技术保证、采购、生产控制、库存控制、仓储管理、分销管理。而辅助领域主要包括客户服务、制造、设计工程、会计核算、人力资源、市场营销。

2. 供应链管理的主要内容

由此可见，供应链管理关心的并不仅仅是物料实体在供应链中的流动。除了企业内部与企业之间的运输问题和实物分销以外，供应链管理还包括以下主要内容：

(1) 战略性供应商和用户合作伙伴关系管理。

(2) 供应链产品需求预测和计划。

(3) 供应链的设计（全球节点企业、资源、设备等评价、选择和定位）。

(4) 企业内部与企业之间物料供应与需求管理。

(5) 基于供应链管理的产品设计与制造管理、生产集成化计划、跟踪和控制。

(6) 基于供应链的用户服务和物流（运输、库存、包装等）管理。

(7) 企业间资金流管理（汇率、成本等问题）。

(8) 基于 Internet 的供应链交互信息管理等。

供应链管理注重总的物流成本（从原材料到最终产成品的费用）与用户服务水平之间的关系，为此要把供应链各个职能部门有机地结合在一起，从而最大限度地发挥出供应链整体的力量，达到供应链企业群体获益的目的。

拓展案例

麦德龙——限定目标群的供应链管理

麦德龙公司于1964年创立，以其崭新的理念和管理方式在德国及欧洲其他19个国家迅速成长并活跃于全世界。在一连串的扩张行动中，麦德龙最引人注目的成功秘诀就是坚持仓储店的路线，划定自己的目标客户群。

1. 电脑结合人脑下单

电子化商品管理系统是管理物流的关键，有哪些存货、进了多少、放在哪里、卖了多少，只有熟知这些信息，才能对整个经营进行操控，进而控制成本，这是供应链管理的目标之一。因此，有效的物流跟踪与库存控制，是整个供应链在最优化状态下运行的基本保证。据了解，在麦德龙，电脑控制系统掌握了商品进销存的全部动态，将存货控制在最合理的范围内。当商品数量低于安全库存时，电脑就能自动产生订单，向供货单位发出订货通知，从而保证商品的持续供应和低成本经营。

麦德龙有自己的软件开发公司（MGI），他们从一开始就建立了适合其管理体制的商品管理系统及信息管理系统，因而可以随时掌握进销存的动态并及时发现问题，作出快速反应。

采购预测是影响整个供应链的关键环节，预测的准确性将影响到其他各个环节的效率。麦德龙有专门的监督人员检查整个系统，确认订货数量和交货数量是否相符。一般的订货程序是：电脑根据客户的需求信息提出采购预测，管理者再根据电脑预测并参考其他因素（如季节变化、促销计划、社会上的大型活动以及供应链各个环节的负荷能力等）作出最后决定。

2. 建立标准化操作

麦德龙的所有分店都一样，这样可以将成功的运作模式复制到每个商场，包括商场的外观、内部布置及操作规则，这些规则包括购买、销售、组织等各个方面。就像工厂的机械化操作一样，每个人都知道自己要做什么、应该怎么做，规则非常明确。从与供应商议价开始，直到下单、接货、上架、销售、收银的整个流程，都是由一系列完善的规则来控制的。

据悉，麦德龙的标准化原则以降低成本为最终目标，整个店铺的设计不豪华但很有效率。作为仓储式的配销中心，麦德龙采用门店和仓储合一的方式，不但节省了店面投入成本，而且在时间上能做到快速补货。另外，其工业大货架将销售和存货合为一体，使空间上的垂直补货成为可能，有助于实现低成本高效运作。

3. 限定客户降低成本

麦德龙的整个供应链运作都是由客户需求拉动的，因而，它总是站在客户的角度去思考，提供更加完善的商品和服务。例如，针对中小型零售商、酒店、餐饮业、工厂、企事业单位、政府和团体等客户，其供应链管理的特色之一就是实行不收费的会员制管理，并建立客户信息管理系统。

麦德龙认为，如果公司不限定客户，运营成本就会增加，管理难度也将加大。例如，货架上的商品陈列可以一件一件放，也可以一箱一箱放。如果在货架上摆一箱可口可乐，一件一件地放，要放 24 次；如果一箱一箱地放，一次就够了，而且还可从接货处直接用机器将货品摆上货架。麦德龙针对的是那些愿意一箱一箱购买的客户，而不是那些希望一件一件零买的客户。这样可以降低操作成本，进而降低人员成本。

另外，限定了客户群，就可以分析他们的需求，从而优化商品品种。例如，其他零售超市可能需要 40 万种商品去满足客户需求，麦德龙只需要 15 万种。麦德龙只关注目标客户，知道他们需要什么，因此可以做到有效控制品种数目。

（《麦德龙——限定目标群的供应链管理》，2011 年 6 月 5 日，https：//wenku. baidu. com/view/05f9876e1eb91a37f1115cbb. html。有改动）

7.1.4 供应链管理与传统管理模式的区别

供应链管理与传统的物料管理和控制有着明显的区别，主要体现在以下几个方面：

（1）供应链管理把供应链中所有节点企业看作一个整体，供应链管理涵盖从供应商到最终用户的采购、制造、分销、零售等职能领域，即整个物流的过程。

（2）供应链管理强调和依赖战略管理。“供应”是整个供应链中节点企业之间事实上共享的一个概念（任两节点之间都是供应与需求关系），同时它又是一个有重要战略意义的概念，因为它影响或决定了整个供应链的成本和市场占有份额。

（3）供应链管理最关键的是需要采用集成的思想和方法，而不仅仅是节点企业、技术方法等资源简单的连接。

（4）供应链管理具有更高的目标，通过管理库存和合作关系去达到高水平的服务，而不是仅仅完成一定的市场目标。

7.2 供应链管理原理

7.2.1 供应链管理原则

供应链管理的基本原则主要有七条，具体包括以下几方面：

（1）根据客户所需的服务特性来划分客户群

传统意义上的市场划分基于企业自己的状况，如行业、产品和分销渠道等，企业对同一区域的客户提供相同水平的服务，而供应链管理则强调根据客户的状况和需求来决定服务方式和水平。

（2）设计企业的后勤网络

根据客户需求和企业获利情况，设计针对性的后勤保障网络。例如，一家造纸公司发现两个客户群存在截然不同的服务需求，大型印刷企业允许较长的提前期，而小型地方印刷企业则要求在短时间内供货，于是这家公司分别建立大型分销中心和紧缺物品快速反应中心来满足这种差别化的需求。

（3）倾听市场的需求信息

销售和营运计划必须监测整个供应链，以便及时发现需求变化的早期警报，并据此安排和调整计划。

（4）时间延迟

由于市场需求的剧烈波动，距离客户接受最终产品和服务的时间越早，需求预测就越不准确，而且企业还不得不维持比较大的中间库存。例如，在实施大批量客户化生产的过程中，一家洗涤用品企业首先在企业内将产品加工结束，然后在零售店完成最终的包装。

（5）与供应商建立双赢的合作策略

迫使供应商相互压价，固然会使企业在价格上有所收益，但相互协作则可以在根本上降低整个供应链的成本，比相互压价更可取。

（6）在整个供应链领域建立信息系统

信息系统首先应该处理企业日常事务和电子商务，然后支持多层次的决策信息，如需求计划和资源规划等；最后应该根据大部分来自企业之外的信息，进行前瞻性的策略分析。

（7）建立绩效考核准则

应该建立针对整个供应链范围内的绩效考核准则，而不应该仅仅建立个别企业局部、孤立的标准，因为供应链的最终验收标准是客户的满意程度。

7.2.2 推式与拉式市场

1. 推式市场的供应链系统

推式市场的供应链系统以企业自身产品为导向，有时也称之为“产品导向”或“库存导向”。这种供应链起始于企业对市场的预测，然后制造所预测的产品，并推向市场。在工业经济时代，许多制造商采用此种方式来经营企业。他们采用市场预测的方式，获得生产某种产品的优先级顺序，制定和设置一定的产品生产数量和存货标准，最后进行促销，或将产品批发到零售商，再由零售商向客户推销。这种供应链的方式以供应链成员的市场预测为依据，为了防止缺货或获得数量上的折扣以及其他原因，从零售商到批发商、从批发商到制造商之间的需求变动会越来越大，最终导致制造商接到的订单严重偏离实际顾客需求。这就是所谓的“长鞭效应”。“长鞭效应”是指沿着供应链向上游移动，需求变动程度不断增大的现象。导致“长鞭效应”的原因主要是需求失真，这是供应链在资讯不完全透明的情况下的常见现象。

宝洁公司（P&G）在研究“尿不湿”的市场需求时发现，该产品的零售数量相当稳定，波动性并不大。但在考察分销中心向它订货的情况时，却发现波动性明显增大，分销中心称他们是根据汇总销售商订货的需求量订货的。宝洁公司进一步研究后发现，零售商往往根据对历史销量及现实销售情况的预测，确定一个较客观的订货量。但为了保证这个订货量是及时可得的，能够适应顾客需求增量的变化，他们通常会将预测订货量增大一些向批发商订货。

批发商出于同样的考虑，也会在汇总零售商订货量的基础上再加一定增量向销售中心订货。这样，虽然顾客需求量并没有大的波动，但经过零售商和批发商的订货后，订货量就一级级地放大了。

2. 拉式市场的供应链系统

拉式市场的供应链系统是企业以获得订单为前提的，根据所获的订单来进行生产，所以又称为“客户导向”或“订单导向”。这种供应链起始于企业收到客户的订单，并由此引发一系列供应链运作，是“以销定产”的模式。因此，其重点是“拉”到客户，以客户需求为导向进行生产、采购原料、组织货源、外包业务等。

拉式市场的供应链系统对需求信息的把握更准确及时，能够使系统的库存水平明显下降，管理能力加强，因此目前的供应链系统都正在朝着拉式市场的方向改革。

拓展案例

“情人”牌啤酒与牛鞭效应

在南方的一个小镇上，居民喜欢在下班后去酒吧休闲娱乐。镇上有很多类似的啤酒馆，每天的啤酒销量大致相当，每种品牌的啤酒销量也比较稳定。酒吧老板们每天采取简单的订货模式从零售商那里进货，即啤酒销量低于某一数量时就开始订货，补足到库房能容纳的数量。他们这样经营，一直没有出现什么问题。

有一天，某个酒吧的客人开始争相喝一种“情人”牌的啤酒，库存不足导致脱销。酒吧胡老板紧急向零售商加订平时需求量的 20%，但仍然不能满足大家对“情人”牌啤酒的需求。第二天，胡老板不得不再加大订货量，是平时需求量的 1.5 倍。不妙的是，上一级的零售商面临着众多酒吧同样的需求暴涨。于是，众多零售商开始向批发商加大订货量，结果被告知，目前“情人”牌啤酒已经脱销，增加的订货量不可能短期补足，只能补足现在增订量的 50%。也就是说，胡老板要求增加 100 箱，却只能拿到 50 箱，因为制造商不可能马上增加产量。

制造商在两周以后才开始加班订货、生产、运输和配送，但无论怎么增产，都不能满足需求。而经销商们（酒吧和零售商）不愿意丧失千载难逢的大好销售时机，仍然加大订货量，提升至平时需求量的 2 倍甚至 3 倍。胡老板也开始要求增加 150 箱甚至 200 箱，但啤酒总是迟迟不能按照订货量到达，这种情况维持了整整 8 个星期。

突然有一天，胡老板的客人的口味又恢复了常态，“情人”牌啤酒不再受欢迎，销量骤然跌回原来的水平。恰在这时，胡老板前几周加订的“情人”牌啤酒都给补足了，库房都装不下了。胡老板损失惨重，望着这些啤酒发愣。

和胡老板有同样遭遇的有酒吧老板们（零售商们）、批发商们，还有配送商们，其中损失最大的是“情人”牌啤酒制造商。这条啤酒供应链条上的四个角色由于损失惨重，不得不坐在一起研究悲剧发生的前因后果。

上述案例所反映的就是“牛鞭效应”，即需求从啤酒的消费者到酒吧（零售商）、上级批发商，再到啤酒制造商逐步夸大和提升，呈现出明显偏离真实情况需求，并沿着需求链条逐级放大的现象。

（《从“情人牌”啤酒解读牛鞭效应》，2017 年 4 月 18 日，http：//www.sohu.com/a/134760659_655690。有改动）

知识链接

“牛鞭效应”的危害

(1) 从分销商到制造商，接到的订单的变动性要比客户需求的变动性大得多，使得生产企业进入无序状态，无法了解市场真正的需求量。

(2) 当某种产品大量销售时，供应链的库存却无法做到迅速减少，造成流动资金的大量占用和固定资产利润率低下。

(3) 各个节点企业从自身利益出发，而不是从整个供应链的运作考虑，因此导致整个供应链的利益很难维护。

(4) 供应链节点企业之间的不信任增加，合作最终变成短期行为，不利于供应链联盟的形成和发展。

☞课堂互动

惠普公司在一个主要零售商处检查打印机销售情况时，发现这个零售商的销售随着时间波动，而当他们检查该零售商的订单时，发现订单的波动幅度比其销售的波动幅度还要大。更让他们吃惊的是，公司打印机生产部向物料供应部门提供的订单的波动比前两者的波动都大。

讨论：惠普公司的上述发现反映了什么现象？应如何应对？

7.2.3 双赢策略

供应商为企业的生产提供必要的原材料，供应商供货的质量、价格、交货期、服务水平等与企业生产的正常进行息息相关。因此，企业应正确处理与供应商的关系。

以前企业与供应商是一种利害输赢的关系，企业只注重以更低的价格买到原材料，企图将一部分供应商的利润转移过来，而供应商恰与此相反。于是就出现了强势企业不断挤压供应商，使供应商无法承担而不得不以次充好；或部分供应商则利用优势不断提高价格，使采购方无力承担，最终退出市场。这样的后果都会导致企业与供应商的失败，其实这是任何一方都不愿意看到的。

供应链管理提倡的是“win to win”，即企业与其供应商之间的双赢策略。供应链管理是一种协同性战略，目标是整合上游和下游的操作，以消灭非增值成本、时间和行为，为最终客户提供更好的服务。

供应链管理需要企业从系统的观点出发，与供应商坐在一起，探讨如何加快信息的传递，如何实现信息的共享，如何减少相关的操作，如何简化相关的环节，最终通过这些手段，提高整个供应链的效率，降低整个供应链的成本，从而在保证双方合理利润的基础上，达到提高企业竞争能力和盈利能力的目标，实现双赢。企业也只有从双赢的角度出发，才能取得供应商的支持和配合，才能推动供应链管理的实现。

7.2.4 战略合作伙伴关系

供应链合作关系（Supply Chain Partnership，SCP），可以定义为供应商与制造商之间，在一定时期内的共享信息、共担风险、共同获利的协议关系。对于供应链成员企业来说，建立一种长期稳定的战略合作伙伴关系，对整合和优化供应链是至关重要的。

供应链成员为了降低供应链总成本，降低库存水平，增强信息共享，改善相互之间的交流，保持战略伙伴相互之间操作的一贯性，产生更大的竞争优势，以实现供应链节点企业的财务状况、质量、产量、交货期、用户满意度和业绩的改善和提高，必须建立战略合作联盟。显然，战略合作关系必然要求强调相互之间的合作和信任。

实施供应链合作关系就意味着新产品/技术的共同开发、数据和信息的交换、市场机会共享和风险共担。在供应链合作关系环境下，制造商选择供应商不再是只考虑价格，而是更注重选择能在优质服务、技术革新、产品设计等方面进行良好合作的供应商。供应商为制造企业的生产和经营供应各种生产要素（原材料、能源、机器设备、零部件、工具、技术和劳务服务等）。供应商所提供要素的数量、价格，直接影响到制造企业生产的好坏、成本的高低和产品质量的优劣。

总之，企业与供应商的关系应是一种战略性合作关系，是一种合作的双赢关系，是供应商和生产商通过合作和协商协调相互的行为。只有企业与供应商坦诚相待、融洽合作、形成和谐，才有利于主体企业通过品牌、管理、技术等资源的输入以及企业文化的导入，最终使两家企业经济效益产生“1+1>2”的协同效应。

7.3 供应链管理方法

快速反应（QR）与有效客户反应（ECR）是实施供应链管理的两种最主要的战略手段。快速反应（QR）是指供应链成员企业之间建立战略合作伙伴关系，利用 EDI 等信息技术进行信息交换与信息共享，用高频率小数量配送方式补充货物，以实现缩短交货周期、减少库存、提高客户服务水平和企业竞争力为目的的一种供应链管理策略。有效客户反应（ECR）是指分销商与供应商为消除系统中不必要的成本和费用并给客户带来更大效益，而进行密切合作的一种供应链管理战略。

7.3.1 快速反应（QR）

1. QR 的产生背景

20 世纪六七十年代，美国的杂货行业面临着国外进口商品的激烈竞争。80 年代早期，美国国产的鞋、玩具以及家用电器在市场的占有率下降到 20%，而国外进口的服装则占据了美国市场的 40%。面对与国外商品的激烈竞争，纺织与服装行业在 70 年代和 80 年代采取的主要对策是在寻找法律保护的同时，加大现代化设备的投资。80 年代中期，尽管纺织与服装行业是美国通过进口配额系统保护最重的行业之一，但服装行业进口商品的渗透却在继续增加。一些行业的先驱认识到保护主义措施无法保护美国服装制造业的领先地位，必须寻找别的方法。

1985~1986 年，世界首要的为零售、产品消费及卫生保健提供管理咨询的库特·塞尔曼（Kurt Salmon）协会在分析供应链时发现，尽管系统的各个部分高效运作，但整个系统的整体效率却十分低。于是纤维、纺织、服装以及零售业开始寻找那些在供应链上导致高成本的活动。结果发现，供应链的长度是影响其高效运作的主要因素。

整个服装供应链，从原材料到消费者购买，时间为66周，其中11周在制造车间，40周在仓库或转运，15周在商店。这样长的供应链不仅各种费用大，更重要的是，建立在不精确需求预测上的生产和分销，因数量过多或过少造成的损失非常大。

整个服装供应链系统的总损失每年竟达25亿美元，其中2/3的损失来自于零售或制造商对服装的降价处理以及零售时的缺货。进一步的调查发现，消费者不购买的主要原因是找不到合适尺寸和颜色的商品。

这项研究导致了快速响应策略的应用和发展。快速响应是零售商和其供应商密切合作的策略。应用这种策略，零售商和供应商通过共享POS系统信息、联合预测未来需求、发现新产品营销机会等对消费者的需求作出快速的反应。从业务操作的角度来讲，贸易伙伴需要用EDI来加快信息的流动，并共同重组他们的业务活动以将订货前导时间和成本极小化。有统计表明，在补货中应用QR可以将交货前导时间降低75%。

2. QR 快速反应

快速响应（Quick Response）是美国纺织与服装行业发展起来的一项供应链管理策略，是美国零售商、服装制造商以及纺织品供应商开发的整体业务概念，目的在于减少原材料到销售点的时间和整个供应链上的库存，最大限度地提高供应链的运作效率。

快速响应要求供应链成员企业之间建立战略合作伙伴关系，利用EDI等信息技术进行信息交换与信息共享，用高频率小数量配送方式补充商品，以实现缩短交货周期，减少库存，提高顾客服务水平和企业竞争力。

QR的着重点是对消费者需求作出快速反应。QR的具体策略有商品即时出售（Floor Ready Merchandise）、自动物料搬运（Automatic Material Handling）等。

3. QR 的收益

零售商需要投入销售额的1.5%~2%以支持条码、POS系统和EDI的正常运行。这些投入包括EDI启动软件、现有应用软件的改进、租用增值网、产品查询、开发人员费用、教育与培训、EDI工作协调、通信软件、网络以及远程通信费用、CPU硬件、条码标签打印的软件与硬件等。

实施QR的收益是巨大的，它远远超过其投入。美国的Kurt Salmon协会调查分析认为，实施快速响应系统后供应链效率大有提高：缺货大大减少，通过供应商与零售商的联合协作保证24小时供货；库存周转速度提高1~2倍；通过敏捷制造技术，企业的产品中有20%~30%是根据用户的需求而制造的。快速响应系统需要供需双方的密切合作，因此，协调库存管理中心的建立，为快速响应系统发挥更大的作用创造了有利的条件。

4. 成功实施 QR 的条件

1991年，Blackburn在对美国纺织服装业QR研究的基础上总结出QR成功的5项条件，这也是QR的主要特征：

（1）必须改变传统的经营方式和革新企业的经营意识和组织结构。

（2）必须开发和应用现代信息处理技术，这是成功进行QR活动的前提条件。

（3）必须与供应链各方建立战略伙伴关系。

（4）必须改变传统企业对商业信息保密的做法。

（5）供应商必须缩短生产周期，降低商品库存。

拓展案例

哈雷（Harley-Davidson）摩托车物流过程的比较

1982 年，美国哈雷（Harley-Davidson）摩托车的主管前往日本本田摩托车设在俄亥俄州的工厂访问。当时本田在美国重型摩托车市场拥有 40% 的占有率，是哈雷最强劲的对手。哈雷本想学学本田的科技，然而结果令他们大吃一惊，因为他们在本田厂内看不到电脑、机器人和特别的作业系统。哈雷在整个制造过程中却使用电脑化管理。日本摩托车只有 5% 会在生产线末端被剔除，而哈雷却有五六成，光是因为缺乏零件而被剔除的就比日本摩托车的总退件率高好几倍。问题出在哪儿呢？哈雷的主管们经过苦心研究，对比了二者的生产过程和物流过程，终于发现问题出在供应物流上。

哈雷的零配件供应流程是生产储存装配，本田的零配件供应流程是生产装配。哈雷的零配件供应商一年只生产几次，每次生产一大批，大量零配件库存积压在哈雷的仓库里，许多零件因为库存时间过长，等到送上生产线时已经生锈，有时只是规格上的小修正就使得零件变成废物。而本田和供应商每天只生产一点点所需零件，实施即时制生产和供应。公司每年因无库存节省数百万美元的利息。没有零件会因存储而损耗，节省了仓储空间，又简化了整个工厂的作业。如果发现不良零件，通常只生产了一两天，很容易更正。

哈雷找出问题之后潜心改进自己的物流过程，重整旗鼓，5 年之后在美国重型摩托车市场的占有率从 23% 增长到 46%，销售额也达到了空前的 1770 万美元。

除了与竞争性供应链比较之外，还可以与非竞争性供应链，即其他行业供应链进行比较。总之，在经过供应链物流效果和物流过程比较之后，企业应当对下列问题有清楚认识：

(1) 顾客看重哪些服务项目？

(2) 本企业所处的供应链与竞争对手供应链在物流服务上的差距在哪里？

(3) 二者在成本水平上存在多大的差距？

(4) 二者的物流过程有何不同？

(《哈雷摩托车物流过程的比较》，2017 年 10 月 27 日，https://max.book118.com/html/2017/1027/138030083.shtm。有改动)

思考：

1. 企业供应链的薄弱环节在哪里？
2. 企业应当如何优化供应链的物流过程，改善物流效果？

7.3.2 有效客户响应（ECR）

1. ECR 产生的背景

ECR（Efficient Consumer Response）即“有效客户响应”，是 1992 年从美国的食品杂货业发展起来的一种供应链管理策略。20 世纪 80 年代末 90 年代初，美国的食品杂货业面临着与纺织和服装行业相似的挑战，其增长速度缓慢。为提高竞争能力，美国食品杂货业采用了一种称为有效客户响应（ECR）的策略。几乎同时，欧洲食品杂货业为解决类似问题也采用

ECR 策略，并建立了欧洲 ECR 委员会（ECR Europe）以协调各国在实施 ECR 过程中的技术、标准等问题。

ECR 是杂货业供应商和销售商为消除系统中不必要的成本和费用，给客户带来更大效益而进行密切合作的一种战略。ECR 的主要目标是降低供应链各个环节的成本，这与 QR 的主要目标——对客户的需求作出快速反应有所不同。这是因为食品杂货业与纺织服装行业经营产品的特点不同。杂货业经营的产品多数是一些功能型产品，每一种产品的寿命相对较长（生鲜食品等除外），所以因订购产品数量过多或过少的损失相对较小。纺织服装业经营的产品多属创新型产品，每一种产品的寿命相对较短，因此，订购产品数量过多或过少造成的损失相对较大。

2. ECR 的概念

ECR 即“有效客户响应”，它是以满足顾客要求和最大限度降低物流过程费用为原则，能及时作出准确反应，使提供的物品供应或服务流程最佳化的一种供应链管理策略。

ECR 的最终目标是建立一个具有高效反应能力和以客户需求为基础的系统，使零售商及供应商以业务伙伴方式合作，提高整个食品杂货供应链的效率，而不是单个环节的效率，从而大大降低整个系统的成本、库存和物资储备，同时为客户提供更好的服务。

3. ECR 的收益

根据欧洲供应链管理系统的报告显示，接受调查的 392 家公司，其中制造商使用 ECR 后，预期销售额增加 5.3%，制造费用减少 2.3%，销售费用减少 1.1%，货仓费用减少 1.3% 及总盈利增加 5.5%。而批发商及零售商也有相似的获益：销售额增加 5.4%，毛利增加 3.4%，货仓费用减少 5.9%，货仓存货量减少 13.1% 及每平方米的销售额增加 5.3%。由于流通环节缩减了不必要的成本，零售商和批发商之间的价格差异也随之降低，这些节约了的成本最终将体现在消费者身上，各贸易商也将在激烈的市场竞争中赢得一定的市场份额。

对客户、分销商和供应商来说，除这些有形的利益以外，ECR 还有着重要的不可量化的无形利益。

4. ECR 的四大要素

（1）有效引进新产品（Efficient New Product Introduction）

最有效地开发新产品，进行产品的生产计划，以降低成本。

（2）有效促销（Efficient Promotions）

提高仓库、运输、管理和生产效率，减少预先购买、供应商库存及仓储费用，使整个系统的交易和促销效率提高。

（3）有效店铺空间安排（Efficient Store Assortment）

通过第二次包装（如为满足不同的订单需求，将一个运输包装中的产品进行不同的包装，并赋予不同的包装标识）等手段，提高货物的分销效率，使库存和商店空间的使用率最优化。

（4）有效补货（Efficient Replenishment）

包括电子数据交换（EDI）、以需求为导向的自动连续补充和计算机辅助订货，使补充系统的时间和成本最优化。

☞提示

业务流程重组（BPR）是指通过对企业战略、增值运营流程以及支撑它们的系统、政策、组织和结构的重组与优化，达到工作流程和生产力最优化的目的。它强调以业务流程为改造对象和中心、以关心客户的需求和满意度为目标，对现有的业务流程进行根本的再思考和彻底的再设计，利用先进的制造技术、信息技术及现代的管理手段，最大限度地实现技术上的功能集成和管理上的职能集成，以打破传统的职能型组织结构，建立全新的过程型组织结构，从而实现企业经营在成本、质量、服务和速度等方面的突破性的改善。

☞课堂互动

近年来，以互联网为代表的网络技术的发展，有力地促进了信息封闭向信息共享的转变。那么，在互联网环境下，供应链节点企业是否能够完全实现信息共享？为什么？

☞提示

传统的客户服务以符合内部的运营标准为目标，而在供应链管理模式下则以争取客户成功为宗旨，也即客户关系管理。其目标的实现必须完成两大转变：一是发展紧密的客户关系；二是加强对市场变化的快速反应能力。

知识链接

目标成本管理的“三全”原则

目标成本管理是一种全过程、全方位、全人员的成本管理方法。

（1）全过程

全过程是指供应链产品从生产到售后服务的一切活动，包括供应商、制造商、分销商及客户在内的各个环节。

（2）全方位

全方位是指从生产过程管理到后勤保障、质量控制、企业战略、员工培训、财务监督等企业内部各职能部门各方面的工作，以及企业竞争环境的评估、内外部价值链等。

（3）全人员

全人员是指从高层经理人员到中层管理人员、基层服务人员、一线生产员工。

目标成本管理在作业成本管理法的基础上考察作业的效率、人员的业绩、产品的成本，弄清楚每一项资源的来龙去脉，每一项作业对整体目标的贡献。

供应链物流管理的要领

（1）消除壁垒

供应链物流是一个单向无阻碍的、无缝的联结过程，参与构成供应链物流的横向优势企业有很多个，但是每一个供应链节点不应该有组织壁垒和信息壁垒，不应该形成组织和信息的封闭。链中各环节不是彼此分割的，而是通过链的联系成为一个整体。

（2）消除信息失真

供应链物流管理是全过程的战略管理，从总体来考虑，如果只依赖于部分环节信息，由于信息的局限或失真，可能导致计划失真。

(3) 改变库存观念

在供应链物流管理中，不应把库存当作维持生产和销售的措施，而应将其看成供应链的平衡机制。

(4) 采用综合方法

供应链物流管理采取新的管理方法，如用简化供应链方法防止信号的堆积放大、用经济控制论方法实现有效控制等。

(5) 信息通畅

供应链物流的信息必须是通畅、共享的，这一点是供应链管理要特别致力实现的。

本章小结

(1) 供应链是指生产及流通过程中，涉及将产品或服务提供给最终用户活动的上游与下游企业所形成的网链结构。供应链的概念已经不同于传统的销售链，它跨越了企业界线，从扩展企业的新思维出发，并从全局和整体的角度考虑产品经营的竞争力，使供应链从一种运作工具上升为一种管理方法体系，一种运营管理思维和模式。

(2) 供应链是一个网链结构，由围绕核心企业的供应商、供应商的供应商和用户、用户的用户组成。一个企业是一个节点，节点企业和节点企业之间是一种需求与供应关系。供应链主要具有复杂性、动态性、交叉性和面向用户需求的特征。

(3) 供应链管理（SCM）是指利用计算机网络技术全面规划供应链中的商流、物流、信息流、资金流等并进行计划、组织、协调与控制。

(4) 供应链管理是一种新的管理策略，它把不同企业集成起来以增加整个供应链的效率，注重企业之间的合作。它把供应链上的各个企业作为一个不可分割的整体，使供应链上各企业分担的采购、生产、分销和销售的职能成为一个协调发展的有机体。

(5) 供应链推式市场的供应链系统以企业自身产品为导向，有时也称之为“产品导向”或“库存导向”。这种供应链起始于企业对市场的预测，然后制造所预测的产品，并推向市场。这种模式容易导致“牛鞭效应”。

(6) 拉式市场的供应链系统是以企业获得订单为前提的，企业根据所获的订单来进行生产，所以又称为“客户导向”或“订单导向”。拉式市场的供应链系统对需求信息的把握更准确及时，能够使系统的库存水平明显下降，管理能力加强。因此，目前的供应链系统都正在朝着拉式市场的方向改革。

(7) 快速响应（Quick Response）是美国纺织与服装行业发展起来的一项供应链管理策略，是美国零售商、服装制造商以及纺织品供应商开发的整体业务概念，目的在于减少原材料到销售点的时间和整个供应链上的库存，最大限度地提高供应链的运作效率。QR 的着重点是对消费者需求作出快速反应。

(8) ECR（Efficient Consumer Response）即“有效客户响应”，是在食品杂货分销系统中，分销商和供应商为消除系统中不必要的成本和费用，给客户带来更大效益而进行密切合作的一种供应链管理策略。

自测题

一、选择题

1. 在供应商与制造商关系中，存在两种典型的关系模式，除了传统的竞争模式外，还有（　　）关系。

A. 多赢　　B. 双赢　　C. 协调　　D. 约束

2. QR 和 ECR 实施过程中的共同要点是（　　）。

A. 实现信息共享　　B. 加快新产品的引入

C. 提高促销的绩效　　D. 缩短生产周期，降低库存水平

3. 供应链管理主要涉及的领域不包括（　　）。

A. 供应　　B. 财务　　C. 物流　　D. 需求

4. 以下关于供应链管理的叙述中错误的是（　　）。

A. 供应链管理是制造商与它的供应商、分销商以及用户协同合作，为顾客所希望并愿意为之付出的市场，提供一个共同的产品和服务。

B. 供应链管理所涉及的理论源于产品的分销和运输管理，因此供应链管理就是后勤管理。

C. 供应链管理注重总的物流成本（从原材料到最终产成品的费用）与用户服务水平之间的关系，供应链各个职能部门有机地结合在一起，从而最大限度地发挥出供应链整体的力量，达到供应链企业群体获益的目的。

D. 供应链管理是计划、组织和控制从最初原材料到最终产品及其消费的整个业务流程，这些流程连接了从供应商到顾客的所有企业。

5. 目前市场的供应链系统（　　）。

A. 正朝着拉式市场的方向进行改革　　B. 正朝着推式市场的方向进行改革

C. 既不是拉式市场，又不是推式市场　　D. 是拉式市场和推式市场的结合

二、判断题

1. 供应链管理最关键的是需要各节点企业资源的简单连接。（　　）

2. 以前的竞争是企业与企业之间的竞争，以后的竞争将是供应链与供应链之间的竞争。（　　）

3. 供应链的流程要素包括商流、物流、信息流和资金流。以上四个流程的流通方向都是单向的。（　　）

4. 在选择长期合作伙伴时，应选择能提供最低价格的供应商。（　　）

5. 推动式的供应链运作方式以用户的需求为核心。（　　）

6. 供应链物流组织集成管理就是取消供应链成员的独立的法人资格，相互之间存在行政上的隶属关系。（　　）

三、简答题

1. 什么是供应链？供应链有哪些特性？

2. 什么是供应链管理？其涉及的主要内容有哪些？

3. 简述供应链管理与传统管理模式的区别。

4. 供应链管理原理有哪些？

5. ECR 的四大战略是什么？

四、案例分析

塔捷特推行快速反应

塔捷特商店（Target Stores）十分热心于在零售业推行快速反应。塔捷特在美国有 500 多家大型商店，每年还保持大约 15% 的数量增长。塔捷特商店经营服装、家庭用品、电器、卫生、美容品以及日常消费品。塔捷特是一个折扣商，与凯马特、沃尔玛和西尔斯等商店竞争。

塔捷特经营的全部商品都有条码，并且所有交易中的 POS 数据被采集。每日数据于当晚经由卫星通信传输到总部，某种商品的每日销售与库存数据和参与快速反应的重要供应商共享，塔捷特不允许完全的自动补货，但向供应商保证每周订货。因为供应商了解整个企业的库存目标、现有存货和实际销售数据，所以很容易把握订货数量，并利用这些信息制定自己的生产与分销计划。

每周一次的订货确定后，供应商在一周内将产品送至塔捷特的 6 个配送中心。一旦货到配送中心，塔捷特的管理部门在考虑到下一周的销售情况后，向每个商店配送。所以，商店每周接受每个品类的补充送货，相对于供应商而言，是两周为一个周期。

在这个系统，塔捷特首要的目的不是减少商店总的库存，相反，塔捷特的营销理念是消费者喜欢也希望商店是“丰富”的，即顾客想要的每个品类均能在商店找到且随手可得。因此，商店的所有存货应该陈列出来，而不是放在顾客看不见的库房里。货架设计要使顾客能轻易看到所供商品的丰富。现货可获得性的标准定得相当高，塔捷特希望达到 95% 的现有率。在这里，“现有”意味着“最大库存量的至少 40% 是在货架上”。利用这个标准，传统的缺货百分比实际上为零。为支持此标准，塔捷特依靠快速反应方法，提高补充送货的“合适度”。补充供应体系的目标是补充每个品类可能 100% 地接近货架设计容量，而不产生多余的存货，否则，需要额外的存储场地。这部分后备库存是不愿出现的，因为它们没有陈列，所以不直接创造效益，且由于频繁搬运货物进出储存场所，既增加费用，又极易丢失、损坏或被盗。

塔捷特发现其快速反应系统取得了显著成效，成为企业取得成功的一个重要因素。体系中的重要供应商也从订货的稳定性以及销售与库存数据共享带来的那些订货的可预见性增加上获益。塔捷特的利益从供应商、配送中心、商店的较高商品可获得性中得到。由于频繁地补货，配送中心的周期订货量较低，因为预测期缩短，安全库存较低。当然，这些会带来较高的运输成本，增加数据系统费用。通过在配送中心的库存成本节约和系统带来的补充订货的“合适度”提高，大大节省了商店的货物处理费用，补偿那些增加的成本。此外，系统运转所需的销售数据对有效的商品经营极为有用，与供应商的密切联系使得价格下降并节约其他采购费用。总之，塔捷特致力于其快速反应系统，并积极扩展系统至更多更重要的供应商，以实现在所有大销量的品类上 100% 的快速反应目标。

（钱延仙：《现代物流管理》，东南大学出版社 2007 年版，第 245~246 页。有改动）

思考：

1. 快速反应系统成功实施的条件是什么？
2. 塔捷特推行快速反应对你有何启示？

五、企业应用

打造以“产业生态圈”为基础的“供应链金融”平台

CJ 公司创办于 2007 年，是全国第一家以互联网信息技术为基础，供应链管理服务为竞争手段，首创产融结合供应链金融生态圈模式的国家级高新技术企业、中国海关 AA 类企业、深圳海关客户协调员制度企业、深圳市税务局直通车企业、ISO9001：2008 国际质量体系认证企业、2008~2014 年连续 7 年深圳皇岗海关“十佳纳税大户”等。公司产融一体化的生态圈模式，得到了政、产、学、研各界的高度认可，被清华大学物流研究中心、物流杂志社等机构共同评选为 2013 年度“物流与供应链十大创新企业”。

公司业务涵盖了供应链执行服务、供应链集成服务及供应链方案服务三大内容，涉及的产品类型包括 IT 及周边产品、通信产品、电子元器件、快速消费品、汽车零部件、医疗器械、新材料新能源、消费类电子产品等八大领域。

1. 供应链金融生态圈

CJ 公司正在构建供应链金融生态圈，推进生态圈内的产融联盟，最终打造一个依托移动互联网技术实现万企互联的产业供应链智联网。在全国优势产业聚集地区复制推广这种商业模式，将供应链生态圈商业模式从深圳复制到珠三角、全中国乃至国际区域，覆盖更多行业，并将供应链服务嵌入产业链中，基于产业互联网，构建不过分约束的商业关系生态圈，实现全球产业的协同，真正帮助企业走向成功。

创新商业模式：打造以“产业生态圈”为基础的“供应链金融”平台。CJ 公司正在打造一个依托移动互联网技术实现万企互联的产业供应链智联网。以手机产业生态圈为例，生态圈以 CJ 公司网络为核心，以生产、运营、管理、融资为功能，打造四大服务平台。

（1）供应链运营平台。涵盖海关、税务、商检、物流、仓储、采购、生产、分销、保税等环节，并形成第三方物流的集成解决方案。

（2）供应链金融平台。依托运营平台建立信用体系及支付体系，提供供应链融资及金融衍生服务。

（3）供应链信息平台。为一般的中小型企业提供信息化工作平台，创造接入即可享受的国际先进信息化管理工作体验。

（4）供应链关系链。构建“不过分约束伙伴关系”的社会化商业圈关系链。

目前，CJ 公司打造的手机产业生态圈已较具规模，已聚集大批产业相关上、中、下游企业。其中，已导入手机项目 2000 余个，总额超 100 亿美金；项目管理员 100 余名；各类芯片、软件、配套供应商 2500 多家；制造商、加工厂 60 多家；方案设计商 80 多家，包括欧洲、美洲、中东、印度、东南亚等地区的海外客户 120 多家。

供应链生态圈模式为各企业带来的好处如下：

（1）业务归核，帮助客户真正回归核心业务。

（2）提升效益，整个供应链运营效益提高，流程时间缩短，商业关系链得到优化。

（3）解决项目生产资金问题，实现供应链融资。

（4）有效降低成本。

2. 客户服务成功案例

上市集团客户 A 是一家全球领先的无线通信技术产品和服务提供商，A 具有全球接单能力，以强大的研发能力作为其核心竞争力。但同时其缺乏专业的供应链管理能力，需要建立一个适合其自身需求的具备敏捷性、适应性、协作性的供应链管理体系。通过数据的归集、整理和分析，降低外部因素对内部运作的影响，提高供应链的敏捷性，能够对变化作出快速应对；产品在其生命周期的不同阶段其供应链可能采用不同的运作模式，必须建立具有适应性和能够应对市场和客户变化的供应链；将供应链环节进行结构性优化，在其供应链环节中需要转变上下游敌对状态，建立同盟关系，保持利益一致性，使整条供应链效益最大化。由于其产品具有更新速度快、生命周期短等特点，决定了其供应链要求速度更快、效率更高、决策能力更强，从而保证其供应链具备3A要素。

CJ公司为其量身设计了一套供应链管理方案，客户将其供应链中的货物进口、国际国内物流、资金、银行、税务等环节外包给CJ公司，以CJ公司的核心竞争能力支持客户A的非核心业务，客户A可以更专注于产品的研发、制造和销售环节。

具体合作模式为：客户A与CJ公司签订框架协议，提供生产计划物料清单（biu of materials，BOM），CJ公司根据BOM从国内外供应商采购原材料并集货于自己的VMI仓库进行分拣、齐套后送到加工厂进行生产，生产过程由客户A进行质量管控。

成品完成后，CJ公司将成品出口并交货给客户A的海外客户。CJ公司与客户A自2011年合作至今，已配合其完成10亿元的业务量。CJ公司E-SCM平台具有的数据实时性高、交互能力强、数据准确度高、响应速度快等优点，使CJ公司成为客户A的优秀合作伙伴，深得其信赖。具体实施效果如下：

（1）人力成本

在CJ公司为其实施供应链管理方案以前，客户A须在该项目供应链平台配置50人以完成该业务的操作。CJ公司的方案实施后，客户只需6名操作人员，配合CJ公司该项目组人员7名，共13名人员即可完成原来的任务，客户A的人力成本大幅下降。

（2）业务处理能力

在CJ公司方案实施前，原50人的项目组完成3亿的业务量；方案实施后，现13人可以完成5亿的业务量，业务处理能力提高65%。

（3）运作成本及效率

由于信息支持到位、准确、及时，供应链流程整体效率提高，生产周期从原来35天缩减至25天；价格定位更加准确，由原来报价需时一周缩减为2天即可根据成本准确报价，提高客户商务谈判实力；库存监控决策系统进行了大量有效的即时数据分析，原材料备货量由原来60天减少50%至30天，盘活大量资金。

（4）帮助客户回归核心业务

CJ公司方案实施前，客户A需要四地机构或部门配合，共同管理原料仓、成品仓以及加工厂，沟通成本及人力成本过高。方案实施后，客户由独立为其开放的端口进入CJ公司E-SCM平台，监控管理统一在平台上完成，便捷有效地实施管理，帮助客户释放其在供应链上的管理成本，有效提高供应链决策准确率，能够将更多人力物力回归其核心业务。

根据客户A公布的2012年财务报告，2012年与2011年销售收入同比增长8%，分析结果为得益于3G智能手机需求增长，该集团对产品进行了优化以及上下游关系得到改善。与此同时，2012年与2011年营业成本同比下降27%，分析结果为得益于该集团成本结构以及供应链管理环节进行了有效合理的优化。

（《供应链信息流增值服务案例》，2015年1月26日，http：//www.chinawuliu.com.cn/information/201501/26/297968.shtml。有改动）

实践与训练7

实训 7.1：案例讨论——各类企业的物流供应链模式特点

【实训目标】

1. 培养学生对各类企业的供应链结构的认识。
2. 培养学生对各类企业物流供应链模式的认识和分析能力。

【实训内容与要求】

模拟某行业公司，组织搜集资料并进行分析。

1. 调查具体某企业的相关资料。
2. 运用所学知识进行物流供应链模式分析。
3. 分析存在的问题，提出解决措施，并说明理由。

【成果与检测】

1. 将学生分组，每个小组撰写一份具体企业物流供应链分析报告。
2. 教师根据分析的合理性对各小组表现进行评价。

第 8 章　物流企业经营管理

知识目标

- 了解物流企业人力资源管理的重要作用和创新。
- 掌握物流企业人力资源管理的主要内容。
- 了解物流质量管理的范围、特点和考核指标。
- 掌握物流企业全面质量管理的特点和任务。
- 了解物流企业设施与设备的种类和选择原则。
- 掌握物流设备的使用和维护保养。
- 掌握物流企业筹资的渠道与方式。
- 了解物流企业财务分析与评价的基础和指标体系。
- 了解物流标准化的概念、原则。

导入案例

深圳市中海货物代理有限公司

深圳市中海货物代理有限公司是 2001 年由外经贸部批准设立的国家一级货运代理公司，隶属中海物流公司。公司拥有高素质的管理人员和经验丰富的专业操作人员，并装备中海资讯公司独立开发的计算机操作系统，与仓库、海关、各地分公司、办事处之间均有联网，从报价、接载、报关、制单等各个流程都能为客户提供查询信息、货物追踪及进口清关、提货、陆路运输服务。在国外代理网络方面，公司利用中国海外集团的海外机构，在全球 100 多个国家和地区设有 1000 多个办事处。

公司业务范围：主要是国际及国内海运、空运、拼箱、转厂、保税区储运业务等。

公司优势：自有近 90 台货柜车，并装配先进的全球卫星定位及调度系统，客户可通过互联网及电子地图进行实时定位查询；EDI 电子报关可令客户的货物通关时间大大缩短；自主开发的货运代理专用软件使各种单证准确及时、账务简洁清晰；提供目的港到门服务。

公司特点：秉承为客户提供“一站式”服务的营运理念，通过公司的专用物流电子商网站 www. logistics-china. com 提供各种物流方案、资讯及货物追踪。

（钱延仙：《现代物流管理》，东南大学出版社 2007，第 279 页。有改动）

阅读提示

学习本章内容后，能从人力资源、质量、设备、财务等角度，列举 3 家物流企业经营成功或失败的案例。

8.1 物流企业人力资源管理

8.1.1 物流企业人力资源管理的作用

物流企业人力资源管理是指对物流企业人力资源进行有效开发、合理配置、充分利用和科学管理的过程，其主要内容包括人力资源规划、职务设计与分析、员工招聘和录用、员工培训与开发、员工绩效考评与激励、员工工资福利和劳企关系等。企业之间的竞争制胜关键在于人才，特别是犹如企业脊梁的核心人才，物流企业也不例外。随着技术更新的加快和市场的发展，物流企业中员工的能力开发与使用将越来越重要。一般来说，柔性的用人政策和多方面表现出来的强大竞争力，能吸引更多优秀的物流人才到企业工作。因此，加强物流企业的人力资源管理是现代物流企业管理发展的根本措施之一。人力资源管理的作用体现为以下几个方面：

1. 有利于物流企业制定长远的战略目标和发展规划

物流企业在制定长远的战略目标和发展规划时，总要考虑企业自身的各种资源，尤其是人力资源状况。虽然人力资源规划是以物流企业的战略目标、发展目标和整体布局为依据的，但反过来，人力资源的合理性又有利于战略目标和发展规划的制定，保证战略目标和发展规划的顺利实现。

2. 有利于做好物流企业人力资源的供求平衡

人力资源规划一方面对目前人力资源现状予以分析，以了解人力资源动态；另一方面，对未来人力资源需求做预测，以制定人员增补与培训计划。这样，通过人力资源管理体系的工作，达到量与质、长期与短期的人力资源供求平衡，以保证物流管理活动的有序化。

3. 有利于降低物流企业人工成本

人力资源成本在物流企业成本构成中占有比较大的比重。因此，人工成本降低对物流企业利润有很大影响。人力资源管理可以对现有的人力资源状况进行分析，充分挖掘影响人力资源效益的因素，保证企业经营目标的实现。

4. 有利于调动员工的积极性和创造性

人力资源管理把实现组织目标和满足员工需求结合在一起，从而能有效调动员工的积极性和创造性，促进员工努力提高技术水平和服务水平，在实现自身价值的同时也为企业和社会多做贡献。

8.1.2 物流企业人力资源管理的主要内容

1. 物流企业人力资源规划

物流企业人力资源规划，是指科学地预测、分析物流企业在变化的环境中人力资源需求和供给状况，制定必要的政策和措施，以确保物流企业在需要的时间和需要的岗位上，获得所需要的合适数量、质量和种类的人力资源的过程。物流企业人力资源规划一般包括岗位职务规划、人员补充规划、教育培训规划、人力分配规划等。物流企业人力资源规划的程序是：

(1) 核查物流企业现有员工。

(2) 预测物流企业人力资源需求。

(3) 预测物流企业员工的拥有量。

(4) 确定物流企业员工净需要量。

(5) 制定物流企业员工供求平衡规划政策。

(6) 确定物流企业员工供求均衡的执行计划。

(7) 实施人力资源规划的反馈和控制。

2. 物流企业员工的招聘录用

(1) 物流企业员工招聘录用的目的

物流企业员工招聘录用的主要目的是争取以较小的代价获得满足企业需要的合格员工。通常要考虑以下因素：

①物流企业是否批准补充员工。

②是否已有工作说明书、工作规范。

③工作要求、工作期限是否已确定。

④物流企业内部能否找到合适的员工。

(2) 物流企业员工招聘录用的形式

物流企业员工招聘的形式多种多样，但常用的有以下几种：

①广告招聘。

②职介机构招聘。

③猎头公司招聘。

④校园招聘。

⑤员工推荐。

⑥在线招聘。

⑦招聘会招聘。

⑧从自荐求职信中招聘。

3. 物流企业员工的培训与开发

培训是开发与发展人力资源的基本手段，良好的培训已成为现代企业管理的重要手段和营造核心竞争力的有效措施。物流企业员工的培训与开发目标可分为工作技能、文化知识和团队精神三个方面。物流企业员工的培训与开发流程是：

①培训需求分析。

②培训需求确定。

③制定培训计划。

④实施培训计划。

⑤培训效果评估。

4. 物流企业员工的绩效考评

物流企业员工的绩效考评，是指物流企业按一定的标准，采用科学的方法对员工的品德、业务、学识、工作能力、工作态度和成绩以及身体状况等方面进行的考核和评定。物流企业员工绩效考评的程序是：

①制定绩效考评标准。

②评定绩效。

③绩效考核反馈。

④考评结果的运用。

5. 物流企业员工的薪酬管理

（1）薪酬管理工作的要求

公正合理的薪酬和福利有利于保障物流企业员工的基本物质生活需要，吸引优秀人才，调动员工的积极性，促进工作效率的提高。物流企业薪酬管理工作的要求是：

①坚持公正合理。

②体现竞争性。

③发挥薪酬的激励效能。

④协调员工利益与物流企业利益。

⑤确保薪酬政策有弹性。

（2）薪酬管理的核心内容

物流企业工资制度的设计是薪酬管理的核心内容。合理的工资制度，为薪酬管理工作的开展打下了良好的基础。物流企业确定工资制度时，应综合考虑各方面因素对工资制度的影响。这些因素包括：

①一个国家或地区的总体生活水平、物价水平和工资水平。

②劳动力市场的供需状况。

③物流行业的发展水平。

④国家的有关法规和政策。

⑤岗位的职责。

⑥员工的技能水平。

⑦岗位的工作条件。

⑧物流企业薪酬的整体水平。

⑨物流企业的经营状况与财务实力。

6. 物流企业员工的激励

激励作为调动员工积极性的一种手段，具有发掘企业员工的潜能，提高企业人力资源的质量，弥补企业物质资源不足的功能。物流企业人力资源管理中可供选择的激励方法有：

①目标激励，即通过设置一定的目标来激发员工的期望，调动员工的积极性。

②股权激励，即主要通过建立规范的内部员工持股制度，让员工持有物流企业的股权，增强员工的归属感和认同感。

③奖惩激励，即通过一奖一惩，对员工进行正强化和负强化，使物流企业内部形成一种好的风气，调动员工积极性。

④竞争激励，即通过开展多种形式的竞争活动来调动员工的积极性。

⑤组织参与激励，即通过责、权、利的统一，明确员工的责任和权利，推进全员参与的民主管理，树立员工的主人翁意识，从而激发员工的积极性。

⑥公平激励，即在各种待遇上公平对待每一位员工，以此调动员工积极性。

⑦危机激励，即通过不断地强化员工的危机感，增强物流企业的团队意识，主动激发员工奋进。

8.1.3 物流企业人力资源管理的创新

物流人才被列为国内 12 类紧缺人才之一，物流企业的人才需求总量缺口较大，众多国内物流企业的发展受物流人才的制约。一方面，总量不足与结构性失调造成企业需要的合适人才难寻；另一方面，企业在成长过程中苦心培养的核心员工频频跳槽，使人才难留。所以，从现代物流业目前及未来对人力资源的需要出发，重视人力资源管理的创新，建立一支高效稳定的员工队伍，对物流企业非常重要。

1. 充分考虑员工的个人需要

需要是人们的一种主观状态，是企业员工个体在生存过程中对既缺乏又渴望得到的事物的一种心理反应活动。这种需要在很大程度上支配着物流企业员工个体的行为，尤其对自身素质高、能力强、社会需求大的高素质人员的就业心理产生重要的影响。因此，物流企业只有充分了解自己的员工，设计有效可行的绩效考核方案，鼓励员工为实现个体需要去努力，才能够增加企业对员工的吸引力，吸引人才加入企业员工队伍。一个有良好发展前景的企业，如果它忽略员工的需要，那么面对竞争对手抛出的优厚待遇、个人成长设计等方面的诱惑，思想境界再高尚的员工也要顾及个人成才、社会压力和生存压力等因素重新进行个人的职业定位而跳槽，从而就可能使物流企业陷入年年引进高素质的初级员工、年年流失成熟的骨干人才的怪圈。如果物流企业在实施发展战略的同时，充分考虑员工的个体需要，把二者有机地结合起来，使企业与员工队伍一起成长，就会大大减少企业人才的流失，从而降低企业人力资源方面的招聘和培养成本。

2. 以人为本，为员工的自我激励创造环境

自我激励是内在化的自觉激励，是一种真正产生持久作用的最有效的激励方式，是人力资源管理的最高境界。根据马斯洛的需求层次理论，物流企业应从多方面激励员工，创造一个能满足员工个人需要的环境，如不断完善物质激励手段，满足员工的生理需要；通过向员工提供完善的福利制度、健全的职业保障制度，满足员工的安全需要；组织各种团体活动，如开展部门之间的联谊会、体育比赛、团体旅游等，满足员工的社交需要；通过对优秀员工给予多种形式的精神激励，如颁发荣誉勋章、在企业内部刊物上发表表扬性文章、授予荣誉称号以及设立优秀员工光荣榜等，满足员工尊重的需要；鼓励员工为组织提出合理化的建议或为员工提供一些富有挑战性和创造性的工作，满足员工的自我实现需要。

3. 加强全员培训管理，多方面、多层次发展员工

物流企业应本着全员培训和重点培训相结合的原则，既要实施全员培训，适应当今现代物流发展的客观要求，提高全体员工的知识素养，保证企业以最大的速度发展，又要根据战略发展的需要，采用重点培训的策略，优先培训最关键、最急需的既懂业务又有管理水平的复合型人才。新员工是企业的新鲜血液，物流企业应通过培养新员工的组织归属感等方式来完善新员工的导向活动，帮助新员工尽快融入企业，掌握业务技能，从而尽心尽力地为企业工作。加强对员工基础知识和业务知识的培训，提高员工的服务质量，增强员工处理问题的能力，如当客户、货主向接待人员询问有关货物、价格等问题时，该员工若有丰富的基础知识和广度知识就可以给客户全面、细致的答复，从而令客户满意。

4. 构筑人力资源开发与管理体系

在价值链模型中，价值创造不仅是企业所有人力资源开发与管理活动的起点，同时也是企业战略目标能否实现的前提和基础。物流企业应在理念上肯定核心员工在企业价值创造中的主导作用，把这一类人视为企业的中坚力量，列为企业人力资源服务的主要对象。明确了谁是创造企业价值的主体，不仅可以更好地进行企业分层分类人才体系的建设，还可以指导招聘规划、岗位设置、员工的职业生涯规划等工作，有的放矢地引进企业所需的合适人才，留住企业的核心人才。人的知识结构、经验及潜能的客观差异决定了各自价值产出的不同。物流企业应建立素质模型与任职资格相结合的人力资源配置系统，把员工的素质能力与特定岗位的要求结合起来，做到适才适岗，发挥个体最大的价值创造能力。通过定期对企业人才的职业化行为进行评价、总结与反馈，不仅可以对员工行为起到纠偏、改进和提高的效果，还可以及时发现员工存在的“短板”，并通过培训、潜能开发与团队互助等手段进行补短或充实。

8.2 物流企业质量管理

8.2.1 物流质量的概念

根据我国国家标准 GB/T6583-94 及国际标准 ISO8402-1994 的定义，质量是指产品或服务满足明确和隐含需要能力的特性总和。物流质量就是在满足客户需要的前提下，根据物流活动的规律所确定的物流工作的量化标准。物流是供应链的一部分，它是对商品、服务及相关信息在起源地与消费地之间有效的正向和反向移动与存储进行的计划、执行与控制，其目的是为了满足客户要求。物流质量是供应链上物流服务特性满足客户要求的程度，主要包括以下几个方面：

1. 物流对象质量

物流的生产过程就是商品实体的流动过程。商品在进入流通领域前就已经具有一定的质量。物流生产主要在于转移和保护这些质量，保证把商品完好地交给客户。现代物流生产已不仅仅是转移质量和保护质量，为了满足需求多样化和方便流通与消费，往往采用较深层次的流通加工手段，进一步提高商品质量，甚至改变商品的形状和性质。从这一意义上讲，物流的生产过程也是商品质量的“形成过程”。

2. 物流服务质量

物流服务质量具体体现为：商品质量的完好程度，流通加工对商品质量的改善程度，商品规格、品种、数量的保证程度，配送交货期的满足程度，成本及物流费用的水平等。物流服务质量追求的目标，就是能满足客户在规格、品种、数量、时间、地点、价格乃至性能等各方面的要求。

3. 物流工作质量

物流工作质量包括物流生产各环节、各工种、各岗位的具体工作质量，它对物流服务质量的提高起直接的作用。物流工作质量大体可分为经营决策工作质量和现场执行工作质量。所以，提高物流服务质量要从工作质量入手，把物流工作质量作为物流质量管理的主要内容及工作重点。

4. 物流工程质量

物流工程是支撑物流活动的工程系统。任何物流企业都必须依靠有效的工程系统来保证高质量的服务。工程设施、技术装备的质量从根本上决定物流整体质量，因而需要对其进行有效控制。

8.2.2 物流质量管理的要求

拓展案例

"全员参与"戏解

话说谚语"三个臭皮匠，顶个诸葛亮"中的三个臭皮匠，有一天走到一座寺庙，碰见了"三个和尚没水吃"中的三个和尚。双方因团队合作问题发生争执，辩论不休，互不相让，最后吵到上帝那儿，由上帝裁决。上帝说："我管辖着天堂和地狱两个地方，但两个地方却有天壤之别，为什么呢？你们不妨去看一下！"

他们首先来到了地狱，看到所有的人都坐在餐桌旁，桌上摆满了各种美味。奇怪的是，他们全都面黄肌瘦，一个个无精打采。仔细一瞧才发现，原来餐桌上的人左臂都捆着一把叉，右臂捆着一把刀，刀和叉的把手长达4尺，掌握刀叉的人根本吃不到桌面上的东西，因此他们只能眼睁睁看着食品挨饿。接着他们又来到了天堂，发现所有的用餐设备和方式跟地狱一模一样。但这儿的人们却面色红润，而且到处都充满了欢歌笑语。很快他们就发现了答案，原来天堂的人从不把自己手上的食物喂给自己，而是愉快地递给别人，这样，每人都可以吃上美味的佳肴；而地狱的人只想喂自己，所以就只能挨饿。

所以，管理必须是一个全员参与的过程。人是管理活动的主体，也是管理活动的客体。人的积极性、主观能动性、创造性的充分发挥，人的素质的全面发展和提高，既是有效管理的基本前提，也是有效管理应达到的效果之一。管理过程的有效性取决于各级人员的意识、能力和主动精神，随着市场竞争的加剧，全员的主动参与将更为重要。

（《"全员参与"戏解》，2012年3月20日，https：//wenku.baidu.com/view/e478932d915f804d2b16c1c5.html。有改动）

物流质量管理就是依据物流系统运动的客观规律，为了满足物流客户的需要，制定科学合理的物流标准，运用一定方法进行计划、组织、协调、控制的物流活动过程。现代物流具有其内在的客观规律，在质量管理方面同样反映出相应的基本要求，归纳起来有三大特点。

1. 全员参与

要保证物流质量，就涉及物流活动的相关环节、相关部门和相关人员，需要各方紧密配合，全员参与，共同努力。物流管理的全员性，正是物流的综合性、物流质量问题的重要性和复杂性所决定的。

2. 全程控制

物流质量管理是对物品的包装、储存、运输、配送、流通加工等若干过程进行的全过程管理，同时又是对物品在社会再生产全过程中进行全面质量管理的重要一环。在这一过程中，必须一环紧扣一环地进行全过程管理才能保证最终的物流质量，达到目标质量的要求。

3. 全面管理，整体发展

影响物流质量的因素具有综合性、复杂性，加强物流质量管理就必须全面分析各种相关因素，把握内在规律。物流质量管理不仅管理物流对象本身，而且还管理物流工作质量和物流工程质量，最终对成本及交货期起到管理作用，具有全面性。因此，必须从系统的各个环节、各种资源以及整个物流活动的相互配合和相互协调做起，只有质量管理的整体发展才能最终实现物流管理目标。

8.2.3 物流质量管理考核

物流质量管理最直观最关键的就是对物流运作系统的考核。物流质量管理的不同环节，有不同的标准与考核指标。如对于运输环节，可以从运输效率、运输网络合理配置等指标来考核；在仓储环节，可以从库存管理水平、理货时间、发货准确率等方面来考核；在包装环节，可以从包装的轻薄化、集装化和标准化等方面来考核；在配送环节，可以从配送及时性等方面来考核；在供应链方面可以从成本节省等方面来考核。以制造企业的销售物流为例，应采取以下四方面的指标，以全面监控反馈物流管理的质量。

1. 运作指标

运作指标即衡量物流活动操作水平的指标。具体包括配送准时率、错误投递率、破损率、特殊情况服务水平、代收货款准时率等。

2. 仓储服务指标

仓储服务指标是指在仓储管理中对库存管理、理货操作等方面的监控指标。具体包括订单处理时间、库存准确率、装卸效率、安全指标、作业正确率、库存量等。

3. 信息指标

信息指标即对物流服务中客户预约、信息跟踪反馈、签收单反馈等信息服务的监控指标。具体包括电话预约指标、信息反馈率、签收单反馈率、意外情况反馈及时率等。

4. 客户满意度指标

客户满意度指标即关系到客户直观感受，由客户反馈的指标。具体包括客户满意率、客户投诉率（客户投诉订单数占全部订单数的比例）等。

在指标设计过程中，还可以根据需要对每个指标按照物流运作每项工作的具体环节进行细分。在具体考核过程中，应根据物流运作侧重点、对客户承诺水平的不同制定每个考核指标的标准，并选取相应的指标，通过对每项指标分配不同的权重形成指标组合体系，作为考核的依据。

☞课堂互动

近年来，人们对新鲜果蔬、牛奶等生鲜产品的需求逐年增加，“小批量、多品种、高保鲜”已成为冷链物流的主要特点，这就意味着对冷链物流质量提出了更高的要求。请根据冷链物流的特点，讨论分析如何提高冷链物流的质量。

8.2.4 物流企业全面质量管理

1. 全面质量管理的概念

全面质量管理（TQM），是指一个组织以质量为中心，以全员参与为基础，目的在于通过让客户满意和本组织所有成员及社会受益而达到长期成功的管理途径。物流企业全面质量管理是新时期对物流服务质量管理的要求，也是“全面质量管理”的理论和方法在物流活动中的运用，即将组织管理、专业技术和统计方法结合起来，建立一整套质量管理工作体系，对物流业务的质量进行全方位、全员及全过程的管理。

2. 物流企业全面质量管理的特点

（1）全面性

①全对象管理。一般工业企业的全面质量管理包括了产品质量、产量、成本、工程质量、工作质量等内容的管理。作为物流企业，其全面质量管理的对象包括运输、仓储、配送、装卸搬运、流通加工、包装各种作业管理及信息管理、财务管理、人力资源管理、物流设备管理等各方面的管理。

②全过程管理。一般工业企业的全过程管理是指从市场调研直到售后提供优质服务，质量问题贯穿始终的管理。作为物流企业，其全过程管理是对从市场调查与宣传、商务磋商到物流活动安排、物流作业操作、客户接收的全过程实施全面质量管理。保证客户满意，是各环节活动的综合结果，它们彼此依存、相互制约，任何一方面出现问题都会影响最终的物流质量。

③全员参与管理。由于物流作业的非连续、非均衡和分散性，动员全体人员关心参与质量管理就显得尤为重要。物流企业质量管理离不开每个环节和每一个人，唯有通过全员参与，方能有效推动全面质量管理。因此，必须创造全员参与的环境，要求全员参与过程改进活动，鼓励运用专业知识及经验，在自己的工作领域中，提出改进的意见并作决定，形成领导、专家和员工结合的全员管理质量的局面。

（2）服务性

全面质量管理是基于面向客户的质量管理，要以质量服务为根本出发点，强调质量控制的过程和方法。要遵循以下规则：下道工序（作业）是上道工序（作业）的客户，“客户满意”是质量的标准，质量是生产出来的不是检验出来的，对质量的管理不是一次性的“验收”，而是讲究对全过程进行持续不断的质量改进。所以，质量验收的标准会随着客户期望值的提高而改变。

（3）预防性

物流企业质量管理的预防性是指把质量管理由传统的质量检查管理转变为质量控制管理，坚持“以防为主，防检结合”的质量管理原则。

质量检查管理是“事后把关”而不能预防，它只是全面质量管理的一个必要环节；而质量控制管理则是通过事先预见可能影响质量的因素并加以控制来防止质量问题的发生。如对库存商品的质量管理，不但要检查储存保管过程中的质量变化，同时在入库时对其质量就加以考察并提供所需的保管条件来防止问题发生。

（4）科学性与系统性

物流企业全面质量管理的科学性是指物流企业的一切质量标准要用数据和事实说话，综合运用统计学、市场预测学、运筹学、系统工程及计算机技术，通过计划、实施、检查、处理的科学循环管理方法来提高物流企业质量管理。

物流企业全面质量管理的方法是系统的。对于整个物流企业活动的质量管理，需要依据统一的质量标准和质量体系，对所有部门和人员作出相同的质量责任要求。

3. 物流企业全面质量管理的任务

物流企业全面质量管理的任务是：确定合理的物流质量目标，制定全面的物流质量计划，建立有效的物流质量保证体系。

物流企业全面质量管理，就是根据物流企业质量管理任务的要求，把物流业务经营统一起来，建立健全一整套质量保证体系，使质量管理工作制度化、标准化、系统化，使每个部门、每个经营环节、每个员工都提供优等的工作质量，保证准时、准确、经济合理地完成物流企业经营任务，更好地为市场服务。

4. 物流企业全面质量管理体系

物流企业全面质量管理体系由物流企业全面质量管理教育、物流企业全面质量管理的基础工作、物流企业群众性的全面质量管理小组、物流企业业务经营过程的全面质量管理及物流企业全面质量管理体系的 PDCA 循环运转方式构成，它们分别体现为物流企业全面质量管理的思想基础、工作基础、行动准则、群众管理、业务管理和工作方式，被称为物流企业全面质量管理工作的“支柱”。

(1) 全面质量管理教育

物流企业全面质量管理教育的基本目的在于使全员了解全面质量管理与个人工作间的关系，了解为何需要全面质量管理，领会有关全面质量管理的基本精神，并训练其如何使用有关的工具及方法，以顺利推广全面质量管理。从领导、专家到普通员工都必须接受全面质量管理的教育和培训，使每个员工都以本人工作全优为第一任务。执行一段时间后在总结前期经验基础上进行进一步质量管理教育，不断教育，不断提高。

(2) 全面质量管理的基础工作

物流企业开展全面质量管理必须具备一定的基础条件、基本手段和基本制度。主要包括以下几个方面：

①标准化工作。把在质量管理中的实践经验、科学管理成果用标准化形式总结出来，作为共同遵守的准则广泛推行。质量管理从质量目标的制定、执行、检查、评估到总结，全过程都离不开标准，不仅包含技术标准、商品质量标准，还包括全部规章制度及操作标准、各项工作标准等。标准是衡量质量的尺度，也是管理的依据，进行标准化工作时要注意：各种工作都应当有标准；标准和规定要坚决贯彻执行并在实践中不断完善；标准要求技术上先进，经济上合理；标准的内容要完整、简明。

②计量工作。全面质量管理要用数据说话，要根据不同情况选择正确的计量方法，确保各种测量用具准确无误，保证记录准确、可靠，各类原始凭证和作业记录如运输记录、设备状况记录、事故记录等必须保存好。对某些质量问题较大的环节可以进行监测记录，为改进质量提供不易从其他记录中获得的数据。

③质量情报工作。质量情报指反映物流各环节工作质量和商品质量的信息，包括各种基本数据、原始记录和使用单位意见等资料。作为第一手资料，它能及时反映物流企业质量动态，是质量管理的耳目。此外，对某些质量问题较大的环节可以进行跟踪记录。质量情报的要求是：准确、及时、全面。

④质量责任制。质量责任制是规定物流企业质量管理方面的标准和要求，保证物流企业质量的一种岗位责任制度。它是组织共同劳动、保证生产正常进行的基本条件，对每个部门、每个员工都明确规定其在质量管理中的具体任务、责任与权限。为此，必须将工作质量标准、考核指标、奖惩制度紧密结合起来。

(3) 群众性的全面质量管理小组

质量管理小组简称“QC”小组，是指在生产（工作）岗位上从事各种劳动的员工，围绕企业的方针目标和生产（工作）现场存在的问题，以改进质量、降低消耗、提高经济效益和人的素质为目的而组织起来的，运用质量管理的理论和方法开展质量管理活动的小组。质量管理小组活动为员工参加质量管理开辟了广阔空间，对提高工作质量和服务质量、降低成本、提高物流企业经济效益起到重要作用。开展质量管理小组活动应注意抓好以下几个环节：

①组织学习质量管理知识。为推动小组活动，小组成员须努力掌握质量管理知识，学会用科学的管理方法来提高物流企业质量管理水平。

②选好质量管理的研究课题。要考虑不同部门与不同环节对质量管理的要求，选择当前质量管理中较突出的又为全体组员所了解的问题，研究的内容应紧紧围绕提高服务质量、降低成本和加强管理等方面的问题进行。如何制定物流企业质量标准，将先进的质量管理方法尽快地应用到物流工作中是工作的重点。只有深入地开展物流企业质量管理方面的科学研究，才能使物流质量得到稳步提高。

③运用适宜的质量管理方法。全面质量管理的方法很多，必须根据质量管理对象的特征选择适当的方法。方法选取适当，运用适宜，对数据的整理加工就能收到更好的效果。

④及时交流和推广质量管理小组活动的成果。采取交流会、报告会形式及时推广成功的质量管理成果，不断扩大质量管理活动的效果。

8.3 物流企业设备管理

拓展案例

海尔以流程改造构建竞争优势

现在新经济形势下竞争日趋激烈，客户的需求也在趋向个性化和多样化，这就对生产厂家提出了更高的要求。国内著名企业海尔经过业务流程改造在这方面已经取得很大的成绩。按照订单生产，是解决库存问题的根本。海尔认为，新形势下企业运作的核心驱动力只有一个：订单。没有订单的生产，其结果只能是生产库存；库存积压，直接导致企业资金周转不灵；为解决没有市场的库存，其结果只能是降价，最终耗费了企业宝贵的资源。不彻底改变这种局面，其结果对企业而言风险之大不言而喻。所以企业的竞争其实就是速度的竞争，即获取订单并满足订单需求的速度竞争。以远见著称的海尔，为更好地发挥企业的竞争优势，大幅度地超越竞争对手，选择了自我改造，也就是外界最关注的业务流程再造。

1. 业务流程改造

业务流程再造（BPR）是美国管理专家迈克尔·哈默于1990年提出的。其定义是：对企业的业务流程进行根本性的再思考和彻底性再设计，从而使企业获得在成本、质量、服务和速度等方面业绩的戏剧性改善。原有的业务流程是直线式职能管理，流程再造的要求是要彻底打破原有的流程架构，海尔的业务流程改造始于1998年9月8日张瑞敏在集团中层会议上的讲话。按照业务流程再造的思路和集团新的战略规划，要求以订单信息流为中心，通过计算机信息网络，一手抓着全球用户资源网络和用户的需求，一手抓着能满足用户需求的全球供应商网络，最终实现企业“三个零”目标，全力构建企业的核心竞争力。海尔自创了“一流三网”：“一流”即为订单信息流；“三网”分别是计算机信息网络、全球供应商网络和全球客户资源网络。“三个零”指的是：零库存、与客户的零距离和零资本运营。通过“一流三网”的构建，通过对生产线的改造和看板管理等实现了生产的柔性化，并在供应链方面实施三个 JIT（Just In Time）管理，即 JIT 采购、JIT 原材料配送、JIT 成品分拨物流，全面提高响应客户需求的速度。通过流程改造，企业实施了全面的扁平化管理，减少了企业与用户之间的层级，信息的交流变得日益畅通和透明。这些变化也慢慢地改变了海尔在客户心目中的地位，紧紧地抓住了客户购买的欲望，使海尔品牌成为消费者的首选。

2. 订单生产流程

现在在海尔，一个经销商下完要货订单后，海尔的工作人员将要货信息从商流工贸公司的信息系统终端输进海尔信息系统，完成对订单的上传。订单信息同时在相关部门的电脑终端上响应。订单就是各部门同时操作的命令，订单信息在物流推进本部的电脑终端上立即转化为生产订单。海尔物流立体仓库的中央控制中心随即将产品分解成配件需求，自动统计并排查配件库存，将海尔国际物流中心配件立体仓库已有的和待采购的配件分类进行操作。对库存紧缺的配件，系统自动生成采购订单，并显示在采购 JIT 工作人员的电脑终端上。根据采购订单实施网上 JIT 采购。这个信息同时将出现在原材料分供方的电脑终端上，分供方依托海尔的 BBP 系统（原材料网上采购系统）确认供货需求信息，并按要求配送到海尔物流立体仓库。立体仓库的配件备齐的信息随即转化为生产申请，得到获准之后，信息即刻在海尔国际物流中心，即海尔物流中心的配件立体仓库的电脑终端上显现出来，通过 JIT 原材料配送操作，分别将配件送到预定的生产线的工位上，柔性化的生产线在运转中根据系统指令实现生产自动切换，即可生产出满足客户订单需求的产品。产成品一下生产线，随即转运进入海尔国际物流中心成品立体仓库，全国主干线 JIT 成品分拨配送在平均 2 天时间将产品发运到 42 个遍布全国的海尔物流配送中心。各地的配送中心将产品配送到客户指定的地点。这些配送操作在物流中心城市 8 小时到位，区域配送 24 小时到位。至此，客户订单的响应完成。

上述过程中响应的是经销商需求，这和对终端客户需求响应的过程基本类似。终端客户的需求响应时间在 10 左右基本可以完成。以前在没有信息系统的时候，客户订单从传递到供应商响应则需要 10 天以上时间，等响应直到客户收到货时间则会更长，而且准确性低、效率差。现在通过 ERP 系统，从客户下订单到供应商对配件的响应完全可以在 1 天内准确完成。

经销商可以在海尔定期举行的产品订购会上，根据销售区域的客户喜好，在海尔产品的标准模块中组装搭配符合自己需求的产品，也可以通过经销商描述的客户需求，来定制客户想要的产品。经销商的个性化定制成了同类产品中的销售亮点。而终端客户可以通过海尔的商务网站等多种途径参与自己需求产品的设计，因而最大程度地满足了客户的个性化需求，同时也密切了企业与客户的关系，而企业在其中也实现了销售和竞争优势。双赢的结果，成了海尔核心竞争力的重要部分。良好的服务口碑配合优质的个性化产品，成了消费者购买产品的首选。

3. 信息系统是解决库存的根本手段

海尔通过 BBP 系统交易平台，每个月平均接到 8000 多个销售订单，这些订单的品种达 9000 多个，需要采购的物料品种达 26 万余种。在这种复杂的情况下，海尔物流自整合以来，呆滞物资降低了 73.8%，仓库面积减少 50%，库存资金减少 67%。海尔国际物流中心（海尔配件立体仓库）货区面积 7200 平方米，但它的吞吐量却相当于普通平面仓库的 30 万平方米。

同样的工作，海尔物流中心只有10个叉车司机，而一般仓库完成这样的工作量至少需要上百人。因此，海尔仓库不再是储存物资的水库，而是一条流动的河。河中流动的是按订单采购生产所需的物资，也就是按订单来进行采购、制造等活动，这样从根本上消除了呆滞物资、消灭了库存。海尔打破了过去仓库的概念，把仓库变成一个只是为下一站配送而暂停的站，所以把它称作是“过站式物流”。这从根本上解决了竞争中多数企业最头痛的库存问题，少了这个后顾之忧，使得海尔能轻松面对瞬息万变的市场，并在竞争中处于优势地位。

上述过程的实现基于海尔完善的计算机网络，在这个网络中应用得最彻底的是海尔的物流管理系统。这个系统采用了SAP公司提供的ERP系统和BBP系统。海尔的ERP系统共包括MM（物料管理）、PP（制造与计划）、SD（销售与订单管理）、FI/CO（财务管理与成本管理）、BW（业务数据仓库/决策支持信息系统）等模块及ABAP开发的实施能力。商流从订单输入接口将需求信息输入系统，物流和资金流分别通过各自的端口处理来自系统（其实也就是来自客户）的需求信息。需求信息一旦输入系统就自动变成了客户订单，订单驱动相关部门的联动，直至客户需求得到满足为止。因此一切的采购、生产、物流配送等行为都是以订单信息流为中心，将客户需求信息和能满足客户需求的供应商网络相联系。产品在生产之前就已经名花有主，实现了零库存；公司从上到下严格执行的是现款现货的方式，实现了零资本运营；通过全程的物流服务使产品一下生产线就到了客户门口，实现了与客户的零距离。

海尔这套信息系统的最大的优势是，在订单的驱动下，产品事业部、商流、物流、资金流各部门实现了并行操作，优化了产品设计、研发、采购、生产、物流配送等各环节的工作节奏，实现了响应客户订单的时间最小和工作效率最大化。各部门根据系统开放的权限，看到的是自己该干的工作和工作时效要求。各级管理层，通过系统权限看到了自己最关心的实时更新的信息。决策层全局把握，运筹帷幄，实现对战略的实时调控。

4. 市场链解决工作效率

流程再造对海尔而言是一个非常重要的工作，历时也比较长，从1998年一直做到现在。由于1998年海尔进入国际化战略阶段，国际化的消费者的选择范围也是国际化的，在网上就可以选择他们想要的产品。企业如果不能以最快的速度生产他们想要的产品，就没有机会为他们服务。为了争取这种服务，海尔整个流程就必须提速，整合现有资源，充分实现个性化。这一切要求我们必须压扁流程，这也是海尔进行流程再造的初衷。为了实现这个初衷，海尔希望把每一个员工都变成一个老板，也就是一个SBU（策略事业单位），让每个人都创造有价值的订单。这样，每个员工都必须面对市场，都必须时刻要想到如何满足消费者的需求，使得海尔从一个3万人的企业变成3万个小企业，3万个小企业又可以瞬间组合成一个有竞争力的品牌，这种情况下才可能使海尔实现创国际名牌的目标。张瑞敏表示，海尔做的就是打通员工与市场的壁垒工作，要让每个人都直接面对市场。海尔员工现在每个人都直接面对市场的销售利润，如果员工自己参与的型号的产品在市场上亏损的话，就不能得到收入，只能从海尔集团借工资、借生活费，而且只能借到6个月，到时候市场利润再上不来，请离开。这样市场的压力直接就传递给了员工，把市场竞争内部化，在企业内部建立市场机制。在信息化的平台上，这种“压力传导机制”是完全可以实现的。这就是海尔最新的管理理念，即市场链管理，简称“S（索赔）S（索酬）T（跳闸）”。“我们要解决面临的问题，唯一的办法就是在管理上创新”，创新是海尔的核心竞争力。海尔的创新永远来自消费者需求，海尔的定位就是“不断地满足消费者需求”，而且消费者需求不是静态的，而是一个时刻在变化的动态的过程，海尔的创新就是要不断地捕捉这种新的需求。市场链管理机制是将员工利益与获取订单速度、完成订单的情况、满足市场需求捆绑在了一起，实现员工主动为企业分忧。

流程再造还在继续，从某种意义上讲，海尔任重道远。“不去打破现有的成功，不去打破现有的平衡，就永远不能实现新的目标。”要在竞争对手赶上来之前，自己主动改变，才能永远立于不败之地。毕竟，永远不变的真理就是一直在变。

（蒋长兵等编著：《企业物流战略、规划与运营》，中国物资出版社 2009 年版，第 197～201 页。有改动）

所谓物流设备是指进行各项物流活动所必需的成套建筑和器物，组织实物流通所涉及的各种机械设备、运输工具、仓储设施、站场、电子计算机、通信设备等，是企业在进行物流作业活动，实现物流功能过程中所使用的各种设施与装备的总称。物流设备是完成物流各项活动的工具与手段，是组织物流活动的物质技术基础。离开一定的物质技术条件，任何物流活动都将无法进行。运输、仓储保管、装卸搬运、流通加工、包装、信息处理等都需要相应的物流设备。它是物流企业实现经营目标的技术保障和物质基础，是反映物流技术水平高低的主要标志。

8.3.1 物流企业设备的种类

为满足客户不同的物流需求，完成各种物流活动，需要种类繁多、形式多样的设施与设备。

1. 物流基础性设施

（1）物流网络结构中的枢纽点

这既包括全球或全国或区域范围内的交通枢纽，如铁路枢纽、公路枢纽、航空枢纽、水运枢纽等，也包括辐射一定经济区域的物流基地。

（2）物流网络结构中的线

这是指铁路、公路、航道、输送设备等。

（3）物流基础信息平台

此类平台主要为企业的物流信息系统提供基础信息服务，是不同企业之间的物流信息支持枢纽。

2. 物流功能性设施

（1）以货物存放为主要职能的节点

货物在这种节点上停滞时间较长，如储备仓库。

（2）以货物流动为主要职能的节点

此类节点如配送中心、中转仓库、流通加工型仓库等。

（3）物流网络中的载体

此类载体包括货运汽车、货运列车、货运飞机、货运船舶、输送管道等。

3. 物流技术装备

（1）物流仓储设备

该设备主要包括货架、货箱、托盘、堆垛机、叉车、室内搬运车、出入库输送设备、分拣设备、搬运机器人、制冷设备、计算机管理与监控系统。

（2）起重机械

该机械用于重物的提升、降落、移动，是现代物流活动中不可或缺的物流设备。

（3）输送机械

这是指按照规定线路连续或间歇地运送货物的搬运设备，主要有带式输送机、链式输送机、斗式提升机、埋刮板输送机、悬挂输送机、辊道式输送机、气力输送机、架空索道等。

（4）流通加工机械

该机械主要有切割机械与包装机械两大类。其中切割机械有金属、木材、玻璃、塑料等原材料切割机，包装机械有充填、罐装、捆扎、裹包、贴标、封口、清洗、包装机械及防潮、防腐、防锈加工和冷冻加工设备。

（5）集装单元器具

该器具主要包括集装箱、托盘、周转箱等。

（6）室外搬运设备

该设备主要指厂区、码头、车站应用极为广泛的叉车、跨运机、装船机、卸船机、取料机、堆料机、码垛机、牵引车和起吊设备。

（7）物流信息管理设备

该设备主要包括光电识读设备、条码扫描器、电子数据交换设备、物流跟踪设备、物流监控设备等。

8.3.2 物流设备选择的原则

物流设备一般投资较大，使用期限较长，在配置选择时一定要进行科学和统一的规划。物流设备选择总的原则是技术上先进、经济上合理。采用先进设备的目的，是为了获得最大的经济利益，不是片面地追求技术上的先进。只有技术上先进和经济合理两者一致时，先进的设备才有发展的生命力。一般说来，技术先进和经济合理是统一的。这是因为，技术上先进往往表现为设备的生产率高，能够保证作业质量。但是，有时两者的表现是矛盾的。例如，某台设备的效率比较高，但可能能源消耗量大，或者设备零部件磨损快；某些先进设备自动化水平和生产效率都很高，适合大批量作业，但在作业量还不够大的情况下使用，往往会负荷不足。此时，从经济效果的角度看，购置这类先进设备的购置是不合算的，也是不可取的。通过以上分析可以看出，在选择机器设备时，必须全面地考虑到技术和经济要求，通常考虑以下几方面：

1. 生产性

生产性指标指物流设备的效率，如功率、行程、速率等一系列技术参数。物流企业设备的选择要与企业物流业务量相吻合，即力求做到机械的作业能力与现场作业量之间形成最佳的配合状态。

2. 节能性

节能性指物流设备利用能源的性能和节约能源的性能，如热效率、能源利用率等。节能性好的物流设备，表现为热效率高、能源利用率高、能耗低。

3. 维修性

维修性指物流设备检查、维修的难易程度。选购设备时，要选择维修性好的，即设备的结构合理，维修时便于检查和拆卸，零件互换性强等。因为维修会直接影响设备的维护修理工作量和费用的支出额。

4. 可靠性

可靠性指物流设备和设施的精度、准确度和安全的可靠性及使用寿命的长短等。

5. 成套性

成套性指物流设备要配套，各种附属设备、配套设备、工具要齐全，便于购买和更换，同时设备性能与物流作业环节及生产能力等方面相互配套与衔接。

6. 灵活性

灵活性指物流设备的适应性要强，能适应不同的工作条件和环境，操作、使用灵活，通用程度强。

7. 环保性

环保性指在选择物流设备时，要注意设备的噪音以及排放物对环境的污染。

8. 经济性

在选择物流设备和设施时，要充分考虑投资效果，选择设备的投资费用要少，投资回收期要短，保证经济上合理。

物流企业选择设备应从技术和经济方面通盘考虑上述的各种因素，才能为企业提供最优的设备。

8.3.3 物流设备的使用和维护保养

1. 物流设备的正确使用

物流设备的正确使用，是设备管理中的一个重要环节。物流设备的正确、合理使用包括两各方面的含义：一要防止对设备的蛮干、滥用；二要防止设备的闲置不用。只有充分提高物流设备的利用率，正确合理地使用设备，才可以在节省费用的条件下，充分发挥设备的工作效率，延长设备的使用寿命，为提高物流企业的经济效益作出贡献。为此，物流设备的管理要做到以下几点：

(1) 要为各类物流设备合理地安排生产任务

使用设备时，必须根据工作对象的特点，合理安排生产任务，避免人为的损失。一方面，要严禁设备超负荷运转，不要“小马拉大车”；另一方面也要避免“大马拉小车”，造成设备和能源的浪费。

(2) 切实做好员工操作物流设备的技术培训工作

员工在操作、驾驶、使用设备之前，必须学习有关设备的性能、结构和维护保养知识，掌握操作技能和安全技术规程等必需的知识和技能，经过考核合格后，方准使用设备。在管理中，要严禁无证操作或驾驶。

(3) 创造使用物流设备良好的工作条件和环境

如安装必要的防护、防潮、防腐、保暖、降温等装置。在环境恶劣的条件下（如雨天、风天等）禁止作业。

(4) 要针对物流设备的不同特点和要求，制定一套科学的规章制度

这包括安全操作规程、岗位责任制、定期检查维护制度等。在这些制度里，具体规定各类物流设备的使用方法、操作和维护保养的要求以及其他有关注意事项。

2. 物流设备的维护保养

物流设备在使用过程中，会产生技术状态的不断变化，不可避免地出现摩擦、零件松动、声响异常等不正常的现象。这是设备的隐患，如果不及时处理，就会造成设备的过早磨损，甚至酿成严重的事故。因此，只有做好设备的维护保养工作，及时地处理技术状态变化而引起的大量的、常见的问题，随时改善设备的使用情况，才能保证设备的正常运转，延长其使用寿命。物流设备的保养管理，主要做好以下工作：

(1) 物流设备操作人员负有对设备维护保养的职责

通过技术培训，要求达到“三懂、四会”，即懂设备性能原理，懂岗位技术，懂作业流程；会操作，会维护，会调整，会排除故障。同时，还要配备专业的设备维护保养人员。

(2) 加强对物流设备的日常维护保养，严格执行维护保养制度

物流设备维护保养的主要内容是清洁和润滑。清洁就是指设备内外要清洁干净；各滑动面无油垢，无碰伤；各部位不漏油，不漏水，不漏气；作业面及周围无杂物。润滑就是按时加油、换油；油质符合要求；油壶、油枪、油杯齐全；油线、油路畅通。

8.3.4 我国物流设备的发展现状及推进措施

1. 我国物流设备的发展现状

自20世纪70年代末以来，我国物流设备有了较快的发展，各种物流运输设备数量迅速增长，技术性能日趋现代化，集装箱运输得到了快速发展。随着计算机网络技术在物流活动中的应用，先进的物流设备系统不断涌现，我国已具备开发研制大型装卸设备和自动化物流系统的能力。总体而言，我国物流设备的发展现状体现在以下几个方面：

(1) 物流设备总体数量迅速增加

近年来，我国物流产业发展很快，受到各级政府的极大重视，在这种背景下，物流设备的总体数量迅速增加，如运输设备、仓储设备、配送设备、包装设备、搬运装卸设备（如叉车、起重机等）、物流信息设备等。

(2) 物流设备的自动化水平和信息化程度得到了一定的提高

我国以往的物流设备基本上是以手工或半机械化为主，工作效率较低。近年来，物流设备在其自动化水平和信息化程度上有了一定的提高，工作效率得到了较大的改善。

(3) 基本形成了物流设备生产、销售和使用系统

目前，物流设备的生产、销售、使用的系统已经基本形成，国内拥有一批物流设备的专业生产厂家、物流设备销售的专业公司和一批物流设备的消费群体，使得物流设备能够在生产、销售、使用的系统中逐步得到改进和发展。

(4) 物流设备在物流的各个环节都得到了一定的应用

在生产企业的生产、仓储、流通过程和物流中心的包装加工、装卸搬运过程中，物流设备都得到了一定的应用。

(5) 专业化的新型物流设备和新技术物流设备不断涌现

随着物流各环节分工的不断细化，满足客户需要为宗旨的物流服务需求增加，新型的物流设备和新技术的物流设备不断涌现。这些设备多是专门为某一物流环节的物流作业、某一专门商品、某一专门客户提供的设备，其专业化程度很高。

(6) 物流设备发展中也存在一些问题

近年来，物流的高速发展使先进的物流设备得到了应用，但从整体上来看，我国物流设备的发展并不能满足未来全新物流任务的要求，具体说来主要有以下几个方面：

①物流基础设施建设多元化投入太少。长期以来我国物流基础设施投入较少，发展比较缓慢。虽然近些年也新建了一些较先进的物流设施，但从总体来看，中低档应用较多。

②我国尚处于物流设备发展的起步阶段，既缺少行业标准，又没有权威的行业组织，致使各种物流设备标准不统一，相互衔接配套差。

③物流设备供应商数量众多，但普遍规模偏小，发展不规范。

④物流企业只重视单一设备的质量与选型，没有通盘考虑整个系统设备如何达到最优化。

⑤绝大多数物流企业仍将价格作为选择物流设备的首要因素，而忽视了对内在品质与安全指标的考察。

⑥部分物流企业对物流设备的作用缺乏足够的认识，在系统规划、设计时带有盲目性，造成使用上的不便或资源的浪费。

⑦物流设备的管理并没有被广泛纳入物流质量管理的内容，物流设备使用率不高，设备闲置时间较长。

2. 推进我国物流设备发展的措施

借鉴国外物流设备发展的先进经验，结合我国物流发展的实际情况及存在的主要问题，可以采取如下措施来加快我国物流设备的发展。

(1) 加快物流设备标准化制定工作

物流设备标准化对于提高物流运作效率起着至关重要的作用。统一的标准有利于各种设备之间的相互衔接配套，有利于物流企业之间的业务合作，从而缩短物流作业时间，提高生产效率，改善物流服务质量，进而减少物流成本在生产总成本中所占的比重。

(2) 加大对物流设备的投资力度，注重多元化投资

对物流设备的实际应用情况进行调查研究，注重发展技术含量高的物流设备，有意识地淘汰陈旧落后、效率差、安全性能低的物流设备，配置先进物流机械设备，如运输系统中的新型机车、车辆、大型汽车、特种专用车辆，仓储系统中的自动化立体仓库、高层货架，搬运系统中的起重机、叉车、集装箱搬运设备、自动分拣和监测设备等。

(3) 规范物流设备市场各方的行为

具体包括以下内容：

①规范供应商的经营行为，鼓励其扩大经营规模，提高技术水平和设计能力，从而为物流企业提供更好的物流设备。

②引导物流企业在选择物流设备时，不仅注重设备的价格，还要注重设备的质量、安全性能以及对整个系统的作用，同时结合自身实际需要选择合适的物流设备，使整个系统效益最优。

③提高物流企业以及各级政府对物流设备在物流发展中的认识，使他们在进行物流设备系统规划设计时能通盘考虑，避免资源浪费。

总之，无论是物流企业还是各级政府都要把物流设备管理纳入物流质量管理的内容。物流设备损耗是物流成本的一部分，应重视物流设备的管理和研究，提高物流设备的使用效率，尽量减少物流设备的闲置时间。同时应注重对物流设备安全性能的检测和维修，减缓设备磨损速度，延长其使用寿命，防止设备非正常损坏，保障其正常运行。

8.3.5 物流设备的发展趋势

根据发达国家物流设备的发展现状，随着现代物流的发展，物流设备表现出了以下几个方面的发展趋势：

1. 大型化和高速化

大型化指设备的容量、规模、能力越来越大。大型化是实现物流规模效应的基本手段。一是弥补自身速度很难提高的缺陷而逐渐大型化，包括海运、铁路运输、公路运输。油轮最大载重量达到56.3万吨，集装箱船为6790标准箱，铁路货运出现了装载716000吨矿石的列车，管道运输的大型化体现在大口径管道的建设，目前最大的口径为1220毫米。这些运输方式的大型化基本满足了基础性物流需求量大、连续、平稳的特点。二是航空货机的大型化。大型航空货机最大可载300吨，一次可装载30个40英尺的标准箱，比一般货机的运输能力(包括载重量和载箱量）高出50%~100%。

高速化指设备的运转速度、运行速度、识别速度、运算速度大大加快。提高运输速度一直是各种运输方式努力的方向，主要体现在对“常速”极限的突破。正在发展的高速铁路有三种类型：一是传统的高速铁路，以日本和法国的技术最具商业价值，目前营运的高速列车最大商业时速已达270~275千米/时；二是摆式列车，以瑞典为代表，商业时速已达200~250千米/时；三是磁悬浮铁路。随着各项技术的逐步成熟和经济发展，普通铁路最终将会被高速铁路所取代。在公路运输中，高速一般是指高速公路。目前各国都在努力建设高速公路网，作为公路运输的骨架。航空运输中，高速是指超音速，客运的超音速已由法国协和飞机所实现。货运方面双音速（亚音速和超音速）民用飞机正在研制中。无论如何，超音速化将是民用货机的发展方向。在水运中，水翼船的时速已达70千米/时，气垫船时速最高，而飞翼船的时速则可达到170千米/时。在管道运输中，高速体现在高压力，美国阿拉斯加原油管道的最大工作压力达到8.2兆帕。

2. 轻型化和绿色化

由于物流设备是在通用的场合使用，工作并不很繁重，因此，物流设备朝好用，易维护，易操作，具有耐久性、无故障性和良好的经济性以及较高的安全性、可靠性和环保性等轻型实用方向发展。这类设备批量较大、用途广，考虑综合效益，可降低外形高度，简化结构，降低造价，同时也可减少设备的运行成本。绿色就是要达到环保要求，一要提高牵引动力，二要有效利用能源，减少污染排放，使用清洁能源及新型动力。

3. 专用化和通用化

伴随着物流的多样性，物流设备的品种越来越多且不断更新。物流活动的系统性、一致性、经济性、机动性和快速化，既要求一些设备向专门化方向发展，又要求一些设备向通用化、标准化方向发展。

物流设备专门化是提高物流效率的基础，主要体现在两个方面：一是物流设备专门化；二是物流方式专门化。物流设备专门化是以物流工具为主体的物流对象专门化，如从客货混载到客货分载，出现了专门运输货物的飞机、轮船、汽车以及专用车辆等设备。运输方式专门化中比较典型的是海运，几乎在世界范围内放弃了客运，主要从事货运，管道运输就是为输送特殊货物而发展起来的一种专用运输方式。

通用化主要以集装箱运输的发展为代表。国外研制的公路、铁路两用车辆与机车，可直接实现公路铁路运输方式的转换，公路运输用大型集装箱拖车可运载海运、空运、铁运的所有尺寸的集装箱。通用化的运输工具为物流系统的供应链保持高效率提供了基本保证。通用化设备还可以实现物流作业的快速转换，可极大提高物流作业效率。

4. 自动化和智能化

将机械技术和电子技术相结合，将先进的微电子技术、电力电子技术、光缆技术、液压技术、模糊控制技术应用到机械的驱动和控制系统，实现物流设备的自动化和智能化将是今后的发展方向。例如，大型高效起重机的新一代电气控制装置发展为全自动数字化控制系统，可使起重机具有更高的柔性，以提高单机综合自动化水平。

5. 成套化和系统化

只有当组成物流系统的设备成套、匹配时，物流系统才是最有效、最经济的。在物流设备单机自动化的基础上，通过计算机把各种物流设备组成一个集成系统，通过中央控制室的控制与物流系统协调配合，形成不同机种的最佳匹配和组合，取长补短，发挥最佳效用。为此，成套化和系统化物流设备具有广阔发展前景。以后将重点发展的有：工厂生产搬运自动化系统、货物配送集散系统、集装箱装卸搬运系统、货物自动分拣与搬运系统等。

8.4　物流企业财务管理

拓展案例

烟草物流的 BSC 管理

平衡计分卡（the balanced score card，BSC）是绩效管理中的一种新思路，适用于对部门的团队考核。它将企业战略目标逐层分解转化为各种具体的相互平衡的绩效考核指标体系，并对这些指标的实现状况进行不同时段的考核，从而为战略目标的完成建立起可靠的执行基础的绩效管理体系。其把对企业业绩的评价划分为四个部分：财务、客户、经营过程、学习与成长。它不仅是一个指标评价系统，而且还是一个战略管理系统。

BSC 的实施关键是把企业经营战略转化为一系列的衡量指标，具体到烟草商业物流部门，可把组织战略转化为财务、客户、内部业务流程、学习与成长四个方面的衡量指标。某烟草公司根据自身情况，制定了 BSC 绩效考评体系。

1. 财务指标

主要选取三个指标：单箱物流费用、预算执行情况、卷烟残损额。

(1) 单箱物流费用是指物流中心当月配送卷烟单箱实际发生的各项费用。

衡量方法：单箱物流费用与上年同期持平得 15 分，同比每超过 1 元扣 1 分。该指标数据由市局（公司）财务科提供（见表 8-1）。

表 8-1　单箱物流费用

得分	15	15~n
单箱物流费用	持平	同比每超过 1 元扣 1 分，超过 n 元扣 n 分

(2) 预算执行情况是指累计发生业务招待费、职工食堂就餐费用、固定电话通信费、办公费、会议费、低值易耗品、水电费、燃油费、差旅费、修理费等各项费用预算核定数执行情况。该指标数据由市局(公司)财务科提供。

衡量方法:当月实际开支各项费用总额与费用预算核定数一致,得10分,超支15%以上不得分(见表8-2)。

表8-2 预算执行情况

得分	13	12	11	10	8	6	2	0
实际费用执行情况	降低15%以上	降低10%~15%	降低5%~10%	完成费用预定额数	超支5%以内	超支5%~10%	超支10%~15%	超支15%以上

(3) 卷烟残损额是指根据仓储管理办法,每月残损卷烟的发生金额不超过1500元,相关数据由财务科提供。

衡量方法:每月残损卷烟的发生金额不超过1500元,残损额为1500元得10分,每超过100元扣1分,该指标数据由财务科提供。

2. 客户服务指标

主要选取指标:零售户有效投诉次数。

零售户有效投诉次数是指省局和市局接到的客户、县局(营销部)有效投诉次数,"有效"是指经市局核实后确属物流中心工作人员履行职务不到位而引起投诉的情况。该指标数据由市局经济运行科提供。

衡量方法:"无有效投诉,得5分,每发生一次有效投诉扣2分(见表8-3)。

表8-3 有效投诉

得分	5	3	1	0
零售户有效投诉次数	0次	1次	2次	≥3次

3. 内部流程指标

主要选取四个指标:卷烟到货确认及时性、卷烟入库扫码率、分拣配送准确率、内控规范执行情况。

(1) 卷烟到货确认及时性是指准运证在规定的有效期内准确进行确认。相关资料由市局内部专卖管理监督科提供。

衡量方法:未在规定时间内确定或确认不准确一次扣5分(见表8-4)。

表8-4 卷烟到货确认及时性

得分	10	5	0
未在规定时间内确定或确认不准确次数	0次	1次	≥2次

(2) 卷烟入库扫码率是指卷烟入库扫码率必须达到100%,该指标数据由物流中心提供。

衡量方法:卷烟入库扫码率必须达到100%,不达100%不得分(见表8-5)。

表8-5 卷烟入库扫码率

得分	5	0
卷烟入库扫码率	100%	<100%

(3) 分拣配送准确率是指在日常分拣、配送过程中，做到分拣到户、配送到户 100% 准确，该指标由投诉中心、物流中心提供。

衡量方法：分拣配送准确率达到 100%，得 5 分，每发现一次分拣配送错误，一次扣 1 分（见表 8-6）。

表 8-6 分拣配送准确率

得分	5	4	3	2	1	0
分拣配送错误次数	0 次	1 次	2 次	3 次	4 次	5 次及以上

(4) 内控规范执行情况是指按照物流精细严格管理流程及要求，严格、规范管理物流各环节，并要有"痕迹化"记录或证明资料。

衡量方法：每月抽查各项作业规范执行情况、管理制度执行情况等。该指标数据由物流中心、市局督查组提供（见表 8-7）。

表 8-7 内控规范执行情况

内控规范检查内容	检查情况	扣分
出库逐日跟踪监督管理表	填写不完整，签字不齐全	发现一次扣 1 分
逐日分拣跟踪监督管理表	填写不完整，签字不齐全	发现一次扣 1 分
逐日分拣、配送交接跟踪监督管理表	填写不完整，签字不齐全	发现一次扣 1 分
逐日配送跟踪监督管理表	填写不完整，签字不齐全	发现一次扣 1 分
配送情况日登记表	记录内容与记录不相符或无证明资料	发现一次扣 2 分
逐日货款跟踪监督管理表	填写不完整，签字不齐全	发现一次扣 1 分
上期应整改事项	本期改正	发现一次扣 2 分

4. 学习与成长指标

主要选取指标：培训计划完成率，即物流中心按计划完成宣传贯彻《烟草行业物流标准体系》等标准，提高各类员工素质，制定全年教育培训计划，制作培训手册，以实施分拣、仓储、配送三大作业环节为主的培训，组织形式多样的考试，并严格落实到具体月份。

衡量方法：市局督查组将采取多种形式开展培训效果的抽查考核工作，不断提升培训教育工作的管理水平。该指标数据由物流中心、督查组提供（见表 8-8）。

表 8-8 培训计划完成率

学习培训完成情况	得分
有具体的培训计划、详细的培训内容	10
按计划内容落实培训	5
有培训学习情况、心得体会及相关痕迹资料，提交月度培训工作总结	3
随机选取员工，抽查培训效果、质量效果显著得 2 分；效果不明显不得分；效果差扣 2 分	±2

综上，该烟草公司物流中心月度考核 BSC 如表 8-9 所示：

表 8-9 物流中心月度考核平衡计分卡

考核层面	序号	关键因素	考核指标	考核得分	数据来源
财务层面（35%）	F01	物流成本控制	单箱物流费用		财务科
	F02	完成财务预算目标	预算执行情况		财务科
	F03	减少卷烟损失	卷烟残损额		财务科
客户层面（10%）	C01	提高服务质量	零售户有效投诉次数		经济运行科
内部流程层面（35%）	P01	提高仓储流程有效性	卷烟到货确认及时性		内部专卖管理监督科
	P02	提高仓储流程有效性	卷烟入库扫码率		物流中心
	P03	提高仓储流程有效性	分拣配送准确率		投诉中心、物流中心
	P04	规范操作	内控规范执行情况		物流中心、督查组
学习与成长层面（20%）	L01	提高员工素质	培训计划完成率		物流中心、督查组

（《如何用平衡计分卡对物流部门进行绩效评价》，2009 年 4 月 20 日，http：//www.etmoc.com/market/Newslist？Id=18510。有改动）

8.4.1 物流企业筹资管理

资金是物流企业开展生产经营活动的必要条件，物流企业必须通过一定的筹资渠道，采用适当的筹资方式，经济有效地筹集生产经营所需的资金。

1. 物流企业筹资管理的目的和原则

（1）物流企业筹资的目的和要求

物流企业筹资的基本目的是为了自身的生存和发展，总的要求是要分析影响筹资的各种因素，讲究筹资的综合效果，如确定资金需要量，控制资金投放时间，选择资金的来源渠道，确定合理的资金结构等。

（2）物流企业筹资管理的目标

物流企业在筹资时不仅需要从数量上满足物流活动需要，而且要考虑各种筹资方式的资金成本的高低、财务风险的大小，以便选择最佳的筹资方式，实现资本运营的整体目标。

（3）筹资管理的原则

主要有科学预测资金的需要，及时供应资金；合理选择筹资方式，尽可能降低资金成本；测算投资效益，明确投资方向；合理利用负债经营，正确处理筹资风险。

2. 物流企业筹资渠道与筹资方式

筹资渠道是指物流企业筹集资金来源的方向与通道，主要有国家财政资金、银行贷款、非银行金融机构资金、其他企业资金、居民个人资金、企业内部形成资金、外商资金。

筹资方式是指企业筹集资金采用的具体方式，主要有吸引直接投资、发行股票、发行债券、银行贷款、租赁筹资、商业信用等。

3. 物流企业筹资决策分析的内容

（1）确定资本成本

资本成本是指现代物流企业为筹集和使用资本而付出的代价，包括筹资过程中发生的费用和资金占用过程中支付的报酬。物流企业通常通过多种渠道、采用多种方式来筹措资金，不同来源的资金其成本高低不同。为了进行筹资和投资决策，确定最佳资本结构，需要测算企业各种资金来源的成本。

（2）衡量财务风险

财务风险是由企业筹资决策所带来的风险。它有两层含义：一是指企业普通股东收益的可变性；二是指企业利用财务杠杆而造成的财务困难的可能性。在筹资决策分析中，科学衡量财务风险是物流企业实现预期筹资与投资效益的保证，常用的分析方法有期望分析法和标准离差分析法等。

（3）优化资本结构

资本结构是指物流企业长期资金来源的结构，是物流企业筹资决策的核心问题。物流企业在筹资决策过程中，应确定最佳资本结构，并在以后追加筹资中继续保持最优资本结构。在现实中，除了资本成本和财务风险外，影响物流企业资本结构的因素还有以下几项：

①企业经营的长期稳定性。

②贷款人和信用等级评定机构的态度。

③对企业控股权的控制。

④企业资产结构。

⑤企业获利能力。

⑥税收政策。

8.4.2 物流企业投资管理

1. 投资管理的目标

物流企业投资管理的目标是认真进行投资项目的可行性研究，力求提高投资报酬率，降低投资风险。为此，物流企业要正确处理投资需求与资金供应的关系，正确处理企业内部投资与外部投资的关系。对任何投资项目，一方面要考虑建成后给企业带来的投资报酬，另一方面要考虑投资项目给企业带来的风险。

2. 物流企业的长期投资

对内长期投资是指对物流企业内部的各种长期经营性资产的投资活动，具有影响时间长、投资数额大、变现能力差的特点，主要包括固定资产投资、无形资产投资和递延资产投资。对外投资是物流企业为某一特定目的向企业外部投放资金，其目的是为企业的闲置资金寻找出路，获得本企业经营活动以外的经济效益，或帮助企业更好地开展活动。物流企业对外长期投资可分为对外间接投资和对外直接投资，其中对外间接投资的主要形式有债券投资和股票投资，对外直接投资主要包括联营投资、兼并投资和境外投资等。

3. 物流企业长期投资决策分析的一般方法

长期投资风险较大，产生效益的时间较长。长期投资应考虑资金时间价值、投资的风险价值、现金流量和资金成本等因素。长期投资方案评价所使用的方法分为非贴现和贴现两大类。非贴现法没有考虑资金的时间价值，计算较为简单，如投资回收期法、投资收益率法等。贴现法考虑了资金时间价值对投资决策的影响，比非贴现法更为准确、合理，但计算比较复杂，如净现值法、内含报酬率法等。

8.4.3 物流企业财务分析与评价

1. 物流企业财务分析与评价的目的和要求

物流企业财务分析与评价是指通过对企业物流活动的财务报表和会计报告所提供的数据进行加工处理和比较，以分析企业的财务状况和经营成果以及未来前景，从而为企业经营决策提供重要依据。因此，财务分析与评价对物流企业经营管理者、投资者和债权人都是重要的，据此可以了解到物流企业的财务状况、资产管理水平、投资项目获利能力以及企业的未来发展趋势。进行财务分析与评价时需要做到以下三点：分析内容应满足多元分析主体的需要；以公认的会计准则和有关的法律制度为依据；及时提供财务分析与评价的结果。

2. 物流企业财务分析与评价的基础

物流企业财务分析与评价的依据主要是企业的会计核算资料和财务报告，并以财务报告为主，包括的文件主要有资产负债表、损益表、现金流量表、其他附表以及财务状况说明书。

(1) 资产负债表

资产负债表是根据“资产=负债+所有者权益”的原理编制的，可以提供企业的资产结构、资产流动性、资金来源状况、负债水平以及负债结构等信息。

(2) 损益表

损益表是以“利润=收入-费用”为根据编制的，据此可以考核现代物流企业利润计划完成情况，分析企业实际的盈利水平及利润增减变化原因，预测利润的发展趋势，为投资者及企业管理者提供决策依据。

(3) 现金流量表

现金流量表是以“净现金流量=现金流入-现金流出”为依据编制的，通过分析可以了解企业一定时期内获取现金及其等价物的能力，特别是经营活动创造现金流量的能力，从而预测企业未来的现金流量，判断企业现金流量对债务的保障能力。

3. 物流企业财务分析与评价的指标体系

(1) 偿债能力分析与评价

偿债能力指标是用来总结和评价企业长期以及短期内能够用其资产偿还债务的能力。主要指标包括：

①流动比率。

②速动比率。

③资产负债率。

④产权比率。

⑤利息保障倍数。

(2) 物流企业营运能力分析与评价

营运能力指标是用来总结、分析和评价物流企业销售能力、资金流动性等正常经营运转能力。主要指标包括：

①存货周转率。

②应收账款周转率。

③流动资产周转率。

④总资产周转率。

(3) 获利能力分析与评价

利润是物流企业生存和发展的物质基础，盈利是企业的重要经营指标，获利能力就是指企业赚取利润的能力。主要指标包括：

①资本金利润率。

②资产报酬率。

③销售利润率。

④成本费用利润率。

(4) 财务状况变化趋势分析与评价

财务状况变化趋势分析主要是通过比较企业连续几期的财务报表或财务比率，来了解企业财务状况变化的趋势，并据此预测企业未来财务状况。

拓展案例

大和运输公司的市场创新和物流革新

大和运输公司（Yamato Transport Co.，Ltd.）是日本最大的从事商品运输、配送的专业公司，创建于 1919 年 11 月 29 日，公司总部位于日本东京都中央区的银座。

1. “宅急便”市场的确立和大和运输公司的转型

大和运输公司早期是从事陆地运输的专业运输公司，1973 年日本陷入第一次石油危机，企业委托的货物非常少，这对完全依赖于承运大宗货物的大和运输来说，无疑是一大打击。对此，大和运输提出了“小宗化”的经营方向。1976 年开通了“宅急便”业务，即户到户特快递送服务，到 1995 年经过 20 年的发展，成为占有日本快递业最大市场份额的企业。

自大和运输公司创造了“宅急便”这一市场后，“宅急便”或“宅配便”得到了快速发展，迅速在日本成为庞大的专业物流服务市场。“宅急便”是对应新型社会和经济环境下的一种新型的专业物流服务，它与原来的陆地运输最大的不同在于它构造了新物流服务的核心要素和本质内容。这种要素主要体现在“面向家庭的营销单位个别配送”“混合装载”和“广范围的网络运输”。面向家庭的营销单位个别配送就意味着这种专业物流服务不是固定线路的货车运输，而是具有针对性、营销意味的配送服务，可以说这是专业运输公司对应时代变化和顾客需求的一种积极反应。混合装载和大范围的运输网络是专业物流公司强化和推动物流管理的必然结果，所以“宅急便”市场的形成也表明专业物流企业管理层面的提高。正是这些因素决定了大和公司不再是一个运输企业，而是一个真正意义上的专业物流服务提供商或物流管理中的第三方。

2. “宅急便”市场的竞争和高度化发展

大和运输公司开发“宅急便”市场后，立即引起了“宅急便”市场的竞争，当时一些大型运输公司像日本运通、西浓运输等公司都相继推出“宅急便”服务，而后者由于在运营能力、经营规模和运输网络上都要强于大和运输公司，所以，对大和运输公司的发展形成了强有力的挑战。

面对这些挑战，大和运输公司在经过对企业内外环境的分析后，决定全面转入“宅急便”的配送服务市场，转型为专业的“宅急便”服务公司。大和运输公司对威胁和机会进行分析后，认为要在“宅急便”市场立足，并真正成为日本最大的专业“宅急便”公司，就必须在服务的内容上下功夫，塑造自身的核心竞争力，以创造出更新、更大的市场需求和发展空间。具体讲，就是要在原来单纯强调小批量配送方式的基础上，增加各种服务，以扩大“宅急便”利用的范围，拓展新的需求。这种新的服务内容包括运输方式、装卸方式、信息技术等技术革新的各个方面。

基于上述考虑，大和运输公司在开展“宅急便”业务的初期就着力新技术和服务的开发，他们称之为“市场的自我增值”。这种增值系统的运作原理是：开始顾客只是将“宅急便”看作是一种简单的配送服务，但是，对其便利性的服务特点得到认识之后，顾客的需求就会转化为主动的行为，并进一步享受“宅急便”服务的便利性，而且越来越多的人和企业开始成为“宅急便”市场的顾客群体。作为从事“宅急便”业务的企业，也进一步扩大服务领域和内容，从而产生更好、更高的服务，反过来又强化了顾客关系的维系，如此反复，形成一种良性循环。例如，大和运输公司的滑雪板“宅急便”、高尔夫“宅急便”等都是因顾客的需求而产生的。特别是产地直送业务，即直接从产地采购商品配送到顾客指定的地方。这些都是大和运输公司差别化服务的表现，而且得到了顾客的认同和欢迎，成为大和运输公司在竞争中立于不败之地的原因和新利益的增长点，这是其他任何从事“宅急便”业务的公司所不能比拟的。

3. 拓展服务领域，完善服务系统

虽然大和运输公司开创了“宅急便”这种小单位物流配送服务及品牌，但是，由于其他企业的跟进，“宅急便”已经成为一种配送服务的统称。大和运输公司在激烈的竞争中，仍然位居首位，与其独创性的配送服务是分不开的。通常理解的“宅急便”主要是针对从家庭到家庭的小件货物配送，但是大和运输公司有效地拓展了这一服务领域，使其服务范围包含企业间、企业对家庭等小宗货物配送。现在，企业用户的小型货物配送已占绝大部分，从而使“宅急便”成为多样化、小批量时代企业和家庭用户都不可或缺的物流服务。

大和运输公司为了使委托企业能有效地从事经营活动，提高他们的经营管理业绩。服务的范围不仅仅局限于货物的运输和配送，还建立了支持多样化配送服务体系的物流信息系统(LIMP-COP)。这是针对 B to B、B to C 而开展的从订货、发货、查询到出库作业、商品保管、配送、运输等全过程的物流服务体系。大和各分公司和事业部之间通过构筑局域网，不同企业之间通过 WEB-EDI 等标准化的联网实现所有参与者之间的信息共享，从而最大程度地降低物流费用，提高经营业绩。除了对委托企业给予大量的信息支持服务，对有关数据进行分析和处理以外，大和运输公司还开发其他各种服务活动，以充分对应客户企业的需求，如营业员的经营支持、人力资源服务和 CAD（Computer Aided Design——计算机辅助设计）服务等等。

4. 创造新的需求

大和运输公司作为第三方物流企业，其业绩和经营战略都是令人瞩目的。该公司之所以能将原来普通的小件货物运输培育成巨大的“宅急便”市场，并在这个市场中独占鳌头，其原因在于它不仅仅将自己局限于一个从事单纯运输的企业，而是不断地赋予物流服务以新的含义和内容，从而大大激发了整个社会对新型物流服务的需求。从大和运输公司的经营来看，该公司所提供的数据分析与处理、营业支持、人力资源服务、CAD 服务等形式的物流服务已经超越了通常所理解的商品保管、配送等的含义，而是如何通过自身的集中物流、集中信息的优势，为客户企业的经营服务，推动客户企业产销物之间的有效结合。从这个意义上讲，专业物流提供商在这个过程中起到了构建虚拟供应链的主导作用。

（《大和运输公司的市场创新和物流革新》，2013 年 11 月 27 日，http：//www. doc88. com/p-9912059728392. html。有改动）

思考：

1. 大和运输公司认为如何才能在“宅急便”市场竞争中取胜？
2. 大和运输公司进行了哪些物流服务更新？

8.5 物流标准化

知识链接

物流标准化的类型

（1）物流基础设施和设备标准：运输车船标准，作业车辆标准，传输机具标准，仓库技术标准，站场技术标准，包装、托盘、集装箱标准，货架、储罐标准等。

（2）物流作业标准：包装作业标准、装卸搬运作业标准、运输作业标准、仓储作业标准等。

（3）物流信息标准：EDIXML 标准电子报文标准、物流单元编码标准、物流节点编码标准、物流单证编码标准、物流设施与装备编码标准、物流作业编码标准等。

（4）其他综合性标准：物流专业名词标准，物流核算、统计标准，物流基础模数尺寸标准等。

8.5.1 物流标准化概述

1. 物流标准化的概念

（1）标准与标准化的一般概念

标准：标准是指为取得全局的最佳效果，在总结实践和充分协商的基础上，对人类生活和生产技术活动中具有多样性和重复性特征的事物和概念，以特定的程序和形式颁发的统一规定。

标准化：标准化就是在经济、技术、科学及管理等社会实践中，对重复性事物和概念通过制定、发布和实施标准，达到统一，以获得最佳秩序和社会效益。

（2）物流标准化的概念

物流标准化是指在运输、仓储、装卸搬运、包装、配送、流通加工及信息管理等环节中，对重复性事物和概念通过制定发布和实施各类标准，达到协调统一，以获得最佳秩序和社会效益。物流标准化包括以下三个方面的含义：

①从物流系统的整体出发，制定其各子系统的设施、设备、专用工具等的技术标准，以及业务工作标准。

②研究各子系统技术标准和业务工作标准的配合性，按配合性要求，统一整个物流系统

的标准。

③研究物流系统与其他相关系统的配合性，谋求物流大系统的标准统一。

2. 物流标准化的特点

（1）涉及面更加广泛

与一般标准化系统不同，物流系统的标准化涉及面更为广泛，其对象包括了机电、建筑、工具、工作方法等许多种类。

（2）属于二次系统或称为标准化系统

由于物流及物流管理思想诞生较晚，组成物流大系统的各个子系统在没有归入物流系统之前，早已分别实现了本系统的标准化，并经多年的应用、发展和巩固，已很难改变。

（3）体现科学性、民主性和经济性

这是物流标准化的特殊性所要求的，具体内容概括如下：

①科学性是指要体现现代科技成果，以科学实验为基础，在物流中还要求与物流的现代化相适应，要求能将科技成果连接成大系统。这里既包含单项科技的高水平，还表现在协调与适应能力方面，使综合的科学水平最优。

②民主性强调物流标准的制定应该采取协商一致的办法，广泛考虑各种现实条件，广泛听取意见，使标准更具有权威性，以便于贯彻执行。

③经济性是物流标准化的主要目的之一，也是标准生命力的决定因素。物流过程增值是有限度的，不能片面追求科技水平而引起物流成本的增加。

（4）具有很强的国际性

随着世界经济一体化的到来，物流涉及的必然是整个国际的流通，因此，实现物流的标准化，最终要实现国际物流的标准化。

3. 物流标准化的作用

①可以统一国内物流概念；

②可以规范物流企业；

③可以提高物流效率；

④可以使国内物流与国际接轨。

☞提示

标准化的内容实际上就是经过优选之后的共同规则，为了推行这种共同规则，世界上大多数国家都有标准化组织，如英国的标准化协会（BSI）、我国的国家技术监督局等，日内瓦的国际标准化组织（ISO）负责协调世界范围的标准化问题。

8.5.2 物流标准化的原则

1. 确定标准化的基点

现代物流标准化强调的是整个物流体系的标准化，而过去构成物流这个大系统的各个子系统之间只形成了局部标准化或与物流某一局部有关的横向系统的标准化。

从物流系统来看，这些互相缺乏联系的局部标准化之间缺乏配合性，不能形成纵向的标准化体系。而要形成整个物流体系的标准化，就必须在这个局部中寻找一个共同的基点，并且这个基点必须要能贯穿物流全过程，进而成为整个物流体系标准化工作的准绳。

集装化系统使物流全过程贯通而形成体系，是保持物流各环节上使用设备、装置及机械之间整体性及配合性的核心。因此可以说，集装化系统就是使物流过程连贯而建立标准化体系的基点。

2. 配合性

配合性是建立物流标准化体系必须体现的要求，是衡量物流系统标准化体系成败的重要标准。物流系统的配合性主要体现在以下几个方面：

①集装与生产企业最后工序至包装环节的配合性；

②集装与装卸机械、装卸场所、装卸小工具（如索具、跳板）的配合性；

③集装与仓库站台、货架、搬运机械、保管设施乃至仓库建筑的配合性；

④集装与仓储条件、工具、操作方式的配合性；

⑤集装与运输设备、设施，如运输设备的载重、有效空间尺寸等的配合性；

⑥集装与末端物流的配合性；

⑦集装与国际物流的配合性。

3. 传统、习惯及经济效果的统一性

物流活动是和产品生产系统，车辆、设备制造系统，消费使用系统等密切联系的。早在物流的系统思想建立之前，这些与物流密切联系的系统就已经建立起各自的标准体系，或者形成了一定的习惯。在这种情况下，建立物流标准体系时仅考虑本系统的要求是不行的，还必须适应这些既成事实，或者改变这些既成事实。这就势必与早已实现标准化的各个系统、与长期形成的习惯及社会的认识产生矛盾，这些矛盾涉及人的看法、习惯，也涉及宏观及微观的经济效果。

可见，单从技术角度来研究个别标准的配合性显然是远远不够的，因为上述问题涉及物流系统标准化经济效果的计算问题。一般而言，物流系统标准化往往牵动其他系统，所以标准化经济效果的计算是十分复杂而困难的事情。目前，物流系统标准化工作进展较快的日本等国，也正在研究经济效果的计算方法，但还没有一套成熟的理论。

4. 环境及社会的适应性

物流对环境的影响在近些年来表现出尖锐化和异常突出的倾向，主要原因是物流量加大、物流速度加快、物流设施及工具大型化之后，使环境受到影响。物流对环境的影响主要表现在噪声对人的精神、情绪、健康的影响，废气对空气、水的污染，运输车辆对人身的伤害等。这些影响与物流标准化有关，尤其是在推行标准化的过程中，只重视设施、设备、工具、车辆技术标准等内在标准的研究，而忽视物流对环境及社会的影响，强化了上述矛盾，这有悖于物流标准化的宗旨。

所以，在推行物流标准化时，必须将物流对环境的影响放在标准化的重要位置上，除了对反映设备能力、效率、性质的技术标准外，还要对安全标准、噪声标准、排放标准、车速标准等作出具体的规定，否则再高的标准化水平也很难发挥作用。

5. 贯彻安全与保险的原则

物流安全问题也是近些年来非常突出的问题，往往一个安全事故会将一个公司损失殆尽，几十万吨的超级油轮、货轮遭受灭顶损失的事例也并不乏见。当然，除了经济方面的损失外，人身伤害也是物流过程中经常出现的，如交通事故的伤害，物品对人的碰撞伤害，危险品爆炸、腐蚀、毒害的伤害等。所以，物流标准化中的一项重要工作就是对物流安全性、可靠性

的规定和为安全性、可靠性制定技术标准、工作标准等。

8.5.3 国际物流标准化

1. 国际物流标准化的意义

(1) 国际物流标准化是企业进入国际市场，促进全球贸易的保障

随着全球经济的发展，国际交往、对外贸易对各国经济发展的作用越来越重要，而所有的国际贸易又最终靠国际物流来完成，所以各个国家都很重视本国物流与国际物流的衔接，在本国物流管理发展初期就力求使本国物流标准与国际物流标准化体系一致。

在运输、仓储、包装、装卸、信息处理甚至资金结算等方面采用国际标准，实现国际物流标准统一化，能够打破各国或地区标准不统一的技术贸易壁垒，从而加速国际贸易的物流进程。

(2) 国际物流标准化是降低物流成本，提高物流效益的有效措施

物流标准化可以为多式联运和物流在生产、仓储、销售、消费等环节间的流动提供最有效的衔接方式和手段，可以使企业获得直接或间接的物流效益，如运输、装卸搬运的时间节约，中间环节的压缩及其所带来的货差货损的减少，仓储货物周转加快、库存降低、仓储时间缩短所带来的资金占用减少等。

(3) 国际物流标准化是促进世界整体物流管理现代化的重要手段和必要条件

由于经济的不同步发展以及其他因素的影响，世界各国物流发展的水平并不一致。但从世界范围来看，各个国家的物流体系标准化都还处于初始阶段。推行国际物流标准化，不仅有利于世界各国贸易的发展，而且有利于新的物流技术、物流理念、物流管理方法等在世界各国、各行业的同步推广，同时能够快速推进世界各国整体物流管理现代化水平的提高。

2. 国际物流标准化的措施

(1) 政府部门应高度重视物流标准化的研究、制定和推广工作

一方面，要在物流基础设施、物流技术、企业信息化水平等方面做好基础工作；另一方面，要加强对标准化工作的协调和组织，及时研究和制定物流相关标准，尽快形成一套能够引导和规范国内物流发展并与国际接轨的物流标准化体系，积极推广与应用国家颁布的各种与物流活动相关的国家和行业标准，增强企业执行、贯彻物流标准的自觉性。

(2) 深化流通体制改革

我国物流管理存在着严重的条块分割现象，切断了物流系统的横向联系，不利于高效率的多式联运体系的运作和物流管理的协同工作，不利于物流标准化建设，所以必须加大流通体制改革。

(3) 建立完善的物流信息服务系统

物流标准化的核心任务是为不同企业信息系统建立统一的信息平台，也就是借助计算机网络和通信等先进技术，将原本分离的采购、运输、仓储、配送等物流环节，以及资金流、信息流、实物流等进行统一的协调控制，实现完整的供应链管理；将原属于不同行业部门、不同产业领域的运作体系相对独立的节点物流信息系统进行有效整合，提高整个物流供应链的运作效率。

(4) 制定物流基础设施标准规范

要形成整个物流体系的标准化，必须在物流系统的各主要环节中寻找一个基点。由于集

装形式是未来物流的主导形式，所以集装系统是使物流过程连贯而建立标准化体系的基点。基于物流基础模数的物流设施的标准化是提高物流效率的基础，物流设施标准化的基础是物流基础模数尺寸，基础模数尺寸一旦确定，设备的制造、设施的建设、物流系统中各个环节的衔接、物流系统与其他系统的配合就有了依据。

本章小结

(1) 物流企业人力资源管理的主要内容是人力资源规划、职务设计与分析、员工招聘与录用、员工培训与开发、员工绩效考评与激励、员工工资福利和劳企关系等。

(2) 物流企业人力资源规划一般包括岗位职务规划、人员补充规划、教育培训规划、人力分配规划等。

(3) 物流企业员工招聘录用的主要目的是以较小的代价去获得满足企业需要的合格员工。培训是开发与发展人力资本的基本手段，物流企业员工的培训与开发目标可分为操作技能掌握、理论知识传授和团队精神塑造三个方面。物流企业员工的绩效考评，是指物流企业按一定的标准，采用科学的方法对员工的品德、业务、学识、工作能力、工作态度和成绩以及身体状况等方面进行考核和评定。物流企业工资制度的设计是薪酬管理的核心内容。

(4) 物流质量就是在满足客户需要的前提下，根据物流活动的规律所确定的物流工作的量化标准。主要包括物流对象质量、物流服务质量、物流工作质量、物流工程质量。

(5) 物流质量管理就是依据物流系统运动的客观规律，为了满足物流客户的需要，制定科学合理的物流标准，运用经济方法进行计划、组织、协调、控制的物流活动过程。

(6) 物流企业全面质量管理是新时期对物流服务质量管理的要求，也是“全面质量管理”的理论和方法在物流活动中的运用，即将组织管理、专业技术和统计方法结合起来，建立一整套质量管理运作体系，对物流业务的质量进行全方位、全员及全过程的管理。

(7) 物流设备是指企业在进行物流作业活动，实现物流功能过程中所使用的各种设施与装备的总称。

(8) 物流设备选择总的原则是技术上先进、经济上合理。通常应考虑设备的生产性、节能性、维修性、可靠性、成套性、灵活性、环保性、经济性等。

(9) 物流设备的正确使用，是设备管理中的一个重要环节，一要防止对设备的蛮干、滥用；二要防止设备的闲置不用。物流设备在使用过程中，会产生技术状态的不断变化，只有做好设备的维护保养工作，随时改善设备的使用情况，才能保证设备的正常运转，延长其使用寿命。

(10) 资金是物流企业开展生产经营活动的必要条件，物流企业必须通过一定的筹资渠道，采用适当的筹资方式，经济有效地筹集生产经营所需的资金。物流企业投资管理的目标是认真进行投资项目的可行性研究，力求提高投资报酬率，降低投资风险。

(11) 物流企业财务分析与评价是指通过对企业物流活动的财务报表和会计报告所提供的数据进行加工处理和比较，以分析企业的财务状况和经营成果以及未来前景，从而为企业经营决策提供重要依据。其依据主要是企业的会计核算资料和财务报告，并以财务报告为主，主要有资产负债表、损益表、现金流量表、其他附表以及财务状况说明书。

(12) 物流标准化是指在运输、仓储、装卸搬运、包装、配送、流通加工及信息管理等环节中，对重复性事物和概念通过制定发布和实施各类标准，达到协调统一，以获得最佳秩序和社会效益。

自测题

一、选择题

1. 物流企业薪酬管理的核心内容是（　　）。

A. 工资制度设计　　B. 工作环境设计
C. 管理岗位设计　　D. 作业标准设计

2. 物流企业员工激励的手段有很多，包含负强化的手段是（　　）。

A. 股权激励　　B. 公平激励　　C. 目标激励　　D. 奖惩激励

3. 物流设备的通用程度是指物流设备的（　　）。

A. 可靠性　　B. 维修性　　C. 灵活性　　D. 环保性

4. 属于物流基础性设施的是（　　）。

A. 铁路　　B. 叉车　　C. 货架　　D. 托盘

5. 判断物流企业盈利水平的主要文件有（　　）。

A. 资产负债表　　B. 损益表　　C. 现金流量表　　D. 成本核算表

二、判断题

1. 物流企业员工招聘录用的主要目的是不惜代价去获得满足企业需要的合格员工。（　　）

2. 培训是物流企业人力资源开发与发展的唯一手段。（　　）

3. 物流企业的组织目标实现与员工需求满足是无法调和的。（　　）

4. 物流的生产过程就是商品实体的流动过程。（　　）

5. 加强物流质量管理就是要加强物流服务的检验。（　　）

6. 物流企业全面质量管理的方法是系统的。（　　）

7. 采用先进物流设备的目的是为了追求技术上的先进。（　　）

8. 物流企业的筹资渠道主要是国家财政资金。（　　）

9. 物流企业投资管理的目标是认真进行投资项目的可行性研究，力求提高投资报酬率，降低投资风险。（　　）

10. 物流企业短期投资的风险比长期投资的风险大。（　　）

三、简答题

1. 物流企业人力资源管理的主要内容有哪些？
2. 影响物流企业员工薪酬水平的因素有哪些？
3. 物流企业全面质量管理的特点有哪些？
4. 物流设备选择通常考虑的因素有哪些？
5. 物流企业的筹资渠道和方式有哪些？
6. 物流标准化的原则是什么？

四、案例分析

中远集团向全球物流经营人迈进

岁月如梭，时光荏苒。经过几代中远人40多年的辛勤耕耘，中远已经由一个只有4艘船、2.26 万载重吨的小企业，迅速发展成为拥有和经营着 500 余艘各类现代化远洋船舶、2100 万载重吨的大型跨国企业集团。特别是近年来，中远集团以航运主业为基础，以电子信息为手段，整合船舶代理、海上燃物料供应、陆地货运、航空货运代理和电子商务等航运相关产业的雄厚力量，正在由传统的远洋运输企业转变为一个以国际航运为依托的新型综合物流企业。同时，它还广泛涉足于航空货运、房地产、工业、国际贸易、金融、旅游、国际劳务输出等产业，取得了令人瞩目的成绩。面对 21 世纪的激烈挑战，中远集团在新的领导班子的带领下，主要从以下几个方面入手，不断提高竞争能力和服务水平，向全球客户提供优质的货运和综合物流服务。

1. 巩固航运主业

中远集团将重点发展集装箱运输业，巩固散货运输，积极拓展液态散货运输和特种运输。同时优化航运产业链、价值链的各个环节，包括船队结构、航线结构、信息技术、港口设施等，通过为客户提供差异化服务及延伸增值服务，适应国际航运业联合兼并的潮流和挑战，不断提高服务水平，增强市场竞争力，跻身国际一流航运企业之列。

2. 拓展现代物流业

以强大的航运实力为依托，中远集团将充分利用丰富的全球物流资源，以客户为中心，将对客户的服务由运输扩展到仓储、加工、配送，直至深入到产品的生产、流通、分配、消费的大部分环节，通过开展增值服务，提高盈利能力和市场竞争力，巩固中远作为全球承运人的地位，并使中远逐步向全球物流经营人转变。

3. 优化陆上产业

中远集团将调整产业结构，突出产业重点，注意选择独立于或逆于航运波动周期且具有高成长性的产业，如信息、环保、节能、新材料等，以增加中远多元化产业发展的互补性，并逐步建立起风险投资和新产业的孵化机制。

4. 强化网络建设

中远集团将在优化现有有形网点布局的基础上，通过强化基于互联网的中远网建设，实现有形网点的一体化和网络化，建立可以同时服务中远内外的综合网络体系，以此来实现中远在全球范围内配置航运和物流资源的目的。

（钱延仙：《现代物流管理》，东南大学出版社 2007 年版，第 274~275 页。有改动）

思考：

1. 中远是怎样提高其竞争力和服务水平的？
2. 你认为中远今后应该怎样发展？

五、企业应用

最大路运企业：没有车的物流巨头罗宾逊

罗宾逊全球物流有限公司这家拥有全美最大卡车运输网络的第三方物流公司，没有一辆自有卡车，却创造了 128 亿美元的年营收。《巴伦周刊》发布的 2013 年华尔街 500 强企业中，罗宾逊全球物流有限公司已经排在第 5 位，紧追苹果公司等科技大佬。作为北美最大的 3PL 公司，罗宾逊拥有全美最大的卡车运输网络，2013 年营收达 128 亿美元，位居世界 500 强企业的第 237 位。但让人瞠目的是，这个 80% 营收来自于公路运输的物流公司却没有一辆卡车。我们一向视为劳动密集型行业的公路货运企业也能异军突起，而其制胜法宝就是轻物流模式。

可以说，罗宾逊这家有逾100年历史的物流供应商，将轻资产模式演绎得美轮美奂。轻物流企业并不占有资源，而以搭建平台、驾驭资源为基础。5月5日，菜鸟网络被曝投资公路物流平台型企业“卡行天下”，成为其第二大股东。“卡行天下”正在往轻物流企业的道路上迈步，国内公路物流市场的轻物流模式也开始引发关注。对标罗宾逊，国内公路平台企业或许才能更清晰地看到探索轻物流模式，还有多远的路要走。

第一推动力：由重转轻。罗宾逊以轻物流模式在运输发达的美国做到第一大公路运输企业，但它在创立之初却并非是轻模式。在1905年创立后的漫长过程中，罗宾逊在美国物流市场中大部分时间是无名小卒，最初也只是从事农产品以及水果蔬菜保鲜运输服务。1980年，美国开始放开货运业市场管理，允许运输企业以更灵活的形式经营，罗宾逊也扩大货代业务，成为无船承运人。

1997年，罗宾逊把在海运服务领域的“无船承运人”思想，移植到公路货运服务领域，向“无车承运人”转型。这一次大胆转型，罗宾逊抛弃了自有运输车辆，建立了整合社会运输商的信息系统。结果，企业次年收入不但没有因为放弃自有车辆降低，反而同比增长了11%，利润增长了2倍多。此后，罗宾逊就开始呈现跨越式发展，在营收上远远超越耶鲁全球、世能达等美国传统公路运输巨头。

在由重资产向轻资产转变的过程中，罗宾逊有两个不得不说的成功基础。

第一，重资产的运力资源日趋饱和，集成化的物流服务需求日趋突出，让罗宾逊的蜕变成为可能。到20世纪90年代，美国公路货运运力已趋近饱和。连沃尔玛、百思买、家得宝等零售商都拥有或整合了运力资源。如1997年沃尔玛销售额首次突破1000亿美元，也拥有了北美地区最大公路运输车队。传统专线公路企业和区域公路企业已被工商企业的自营物流车队冲击。因为白热化的竞争，传统专线公路企业的服务订单不断减少，加上这些企业缺乏综合服务能力，让他们的议价能力不断降低，生存环境越来越严峻。罗宾逊的出现，对传统公路企业来说是一种救市。罗宾逊走在信息化高速路上，抢先网聚了大量需求信息，而且罗宾逊本来在美国物流市场的“小体积”让它可以轻松转身，放弃重资产，以整合服务商和系统服务方案提供者的角色出现，成为第一个吃螃蟹的人，自然也掌握了服务定价话语权，牢牢扼住了这个新兴市场的命脉。

第二，彼时逐渐成熟的信息技术正在颠覆传统公路运输企业。沃尔玛早在1987年就建立世界最大的私营卫星通信系统，给沃尔玛的公路运输车辆装上了“千里眼”。受益于信息化在公路市场的广泛应用，罗宾逊也较早开展了信息化建设，为其1997年转型轻资产型平台企业奠定了基础。比较而言，虽然沃尔玛从车队规模上成为美国最大的公路运输企业之一，但是其配送物流体系只是沃尔玛闭环服务体系的一部分，而罗宾逊选择了做开放性社会服务平台，这超越了传统公路运输企业闭环生存、靠劳动力支撑的模式。

1．轻在哪里

(1) 轻车辆。货运车辆是公路物流企业的腿，一个无腿企业能成为行业巨人吗？罗宾逊用事实告诉我们：能。

2013年，罗宾逊的营收达到128亿美元，超过80%收入来自公路货运。但是，这个巨头有多少自有车辆？零！要知道，美国另一公路运输企业巨头世能达拥有1.3万多辆自有车辆(2012年数据)。中国公路市场的小伙伴们该惊呆了。以“无车承运人”角色整合服务资源的罗宾逊，凭借集成信息服务平台，6.3万家运输企业签约成为罗宾逊的合同承运人，这些企业合计拥有100多万辆卡车。如此规模堪称全球最大的公路货运企业，罗宾逊可承接遍及全美的公路物流服务，也有足够能力掌握服务定价权。这个无腿的公路物流巨人遥控着 100 万个腕足，像章鱼一样八面招财。随移动终端的普及，卡车企业能随时通过在线工具注册成为罗宾逊合同承运商。

据不完全统计数据，中国公路运输企业有 270 万家，拥有车辆近 800 万辆，遗憾的是这个庞大的群体长期都在“羊群效应”下的低端生存。大量小运输企业（个体户）几乎就以车辆为核心，饥一顿饱一顿，在价格战和超载超限里血战。

(2) 轻地产仓储物流中心（物流地产）。对公路物流服务链来说，就像心脏之于血管，但在公路物流生态链上，就有超级掠食者不要这类物流地产心脏，也照样凶猛——罗宾逊就是这类物种。

罗宾逊的服务覆盖美国、加拿大、墨西哥、南美洲，却不花大把资金建设物流地产，而以强势资本和信息平台，遥控签约合作企业物流仓库。罗宾逊会在各地设立技术型主导分支机构、网点，能给客户提供上门服务。这些分支机构也是罗宾逊轻资产的线下网点，就像从罗宾逊庞大信息平台上连接到区域的神经末梢。这些分支不需要车辆、库房，但需要技术性服务人员负责了解当地客户需求和信息，成为罗宾逊最深入客户、感知最真实用户需求的区域信息枢纽。

近年国内一些平台型公路企业也投资线下物流地产（园区、仓储），甚至和传统公路企业争食运输环节。中国真的还需要再扩建大量物流园区吗？2013 年统计数据显示，中国物流园区平均空置率高达 60%，如果把这些资源整合好或许就已经够用。

(3) 轻劳力。公路运输业长期属于劳动密集型行业，相关数据显示，截至 2013 年，德邦物流有 3 万员工，中邮速递物流有 10 万员工，我国快运、快递、配送等劳动密集型物流业态，人力成本已经占企业总成本的 50%。

但作为全球最大规模公路运输巨头的罗宾逊，因为没有大量的自有运输车辆以及物流地产，也就不需要在车辆、物流地产的日常维护、管理、执行等方面投入大量人力。截至 2014 年 4 月，罗宾逊仅有 1.1 万名员工，而美国最大公路运输企业之一的世能达，仅司机就有 1.55 万人，在全球 28 个国家和地区拥有 2.23 万员工，如今的营收尚不及轻资产罗宾逊的一半。罗宾逊已从劳动密集型企业向技术密集型和资金密集型转变，没有人力成本这个包袱，自然一身轻松。

2. 重在哪里

罗宾逊的轻物流，不是没有重心的轻。相反，罗宾逊重心正是其能跃居美国第一大公路运输企业的关键。罗宾逊轻物流模式，主要依赖于三大靠山：第一是网络信息化，重互联；第二是融资杠杆化，重资本；第三是人力科技化，重人才。

(1) 重互联。现代物流的生命线在信息化，信息化的目的是实现互联互通。有了互联网高速公路，就能打破传统物流的藩篱，实现高效快捷的物流。可为什么运输商愿意加盟罗宾逊的平台？为什么货主企业愿意跟罗宾逊合作？

这得益于罗宾逊物流信息平台上两条互联互通的信息高速路，这能给承运商和货主带来最大化的商业价值。第一条高速路是 TMS 信息平台，罗宾逊用它联通运输企业；第二条高速公路是 Navisphere 信息平台，罗宾逊用它联通货主企业。

只要货主企业在 Navisphere 信息平台的导航球上注册账号，填写货运信息及目的地等，导航球就能把信息传递给 TMS 信息平台。TMS 根据客户对服务价格、时间等需要，提出各种可供选择的优化物流解决方案。公路运输市场常见的“货找车，车找货”等信息不对称问题被一键解决。

罗宾逊控制了这两条高速路，就能把物流供应和需求这两个双方过去无序繁冗的环节规范、压缩，暗箱的环节变得透明。货主企业能在罗宾逊的信息平台上，清晰地了解自己的货物正在哪个地方，处于运输的哪个时间段。

(2) 重资本。美国企业的发展有一个充满融资活力的资本市场，产业杠杆化程度高。罗宾逊的轻物流模式是用重技术和重资本替换劳动密集型和资源密集型。当传统物流企业把大把资金投入仓储、车辆等领域时，罗宾逊则把大量资金投入到信息技术等领域。

轻物流企业竞争的是科技和人才等软实力，而软实力也需要资本撬动。所谓轻物流企业的轻，只是行走时的轻松，维护时并不轻松。信息平台是罗宾逊建设的重心，为保障先进性，罗宾逊每年投入7000多万美元维护，其中TMS平台维护费每年就达5000万美元。

这就需要资本杠杆，罗宾逊在轻资产模式下的现金流，相对传统公路企业更充裕，而且2013年罗宾逊的前十大股东，均是基金等大型投资机构，最大股东是世界上最大的不收费基金家族、曾位居全球第二大基金管理公司的先锋公司。

(3) 重人才。罗宾逊不是劳动密集型的公路物流企业，但却是人才密集型的巨头。拥有近600个IT工程师的罗宾逊，看起来更像一家科技企业。罗宾逊就是靠科技型人才整合服务资源，靠科技创新引领企业发展。

为抢占人才战略制高点，每年罗宾逊都广招精英人才加入，新人加入后要进行系统的课堂培训。罗宾逊还有在线教育等形式，建立正式和非正式的多渠道学习，强化科技主导服务型的团队建设。罗宾逊会帮助每个人建立职业发展规划和目标等，建立“人人皆精英”的团队。

作为美国上市公司，罗宾逊采取股权激励，很大一部分股份掌握在员工手中，这也是为什么罗宾逊能够保证人才梯队的长期稳定，从而保持了这个轻物流战车不失合力。相比之下，中国部分公路运输企业还没有解决好人才的问题，尤其是家族式的民营企业，高管人才流失率较高。

3. 反思

罗宾逊的成功在于他们真正看清了市场，从客户角度出发审视服务产品，嫁接其在海运上的成功思维，在美国公路运输的红海中开辟了基于信息化的“轻物流”蓝海，集结优秀的服务资源，给企业提供集成化服务。

因此，罗宾逊不以收加盟企业的加盟费维持生计，而是向服务客户收取服务费，再把这个费用返给运输商。罗宾逊表面赚取的是服务差价，实际上赚取的是整合服务产品的服务费，它会根据自己提供的服务方案，收取不同的费用。

今天，一些中国企业也在模仿罗宾逊，并面临当年罗宾逊一样的市场生态：公路低端运力逐渐过剩，集成化服务需要不足。“卡行天下”“满意通达”等一些平台型公路运输企业取得了不少有益的探索，但暂时还没有罗宾逊式的奇迹，或许其中很大一个原因在于，我们的许多平台立足的是价格，而不是价值。我们许多平台企业在搭建平台过程中，给货主客户提供的是眼眼前的价格竞争力，而不是价值竞争力。

这种平台对运输企业是伤害性的，对货主企业供应链建设也是短视的。反观罗宾逊平台，它卖的不是价格而是价值，总以最优的服务方案赢得客户。而且国内部分加盟式公路平台，整合服务能力也显不足。

另外，要走出罗宾逊式轻物流企业，中国并不缺有实力的企业，也不缺专业人才，但缺一个好的营销环境和创新意识。

（1）差环境。长期以来，中国公路运输市场都是群龙无首的无序发展局面。这与我们交通运输管理体制不无关系，长期以来交通运输市场的行政管理都呈现“十羊九牧”局面，多头监管，遇到重大问题，多头不管。

现代物流企业需网络化运营，各经营网点需统一品牌、统一服务、统一管理，但国内有些政策却正在割裂这些。

公路运输企业还面临乱收费、乱罚款等问题。据调查，运输型企业公路罚款占运输成本的 5%～8%，部分大件运输、汽车运输等超限运输企业，公路罚款占运输成本的 15%～20%；27.1%的调查企业反映公路执法政出多门、标准不一；28.0%的企业反映自由裁量权过大，随意性强；22.4%的企业反映公路执法监督管理不严，缺乏问责和处罚机制；22.4%的企业反映存在“只罚不纠”现象。

（2）差观念。思路决定出路。罗宾逊作为平台商，能与运输商共生，既能作为服务商提高服务议价能力，同时也能给货主客户更多优化选择、更集约化的服务。

国内部分企业仍未改变发展观念。中国公路市场已有约 270 万家企业，2000 多万货运司机，大量弱小资源亟待整合。但部分所谓轻物流整合平台，却干重资产企业的事——吸收运输商加盟的同时，通过向运输商收取加盟费、管理费等获益，而不是通过集成服务实现收入。这类平台本质上是挤压加盟运输商来获利，而非向物流服务要利润。

（《没有车的物流巨头罗宾逊》，2018 年 8 月 23 日，http：//blog. sina. com. cn/s/blog_17dd37d540102y3fs. html。有改动）

实践与训练8

实训 8.1：物流企业应收账款管理

【实训目标】

1. 培养学生分析企业应收账款产生原因及其对企业影响的能力。
2. 培养学生对应收账款的分析能力。
3. 培养学生对应收账款的管理能力。

【实训内容与要求】

模拟物流公司与某一客户的仓储业务产生的应收账款。

1. 调查并收集客户企业的相关资料。
2. 分析统计客户企业的经营实力、规模、信誉、业务范围、资金链、银行信用评级。
3. 应用数学方法进行应收账款的分析。
4. 根据经验或设定标准作出定性评价。
5. 安排应收账款的追账。

【成果与检测】

1. 提交客户经营实力、规模、信誉、业务范围、资金链、银行信用评级的统计资料。
2. 提交学生的应收账款分析及追账方案。
3. 教师评估。

第9章 绿色物流

知识目标

- 掌握绿色物流的概念、内涵及特征。
- 了解绿色物流的基本内容、理论基础及战略价值。
- 掌握绿色物流的实施策略。
- 了解绿色包装的概念、实施策略。

导入案例

沃尔玛：从绿色物流中掘金

对于企业来说，CSR（企业社会责任）一定会减少利润吗？不！零售巨人沃尔玛通过其“环保360”计划给出了答案。

“环保360”项目是2007年2月7日，由CEO李·斯科特宣布的。沃尔玛寄希望于通过该项目将环保从简单地减少公司本身对环境的损害，扩展为员工、供应商、社区和顾客的共同参与及分享利益。这不是一个独立的环保政策，它与以往的环境政策完全不同。沃尔玛一方面通过该计划节约了自身的运营成本，另一方面通过对供应商的持续改进降低了从供应商那里采购的费用，从而从总体上让环保政策为公司创造了利润。

在沃尔玛已经进行的工作中，包装是成效最为明显的一环。沃尔玛的绿色包装倡议实施措施很多，其中比较重要的包括：每吨包装材料的温室效应气体排放量平均减少15%；通过精简产品包装，节约运输成本10%；包装材料回收量提高10%，节约能源5%。此外，沃尔玛还规定，凡是产品包装材料超过300美元的须报沃尔玛分管部门核准，超500美元的须获得沃尔玛总部批准，对于超过900美元的则必须要行业专家委员会审核批准。

沃尔玛为供应商设定了包装计分卡，在计分卡里，沃尔玛可以根据9个可持续度量的标准（包括立体利用、可再生成分比例、每吨产品的二氧化碳释放量及回收价值等）对产品进行评估。

此外，沃尔玛在包装环节操作中坚持“五个R”：第一个是Remove，即去掉不需要的包装；第二个是Reduce，即去掉不必要的包装，使包装达到正确的尺寸；第三个是Reuse，即重复使用一些包装材料；第四个是Renewable，即采用可回收利用、可降解的包装材料；第五个是Recyclable，即可循环利用。

在运输方面，沃尔玛规定，冷藏货运卡车在仓库、码头和堆场进行卸货或其他作业期间，必须停止发动机，改用现场电源帮助制冷。据估计，仅此一项，沃尔玛全球冷藏车队就可以减少排放二氧化碳40万吨，减少能耗7500万美元。

（《沃尔玛：从绿色供应链中掘金》，2012年3月22日，http://blog.sohu.com/s/NTg4ODc5Nzg/208422607.html。有改动）

阅读提示

学习本章后，能举出 5 个例子说明绿色物流对人们生活的影响，能举出 3 个例子说明绿色包装对企业利润产生的影响。

9.1 绿色物流概述

现代物流是 21 世纪的朝阳产业，是继续降低原材料的消耗、提高劳动生产率之后的第三个利润源泉，被称为经济增长的“加速器”。物流虽然促进经济的发展，但物流过程中过度地消耗资源对环境造成了极大的负面影响。因此，在日益重视节约、环保的今天，引入绿色物流概念，对物流的节能消耗和社会经济的可持续发展将产生深远意义。

绿色是生命之色，它不仅代表着人类生活环境的本身色，还意味着和谐的生态环境。如今，全球正兴起一股“绿色浪潮”，如绿色产品、绿色消费、绿色经营等，绿色物流正是这种绿色化运动向物流领域渗透的结果。

9.1.1 绿色物流的概念、内涵及特征

1. 绿色物流的概念

绿色物流（Environmental Logistics）是指在物流过程中抑制物流对环境造成危害的同时，实现对物流环境的净化，使物流资源得到充分利用。绿色物流强调了全局和长远的利益，强调了全方位对环境的关注，体现了企业的绿色形象，是一种全新的物流形态。

知识链接

绿色物流之源起

绿色物流从诞生到现在，只有短短几十年的历史。与传统物流相比，绿色物流还很“年轻”。回溯绿色物流的发展史可以发现，诱使其发展的原因有两个。

一个原因是环境问题广受关注。自 20 世纪 70 年代始，环境问题受到越来越多的关注，几乎融入社会经济的每一个领域中。这其中包括环境问题对物流行业的影响，绿色物流应运而生。绿色物流可以追溯到 20 世纪 90 年代初人们对物流运输引起环境退化的关注：道路、码头和机场等交通基础设施的建设占用了大量的土地；汽车等交通工具尾气排放成为城市空气主要污染源之一。因此，一些专家学者建议把环境影响问题作为物流规划的一个影响因素，这是绿色物流的雏形。此后，绿色物流从运输逐渐扩展到包装、仓储等活动中，逐渐形成一个比较完整的概念和体系。

另一个原因是物流市场不断拓展。从传统物流到现代物流，物流在不断地扩张和发展。传统物流只关注从生产到消费的流通过程，现代物流则将这一过程延伸到从消费再到生产的流通。“逆向物流”由此诞生，它包括废旧商品的循环流通和废物处理、处置、运输、管理。逆向物流可以减少资源消耗、控制有害废物的污染，因此也属于绿色物流的范畴。

2. 绿色物流的内涵

“绿色物流”里的“绿色”是一个特定的形象用词。“绿色”既不是植物或农产品的代名词，也不是纯天然的代名词；而是泛指保护地球生态环境的活动、行为、计划、思想和观念在物流中及其管理活动中的体现。下面从物流的目标、行为主体、活动范围三个方面来剖析绿色物流的内涵。

（1）绿色物流的最终目标是可持续发展，实现该目标的准则是经济利益、社会利益和环境利益的统一

一般的物流活动主要是为了实现企业的盈利，满足客户的需求，扩大市场占有率等，这些目标最终是为了实现某一主体的经济利益。而绿色物流除追求经济利益的目标之外，还追求节约资源、保护环境这一既具有经济属性又具有社会属性的目标。因此，企业无论在战略管理还是战术管理中，都必须从促进经济可持续发展这个基本原则出发，在创造产品的时间效应和空间效益、满足消费者需求的同时，注重按生态环境的要求，保护自然生态平衡和自然资源，为子孙后代留下生存和发展的空间。

（2）绿色物流的行为主体不仅包括专业物流企业，还包括供应链上的制造企业和分销企业以及各级政府等

绿色物流战略是联结绿色制造和绿色消费的纽带，也是企业获得持续竞争优势的战略武器。专业物流是运输、包装、仓储等物流作业绿色化的主体。供应链上的制造企业也应设计、制造绿色产品，与供应链上的其他企业、客户协同，从节约资源、保护环境的目标出发，制定绿色供应链策略，做到绿色生产、绿色物流、绿色消费。此外，政府在制定物流生产总体规划发展、法规、政策上，也应鼓励发展绿色物流。例如，对于绿色物流企业进行低息贷款支持、一定的税收减免等。

（3）绿色物流的活动范围包括物流活动作业环节和物流管理全过程的绿色化

绿色物流作业环节包括绿色运输、绿色仓储、绿色包装、绿色流通加工等。从物流管理过程来看，主要是从环境保护和节约资源的目标出发改进物流体系，这既要考虑正向物流环节的绿色化，又要考虑供应链上的逆向物流体系。

知识链接

物流若干要素对环境的影响

1. 运输对环境的影响

（1）运输工具在行驶中产生的噪声、尾气及扬尘。

（2）运输设备的清扫、清洗产生的废渣与废水。

（3）运输有毒有害物质的沿途事故性泄露，以及普通货物的沿途抛洒。

（4）不合理的货运网点及配送中心布局，导致货物迂回运输，增加了车辆燃油消耗，加剧了废气污染，以及过多的在途车辆增加了对城市道路面积的需求，加剧了城市交通的堵塞。

2. 仓储对环境的影响

（1）进行仓储作业时发出的噪声。

（2）储存中的所有货物都有可能因物流作业不当，对周边环境造成空气、土壤、水体等污染，尤其在易燃、易爆、化学危险品的储存过程当中，如果储存不当还可能造成爆炸或泄露，产生破坏性的环境污染。

(3) 储存养护时的一些化学方法，如喷洒杀虫剂，会对周边生态环境造成污染。

3. 装卸搬运对环境的影响

(1) 装卸搬运工具在作业过程中产生噪声污染。

(2) 如果由燃料驱动，装卸搬运的运转将产生一定的尾气污染。

(3) 装卸搬运机械行驶中，由路面或搬运物产生的扬尘。

(4) 装卸搬运不当导致货损，造成资源浪费；废弃物还有可能对环境造成污染，如化学商品的破漏造成水体污染、土壤污染等。

4. 包装对环境的影响

(1) 包装材料对环境的污染。不少包装材料是不可降解的，它们长期留在自然界中，会对自然环境造成严重影响。目前，市场上流行的塑料袋、玻璃瓶、易拉罐等包装物，使用后会给大自然留下长久的污染物。

(2) 包装设计对环境的污染。过度包装增加了货物的重量、体积，增加了对运输能力、储存能力的需求；一次性包装既浪费了资源，又是城市垃圾的重要组成部分。

(3) 包装作业对环境的污染。包装作业过程中会产生噪声、扬尘等污染。

3. 绿色物流的特征

绿色物流除了具有一般物流的特征外，还具有科学交叉性、多目标性、多层次性、时域性和地域性等特征。

(1) 科学交叉性

绿色物流是物流管理与环境科学、生态经济学的交叉。由于物流与环境之间的密切关系，在研究社会物流与企业物流时必须考虑环境问题和资源问题；又由于生态系统与经济系统之间的相互作用和相互影响，生态系统也必然会对经济系统的子系统——物流系统产生作用和影响，因此必须结合环境科学和生态经济学的理论、方法进行物流系统的管理、控制和决策。这也正是绿色物流的研究方法。科学的交叉性使得绿色物流的研究方法复杂、研究内容十分广泛。

(2) 多目标性

绿色物流的多目标性体现在企业的物流活动要顺应可持续发展的战略目标要求，注重对生态环境的保护和对资源的节约，注重经济与生态的协调发展，追求企业的经济效益、消费者利益、社会效益与生态环境效益的统一。系统论观念告诉我们，绿色物流的多目标之间通常是相互矛盾、相互制约的，一个目标的增长将以另一个或几个目标的下降为代价。如何取得多目标之间的平衡，正是绿色物流要解决的问题。

(3) 多层次性

绿色物流的多层次性体现在以下三个方面：

首先，从对绿色物流的管理活动和控制主体看，可分为社会决策层、企业管理层和作业管理层三个层次的绿色物流活动，或者说是宏观层、中观层和微观层。其中，社会决策的主要职能是通过政策、法规的手段传播绿色理念；企业管理层的任务是从战略高度与供应链上的其他企业协同，共同规划和控制企业的绿色物流系统，建立有利于资源再利用的循环物流系统；作业管理层主要是实现物流作业环节的绿色化，如运输的绿色化、包装的绿色化、流通加工的绿色化等。

其次，从系统的观点看，绿色物流系统是由多个子系统构成的，如绿色运输子系统、绿色仓储子系统、绿色包装子系统等。这些子系统又可以按空间或时间的特性划分成更低层次的子系统，每个子系统都具有层次结构，不同层次的物流子系统通过相互作用构成一个有机整体，实现绿色物流系统的整体目标。

另外，绿色物流系统还是另一个更大系统的子系统，这就是绿色物流系统赖以生存发展的外部环境，包括法律法规、政治、文化环境、资源条件、环境资源政策等，它们对绿色物流的实施将起到约束作用或推动作用。

（4）时域性和地域性

时域性是指物流管理活动贯穿于产品的生命周期全过程，包括从原材料供应，生产内部物流，产成品的分销、包装、运输，直至报废、回收的整个过程。

绿色物流的地域性体现在两个方面：一是由于经济的全球化和信息化，物流活动早已突破地域限制，呈现出跨地区、跨国界的发展趋势。相应地，对物流活动绿色化的管理也具有跨地区、跨国界的特性。二是绿色物流管理策略的实施需要供应链上所有企业的参与和响应。例如，欧洲一些国家为了更好地实施绿色物流战略，对于托盘的标准、汽车尾气排放标准、汽车燃料类型等都进行了规定，其他国家不符合标准要求的货运车辆将不允许进入本国。跨地域、跨时域的特性也说明了绿色物流系统是一个动态系统。

9.1.2 绿色物流的基本内容

1. 绿色物流的本质内容——集约资源

集约资源是绿色物流最本质的内容，也是发展物流的主要指导思想之一。通过整合现有资源，优化资源配置，企业能够提高资源利用率，减少资源消耗和浪费。

2. 解决污染环境的有效路径——绿色运输

毫无疑问，运输过程中的燃油消耗和尾气排放是物流造成环境污染的主要原因之一。绿色物流首先对货运网点、配送中心的货运进行合理布局与规划，通过缩短路线和空载率，实现节能排放的目标。绿色物流的另一个目标是改善内燃机技术和使用清洁燃料，以提高效能。此外，还应当防止运输过程中的泄露问题，以免对局部地区造成严重的环境污染危害。

3. 选址要求——绿色仓储

绿色仓储要求仓库布局合理，以节约运输成本。布局过于密集，会增加运输的次数，从而增加资源消耗；布局过于松散，则会降低运输效率，增加空载率。仓储建设前还应进行相应的环境污染评价，充分考虑库房建设对所在地的影响。例如，易燃易爆货物不应该设置在居民区，有害物质仓储不应设置在重要水资源地附近。

4. 商品营销的重要手段——绿色包装

包装是营销产品的一个重要手段，但大量的包装材料在使用一次之后就被消费者遗弃，从而造成环境问题。例如，现在我国比较重要的白色污染问题就是不可降解的塑料包装随地遗弃引起的。绿色包装要求提供包装服务的物流企业进行绿色包装改造，包括使用环保材料、提高材质利用率、设计折叠包装以减少空载率、建立包装回用（回收利用）制度等。

5. 循环利用资源的有效措施——逆向物流

逆向物流是指所有与资源循环、资源替代、资源回收和资源处置有关的物流活动，它能够充分利用现有资源，减少对原材料的需求，常被发达国家作为建设循环经济的重要举措。实施逆向物流是一项系统工程，需要有完善的商品召回制度、废物回收制度及危险废物处理处置制度。

拓展案例

日本：地下物流系统

地下物流技术在相对人口集中、国土狭小的日本得到了广泛的关注。2000 年，日本将地下物流技术列为未来 10 年政府重点研发的高新技术领域之一，主要致力于研究开通物流专用隧道并实现网络化，建立集散中心，形成地下物流系统。

日本建设厅的公共设施研究院对东京的地下物流系统进行了 20 多年的研究，研究内容涉及了东京地区地下物流系统的交通模拟、经济环境因素的作用分析以及地下物流系统的构建方式等诸多方面。拟建系统地下通道总长度达到 201 千米，设有 106 个仓储设施，通过这些设施可以将地下物流系统与地上物流系统连接起来。系统建成之后能承担整个东京地区将近 36% 的货运，地面车辆运行速度提高 30% 左右。运输网络分析结果显示每天将会有超过 32 万辆的车辆使用该系统，成本效益分析预计系统每年的总收益能达到 12 亿日元，其中包括降低车辆运行成本、行驶时间和事故发生率以及减少二氧化碳和氮化物的排放量带来的综合效益。该系统规模大、涵盖范围广，它的优点在于综合运用各学科知识，并与地理信息系统（GIS）紧密结合，前期研究深入、透彻，保证了地下物流系统的高效率、高质量、高经济效益以及高社会效益。

（《日本：地下物流系统》，2018 年 8 月 28 日，https：//wenku. baidu. com/view/2cbba106c950ad02de80d4d8d15abe23482f0337. html。有改动）

思考：

1. 日本为什么要发展绿色物流？
2. 日本怎样发展绿色物流？取得了怎样的成效？

9.1.3 绿色物流的理论基础

1. 可持续发展

可持续发展是指既满足当代人的需要，又不对后代人满足其需要的能力过程构成威胁。1987 年国际环境与开发委员会发表的《我们共有的未来》的研究报告提出，当代对资源的开发和利用必须有利于下一代环境的维护及其资源的持续利用，因此，为了实现长期、持续发展，就必须采取各种措施来维护我们的自然环境。这种经济上的可持续发展政策同样适用于物流管理活动。

由于物流过程中不可避免地要消耗能源和资源，产生环境污染，因而为了实现长期的、持续的发展，形成了物流与环境之间相辅相成的推动和制约关系，进而促进了现代物流的发展，达到环境与物流的共生。

2. 生态经济学理论

生态经济学是研究再生产过程中，经济系统与生态系统之间的物质循环、能量转化和价值增值规律及其应用的科学。物流是社会再生产的重要环节，它既包括物质循环利用、能量转化，又包括价值转化与价值实现。因此，物流涉及经济与生态环境两大系统，理所当然地架起了经济效益与生态效益之间联系的桥梁。而传统的物流管理没有处理好二者的关系，过多地强调经济效益而忽视了环境效益。

现代绿色物流的出现，较好地解决了这一问题。绿色物流以经济学的一般原理为指导，以生态学为基础，对物流的经济行为、经济关系和规律、与生态系统之间的相互关系进行研究，以谋求生态平衡、经济合理、技术先进条件下的生态与环境的最佳结合及协调发展。

3. 生态伦理学理论

生态伦理学迫使人们对物流过程中造成的环境问题进行深刻反思，从而产生一种强烈的社会责任感与义务感。为了人类自身更健康、更安全地生存与发展，为了千秋万代的切身利益，人类应自觉维护生态平衡。这是时代赋予我们的不可推卸的责任，也是人类对自然应尽的义务。绿色物流正是从生态伦理学中得到了道义上的支持。

9.1.4 绿色物流的战略价值

实践证明，绿色物流是有价值的，这种价值不仅体现在虚拟的概念层次上，还体现在实体的经济价值上。

1. 概念价值——绿色物流管理的社会价值

绿色物流首先表现为一种节约资源、保护环境的理念。因此，实施绿色物流管理是一项有利于社会经济发展的战略措施。对于企业而言，实施绿色物流管理战略，将给企业带来明显的社会价值，包括良好的企业形象、企业信誉、企业责任等，赢得公众信任。同时，实施绿色物流管理的企业更容易获得环境标准认证，如 ISO414000 环境管理体系，从而在激烈的市场竞争中占优势。

2. 实体价值——绿色物流管理的经济价值

实体价值是物流企业实实在在的收益，绿色物流是可以为物流企业创造价值的。首先，绿色物流有利于企业树立良好形象，使企业更容易获得股民和其他投资者的青睐。其次，绿色物流企业通过对资源的集约利用、对运输仓储的科学规划，可以大大压缩物流成本，降低物流的环境风险，拓展有限的第三利润空间。最后，资源循环、资源回用等逆向物流举措可以降低企业的原料成本，提升客户服务价值，增强企业核心竞争力。

☞**课堂互动**

有人认为，绿色物流只是一种环保理念，是不切实际的幻想，因为它不能带来任何经济效益，相反企业还会增加企业物流成本。也有人认为，绿色物流是政府的事情，和企业无关。上述观点是否正确？为什么？

9.1.5 绿色物流的实施策略

1. 树立绿色物流观念

许多专家认为，21 世纪是绿色世纪。绿色经济要求政府以科学发展观为指导，以建设节约型社会为基本国策，开展全社会的绿色环保、节约资源教育，为实施绿色物流创造一个良好的社会氛围。绿色经济要求物流企业在经营决策时综合考虑人们的短期利益和长远利益、企业利益和社会利益，并以此观念策划绿色物流活动。企业经营者要改变“环保不经济、绿色要花费”的观念，把绿色物流作为世界全方位绿色革命的重要组成部分，展望和迎接绿色物流的未来。

2. 推行绿色物流经营

物流企业要从保护环境的角度制定其绿色经营管理策略，以推动绿色物流进一步发展。

(1) 选择绿色运输

宏观上，在政府的合理布局下，做好各种运输方式和相互衔接，发挥组合效率和整体优势，形成高效、安全的综合交通运输体系；微观上，通过有效利用车辆，提高运输效率。

(2) 提倡绿色包装

绿色包装要醒目环保，还要符合“4R1D”的要求，即少耗材（Reduction）、可利用（Reuse）、可回收（Reclaim）、可再循环（Recycle）及可降解腐化（Degradable）。

(3) 开展绿色流通加工

由分散加工转向专业集中加工，以规模作业方式提高资源利用率，减少环境污染；集中处理流通加工中产生的边角废料，减少废气污染等。

3. 开发绿色物流技术

绿色物流不仅依赖绿色物流观念的树立、绿色物流经营的推行，更离不开绿色物流技术的开发和应用。没有先进绿色物流技术的发展，就没有绿色物流的立身之地。而我们的物流技术与绿色要求有较大的差距，要提高自主创新能力，大力发展新型能源、新型材料、新型物流信息技术等绿色物流技术，加快物流技术创新，否则绿色物流就无从谈起。

4. 制定绿色物流法规、政策

在我国，关于绿色物流的法律法规还很不健全，缺乏有效的激励机制来驱使企业实施绿色物流。为此，政府要从建设资源节约型、环境友好型社会的理念出发，严格实施《环境保护法》《固体废物污染环境防治法》《噪声污染防治法》等现有的法律法规，并加强绿色物流相关法规的制定，如通过立法控制物流污染发生源，限制交通量，控制交通流。同时，政府也应加强绿色物流公共基础设施规划和建设，促进物流信息系统的发展和标准化体系的建设，进一步鼓励并促使企业实施绿色物流战略。

5. 培养绿色物流人才

有资料表明，现阶段从事物理管理工作的人员大多没有经过专业的学习，多由计算机和管理相关专业的人员承担。我国高校对这方面关注程度不高，人才缺口达百万，从根本上影响着绿色物流的实施进程。因此，政府要加大物流教育投资，培养绿色物流专业人才。

9.2 绿色物流包装

绿色包装（Green Package）既是包装行业中的一种全新理念，也是实现绿色物流的一个关键性因素。可以毫不夸张地说，绿色物流系统的所有构成因素均与绿色包装有关。要想实现物流的绿色化，就必须实现包装的绿色化——绿色包装。

9.2.1 绿色包装的概念

绿色包装也称生态包装，是指对生态环境和人类健康无害，能重复使用和再生，符合可持续发展的包装。从技术角度讲，绿色包装是指以天然植物和有关矿物质为原料制成的对生态环境和人类健康无害，有利于回收利用，易于降解、可持续发展的环保型包装。

可见，绿色包装就是包装产品从材料的选择，到产品制造、销售、运输、使用、回收等整个过程都应符合绿色物流的要求，满足生态环境的要求。

9.2.2 基于绿色物流的包装策略

1. 从政府层面来看

(1) 加强立法工作

我国虽然颁布了《固体废物污染环境防治法》等有关法规，但尚无专门的包装管理法规。我国应借鉴国外包装立法方面的经验，制定适应我国国情的“绿色包装法”。

知识链接

发达国家的绿色包装立法

对于大多数发达国家而言，问题不是包装产品和包装是否应该更加持续，而是怎样实现可持续。在包装绿色化方面，运用政策法规和技术标准对商品包装进行规定，是许多发达国家的通常做法。

1. 德国：立法立标强制回收

法律规定中明确各方责任，有利于废物循环和追责，德国在此方面非常突出。20 世纪 90 年代，德国出台《包装废弃物管理方法》，提出包装废弃物管理应按照“减量化，再利用，再循环，最终处理”循序进行，并设定了不同包装废弃物回收目标和时限，强制要求包装生产商、销售商对包装回收共同负责。该方法还制定了包装废弃物从回收到最终处理的量化标准，使包装处理的每个环节都具有标准可依。此外，德国还出台了《包装回收再生利用法》，要求除了包装生产商外，从事运输、代理、批发商、零售的企业也必须负责回收包装物。

2. 美国：回收包装企业可减税

美国从 20 世纪 90 年代便开始关注绿色包装。为了提高企业回收包装的积极性，美国各州政府根据企业包装回收率的高低，适当免除企业相关税收。同时，美国还在《资源保护法和回收利用法》中规定：“减少包装材料的消耗量，并对废弃包装进行回收再利用。”国际著名纸箱利乐包、埃罗派克、维绿包装、康美包等已经建立了纸箱理事会，以促进纸箱在美国的循环利用。目前，美国已在包装废弃物回收利用方面形成产业化运作，不仅改善了环境、提高了利用率，而且提供了大量就业机会。

3. 日本：鼓励包装再生利用

在亚洲地区，日本包装绿色化方面的表现非常突出。日本不仅制定并实施《包装再生产利用法》，还致力于回收体系建设，鼓励在境内建立大量回收站。消费者将包装废弃物分类后，日本的收运体系将分类完的包装废弃物通过定时回收、集合中转等方式，运输至专门的处理中心再循环、再制造处理。

(2) 利用税收的杠杆作用

利用税收的杠杆作用，开设有关的包装方面的新税目，如材料税和包装税。

①材料税：向生产包装材料企业征收材料税。如果包装使用的是自然资源，需要负担较重的赋税；如果使用的是再循环的材料，则负担较轻的税赋。加征材料税的目的是减少自然资源的使用，鼓励再生材料的使用。

②包装税：主要是向商品生产企业征收的。如果商品包装中全部使用可以再循环使用的材料，可以免税；如果商品包装使用部分可再循环使用的材料，则征收较低的税赋；如果商品包装中全部使用不可再利用或再循环的材料，则征收较高税赋。

2. 从企业层面考虑

企业作为包装的主体，在绿色包装运动中扮演着重要角色。其绿色包装策略可以概括为包装标志的绿色化、包装材料的绿色化和包装文化的绿色化。

(1) 包装标志的绿色化

在绿色消费浪潮的推动下，人们在选购商品时不仅关心商品的质量、包装，而且关心商品是否符合环保要求和包装是否有绿色标志。与此同时，绿色包装成为发达国家阻碍发展中国家商品进入国际市场的挡箭牌，形成“绿色包装壁垒”。如果产品没有绿色标志，一些发达国家就拒绝进口，并且价格和税收也不给予优惠。鉴于以上原因，发展绿色标志是企业发展强大、走向世界的必要途径之一。

(2) 包装材料的绿色化

绿色包装材料的研制开发是绿色包装最终得以实现的关键。因此，当务之急是大力开发新型绿色包装材料，以取代原有的污染性材料。

知识链接

常见的绿色包装材料

1. 可重复再生材料

啤酒、饮料、酱油、醋等包装采用玻璃瓶，可反复使用。如果不含金属、陶瓷等其他物质，玻璃几乎可以全部回收利用。由于玻璃包装具有可视性强、可重复再生的优点，它已成为饮料等产品的主要包装容器。例如，瑞典等国家开发的聚酯 PET 饮料瓶和 PC 奶瓶，其重复再用可达 20 次以上。

2. 可降解塑料

可降解塑料是指在特定时间内及特定环境下造成性能改变，其化学结构发生变化的一种塑料。可降解塑料包装材料的功能和特性，又可以在使用寿命结束之后，通过阳光中紫外光的作用或土壤和水中的微生物作用，在自然环境中分裂降解和还原，最终以无毒形式重新进入生态环境中，回归大自然。应用现代科技制作的可降解塑料已经成为现代包装设计应用的主要绿色材料之一。

3. 可食性材料

几十年来，大家熟悉的糖果包装上使用的糯米纸及包装冰激凌的玉米烘烤包装杯都是典型的可食性包装。我国早在 12~13 世纪就已用蜡来涂敷橘子、柠檬，用以延长蔬果寿命，这便是可食用保鲜膜的原形。

4. 纸材料

纸的原料主要是天然植物纤维，在自然界会很快腐烂，不会造成环境污染，也可回收重新造纸。因此，许多企业使用可回收纸用于年报、宣传品制作，用回收纸制成信笺、信纸以体现其关注环境的绿色宗旨，同时又树立了良好的企业形象。纸材料还有纸浆注型制件、复合材料、建筑材料等多种用途。纸浆模塑制品除具有质轻、价廉、防震等优点外，还有利于生鲜物品的保鲜，被广泛用于蛋品、水果、玻璃制品等易碎、易破、怕挤压货物的周转包装。

（3）包装文化的绿色化

包装文化是物流文化的主要组成部分，是将物流中的产品设计、加工制造、市场营销等环节和绿色包装结合在一起考虑的文化表现形式。包装文化的绿色化是在可持续发展的理论、生态经济学理论和生态伦理论的指导下通过包装标志的绿色化、包装材料的绿色化、包装设计的绿色化来实现的。企业要实现包装文化的绿色化，就要强化员工的绿色包装意识，定期开展有关绿色包装方面的培训和讲座，在企业文化中融入绿色包装理念，使更多的员工能够认同绿色包装。

知识链接

推进快递业绿色包装工作实施方案

国家邮政局出台了《推进快递业绿色包装工作实施方案》(以下简称《实施方案》)，谋划快递业绿色包装工作，以提高快件包装领域资源共享利用效率，降低包装耗用量，减少环境污染。

我国快递行业发展迅猛，2015 年超过 206 亿件，稳居世界第一，但总量庞大、种类繁多的快递业包装及其带来的环境问题也引起社会的高度关注。《国务院关于促进快递业发展的若干意见》中将“绿色节能”作为快递业发展目标之一，在此基础上制定的《实施方案》对节约资源、保护环境和促进快递业可持续发展具有重大意义。

《实施方案》明确了快递包装工作的总体目标，提出稳步推进快递包装依法生产、节约使用、充分回收、有效再利用，实现“低污染、低消耗、低排放、高效能、高效率、高效益”的绿色发展。方案明确，要在绿色化、减量化、可循环方面取得明显效果。“十三五”期间，力争在重点企业、重点地区的快递业包装绿色发展上取得突破。到 2020 年，基本淘汰有毒有害物质超标的包装材料，基本建成社会化的快件包装回收体系。

绿色包装的实现离不开科技的创新和应用。《实施方案》提出，“十三五”期间，快递业电子运单使用率年均提高 5%；预计到 2020 年，主要快递企业品牌协议客户电子运单使用率达到 90% 以上，大幅降低面单耗材用量；符合标准要求的环保箱、环保袋和环保胶带使用率大幅上升，并推广使用中转箱、笼车等设备，进一步减少编织袋和胶带的使用量。

《实施方案》还要求，在“十三五”期间基本建立快递包装治理体系。快递业包装环保技术标准、统计检测、信用体系、用具用品管理制度和事中事后监管更加健全；绿色包装产学研体系更加完善，试点示范工程建设取得可复制、可推广经验；快递企业使用绿色包装、消费者参与分类回收再利用的环境保护意识明显增强。

为实现上述目标，《实施方案》部署了推进快递业包装法制管理、加快快递业绿色化包装发展、鼓励快递业包装减量化处理、探索快递业包装可循环利用、实施快递业绿色包装试点示范工程五大重点任务，并将其细化为加强快递业包装日常监管、修订快递业包装国家标准和行业标准等 12 项具体任务。

针对快递用户反映较多的“过度包装”问题，该方案提出，鼓励企业探索简约包装，减少二次包装。在邮政企业和若干家快递企业开展节约包装试点，鼓励试点企业在条件成熟时制定简约包装的企业标准并在业内推广。充分发挥大数据作用，推动企业发展包装定制化、仓配一体化、运输标准化服务，在重点领域和关键环节，大幅度减少不必要的二次包装。

对于快递包装回收，《实施方案》强调，推动将快件包装物纳入资源回收政策支持范畴，积极配合有关部门和地方开展快件包装分类回收利用试点，鼓励企业重复利用塑料箱、纸箱和编织袋等封装容器，提升包装物品再利用率。

绿色物流运输

绿色物流运输的实施途径主要包括：合理选择运输工具和运输路线，避免迂回运输和重复运输，以实现节能减排的目标；改进内燃机技术和使用清洁燃料，以提高能效；防止运输过程中的泄漏，以免对局部地区造成严重的环境危害。

具体来说，主要有以下几个途径：

1. 发展多式联运

从美国运输企业实现绿色化的经验来看，大量采取多式联运是企业推行物流绿色化的有效途径。多式联运不是单纯的运输方式的转换，而是运输企业或运输承运人的自觉行动，以提高运输效率，减少对环境的影响。多式联运可以减少包装支出，降低运输过程中的货损、货差。多式联运的优势还表现在：它克服了单个运输方式固有的缺陷，通过运输线路的优化选择和运输方式的合理搭配，扬长避短，从而在整体上保证了运输过程的最优化和效率化，以此降低能源浪费和环境污染。另外，它有效地解决了由于地理、气候、基础设施建设等各种市场环境差异造成的商品在产销空间、时间上的分离，促进了产销之间紧密结合以及企业生产经营的有效运转。

2. 发展共同配送

共同配送指由多个企业联合组织实施的配送活动，它可以有效解决某一地区的客户所需要物品数量较少造成车辆不满载、利用率不高等问题。共同配送可以最大限度地提高人员、货物、资金、时间等资源的利用效率，取得最大化的经济效益。同时，可以去除多余的交错运输，并取得缓解交通、保护环境等社会效益。物流运输企业推行绿色物流运输就必须实行共同配送，以节约能源，防止环境污染。

3. 建立信息网络

当前经济社会的发展使得对多品种小批量的物流运输需求逐渐加大，这要求企业信息系统必须顺畅可靠。采用和建立库存管理信息系统、配送分销系统、用户信息系统、数据交换、GPS系统以及决策支持系统、货物跟踪系统和车辆运行管理系统等，对提高物流系统的运行效率起着关键作用。同时要更好地建立和运用企业间的信息平台，将分属不同所有者的物流资源通过网络系统连接起来，进行统一管理和调配使用，使物流资源得到充分利用，提升物流服务，扩大货物集散空间。

4. 合理布局，改进技术

要实现绿色物流运输，必须要对货运网点、配送中心的布局进行合理规划，通过缩短路线和降低空载率，实现节能减排的目标。另外，实施绿色物流运输要使用清洁燃料和改进内燃机技术，提高能效比。最后，实施绿色物流运输还应当防止运输过程中的泄漏，以免对局部地区造成严重的环境危害。

本章小结

(1) 绿色物流（Environmental Logistics）是指在物流过程中抑制物流对环境造成危害的同时，实现对物流环境的净化，使物流资源得到充分利用。

(2) 绿色物流的最终目标是可持续发展，实现该目标的准则是经济利益、社会利益和环境利益的统一。绿色物流的行为主体不仅包括专业物流企业，还包括供应链上的制造企业和分销企业以及各级政府等。从绿色物流的活动范围看，它包括物流活动作业环节和物流管理全过程的绿色化。

(3) 绿色物流除了具有一般物流的特征外，还具有科学交叉性、多目标性、多层次性、时域性和地域性等特征。

(4) 绿色包装（Green Package）既是包装行业中的一种全新理念，也是实现绿色物流的一个关键性因素。绿色包装也称生态包装，是指对生态环境和人类健康无害，能重复使用和再生，符合可持续发展的包装。从技术角度讲，绿色包装是指以天然植物和有关矿物质为原料制成的对生态环境和人类健康无害，有利于回收利用，易于降解、可持续发展的环保型包装。

自测题

一、名词解释

绿色物流　　绿色包装

二、选择题

1. 绿色物流管理活动贯穿于产品生命周期全过程，还体现了绿色物流的（　　）特征。

A. 多目标性　　B. 多层次性　　C. 时域性　　D. 地域性

2. 绿色物流本质最本质的内容是（　　）。

A. 集约资源　　B. 绿色运输　　C. 绿色仓储　　D. 绿色包装

3. 以下选项中，（　　）不是绿色物流的理论基础。

A. 可持续发展理论　　B. 生态系统经济学理论

C. 生态学伦理学理论　　D. 系统论

三、简答题

1. 简述绿色物流的内涵。
2. 简述绿色物流的实施策略。
3. 简述基于绿色物流的包装策略。

四、案例分析

康柏公司的绿色物流

在制造企业中，回收物处理因本身不能创造价值，因此常常得不到管理层重视。但康柏这样的高科技公司把回收物流外包给全球第二大物流企业英运（Exel）。Exel 充分利用出口加工贸易区为康柏制定了业界领先的解决方案。Exel 把康柏的回收物运抵路易斯安那州休斯敦的出口加工贸易区，待回收物处理和分门别类工作完成以后，才进入纳税环节，海关只对在加工区以外进行处理的产品征收关税。那些经过检验被认定为垃圾品的回收品，可以在区内直接处理，免收关税，这样就降低了成本。

康柏专注于自己的核心业务，把复杂的拣选、扫描、检验回收品的工作外包给 Exel，处理效率提高了，服务品质改善了，大大降低了成本。同时康柏境内、外物品的仓储和运输的合并处理进一步降低了成本。而且，把回收物流交给专业公司 Exel，可以应付异常变动情况下的工作量，安排密度更大的运输，降低运输途中货损，及时处理废品，减少再一次进入美国境内的货物量，减少应纳税额，大大降低了成本。这都是康柏自己无法做到的。

Exel 帮助康柏解决了回收物管理中许多悬而未决的问题，替顾客运营加工贸易区的基础设施，包括回收物的拣选、处理、设备的更新换代和养护，帮助康柏的原设备制造商们快速处理回收物。这个解决方案投入实施后，出于康柏整体战略的需要，休斯敦的回收物流机构已逐步拓展成为一个大型的营业机构。可见，物流业务有效外包给第三方物流企业，使回收物流管理在不降低企业边际收益的情况下，为顾客创造出更大的价值，使原有企业物流瓶颈消除了，作业流程改善了，供应链上资源投入和成本降低了。

在经济全球一体化的今天，国际经贸的关税壁垒正在被打碎，未来的物流市场将大大压缩物流成本，化解绿色壁垒带来的经营风险，增强物流企业应对市场挑战的能力并抢得市场先机。因此，发展绿色物流对我国的物流企业来说势在必行。

（《康柏公司的绿色物流》，2015 年 5 月 14 日，https：//www. docin. com/p-1541192677. html。有改动）

思考：

康柏公司通过什么实现绿色物流？

五、企业应用

日本 3 项绿色物流

日本自 1956 年从美国全面引进现代物流管理理念后，下大力进行物流现代化建设，将物流运输业改革作为国民经济中最为重要的核心课题加以研究。把物流行业作为本国经济发展生命线的日本，从一开始就没有忽视绿色物流的重要意义，除了在传统的防止交通事故、抑制道路沿线的噪音和振动等方面加大政府部门的监管和控制外，还特别出台了一些实施绿色物流的具体目标，如货物的托盘使用率、货物在停留场所的滞留时间等，以此来降低物流对环境造成的负荷。

1989 年，日本提出了 10 年内 3 项绿色物流推进目标，即含氮化合物排出标准降低 3~6 成，颗粒物排出降低 6 成以上，汽油中的硫成分降低 1/10。1992 年，日本政府公布了汽车二氧化氮限制法，并规定了允许企业使用的 5 种货车车型，同时在大都市特定区域内强制推行排污标准较低的货车。1993 年，除了部分货车外，日本政府要求企业必须承担更新旧车辆、使用新式符合环境标准货车的义务。

另外，为解决地球的温室效应、大气污染等各种问题，日本政府与物流业界在控制污染排放方面积极实施在干线运输方面推动模式转换（由汽车转向对环境负荷较小的铁路和海上运输）和干线共同运行系统的建构，在都市内的运送方面推动共同配送系统的建构以及提倡节省能源行驶等。2001 年出台的《新综合物流实施大纲》，其重点之一就是要减少大气污染，加强地球环境保护，对可利用的资源进行再生利用，实现资源、生态和社会经济的良性循环，建立适应环保要求的新型物流体系。

（《日本3项绿色物流》，2008年9月29日，http：//www.233.com/wuliu/anli/20080920/105219583-2.html。有改动）

思考：

1. 什么是绿色物流？
2. 如何打造绿色物流？

实践与训练9

实训9.1：调研与考察——调研学校所在省市的绿色包装的现状

【实训目标】

1. 引导学生观察和分析绿色包装与我们的生活、经济之间的关系。
2. 引导学生以系统的眼光分析问题，从实践中理解绿色包装对人们生活的影响、对企业利润产生的影响。
3. 培养学生分析绿色包装应用与发展问题的能力。

【实训内容与要求】

1. 组织学生分析绿色包装对当地人们生活的影响、对当地企业利润产生的影响。
2. 实地考察某物流中心（配送中心）或企业的绿色包装的使用现状。
3. 收集当地政府与企业有关绿色包装发展的政策、法规、管理制度、规划等资料。
4. 根据整理收集到的一手资料，以系统的观点，对当地绿色包装的现状进行简单的分析评价。
5. 分析和整理当地绿色包装的应用存在的问题和优势。

【成果与检测】

1. 提交考察当地某物流中心（配送中心）或企业的调研和建议报告。
2. 与同学的调研报告进行交流讨论，评比出优秀报告。
3. 分析调研报告是否对当地绿色包装的应用发挥作用。

实训9.2：案例讨论——各类企业的绿色物流的特点

【实训目标】

1. 增进学生对各类企业的认识。
2. 培养学生对各类企业绿色物流现状和未来的认识分析能力。

【实训内容与要求】

模拟某行业公司，组织搜集资料，并进行分析。

1. 调查具体某企业的相关资料。
2. 运用所学知识进行绿色物流特点的分析。
3. 分析存在的问题，提出解决措施，并说明理由。

【成果与检测】

1. 将学生分组，每个小组撰写一份具体企业的绿色物流特点的分析报告。
2. 教师根据分析的合理性对各小组表现进行评价。

参考文献

[1] 市来清也．物流经营论［M］．邬跃，译．北京：中国物资出版社，1992.

[2] 袁中英，李建蓉，万玻．现代物流［M］．四川：西南交通大学出版社，2008.

[3] 鲍香台，何杰．运输组织学［M］．南京：东南大学出版社，2009.

[4] 曹洪军，阚功俭．物流学［M］．北京：经济科学出版社，2009.

[5] 吴兆麟．综合交通运输规划［M］．北京：清华大学出版社，2009.

[6] 邓汝春．物流运输管理实务［M］．广东：广东高等教育出版社，2008.

[7] 肖生苓．现代物流设备［M］．北京：科学出版社，2009.

[8] 孙志洁，孙参运．物流环境与地理［M］．武汉：武汉理工大学出版社，2008.

[9] 钱芝网．运输管理实务［M］．北京：中国时代经济出版社，2007.

[10] 刘莉，徐玲玲．物流运输与组织管理［M］．北京：化学工业出版社，2009.

[11] 梁琳娜，姚建银．现代物流管理［M］．哈尔滨：哈尔滨工程大学出版社，2009.

[12] 李联卫．物流案例与实训［M］．北京：化学工业出版社，2009.

[13] 刘南．交通运输学［M］．南京：浙江大学出版社，2009.

[14] 谭刚．仓储与配送管理［M］．北京：中央广播电视大学出版社，2005.

[15] 程淑丽．物流管理职位工作手册［M］．北京：人民邮电出版社，2005.

[16] 曾令玉．物流机械设备［M］．北京：高等教育出版社，2009.

[17] 马伊．仓储与配送管理［M］．上海：上海交通大学出版社，2007.

[18] 王槐林，刘明菲．物流管理学［M］．武汉：武汉大学出版社，2010.

[19] 钱廷山．现代物流管理［M］．南京：东南大学出版社，2009.

[20] 王慧，郝渊晓，马健平．物流配送管理学［M］．广东：中山大学出版社，2009.

[21] 黄中鼎．现代物流管理［M］．上海：复旦大学出版社，2009.

[22] 何开伦．物流成本管理［M］．武汉：武汉理工大学出版社，2007.

[23] 马跃月，艾比江，陈全君．物流管理与实训［M］．北京：清华大学出版社，2008.

[24] 李严锋，张丽娟．现代物流管理［M］．大连：东北财经大学出版社，2016.

[25] 侯云先，吕建军．物流与供应链管理（第二版）［M］．北京：机械工业出版社，2016.

[26] 马士华．企业物流管理［M］．北京：中国人民大学出版社，2011.

[27] 黄中鼎．现代物流管理（第三版）［M］．上海：上海财经大学出版社，2016.

［28］张俭举，张洪．物流管理［M］．北京：北京大学出版社，2014.
［29］李勇，屈亚琴，王慧娟．现代物流管理［M］．北京：清华大学出版社，2016.
［30］薛贵明．现代物流基础［M］．北京：电子工业出版社，2016.
［31］范碧霞．物流与供应链管理［M］．上海：上海财经大学出版社，2016.
［32］孙浩静，杨莉．物流企业运营管理实务［M］．北京：人民交通出版社，2015.
［33］倪霓，夏阳．物流管理基础［M］．北京：北京航空航天大学出版社，2016.
［34］黄福华，周敏．企业物流管理［M］．北京：高等教育出版社，2016.
［35］刘浩华，吴群，王友丽．物流学［M］．北京：清华大学出版社，2016.